U0529195

广西高校人文社科重点研究基地"北部湾海洋文化研究中心"成果

广西高校人文社科发展研究中心特色科研团队"北部湾海疆与海洋文化团队"成果

钦州发展研究院研究成果

北部湾大学学术著作出版基金资助出版

广西海上丝绸之路史（古近代）

黄宇鸿 李志俭 著

中国社会科学出版社

图书在版编目(CIP)数据

广西海上丝绸之路史.古近代 / 黄宇鸿,李志俭著.—北京：中国社会科学出版社,2018.12（2019.6 重印）
ISBN 978-7-5203-3548-5

Ⅰ.①广… Ⅱ.①黄…②李… Ⅲ.①海上运输—丝绸之路—史料—广西—古代②海上运输—丝绸之路—史料—广西—近代 Ⅳ.①K296.7

中国版本图书馆 CIP 数据核字（2018）第 259821 号

出 版 人	赵剑英
责任编辑	朱华彬
责任校对	张　婉
责任印制	张雪娇

出　　版	中国社会科学出版社
社　　址	北京鼓楼西大街甲 158 号
邮　　编	100720
网　　址	http：//www.csspw.cn
发 行 部	010-84083685
门 市 部	010-84029450
经　　销	新华书店及其他书店

印刷装订	北京君升印刷有限公司
版　　次	2018 年 12 月第 1 版
印　　次	2019 年 6 月第 2 次印刷

开　　本	710×1000　1/16
印　　张	27.5
插　　页	2
字　　数	451 千字
定　　价	118.00 元

凡购买中国社会科学出版社图书，如有质量问题请与本社营销中心联系调换
电话：010-84083683
版权所有　侵权必究

序 一

赵 君

中国南陲，广西拥有北部湾一片美丽的海洋。她是中国古代海洋文明的发祥宝地，也是当代中国沿海重要的对外开放港口和海运、外贸基地，又是与新时代中国21世纪"一带一路"有机衔接的重要门户。

随着海洋强国战略的实施，中国正在迅速崛起并迈进世界海洋强国的行列。广西响应党中央的号召，主动融入"一带一路"的建设，唱响广西北部湾经济区开放发展的主旋律，成为中南、华南、西南的重要海上通道，也成为与东盟国家进行经济文化交流的交通枢纽。

广西沿海地区历史悠久，文化遗存丰富。据史书记载，广西新石器遗址和合浦、贵港、梧州汉墓出土的文物，以及钦廉出土的独木舟见证，先民在距今数千年前就已开始"以舟为马"，耕海生息，以海御外。今广西沿海三市（北海、钦州、防城港），昔属合浦县地，有"还珠故郡，海角天涯"的美誉。汉武帝时，我国商船由此经今东南亚抵南亚、西亚，广西沿海地区成为中国"海上丝绸之路"的始发港之一，这是世界航海史上的首次壮举。从汉朝到隋唐，广西沿海地区是中国经略南海和北部湾的重要基地。宋、元至明，钦廉既是中国的漕盐、采珠和海运基地，又是中国对外贸易的重要口岸。宋朝曾设广西转运使、廉州沿海巡检司，元朝设廉州市船舶提举司，明朝设市舶太监、廉州采珠都提举司和海北盐课提举司。清朝中前期，曾设廉州口海关和北海常关，管理今广西沿海水运和外贸。古代，广西沿海孕育了"海上丝绸之路"和"合浦珠还"的文化经典，创造了无数中华经济文化的奇迹。

近代广西海上丝绸之路史，既是一部对外海上贸易艰难曲折发展的历史，又是一部侵略与反侵略、压迫与反压迫的历史。鸦片战争后，一系列不平等条约签订，北海、龙州、梧州和南宁先后成为对外开放商埠。然而，海关和港口受外人控制，航海主权丧失，广西水上运输发展艰难。1876年中英《烟台条约》签订后，北海以钦廉为依托，一度成为滇、黔、桂和粤西的货物集散地；1887年中法《商务专条》开放龙州；1897年中英《续议滇界缅界商务条例》强迫开放梧州；1906年清政府根据广西巡抚的请求，同意开放南宁为对外商埠。此后，梧州、南宁成为广西出海的重要门户。这一时期，广西水运技术虽有所进步，但对外贸易畸形繁荣。近代广西航海孕育了中国最早的产业工人之一——海员，他们是推动航海事业发展的动力。近代广西海员曾为解放北部湾，支援解放海南岛做出重大贡献。

中华人民共和国成立以后，广西航海贸易创造了最辉煌的篇章。在中国共产党的领导下，广西水运事业兴旺发达，取得了不可比拟的伟大成就。2016年广西拥有346家水运企业，各类运输船舶8760艘，吨位载重700万吨，最大船舶载重7.8万吨级。其中，远洋船舶99艘，载重20万吨，已开辟广西至美国的海运航线，全年完成货运量2.66亿吨。广西拥有北海、钦州、防城港、南宁、贵港、梧州等对外开放港口，沿海商业泊位249个，其中万吨级以上泊位76个，年吞货物能力突破4亿吨，与世界上200多个国家和地区的港口有贸易和海运往来。广西北部湾经济开发区参与"一带一路"建设，完成出口贸易2749亿元，促进经贸合作成效显著。同时，建立了航务工程、港口机械、造船维修、通讯导航、救助打捞、环境保护等与航海相配套的各种设施，还建设了具有相当规模的海洋学院和研究机构，初步形成了完整的航海体系，并快速向高科技迈进。

承先旨在启后，继往为了开来。几千年的广西海上丝绸之路史，是进行爱国主义和文化教育的好材料，具有宝贵的启迪和借鉴作用。顺应天时、地利、人和，钦州学院北部湾大学"北部湾海洋文化研究中心"组织编写出版的《广西海上丝绸之路史》，应该说正逢其时，这是广西加强北部湾海洋文化研究的又一重大成果，可喜可贺！

本书坚持以习近平新时代中国特色社会主义思想为指导，运用马克思主义唯物史观，搜集整理大量史料。先后多次深入广西北部湾沿海地区的北海市、钦州市、防城港市和内河城市南宁市、贵港市、玉林市、梧州市等地，走访航运港务外贸单位和史志文博档案等部门，考察历史文化古迹，搜集方志文史资料。历时一年多，考察单位30余个，采访座谈人员近200名。在此基础上，精心梳理提炼，总结经验，探索规律，坚持"论从史出""以史带论"的方法，按时代顺序清晰详尽地论述了广西从上古至中华人民共和国成立2000多年间海上丝绸之路的兴起、发展、繁荣、中衰和振兴的历史过程。经过近一年的艰苦努力，九易其稿，终成此作。本书涵盖了政治、军事、经济、文化、交通、地理诸多方面，是一部史料较丰富、信息量较大的学术著作，也是迄今为止较详尽而全面地阐述广西海上丝绸之路历史的专著。本书的出版，对于研究中国海上丝绸之路史、促进"一带一路"建设必将产生积极的作用。

是为序。

2018年12月于钦州滨海新城
（作者系北部湾大学党委书记、教授、博士生导师）

序 二

申春生

由黄宇鸿教授与李志俭高级讲师合著的《广西海上丝绸之路史》（古近代）全书分为十二章，洋洋洒洒 40 多万字，按时代顺序清晰详尽地论述了广西从上古至中华人民共和国成立 2000 多年海上丝绸之路的兴起、发展、繁荣的历史过程，涵盖了政治、军事、经济、文化、交通、地理诸多方面，是一部史料丰富、信息量大的学术著作，也是迄今为止较系统而全面地阐述广西海上丝绸之路历史的专著。该书的问世，填补了综合研究广西海运史和对外贸易史的空白，对于研究中国海上丝绸之路史、促进"一带一路"建设具有十分重要的参考作用，是一本兼具学术价值与可读性的好书。

综观全书，作者的撰写理念凸显了以下三大特点：

第一个特点是体例严谨，论证严密，图文并茂。全书以编年史的体例按时代顺序从原始社会到共和国成立，体现了这一地区古近代海上交通贸易，从"耕海为生"到"商使诸藩"，再到"对外门户"的历史发展演变过程。而第三章之后各章，即秦汉以后的广西海上丝绸之路的形成、发展、中衰、振兴和繁荣，无疑是作者研究和论述的重点，全书的精华点也正在这些章节中。可以说，书中的每一章均可成为广西海上丝绸之路史的独立专题，也可当作一篇独立的学术论文来阅读。在重要章节的后面，都附有大量珍贵的图片，使读者可以图文对照，一目了然。在论述各时期海上交通贸易发展历史的章节中，条分缕析，章法分明。一般是先确定其始点和终点，阐释其意义和价值，然后将当时海运交通贸易历史中的重要节点逐一叙述并加以评价，最后再利用文献古籍中的重大历史事件加以论证。使人在读每一章节时，都像是随着作者的笔触而穿越时间隧道，深切感受到我们祖先那种探索未知、勇于追求的精神。

第二个特点是充分利用了历史学、考古学、地理学、海洋学、社会学等研究成果。海上丝绸之路历史离不开文献的佐证，但仅仅依赖文献却是航海历史学的大忌。从某种意义上来说，历史学越来越成为一门文物实证的学科，而为其提供科学支撑的正是日益发达的地域文化学。通观全书，作者吸收了丰富的考古学成果，深入挖掘广西海上丝绸之路历史的文化遗存，梳理清楚其中的文化内涵与发展脉络，并利用广西北部湾具有古代海上丝绸之路沿线时代最早、规模最大的出土文物，见证了中国的对外贸易及和各国的经济、文化交流。同时，还从地理区域变迁的角度，考证了合浦是古代海上丝绸之路的始发港之一。这条"南海丝绸之路"形成于先秦时期，发展于秦汉时期，繁荣于隋、唐、宋、元时期，转变于明清，中衰于近代，振兴于现代，辉煌于当代，是已知的最为古老的海上航线，也是中国海上丝绸之路上不可或缺的一个链环。

第三个特点是重视与海上丝绸之路史相关的社会人文内涵的发掘和阐释。在论述重要的广西海运交通贸易史迹时，将相关的历史事件、历史人物一并进行介绍，使文化遗产与鲜活的人物历史活动水乳交融，凸显了海上丝绸之路历史文化的重要作用。对于与广西海上丝绸之路相关的重大历史文化事件，如汉武立郡合浦、东吴经略南海、唐使开凿"天威遥"、宋设钦州博易场、近代北海、梧州开埠等，均进行了翔实的论证。这种重视历史与文化的编写理念，极大地丰厚了全书的人文内涵。作者运用"以史带论"的方法，将历史悠久、丰富灿烂的广西海上丝绸之路史置于"文化学"的学科意识下进行总体、系统、全面地研究，充分展示了中国古代和近代航海贸易所走过的辉煌和曲折的道路，从中揭示"落后就要挨打"的原因、规律和教训，树立捍卫国家航海主权的意识，为建设现代化的航海强国提供了宝贵的历史借鉴。

研究海上丝绸之路，将建设海洋文化与"一带一路"建设结合起来，是深化改革开放的一种表征。我们必须充分发挥海洋历史文化的功能，大力打造向海经济，再创21世纪海上丝绸之路的新辉煌！

2018年10月于湛江霞山

（作者系广西海事局原副局长、教授级高级工程师）

目 录

第一章 绪论 …………………………………………………（1）
 第一节 广西海上丝绸之路史的研究范围与现实意义 …………（1）
  一 广西海上丝绸之路史的研究范围与对象 ………………（1）
  二 广西海上丝绸之路的历史演变与发展 …………………（4）
  三 加强广西海上丝绸之路史研究的重要性及意义 ………（9）
 第二节 广西海域自然地理和对外开放港口 ……………………（12）
  一 广西海域的自然地理 ……………………………………（12）
  二 广西独立入海和内河主要出海水系 ……………………（15）
  三 广西对外开放港口的现状及环境 ………………………（18）
 第三节 广西海上丝绸之路建设的社会经济效应 ………………（38）
  一 广西主要港口的经济腹地和人文资源 …………………（38）
  二 21世纪广西海上丝绸之路的规划与发展 ………………（47）
  三 广西"一带一路"建设促进对外贸易 …………………（55）

第二章 原始社会和先秦时期广西的航海活动 …………………（60）
 第一节 原始社会广西沿海的海陆态势和新石器时代
    文化遗址 …………………………………………………（60）
  一 广西沿海陆海态势的演变 ………………………………（60）
  二 广西沿海地区新石器时代文化遗址 ……………………（64）
 第二节 原始社会和先秦时期广西航海兴起 ……………………（68）
  一 广西原始航海活动 ………………………………………（68）
  二 先秦时期广西沿海的商贸活动 …………………………（73）

第三章 秦汉时期广西海外交通的发展 …………………………（79）
 第一节 秦汉时期开通中原出北部湾的水道 ……………………（79）

一　秦军凿灵渠沟通南北水运航路…………………（79）
　　二　汉军驻合浦促进海上交通发展…………………（84）
第二节　汉代合浦成为中国海上丝绸之路始发港……………（93）
　　一　中国航海史上最早的远洋航线…………………（93）
　　二　马援南征交趾促进广西海陆交通的发展………（100）
　　三　汉代广西的对外海上交通和贸易………………（105）
第三节　广西汉墓出土文物见证海外贸易的繁荣……………（109）
　　一　汉墓出土文物证实合浦是岭南重镇……………（109）
　　二　汉墓出土文物中的舶来品………………………（113）

第四章　三国至南北朝时期广西海上丝绸之路的扩展……（119）
第一节　三国时期合浦成为东吴经略南海的基地……………（119）
　　一　东吴以合浦为基地治理交州……………………（119）
　　二　东吴使者由交州出访东南亚国家………………（123）
第二节　两晋至南北朝时合浦成为治理交州要地……………（126）
　　一　两晋时合浦发展采珠业和海外交通贸易………（127）
　　二　南北朝时广西与东南亚及西方的海上交通和贸易………（131）

第五章　隋唐五代时期广西海上丝绸之路的兴盛…………（135）
第一节　隋唐广西海上丝绸之路兴旺…………………………（135）
　　一　隋朝广西与东南亚的海上贸易…………………（135）
　　二　唐代广西与东南亚和西方的海上交通…………（138）
第二节　唐代广西发展江海联运促进海上丝绸之路贸易……（144）
　　一　唐代广西的江海联运和对外贸易………………（144）
　　二　高骈修凿"天威遥"及疏通航道………………（150）
　　三　五代时期南汉对广西航海和采珠的经营………（154）

第六章　宋元时期广西海上丝绸之路的繁荣………………（158）
第一节　钦廉成为宋朝重要对外贸易口岸……………………（158）
　　一　宋王朝允许钦廉与交趾互市……………………（158）
　　二　宋代广西航海与外贸兴盛………………………（165）
第二节　水陆联运促进广西海上丝绸之路发展………………（172）
　　一　宋代广西的江海联运航线发展…………………（172）
　　二　广西设博易场促进外贸发展……………………（176）

第三节　元朝重视发展广西海运和外贸 …………………………（181）
　　一　元朝与交趾友好后加强广西海外贸易 ………………（181）
　　二　元朝漕运和采珠促进广西外贸 ………………………（187）

第七章　明清（前期）广西海上丝绸之路的盛衰交替 …………（190）
第一节　明初钦廉海上交通和外贸兴旺 …………………………（190）
　　一　明初钦廉的航海贸易 …………………………………（190）
　　二　梧州、钦廉一度成为广西重要对外门户 ……………（199）
第二节　明朝钦廉海外贸易的兴衰 ………………………………（204）
　　一　明朝大规模的漕盐和采珠活动促进广西外贸兴旺 …（204）
　　二　明末"海禁"和太监苛政造成钦廉海运萧条 ………（210）
第三节　清朝前期钦廉沿海外贸起伏变化 ………………………（215）
　　一　"海禁"破坏钦廉沿海运输 …………………………（216）
　　二　粤海关开放，钦廉外贸一度兴旺 ……………………（220）
　　三　海关腐败风气对外贸的影响 …………………………（231）

第八章　鸦片战争对钦廉海上丝绸之路的影响 …………………（238）
第一节　不平等条约签订对钦廉外贸的影响 ……………………（238）
　　一　《南京条约》对钦廉海运的影响 ……………………（239）
　　二　开埠前北海港是钦廉重要门户 ………………………（243）
　　三　同治年间北海成为粤西货物集散地 …………………（246）
第二节　中英《烟台条约》签订对北海的影响 …………………（251）
　　一　中英《烟台条约》两次签订的原因 …………………（251）
　　二　钦廉沿海港口主权丧失的后果 ………………………（257）
第三节　北海开埠后轮船运输成为海运主角 ……………………（263）
　　一　外轮垄断钦廉海运 ……………………………………（263）
　　二　钦廉沿海木船运输维持发展 …………………………（266）
第四节　中法战争对钦廉沿海交通和外贸的影响 ………………（270）
　　一　广西军民抗击法军侵略扭转战局 ……………………（270）
　　二　战后钦廉航海和商务畸形发展 ………………………（274）

第九章　北海开埠后成为中国西南的门户 ………………………（280）
第一节　列强对钦廉商务和海运的争夺 …………………………（280）
　　一　北海开埠成为滇、桂、黔和粤西的货物集散地 ……（280）

二　外商对钦廉外贸的掠夺性经营 …………………………（285）
　第二节　清末广西水上交通和外贸波浪式发展 ……………………（291）
　　一　龙州、梧州、南宁先后开埠促进广西海运和外贸发展 ……（291）
　　二　法租借广州湾对北海外贸的影响 …………………………（300）
　　三　法德英分别垄断钦廉沿海和西江航运 ……………………（304）
　第三节　清末广西外贸下降和劳工出洋 ……………………………（310）
　　一　清末北海外贸逐年下降的原因 ……………………………（310）
　　二　广西劳工出洋被"卖猪仔" …………………………………（316）

第十章　民国初期广西海上丝绸之路外贸的起伏变化 ……………（320）
　第一节　民国初期的广西航运管理 …………………………………（320）
　　一　广西航运经营权操纵在外国人手中 ………………………（320）
　　二　港口主权由海关理船厅控制 ………………………………（326）
　　三　孙中山《建国方略》主张建设钦州港和治理西江航运 ……（329）
　第二节　民国初期广西水运和外贸下降 ……………………………（333）
　　一　外轮在北海航运的垄断地位 ………………………………（333）
　　二　广西木船运输艰难求生 ……………………………………（338）
　　三　梧州、南宁航运业和外贸的畸形发展 ……………………（341）
　第三节　钦廉沿海抵制洋货及反走私运动 …………………………（345）
　　一　广西抵制洋货运动对外贸的影响 …………………………（345）
　　二　法商、日商是广西走私猖獗的黑手 ………………………（350）
　第四节　陈济棠主粤时期钦廉外贸短暂繁荣 ………………………（355）
　　一　钦廉外贸一度兴旺 …………………………………………（355）
　　二　钦廉海运发展的原因 ………………………………………（359）
　　三　北海土货出口曾居全国沿海商埠第十位 …………………（363）

第十一章　抗战至中华人民共和国成立前广西海上丝绸之路
　　　　　的衰落 …………………………………………………（369）
　第一节　抗战初期广西航运和外贸的兴衰交替 ……………………（369）
　　一　抗战初期广西航运和贸易的战略特殊地位 ………………（369）
　　二　日军对钦廉沿海的封锁及侵略 ……………………………（377）
　第二节　抗战胜利后广西外贸的恢复和下降 ………………………（384）
　　一　战后民国政府对广西港口的接管 …………………………（384）

二　物价飞升造成当地外贸畸形 ……………………（391）
　第三节　民国期间广西海员的革命斗争 …………………（397）
　　一　广西海员的革命活动 …………………………………（397）
　　二　广西船工支前参加解放涠洲岛、海南岛战斗 ………（402）
附　广西海上丝绸之路大事记（古近代）……………………（408）
主要参考文献 …………………………………………………（417）
后　记 …………………………………………………………（426）

第一章 绪 论

广西海上丝绸之路历史悠久，文化遗产丰富。史载，广西新石器时代遗址和合浦、贵港、梧州汉墓出土的文物，以及钦廉出土的独木舟见证，广西先民在数千年前就已开始"以舟为马"，依山傍水，以海御外。汉武帝时，我国的商船由广西沿海起航，经今东南亚抵印度半岛，汉代合浦成为中国"海上丝绸之路"的始发港之一。从两汉、两晋至隋唐，广西沿海和西江是中国经略南海和北部湾的重要航海贸易基地。宋、元至明朝，广西沿海又是中国漕盐、采珠和海外贸易的三大基地，曾设转运使、巡检司、市舶提举司管理海运和外贸。清朝中期前曾设海关管理广西海运和贸易。近代，北海、龙州、梧州、南宁先后辟为对外通商口岸，广西沿海港口成为大西南对外门户，梧州成为广西内河交通枢纽和出海门户，南宁成为广西内河重要港口。现代广西航海事业更取得辉煌的成就，当前广西又成为"一带一路"倡议的建设高地。随着北部湾经济区的开发、建设和发展，我们加强对广西海上丝绸之路史研究，总结历史经验，具有积极的现实意义。

第一节 广西海上丝绸之路史的研究范围与现实意义

海上丝绸之路史，也就是人类在海洋航行和贸易的历史。其内容主要是阐述和研究人们的航海贸易和海洋文化活动。研究广西海上丝绸之路史，对发展广西海洋经济贸易和海洋文化，具有重要的借鉴、启迪和指导作用。

一 广西海上丝绸之路史的研究范围与对象

广西沿海地处南海北部湾的"金三角"。广西海上丝绸之路史是中国文明史的重要组成部分，它对中国社会经济和文明史的形成与发展曾产生巨大的作用。人类的海上丝绸之路活动始终深刻地反映并严格地受制于一定历史时代的政治、经济、文化、军事、外交、贸易等诸多因素。以《汉书·地理志》记载的我国汉代合浦"海上丝绸之路"为例，如果不是汉朝在合浦推行官方的航海贸易活动，隋唐便不会继承航海贸易事业产生"广州通海夷道"；如果不是传承宋元时期中国丰富的航海贸易遗产，明朝就不会产生著名的郑和下西洋这样大规模世界性的远洋活动，促使中国航海贸易事业处于世界领先地位。可见，海上丝绸之路史一方面与航海贸易活动密切相关；另一方面与一定历史时期的政治、经济有着密切关系。所以，海上丝绸之路史实质上是航海贸易史研究的范围，是一门多层次、多系列、多学科相互渗透和相互交融的学术。

海上丝绸之路史研究的范围，主要有如下几方面：①历代航海贸易的时代背景及影响（政治、经济、文化、军事等方面）；②历代统治者制定的航海贸易政策、措施及影响；③历代主要航海活动事件及与航海活动相关的港口、航道及地位演变；④航海（包括造船）技术的应用与演变；⑤航线与海外贸易的兴衰与发展；⑥航海贸易管理机构及其沿革；⑦航海贸易历史文献与考古成果。上述七个研究范围，牵涉到交通史、海港史、海军史、贸易史、造船史、渔业史等方面，而且各方面互相渗透、互相作用、互相促进。海上丝绸之路航海贸易属于海洋经济范畴，其研究对象，要以史籍文献为依据，参考文物遗址和口碑资料，并围绕航海贸易活动事件，研究并阐述它们的时代背景、航线、航技、港口、海外贸易等重点因素，以时间为经，以事件为纬，以便勾画出广西海上丝绸之路的兴起、发展、中衰、振兴和繁荣的基本轮廓及历史演变过程。

"丝绸之路"从运输方式上，分为陆上丝绸之路和海上丝绸之路。陆上丝绸之路，是指西汉起自古都长安（今西安），经甘肃敦煌等地，由新疆出国，再经阿富汗、伊朗、伊拉克等处而达地中海，以古罗马为终点，全长6000多公里。这条路被认定为是连接亚欧大陆的古代陆上商贸路线。最初的作用是运输中国产的丝绸等商品，后来成为古代东方与西方之间经济文化交流的主要通道。海上丝绸之路，是指古代中国与世界其他地区进行经济及文化交流的海上通道。西汉时，中国船舶由徐闻、合浦等港口起航，经中南半岛和南海诸国，横渡印度洋孟加拉湾到达印度半岛，这是我国史书上记载的第一条印度洋远航路线，也就是中国第一条"海上丝绸之路"。唐代，我国航海又开辟了"广州通海夷道"，经今东南亚，穿过印度洋，进入红海，抵达东非和西亚，并与古罗马商人进行贸易。这条由航海开辟的航路，成为中国与外国贸易往来和文化交流的海上通道，也被称为"海上丝绸之路"。由中国船舶航海出口往世界各地的贸易，货品从丝绸到瓷器再到茶叶，形成了一股海上经商热潮。宋元时期，由于航海造船技术的提升和指南针的应用，中国航海技术处于世界领先地位，并同世界60多个国家有着直接的"海上丝绸之路"商贸往来。明代郑和组建200多艘海船远航，七下西洋，标志着中国航海和海上丝路发展到了极盛时期。这条丝绸之路源于先秦，形成于两汉，兴盛于唐朝，扩展于宋元，延伸于明清，一直延续至今。"海上丝绸之路"是一个泛指的概念，是古代乃至当今国际社会一致公认的东西方借助海洋进行交通外贸往来的代名词。因而，"海上丝绸之路"的概念已为联合国教科文组织所采用。

"丝绸之路经济带"，是在古代"丝绸之路"概念基础上形成的一个新的经济发展区域。它的东边牵着亚太经济圈，西边系着欧洲经济圈。因而，被公认为是世界上最长、最大、最具有发展潜力的经济大走廊。"一带一路"是指中国提出的"丝绸之路经济带"和"21世纪海上丝绸之路"，这两个符合欧亚大陆经济共同发展的倡议，合称为"一带一路"建设蓝图。2013年9月至10月，中国国家主席习近平在出访哈萨克斯坦和印尼期间，先后提出共建"丝绸之路经济带"和"21世纪海上丝绸之路"的重大倡议，得到国际社会的高度关注和认可。"丝绸之路经济带"圈定了中国的18个省、自治区、直辖市。"一带一路"是促进共同发展、实现共同繁荣的合作共赢之路，是增进理解信任、加强全方位交流的和平友谊之路。"一带一路"贯穿亚欧非大陆，一头是活跃的东亚经济圈，一头是发达的欧洲经济圈，中间的广大腹地国家经济发展潜力巨大。中国政府倡议，"丝绸之路经济带"的重点方向：由中国经中亚、俄罗斯至欧洲波罗的海；由中国经中亚、西亚至波斯湾、地中海；由中国经东南亚、南亚至印度洋。21世纪海上丝绸之路的重点方向：一是从中国沿海港口过南海到印度洋，延伸至欧洲；二是从中国沿海港口过南海到南太平洋。其中，南宁已被打造成中国—东盟自贸区的重要平台。在广西，以南宁为起点，向南经钦、北、防三市和崇左，沿途通越南、老挝、泰国、柬埔寨、马来西亚、新加坡等国，构建中国南宁—新加坡经济走廊。再以南宁为中心向北沿途经过贵州、四川、甘肃、新疆等省，构建"兰州—南宁"通道、"广西—波兰"通道，形成中南半岛和大西北地区的南北大通道，以及广西至欧洲的通道，奠定了广西在"一带一路"建设中有机衔接重要门户的地位。遵循和平合作、开放包容、互学互鉴、互利共赢的丝路精神，中国与沿线各国在交通基础设施、贸易与投资、能源合作、区域一体化、人民币国际化等领域开展深度合作，打造人类命运共同体。共建21世纪海上丝绸之路战略思想的提出并付诸实践，是时代发展的需要，也是我国在新时代坚定不移地推进改革开放，拓宽发展空间以及维护世界和平，促进共同发展的战略选择。

2017年4月19至21日，习近平总书记在广西考察时指出：合浦汉代博物馆和铁山港码头，都与"一带一路"有着重要联系，北海具有古代海上丝绸之路的历史底蕴，我们现在要写好新世纪海上丝绸之路的新篇章。"一带一路"倡议提出以来，国际社会广泛响应，这是人心所向。我们要在"一带一路"框架下推动中国大开放大开发，进而推动实现"两个一百年"奋斗目标，实现中华民族伟大复兴，携手同心共圆中国梦。习近平总书记视察广西，首站来到北海，要求广西打造好向海经济，写好新世纪海上丝绸之路新篇章，为广西的发展指明了前进方向，提供了根本遵循和强大动力。实干成事，我们要认清形势，解放思想，更加坚定信心，准确地把握习近平总书记指出"发挥广西与东盟国家陆海相邻的独特优势，加快北部湾经济区——西江经济带开放发展，建成面向东盟的国际大通道，打造西南中南地区开放发展新的战略支点，形成21世纪海上丝绸之路与丝绸之路经济带有机衔接的重要门户"的最新定位，按照党中央、国务院的决策，我们必须大力打造向海经济，奋力舞起"四大发展"的龙头，谱写21世纪海上丝绸之路与丝绸之路经济带的新篇章，创造出更大的辉煌！

二 广西海上丝绸之路的历史演变与发展

广西的航海贸易历史文化源远流长。广西海上丝绸之路形成于先秦，发展于秦汉，兴盛于隋唐，繁荣于宋元，转变于明清，中衰于近代，振兴于现代，辉煌于当代，是已知的最为古老的海上航线，也是中国海上丝绸之路上不可或缺的一个链环。

（一）发轫时期。早在新石器时代，先辈们便在今广西沿海劳作生息，"以舟为车，以楫为马"，用独木舟和木筏从事原始的航海活动。先秦时期，中国已与东南亚的"越棠国"（今马来西亚半岛）有贸易往来。合浦所产的"明珠"已和舶来品一起销往中原。到了秦汉时期，秦军开凿灵渠运河后，长江水系、珠江水系和广西独立入海水系连接成水运网络，使广西内河成为我国在华南地区贯通中原、西南和出海的水运通道。其中，桂林、柳州、梧州、贵港、合浦成为广西水上交通的重要商埠和节点，在我国"海上丝绸之路"的形成、发展中起到重大的历史作用。秦始皇开发岭南，设置桂林、南海、象郡三郡；汉武帝置南海、苍梧、郁林、合浦、交趾、九真、日南、珠崖、儋耳九郡，中国便拥有对南海和北部湾的管辖权；汉代，中国船舶利用风帆和季风，由合浦郡沿海远航到东南亚和南亚各国，使广西沿海变成"海上丝绸之路"的始发港之一。《汉书·地理志》的记载和梧州、贵港、合浦汉墓出土的外国舶来品便是见证。孟尝的"合浦还珠"、马援南征交趾的故事，流芳百世。先辈们在广西沿海留下的汉代遗物，以及"伏波庙""海角亭""天涯亭"等古迹，给后人树立了开发海洋的榜样。在广西，秦军修凿的灵渠和马援疏浚桂门关成为中国较早的航运工程之一。外国使者和商贾经交趾、日南抵达中国，一般由合浦登陆，溯南流江北上，过桂门关，入绣江（北流江），出浔江，抵苍梧（今梧州）后逆桂江（漓水）而上，过灵渠，到达湘江等长江水系，再辗转长安或洛阳。中国的商品也沿着这条贯通南北的黄金水道出口，从云贵川或中原地区进入西江流域再转合浦出海往东南亚或南亚各国。

（二）兴盛时期。隋唐五代，广西的海洋开发更胜于前代。节度使高骈驻军海门（今廉州镇至冠头岭一带），使广西沿海成为唐朝的军事、水运和外贸基地。高骈派兵修凿江山半岛的"天威遥"运河，疏通"交趾航路"，使广州、合浦至交趾的海运航线更加畅通。汉韵唐风，丝路昌盛。钦州古城、久隆古墓群、西坑运河和雅子冲窑场是"广西海上丝绸之路"的重点遗址。其中，钦州古城是南朝至初唐时期安州州治所在地，曾对广西内河和外海航运及海上贸易体系的建立与完善发挥了重要作用。久隆古墓群是广西沿海地区酋帅宁氏的家族墓地，其出土文物反映了隋唐时期广西与东南亚的海上交通和贸易关系。西坑运河遗址位于钦南区犀牛脚镇，沟通大风江与钦州湾的水路，与江山半岛的"潭蓬运河"相连，钦廉船舶可直达交趾，使广西沿海航路更加安全便捷。雅子冲窑场遗址则是桂南地区发现出口规模最大的唐代窑址，其出土文物成为唐代广西"海上丝绸之路"文化遗产的重点文物。

（三）繁荣时期。宋元时期，广西海上丝绸之路的成就，在古代中国航海贸易史上占据极其重要的地位，体现在五个方面。第一，在航海和贸易方面，钦廉成为中国对交趾的主要互市之地，也是东南亚和西亚、非洲西海岸的一些国家向中国"进贡"的海上转运之所，钦州、廉州成为中国对外贸易的重要口岸。第二，在海产方面，广西沿海发展了"珍珠产业"和"海盐产业"。其中，合浦珍珠，驰名中外。廉州盐场也成为宋元朝"中国七大盐场"之一，并成为朝廷的重要税源。第三，在海洋管理方面，宋朝设"廉州沿海巡检司"和水陆驿站，元朝设"廉州市舶提举司"和"廉州采珠都提举司"，专职接待番舶，管理外贸和采珠活动，收取"海舶"税，是中国地方政府最早管理航海贸易的机构。第四，在造船技术方面，当时钦廉沿海能造一种大海船，称"木兰舟"，船容数百人，"舟如巨室，帆若垂天之云"，"深涉南海，径数万里"[①]，在当时中国处于航海领先水平。第五，在海洋文化方面，以曾在钦州任职的周去非教授的著作《岭外代答》为代表，传播和介绍了海洋文化知识，使更多的人知道了广西、了解了广西。

（四）鼎盛时期。明代是广西海洋历史文化的黄金时期。明初，统治者曾对航海贸易实行开放政策。其中，明永乐三年（1405年）起，郑和七次下西洋，组建二百多艘海船、两万多人的庞大船队，历访三十多个国家和地区。这是世界航海史上的壮举，使中国古代航海事业走上鼎盛时期，并成为海洋大国。明初，广西开发海洋的规模，更胜于前代。一是，从洪武二十九年（1396年）至万历四十一年（1613年）的二百多年间，明朝皇帝曾十八次下诏广西沿海采珠，推动"南珠产业"和"南珠文化"的发展。其中，以弘治十二年（1499年）规模最大，出动海船一千多艘、人员一万二千多人，获取珍珠二万八千两。二是，明朝时广西沿海大规模

[①]（宋）周去非著，杨武泉校注：《岭外代答》（卷六），中华书局1999年版，第216—219页。

的漕盐，促进了钦廉海产的发展。其中，廉州府共建立十五个盐场和盐仓，并设立"海北盐课提举司"管理，将廉州海盐销往广西全境和贵州、湖南等地，促使广西沿海成为明朝中国的主要盐场之一。三是，明朝重视廉州的海外贸易。明初曾设"云屯市舶司"、廉州市舶太监、税课大使和钦州长墩岛市舶司管理钦廉和交趾的海外贸易，是中国重要的市舶司之一。四是，明朝加强廉州的海外交通。明朝中期曾增开"广东海道"，即在"廉州冠头岭发舟"，加强中国与东南亚各国的海上交通往来。由上可见，明朝在采珠、漕盐、外贸、海上交通四个方面的举措，客观上促进了广西海上丝绸之路的发展。钦廉沿海的"天后宫"（天妃庙）遗址，见证了广西海上丝绸之路的兴盛。

（五）中衰时期。明末清初，统治者由于"重农抑商"的思想作怪，闭关自守，多次实行"海禁"政策，使中国的海洋事业走了下坡路。其中，康熙元年（1662年）的"迁海令"，对广西航海贸易事业破坏最大。沿海商人、渔民三次迁往内地，无法出海营生。涠洲岛被"禁封"，居民被驱赶，造成了"地方凋零""四乡无墟市""老弱转死沟壑，少壮流离四方"[①]的悲惨景象。明末清初的海禁政策，使刚得到发展的广西民间海外贸易一度受到严重摧残。康熙二十四年（1685年），清朝收复台湾后，即实行"开禁"，并设粤海关管理两广沿海贸易。乾隆元年（1736年），清朝设廉州口海关，以促进广西海上交通和贸易的发展。设关以后，钦廉地区的商业才一度得到恢复，安南、暹罗等国的商船纷纷抵达钦廉贸易。

近代广西航海贸易发展艰难曲折。鸦片战争后，清政府被迫与列强签订一系列不平等条约，北海、龙州、梧州先后对外通商。1883年法国侵略者挑起中法战争，当时法军曾侵略中越边境，封锁北海港。1906年11月，清政府总理衙门同意广西巡抚的请求，开放南宁对外通商口岸。随着主权外丧，英、法、德、日、美等国纷纷在北海、龙州、梧州、南宁设立了领事府、洋行、教会等。抗日战争期间，日军以涠洲岛为据点，炮击我国渔船商船，封锁钦廉沿海，轰炸梧州、钦廉，造成钦廉海上交通和对外贸易全部停顿。1939年，日军从钦防登陆，从海上入侵广西境内。1941年3月，日军又侵占北海，大肆烧杀抢掠。在帝国主义的侵略下，近代广

---

① （清）屈大均：《广东新语》（卷二），中华书局1985年版，第31页。

西民族航业发展艰难，广西海上丝绸之路对外贸易严重受阻。尽管如此，广西民族船商仍然在外轮的排斥下，在逆境中为广西海洋运输做出贡献。

（六）振兴时期。新中国成立后，在中国共产党的领导下，广西水上交通和对外贸易发生了翻天覆地的变化。1950年上半年，广西海员支援大军解放涠洲岛、海南岛和万山群岛，在支前工作中做出巨大贡献。下半年，广西恢复与香港的海上交通和贸易。1952年6月，广西轮船公司成立并分别在北海、梧州设分公司。1953年1月，北海港务、航运合并成立北海航管处，大力发展海上运输。1954年8月，北海人民艰苦奋斗，依靠人力兴建了外沙西港口。1956年6月，中国外轮理货分公司在北海成立。8月，南宁港务局（后改为南宁市航运管理局）成立。1957年10月，贵县港务所成立，隶属梧州航运管理局。此后，北海、梧州、南宁、贵港重新成为中国重要对外贸易口岸。20世纪60年代，广西处于援越抗美的前哨，防城港开建"322工程"，北海港开建"6981工程"，并在北部湾开辟"胡志明"小道，运送大批援越物资，为履行国际主义做出巨大贡献。1974年，国务院批准将防城港扩建为对外开放的贸易港口。1983年10月1日，防城港举行开港典礼，宣布正式对外开放。1984年4月，中央宣布北海为我国进一步对外开放的14个沿海港口城市之一，并动工兴建石步岭港区万吨级码头。此后，广西海上丝绸之路的发展进入了新的时期。

（七）辉煌时期。改革开放以来，广西海上丝绸之路对外贸易呈现出最辉煌的篇章。1992年钦州市干部职工捐资建港，动工兴建了万吨级泊位，实现了孙中山在《建国方略》中提出建设钦州港的夙愿，成功地走出了一条"政府主导，社会共建，市场运作，投资主体多样化"的建港路子。1994年10月，国务院批准防城港、东兴、企沙、江山成为国家一类口岸。2006年，经国家交通部批准，广西沿海三市的北海港、钦州港、防城港国有港口企业重组整合，统称为"北部湾港"，组建广西北部湾国际港务集团，回归自治区人民政府领导。广西的港口企业进一步做大做强，有力地促进了海上交通和贸易的发展。北海、防城、钦州三港先后开辟了广西至北方各港内贸集装箱航线以及广西至东南亚、美国、欧洲的集装箱外贸国际航线。同时，开通了广西沿海港口至云南、贵州、重庆、四川的五定班列。特别是广西沿海至波兰马拉舍维奇班列的运行，开辟了一条从东盟国家经广西连接我国西南、中南地区，直至中亚、欧洲的国际陆海贸易通道。

2016年，广西已拥有水路运输企业346家，船舶8760艘（其中，内河8056艘、沿海587艘、远洋117艘），客位11.6万。全年完成货运量2.66亿吨，货物周转量1332.87亿吨公里，客运量560.99万人，旅客周转量26976.16万人公里。同比增长7.57%、5.39%、5.23%和-0.32%。其中，贵港市、梧州市、南宁市分别拥有运输船舶3260艘，载重466万吨；796艘，载重793万吨；1130艘，载重115.6万吨。在内河运输方面，贵港市完成货运量14425.6万吨，周转量3998914万吨公里；梧州市完成货运量2442.9万吨，周转量613309万吨公里；南宁市完成货运量3486.5万吨，周转量1717969万吨公里。与上年相比，贵港、梧州、南宁货运量分别增长了15.37%、9.07%和6.86%。另外，北海市、钦州市、防城港市海上运输完成货运量分别为736.75万吨、2352万吨和1374万吨。与上年相比，分别增长了5.85%、-0.36%和5.52%①。与此相配套，广西的海洋工程、航务工程、造船工业、通讯导航、船舶检验、救助打捞、环境保护等方面设施日趋完善。广西早已形成由港航、口岸、海事、船检、卫监、航标、救助等单位组成的一个比较完整的保障"一带一路"运行的行政体系，广西"海上丝绸之路"不断创造出新的辉煌。

三 加强广西海上丝绸之路史研究的重要性及意义

"治天下者，以史为鉴"。几千年的广西海上丝绸之路史，是众多的先驱者和劳动人民在开发海洋中创造出来的历史文化，是无数先辈的血汗和智慧的结晶。从古至今，一代又一代的航商、商人、海员和征战将士，在海洋上顶风斗浪，历尽艰辛，航行在北部湾、南海以及通往印度洋的航线上，为中外的海上交通、贸易往来、经济发展和文化交流做出重大的贡献。由于外贸和军事行动，古代曾在广西发生过不少大规模的航海活动。参加者都有几万人，死者更是不计其数，一批又一批的航海家、军事家以及广西海洋事业的开拓者，为广西海洋事业作出了杰出贡献甚至献出了生命。先辈留下来的遗产和精神财富是我们继续前行的基础和动力。

---

① 广西壮族自治区北部湾港口管理局：《2016年广西水运市场与经济运行分析报告》，北部湾港口管理局编印2017年版，第2页。

首先，海上丝绸之路历史文化具有认知和启迪功能。古代先辈在开发海洋的实践中，掌握了占星导航和季风的海洋文化知识以及造船使用风帆和尾舵的技术，为大规模的航海活动提供了先决条件。所以，汉武帝时中国的船队能够由合浦起航往东南亚和西亚航行，明代郑和船队能够七下西洋，这些都证明中国航海技术之先进，航程之长，影响之巨，在当时世界上是无与伦比的。研究"海上丝绸之路"这一伟大业绩，可以让后人得到很多启示：必须开发和利用海洋文化。只有通过学习海洋文化，学习前辈改造社会与征服海洋的精神、气魄和方法，才能启迪我们的智慧，使我们增长才干，创造新的业绩。目前，广西有关部门和其他沿海省份的六个城市联名向联合国教科文组织申请将"海上丝绸之路"纳入世界历史文化遗产名录，其目的就是扩大对外开放，发展海洋经济和文化，加强与各国人民的友好往来。

其次，海上丝绸之路历史文化具有教化功能。一是海洋知识的教育，二是爱国、爱家乡的教育。广西航海发展史上创造了许多奇迹。1954年北海市人民艰苦奋斗兴建外沙西港口。一支由干部、工人、船员、渔民和居民共3800人组成的义务劳动大军，利用退潮间隙，全靠人力挖沙、肩挑，用14个月的时间，挖出外沙西港口，民间称"担港"。该工程奠定了北海市以港兴市的基础，体现出全市人民自力更生的精神和艰苦奋斗的美德。1992年，钦州职工干部踊跃捐资建设港口，为今日钦州大港的建设奠定了基础。用这些历史事实对人们进行教育，可以培养他们热爱祖国、敬岗立业的精神。同时，增强企业的凝聚力，培养出一支"有理想、有文化、有道德、有纪律"的员工队伍。因此，加强对人们海上丝绸之路的历史文化教育，既是精神文明和海洋文化建设的需要，也是增强全民海洋意识的途径。

再次，海上丝绸之路历史文化有致用职能。认识海洋目的是利用海洋。海洋文化知识教育，最终是为了致用。宋代司马光编《资治通鉴》，目的是"以鉴往来有资于治道"。我们研究海上丝绸之路历史文化的致用有两个层次。一个层次是为海洋经济管理及海洋工程技术进步等方面提供借鉴。另一个层次是在政策、方针及至战略决策上，为国家有关部门吸取历史上的经验教训，制定发展规划时提供参考。

最后，研究广西航海贸易文化历史，必须重点研究"海上丝绸之路"。历史上"海上丝绸之路"就是我国同东南亚、中亚、西亚、东非、欧洲经贸和文化交流的重要通道。最近，中央提出加快21世纪"海上丝绸之路"建设的战略决策。习近平总书记指出："丝绸经济带和21世纪海上丝绸之路倡议顺应了时代要求和各国发展的愿望，提供了一个包容性巨大的发展平台，具有深厚历史渊源和人文基础，能够把快速发展的中国经济与沿线国家的利益结合起来。要集中国家力量办好这件大事，秉持亲、诚、惠、容的周边外交理念，近睦远交，使沿线国家对我们更认同、更亲近、更支持。"① 目前，广西建设"21世纪海上丝绸之路"除了拥有海洋历史文化悠久的传统外，还拥有五大优势：一是海外贸易基础；二是产业基础和临港工业基地；三是海洋渔业和海洋运输；四是港口物流和海上旅游；五是人脉优势、文化认同和企业家队伍。所以，我们加强广西海洋文化的历史研究，从中找出航海发展规律，一定能挖掘潜力，发挥优势，加快"21世纪海上丝绸之路"建设的步伐。

早在2013年9月，习近平主席访问哈萨克斯坦时就首次提出了加强"政策沟通、道路联通、贸易畅通、货币流通、民心相通"，共同建设"丝绸之路经济带"的倡议，至今已硕果累累。马来西亚的槟城跨海二桥，泰国至老挝会晒大桥，印尼最大的泗马跨海大桥，长达800公里的中缅油气管线等项目，全由中方出资，中国公司承建。另外，华为输出通信技术，促进了印尼移动宽带建设的发展。2015年10月亚太九号通信卫星成功发射，实现了对"海上丝绸之路"周边区域的基本覆盖。目前，我国发射了中星十八号等卫星，信号覆盖全球60%的陆地，惠及全球80%的人口，并为"一带一路"沿线国家及周边地区提供了全方位的卫星通信服务。这一切进一步展示了中国与邻为善、以邻为伴的周边外交方针，睦邻、安邻、富邻的周边外交政策和亲、诚、惠、容的周边外交理念，展示了中国作为发展中大国的担当与责任。2017年5月14日"一带一路"峰会在北京成功举办。29位国家元首和政府首脑，140多个国家代表，80个国际组织，共1600人出席，共同见证全球盛事。"一带一路"建设是沿线各国开放合作的宏大经济愿景，需各国携手努力，朝着互利互惠、共同安全的目标相向而行。努力实现区域基础设施更加完善，安全高效的陆

---

① 习近平：《加快推进丝绸之路经济带和21世纪海上丝绸之路建设》，《人民日报》2014年11月7日第1版。

海空通道网络基本形成，互联互通达到新水平；投资贸易便利化水平进一步提升，经济联系更加紧密，政治互信更加深入；人文交流更加广泛，不同文明互鉴共荣，各国人民相知相交、和平友好。"一带一路"建设包含基础建设和体制机制创新，有利于改善区域内各国的营商环境，有利于区域内资源有序自由流动和优化配置，有利于内陆国家和边远地区的开发，有利于各国之间削减贸易投资成本与壁垒。所以，聚焦"一带一路"倡议具有重要的划时代意义。

综上所述，加强对广西海上丝绸之路文化的历史研究，是海洋文化与当前建设航海事业相结合，深入到改革开放的一种表征。因此，我们对广西海上丝绸之路历史文化进行研究和挖掘，加大宣传力度，不但可以提高人们的文化自信，而且对普及国人的海洋意识，促进人们海洋文化水平的提高有着重要的作用。同时，还可以充分发挥海洋历史文化的社会功能，更好地为广西四个文明建设服务，实现文化广西建设的目标。这就是我们进行海上丝绸之路历史文化研究最重要的目标。

第二节 广西海域自然地理和对外开放港口

广西地处祖国南部，面临12.93万平方公里的北部湾，海岸曲折，港湾众多，航海自然条件优越，是我国西南、中南地区面对东盟的重要出海通道。海岸线东起与广东交界的英罗港，西至中越两国交界的北仑河口，全长1628.5公里。较大的港口有铁山港、北海港、钦州港、防城港、珍珠港、企沙港等。较大的港湾有铁山港湾、廉州湾、钦州湾、防城湾等。沿海岛屿有697个，较大的有涠洲岛、斜阳岛、山心、巫头、澫尾三岛（现已筑堤与大陆连成半岛）和龙门群岛。北海港、钦州港、防城港作为我国沿海的天然良港，通过玉铁、钦北、南防、黎钦等铁路，融入全国铁路网，是我国重要的对外开放港口和海运基地。

一 广西海域的自然地理

广西沿海属华南准地台南端，北部湾坳陷，在漫长的地质发展史中，经历了早古生代准地台型沉积、中生代、新生代陆缘活动带盆地沉积三大发展阶段。

距今约 4.4 亿年的早古生代至留纪时期，境地一片汪洋。至留纪末期，地壳运动使境内地壳上升，奠定了广西沿海地域基底的构造格局。至晚古生代，海水时浸时退，形成濒海浅海及海陆交互沉积。后来受华力西运动及印支运动的影响，地壳大面积上隆，并长期处于风化剥蚀阶段，造成缺失。至新生代第三纪初，北部湾再一次沉沦为海，形成北部湾凹陷。至第四纪，喜马拉雅运动第三幕，地壳大幅度上升，尔后又发生数次海进海退。中晚更新时期，涠洲岛和斜阳岛海区处于海水淹没的凹陷积环境，海底火山运动频繁。"晚更新世后期，两岛完全上升露出海面"[1]。全新世以来，境内地壳缓慢上升，构造出广西沿海基本地质格局。受大自然塑造和人类活动影响，几经变化，形成了广西沿海现今的地质景观。广西沿海地域属海积平原，可分为滨海平原、火山岩台地、基岩残丘、海积海蚀地岸四大地貌单元。总体地势北高南低，由北向南倾斜，地势平坦，海拔10米—20米，组成物质为第四纪的黏土质砂、砂质黏土和砾砂等松散沉积物，属以冲积为主的滨海平原。

　　北海港所居海岸地势较平缓。以地角为界，东为砂砾及黏土层组成的阶地海岸，西侧至冠头岭属丘陵海岸。冠头岭东至西村为沙滩海岸，岸线平直，长达40多公里。海蚀地貌分布于北海市地角至南澫和高德以北沙脚至峒尾海岸，主要是剥蚀平台、海蚀崖、海蚀徒坎、海蚀洞、海蚀敦等。海积地貌分布于北海市自峒尾—高德—地角一带。涠洲岛分布于石盘海滩—横岭—后背塘—西角沿海一带。阶地平行海岸呈条状展布，主要有古海滩、砂堤、潟湖、砾石堤、潮间浅滩等。钦州湾、防城湾由三面丘陵环抱，南临北部湾，呈低山丘陵，微斜平原及海漫滩地貌。钦州湾内多为砂砾质岩岸，钦州河口沉积大片浅滩。防城港湾内地质多为海沙夹淤泥，防城港口地势西北高，东南低。防城港市境内地貌主要由山峰隘口台地、平原谷地、丘陵溶蚀谷地及河流组成[2]。其中，丘陵面积占80%以上。北部及南部以低山丘陵地貌为主，中部为山地，东南部为沿海丘陵和海湾滩涂地貌。北海市境内涠洲岛和斜阳岛属第四纪滨海火山喷溢堆积经地质作

---

[1] 罗星烈、庄宗球主编：《北海市海洋志》，广西人民出版社2013年版，第20页。
[2] 防城港市地方志编纂委员会：《防城港市年鉴（2014）》，广西人民出版社2015年版，第4—5页。

用而成的火山岩台地，由橄榄玄武质火山碎屑组成，受地表水及风化剥蚀作用影响，火山岩台地被风化为0.4米—0.7米厚的红土层。涠洲岛地势南高北低，海拔20米—40米，最高峰灯楼顶海拔79.6米。斜阳岛地势西北高东南低，海拔50米—100米，最高峰羊咩岭南海拔140.4米。

广西海湾自东向西主要有铁山港湾、廉州湾、钦州湾、防城港湾等。

廉州湾，位于北部湾北缘，北海市区之北部，包括北海半岛冠头岭冠头角至南流江口连线与陆岸所围绕的半圆形水域，海岸线长约128公里，湾口向西南，宽约17.7公里，面积约215平方公里。南流江和大风江是常年性流入廉州湾的河流，对廉州湾及邻近海域的泥沙来源、航道及水文环境等有重要的影响。南流江年平均径流量68亿立方米，大风江年流量18.3亿立方米。其中，南流江年输沙量150万立方米，大风江年输沙量36万立方米。南流江携带的泥沙不断沉积，在潮汐和河流的作用下，塑造成河口冲积平原，河汊密布，成为"网河"区，使三角洲每年以1.6米的速度向海推进。廉州湾海域地势北高南低，水深范围为0米—10米，等深线的走向基本上与海岸线平行。北部为一片浅滩，潮间十分宽广，散布许多南北走向的槽沟。从地角村至冠头角一带，有一条长14.6公里的天然深槽，水深6米—10米，宽600米—1000米，总面积约为10平方公里，该处可建万吨级泊位20多个，是广西沿海重要的天然良港。

铁山港湾，位于北部湾北部，北海市区东部，其范围包括北海市的营盘至合浦县英罗港附近连线与陆岸湾内的水域。该湾为一狭长的台地溺谷型海湾，内弯呈鹿角状，湾口为喇叭形，口门宽32公里，水域南北长约40公里，东西平均宽度4公里。全湾岸线长170公里。海湾面积340平方公里，其中滩涂面积约173平方公里。海域范围北起公馆镇，西至闸口、南康、兴港镇，东达合浦县白沙、山口、沙田镇，南面与大海相通。铁山港湾为半封闭性陆架海湾，其地势北高南低。海底坡度平缓，其水深1米—23米。湾北部和东西两侧有发育良好的大面积浅滩。湾口中央有小沙洲堆积，将主水道分成东西两条分水道。东水道顺直宽阔，为落潮冲刷槽；西水道较弯曲，底部地势较为复杂，上有沙坝、下有栏门沙，属涨潮冲刷槽。两条水道由南向北伸向港内，形成两条天然航道。港湾西岸是铁山港区，该海岸可建5万—20万吨级泊位10个和1万—3万吨级泊位60个。东、西两岸岸线总长约52公里，可建1万—20万吨级泊位200个以上。

钦州湾，位于东经108°30′至45′，北纬21°35′至50′，东、北、西三面丘陵环抱，湾口朝南，口门自南向北逐渐减小。在北纬21°42′至48′，自西向东发育成龙门港、茅尾海、金鼓江、鹿耳环江等海汊，并以龙门港、茅尾海为主，实为钦州湾的内港。钦江、茅岭江分别从东北、西北方向汇入茅尾海。钦州湾由于受到地质构造影响以及海水长期浸蚀，基本上没有大片宽阔平坦的陆域，湾内大多为砂砾质岩岸。内弯南段（青菜头至亚公山一带），礁岛星罗棋布，港汊众多，有"七十二径"之称，是典型的谷地溺谷。其陆岸为众多弯弯曲曲的小海汊分隔的低丘小岛，从果子山至钦州市区33公里，多为低丘地貌。

防城港湾位于广西沿海西部、北部湾的北侧。湾内三面丘陵环抱，东为企沙半岛，西为白龙尾半岛，湾口向南敞开，中间被渔澫岛分为东西两个海湾，东湾呈袋状形，西湾呈倒挂瓶口形。海流的形成是由地域构造的特性及海岸动力因素共同作用的结果。海湾水下均呈滩地构造，口门处有约2.5公里宽的拦门沙。西湾总的水域面积约20平方公里，瓶口在涨落潮流的影响下形成-4米至-8米的深水区，同时形成牛头深槽，深水区的面积约1.5平方公里；东湾总的水域面积80平方公里，在涨落潮流的影响下形成的暗埠江深槽基本贯通，全长约12公里，水深从-4米至-14米不等。10米以上的深水区1.5公里，宽约400米。牛头岭深槽水深在-5米至-9米，全长约8公里，宽约400米。防城港湾，是扩建深水泊位的天然良港。

二 广西独立入海和内河主要出海水系

广西沿海独立入海并对航海产生巨大作用的河流，主要有南流江、钦江、茅岭江、防城河、北仑河、大风江等。

南流江，发源于广西玉林与北流交界之大容山中央塘。流经北流、玉林、陆川、博白、浦北至合浦的烂泥窑注入北部湾，全长281公里，集水面积9700平方公里。南流江为合浦、北海至船埠的一条重要江海直通水运线，过去水运相当繁忙，沿江有党江、石湾、常乐、张黄、江口、博白、船埠等主要小港埠。原通航里程曾达到224公里，30吨级货船可溯江而上抵船埠港，70吨级货船可直驶沙河港。1970年博白水电部门于沙河圩处建坝，因无过船设施，造成博白至沙河段50公里河道断航。建于

1964年的总江桥闸，设计最高水位4.25米，对廉州船闸——石湾段航道水位起调节作用，但因船不能贯通驶达上游的主要港口博白、船埠，造成该江水运萎缩。交通部门为复航，于1988年11月动工兴建船闸，按九级船闸设计施工，可通航100吨级航舶。

钦江，发源于灵山县平山石坡附近，流经平山、灵东、灵城、那隆、三隆、陆屋、平吉、久隆、钦州炮台注入钦州湾，长183.5公里，集水面积2383平方公里。沿岸均为丘陵台地，河宽一般在100米—130米之间。钦江历来是一条重要的水运线，陆屋曾是钦江中游一个重要口岸。钦州以下至沙井航道，枯水期航道尺度0.6米×10米×150米；涨潮期航道尺度1.2米×20米×250米，"1972年在雷庙沟新河进行截弯取直工程，缩短了航道里程2公里，改善了航道条件"[①]。

茅岭江，发源于灵山、钦州交界那香附近。流经那谷、长滩、小董、甲派、黄屋屯等乡镇，至茅岭中间村处注入钦州湾，全长135.9公里，集水面积2910平方公里。茅岭江流域跨越钦州、防城、上思、邕宁4县，原通航里程为102.5公里，河宽约50米—100米，河床较稳定。甲派至茅岭段长45公里，枯水期航道尺度为0.5米×1米×15米，可通航20吨—50吨级船舶。甲派至黄屋屯可通航10吨—40吨级船舶；黄屋屯至中间村19公里属潮汐影响区，潮位差约4米，可通航50吨级沿海货轮，100吨级轮驳船可乘潮通至茅岭[②]。

防城河，发源于防城县与上思县交界的扶隆乡一带，流经扶隆、那勤、华石、防城县城后至针鱼岭注入防城港湾，全长132公里。防城河曾是防城县境内一条重要水运干线，防城镇以下乘潮可航行70吨级船舶，枯水航道尺度0.3米×10米×80米；涨潮时航道尺度可达2米×12米×100米。针鱼岭以上航道设有三座发光标志助航，针鱼岭以下约8公里接入防城港区航道，"现通航段防城—渔澫岛长23公里，可通航30至40吨级船舶，枯水航道尺度为0.3米×8米"[③]。

北仑河，是流经中越边境的一条河流，发源于防城县与宁明县交界的

[①] 黄名汉、杨家琪：《广西航运志》，广西人民出版社1994年版，第26页。

[②] 同上。

[③] 同上书，第28页。

巴哭山附近，流经板八、板蒙、北仑、那堃、东兴镇至竹山处入海，全长98公里。北仑河自西北向东南流经我国境内的集水面积为710平方公里。东兴至竹山段10公里，原航道段设有8具灯桩助航，"低潮水深在0.5米左右，航道宽20米—30米"①。

大风江又名那彭江，发源于灵山县伯劳镇万利附近，流经钦州的那彭、平银、东场，在沙角河口处注入三娘湾，总长146公里，集水面积1927平方公里，枯水流量 $1—2m^3/s$。原可通航至那彭。其中平银至沙角段航道长46公里，可通航40吨级船舶；东场以下可通200吨级沿海货轮。

广西内河主要出海水系是西江水系。西江水系的主源是南盘江，发源于云南省东部沾益县马雄山，流至贵州省册亨县蔗香，与北盘江汇合后称红水河；红水河流至象州县石龙，与柳江汇合称黔江；至桂平汇合郁江后称浔江；至梧州汇合桂江后称西江；至广东省三水县、思贤滘与北江相汇，进入珠江三角洲。西江主干流总长2206公里，广西境段（含南盘江一段，红水河、黔江、浔江及西江各一段）长约1226公里。南宁港上下游主要水道有左江、右江、郁江，它们都是珠江流域西江水系的重要干支流，为广西南部重要水运干线。右江主源称驮娘江，发源于云南省广南县境内，从西北向东南流，经广西的西林、田林两县，与西洋江汇合后称剥隘河；至百色市与澄碧河汇合为右江；再流经田阳、田东、平果、隆安等县，在南宁市邕宁县宋村与左江汇合后称为郁江。右江长318.8公里（百色至宋村），江面宽度为100米—200米，年平均径流量为88.06亿立方米，年最大径流量为160.5亿立方米，最小径流量为45.84亿立方米，枯水期最小水深1米—1.2米，可通航120吨级船队。右江主要港口有百色、田阳、田东、隆安等港。左江上源是水口河和平而河，水口河发源于我国云南省普海附近，流经越南再入水口关进入我国广西境内；平而河发源于越南北部山区，向东南流至龙州与水口河汇合后称为左江，再至崇左境与黑水汇合，最后流至宋村与右江汇合为郁江。左江流域面积为32100平方公里，江长288公里（龙州至宋村），江面平均宽度100米—200米，年平均径流量为86.36亿立方米，年最大流量为6980立方米/秒，年最小流量为6.2立方米/秒。左江水运在历史上起到过重要作用，曾是广西与越南重要的水运通道，

---

① 黄名汉、杨家琪：《广西航运志》，广西人民出版社1994年版，第28页。

在国际运输交通交往中做出过贡献。目前枯水期航道最小水深0.5米—0.8米，可通航40吨级船舶。南宁港区水路通航203.5公里，西江航线主干线南宁至贵港二级航道工程早已完工，可通航2000吨级船舶。

广西内河出海主要港口为南宁港、贵港、梧州港。随着国家西江航运建设（广西段）一期工程的三大项目——桂平航运枢纽、贵港中转港和南宁、贵港至梧州沿江工程的全面竣工，西南通往华南地区出海水运大通道的过货能力大为提高。同时，南宁至贵港、梧州区间600余公里的水路形成了出海重要通道。西江为珠江干流的下游段，历来是两广水运的大动脉。自广西梧州市桂江河口起至广东省三水县的思贤滘口止，河长218公里，占西江干流全长的10.5%。自梧州市东流13公里至界首的大源冲口（广西与广东界临江处）经广东封开、郁南、德庆、肇庆、三水至斗门县磨刀门灯笼沙处注入南海，全长348公里。航道水深均大于2.3米，设有二级航标助航，昼夜可通航500吨—2000吨级船舶和400客位的客轮①。黔江与郁江汇合后始称浔江，自桂平先城至梧州市桂江河口止，全长169公里，位于西江干流线上的中下游段，流经桂平、平南、藤县、苍梧和梧州市，设有二级航标助航。郁江上承左、右江，下接浔江、黔江，自左、右江于邕宁县宋村汇合的三江口起至桂平县城汇黔江河口止，全长424公里（含邕宁县境内称之邕江段）。若以红水河为西江主干而言，郁江只是西江主干流的最大支流，但自古至今着实是西江航运的干线，它上通广西首府南宁市，且可溯左江而达越南，下通广东省会广州市和港、澳，流经南宁市、邕宁、横县、贵港市、桂平等广西经济较发达的地区。贵港航运枢纽建成后，郁江形成桂平、贵港、西津三个航运梯线，全线可通千吨级船舶，现设有航标助航。

三　广西对外开放港口的现状及环境

广西沿海主要港口有北海港、钦州港、防城港，统称广西北部湾港，它们和内河主要港口梧州港、贵港港、南宁港，组成中国对外开放港口，是中国西南、中南的出海门户，更是我国与东南亚各国交流的水上交通枢纽。各港的自然条件各不相同，各具特色。

---

① 黄名汉、杨家琪：《广西航运志》，广西人民出版社1994年版，第4页。

桂平航运船闸（广西港航管理局提供）

（一）海上丝绸之路始发港——北海港现状及环境

北海港，地处广西北部湾北面，南流江入海口之南，北海半岛西端，由石步岭作业区、海角作业点、铁山港作业区组成。北海港至国内沿海主要港口里程分别为：至防城港 52 海里，至海口 124 海里，至湛江港 255 海里，至香港 420 海里，至广州 480 海里，至汕头 601 海里，至上海 1200 海里，至大连 1636 海里。至东盟国家主要港口里程分别为：至越南海防 157 海里，至岘港 319 海里，至胡志明市 780 海里，至印尼雅加达 1647 海里，至三宝垄市 1710 海里，至缅甸仰光 2412 海里，至孟加拉古大港 2819 海里，至斯里兰卡科伦坡 2862 海里，至印度加尔各答 2945 海里。目前，北海港拥有国内货运航线 85 条，并与 200 多个国家和地区的港口有贸易往来。公路四通八达，有北海至南宁、玉林高速公路。航空已开辟至北京、上海、沈阳、长春、广州、深圳、香港、成都、重庆、贵阳、昆明、长沙等地航线。铁路方面，拥有钦北线、玉铁线，北海至南宁、昆明、贵阳、重庆、成都、广州等地有动车运行，并已开通北海至四川、云南、贵州、四川、重庆、湖南的客货运输。优越的地理位置和全方位的立体交通，使北海港成为我国大西南、中南出海的重要通道。

北海港域所辖海岸线东起英罗湾，西至大风江入海口，岸线总长

500.13 公里（其中大陆岸线 468.2 公里，岛屿岸线 31.93 公里）。截至 2016 年 12 月，全市泊位 60 个。其中，万吨级以上泊位 15 个，最大靠泊能力 15 万吨；万吨级以下泊位 31 个；1000 吨级以下泊位 15 个；非生产性泊位 1 个。泊位岸线总长 7612 米。码头泊位年通过能力为：货物 4424 万吨，集装箱 5 万标箱，滚装汽车 35 万辆，旅客 436 万人[①]。2017 年北海市港口货物吞吐量完成 3168.77 万吨，比上年增长 15.24%。

铁山港区距北海市区 41 公里，有一级公路相连，玉铁高速已通车。铁山港区岸线 55.8 公里，将建成以大型临海工业为主的亿吨现代化港区。港区现有码头泊位 17 个，其中 26.3 万立方米 LNG（液化天然气）专用泊位 1 个，10 万吨级泊位 5 个，5 万吨级电厂专用煤码头 1 个，5 千吨级危险品泊位 3 个，其余为 50 吨—500 吨级地方小型码头泊位。另有北暮作业区 5—6 号泊位，神华能源基地 3 个 10 万—15 万吨级泊位，水工结构已完成，正在建设后方配套设施。项目投产后，铁山港区港口吞吐能力可近 4000 万吨。铁山港区航道疏浚二期扩建工程由西航道和外航道组成，10 万吨级，兼顾 26.3 万立方 LNG 船，目前已完工投入运行。铁山港区航道三期工程由石头埠航道和雷田航道组成，最大通过能力为 10 万吨级，目前正在施工中。2017 年开工的铁山港区北暮作业区公共泊位，建设规模为 15 万吨级码头 1 个，10 万吨级码头 3 个，增加吞吐能力 1450 万吨。铁山港东区包括充美作业区、榄根作业区、沙尾作业区和沙田作业区。榄根作业区 10 万吨级 1—2 号泊位和 5 千吨级南 1—10 号泊位共 12 个泊位正在建设中，设计吞吐能力 920 万吨。

涠洲岛港点目前被利用的海岸线主要集中在该岛的南湾。水产码头建在南湾北岸，现已停止使用；中国海洋石油湛江分公司在涠洲岛西部建有 2000 吨级和 5000 吨级油气码头各 1 个，60000 吨级单点系泊油气码头 1 个；在涠洲岛西北角高岭附近修建的客货码头（2000 吨级客货泊位和滚装船泊位各 1 个），旅客年通过能力 25 万人次，车辆 1.23 万辆次，已投入使用。港点设计年通过能力为：货物 270 万吨，旅客 62 万人次，滚装汽车 1 万辆。

---

① 中国港口年鉴编辑部编：《中国港口年鉴（2017）》，中国港口杂志社 2017 年版，第 241 页。

北海港石步岭港区（广西港航管理局提供）

　　石步岭港区位于北海市区西部，紧邻北海出口加工区，是一个以集装箱、件杂货运输和国际邮轮码头为主的综合性商港，现有万吨级以上泊位7个。其中货运码头1万吨级泊位2个，2万吨级泊位2个，3.5万吨级泊位1个，5万吨级泊位1个。按自治区建设邮轮母港战略要求，已动工兴建5万、7万吨级邮轮泊位各1个，项目正在加快推进。海角港点现有泊位6个，其中千吨级泊位4个，2千吨级泊位1个，2千吨级客滚泊位1个。侨港港点现有客滚泊位4个，辅助泊位1个，均为2千吨级。现有航道水深为-3.5米。港点年通过能力为：货物600万吨，旅客314万人次，滚装汽车30万辆。根据《广西北部湾经济区发展规划》，铁山港区将建成亿吨现代化港区，石步岭港区将发展成为以大型邮轮码头为主的邮轮母港。

　　北海港航道主要由北海水道、石步岭港区航道以及铁山港区航道组成。其中，北海水道位于引航、检疫锚地至装卸锚地之间，长14.6公里，宽500米至2000米，水深-6米至-10.5米，无暗礁拦门沙。石步岭港区航道位于北海水道中段至石步岭万吨级码头之间，长1300米，底宽130米，水深-8米至-12米。铁山港区航道由东、西两条深槽组成。东水道宽1500米，长约3公里，平均水深-18.7米；西水道宽700米，长约20公里，平均水深-16.5米。铁山港湾内航道，从湾门口至石头埠、公馆长约40公里，宽200米至400米。铁山港湾外航道，从铁山港检疫锚地向西南伸至涠洲岛西北海域，全长70公里，水深平均-16米。北海

北海港集装箱场码头、北海铁山港码头（广西港航管理局提供）

港引航、检疫锚地位于冠头岭西南海域1号灯浮处，即自冠头岭灯塔其南方位190°，距岸4.2公里。以1号灯浮（东经109°02′15″，北纬21°23′14″）为中心，以800米为半径的圆周范围，水深-9米至-10米，海底平坦，为泥沙质。装卸和避风锚地位于廉州湾南部湾口，即天然深槽的末段，距地角码头约100米，距西港口码头约1200米，1、2、3号锚地长3000米，宽450米至550米，水深-6米至-10.5米，面积136.8公顷，泥沙地底质。可同时停泊5000吨至30000吨级的轮船6艘至8艘，进行船过驳或驳过船的装卸作业，可以避风。

北海港位于北回归线以南，受亚热带海洋性季风的影响，冬无严寒，夏无酷暑，气候温和湿润。港口最热为7月份，平均气温是28.7℃，最高气温为37℃；最冷为1月份，平均气温14.3℃，最低气温为2℃；累计年均气温为22.6℃。另外，港口累计年平均相对湿度为79%。月最高相

北海出口加工区（广西北部湾港口管理局提供）

对湿度为84%，月最低相对湿度为75%。北海港每年降雨量在849.1毫米—2211.2毫米之间，年均降雨量为1664毫米，主要集中在7、8、9月，以雷阵雨居多，并且明显受台风过境带来雨量的影响。北海港区风向季节变化显著，冬季多为偏北风，夏季多为东南风，全年常风向为北向，其次为东南方向，频率分别为22%和10.8%。夏秋两季受热带风暴和台风影响，平均次数为每年2—4次，一般仅有8—9级，12级以上台风极罕见。北海港潮汐属于以不正规全日潮为主的混合潮型。一个月中大潮为全日潮，每天出现一次高潮、一次低潮，全日潮出现的天数平均为22天。一个月中小潮汛期为半日潮，每天出现两次高潮、两次低潮，半日潮出现的天数平均为8天。累年最高潮位5.93米（1986年7月21日），最低潮位-0.17米（1987年3月25日），平均高潮位3.90米，平均低潮位1.35米，平均潮位2.55米，平均潮差2.49米，最大潮差5.87米（1986年7月21日）。全日潮平均涨潮历时15小时03分，平均落潮历时9小时44分。潮流初潮时，水流自东南向西北，绕过北海半岛进入廉州湾。落潮时，湾顶积聚的水紧迫南部海岸（老港区附近）绕过地角向西南方退出，且大部分水体是集中深槽后退出。大涨潮时，涨潮平均流速为0.13米/秒，落潮平均流速为0.31米/秒。小潮时，涨潮平均流速为0.11米/秒，落潮平均流速为0.15米/秒。涨潮最大流速0.79米/秒，落潮最大流速 1.63 米/秒，分别出现在涨落潮中水位附近。北海年平均水温为 23.7℃，累年最高水温为 35.7℃（1964 年 5 月 20 日），最低水温为 6.5℃（1964 年 2 月 21 日）。平均盐度为 28.02‰。

（二）中国西部沿海唯一保税港——钦州港现状及环境

钦州港，位于东经 108°35′，北纬 21°44′，地处北部湾湾顶，三面群山环抱。南面向海，自然环境十分优越。1997 年 6 月，钦州港作为国家一类口岸正式对外开放。钦州市海岸线长 234.4 公里，为广西沿海交通的一大枢纽，南防（南宁至防城）、黎钦铁路线和钦北（钦州至北海）铁路线于此相接，交通便利。钦州港的西北有茅岭江、东北有钦江注入，可乘潮通航小型内河船舶。钦州港是天然深水良港，又是广西以南宁—钦州为中轴的临海工业带的南部海陆运输枢纽和大西南最便捷的出海口。此外，还有钦港、永鑫、石化产业园、大榄平至保税港区铁路专用线，铁路年疏运货物能力为 1 亿吨。2014 年"钦州港设计货物吞吐能力 1 亿吨，完成货物吞吐量 6412 万吨，增长 6.2%；集装箱完成 70 万标箱，增长 16.8%"①。当年，钦州市拥有港口经营企业 60 家，建成投产件杂货、散货、油气、滚装、集装箱功能等公用、工业泊位 83 个。"其中，10 万吨级泊位 12 个，7 万吨级泊位 7 个，5 万吨级泊位 6 个，3 万吨级泊位 1 个，1 万吨级泊位 4 个，万吨级以下泊位 53 个"。"进港航道最高等级为 10 万吨级，30 万吨级主航道已完工"②。同年，钦州港建设水运项目 20 个，包括大榄北 1—3 号泊位工程，大榄坪作业区 12 号、13 号泊位工程，30 万吨级原油码头，国投钦州煤炭码头工程，均达、永鑫散货码头工程，30 万吨级进港航道工程，金鼓江航道工程等重大项目，"完成投资 24.5 亿元"③。目前，钦州已建保税区和中马产业园，并开通钦州至海口、广州、香港、汕头、厦门、上海，以及钦州至越南、马来西亚、新加坡港口的集装箱定期班轮航线。随着港口建设的加快，大型石化、能源、造纸、冶金、粮油加工项目落户钦州港，五大工业产业格局基本完成，为港口提供巨大的物流。根据《钦州港总体规划》，主要港区分别为西港区、中港区

---

① 钦州市地方志编纂委员会办公室：《钦州市年鉴（2015）》，广西人民出版社 2016 年版，第 208 页。

② 同上。

③ 同上。

和东港区；小港区分别为茅岭、沙井和那丽港区。其中，西港区由观音堂、樟木环、勒沟、果子山、鹰岭、金鼓江等作业区组成；中港区由大榄坪、大环、三墩等港区组成。钦州保税区规划面积10平方公里，可建10万吨级集装箱泊位8个，5万吨级集装箱泊位2个。截至2016年底，钦州市共有生产泊位79个，码头总长度13464米，其中万吨级以上码头泊位32个，仓库面积75万平方米，堆场面积156万平方米，各类港口装卸机械493台套，最大起吊能力为60吨①。2017年，钦州港全年完成货物吞吐量8338万吨，同比增长19.9%。

钦州港一角（广西港航管理局提供）

钦州湾水道自青菜头至果子山水域长2.5公里，宽1.1公里至2.5公里，水深-5米至-15米，距岸150米至400米。其中，-10米深水区2.75平方公里，-15米深水面积0.135平方公里。果子山到勒沟水域长1.5公里，宽1.5公里至2.5公里，距岸150米至500米，水深-5米至-15米。其中，-10米深水区长1500米，宽500米；-15米深水区长600米，宽150米。勒沟到虎墩水域，长1500米，宽2000米至2500米，

---

① 中国港口年鉴编辑部编：《中国港口年鉴（2017）》，中国港口杂志社2017年版，第241页。

距岸50米至100米，水深-5米至10米。虎墩至亚公山水域，长3000米，宽1000米至1500米，距岸50米至200米，水深-5米至-15米，其中-10米深水区范围长2800米，宽500米至700米；-15米深水区范围长2000米，宽150米至400米，底质为泥沙。自亚公山至大海公以北两公里之间水域，长约6000米，宽300米，水深-5米至-10米，是通往钦江的要道，港口自然条件十分优越。

钦州港年平均气温21.9℃，极端最高气温37.0℃（1981年5月），极端最低气温1.1℃（1977年1月）。最冷为1月，平均气温13.0℃；最热为7月，平均气温28.3℃。钦州港多年平均降水量为2234.8mm，年最大降水量为2961.5mm（1976年），年最小降水量1425mm（1977年）。降雨量主要集中在6—9月，4个月的降水量占年降水量的66.7%，而11月—翌年3月，5个月的降水量仅占年降水量的11.3%。以8月的降水量为最多，达449.5mm，占年降水量的20.1%。多年平均雨日数为167.8天，多年平均雷暴雨日数为90.4天。钦州港季节风明显，每年5—8月多偏南风，6—7月最多。9月至翌年4月多偏北风，11月—翌年2月最多。常风向为北，出现频率26%。次常风向东北，出现频率9.2%。热带风暴和台风每年出现在5—11月，8—9月最多，平均每年2.4次，最多5次。钦州港多年平均相对湿度为83%，多年最高相对湿度达100%，最低相对湿度为20%。钦州港潮汐属不正规全日潮，最高高潮位6.57米（1986年7月22日），最低低潮位-0.42米（1968年12月22日），平均潮位3.04米，平均高潮位4.33米，平均低潮位1.83米，最大潮差5.49米，平均潮差2.51米。钦州港潮流具有往复流性质，流向基本与深槽一致，退潮快，涨潮慢，退潮历时4—12小时，平均8小时。涨潮历时6—18小时，平均9小时。

（三）中国西部沿海第一大港——防城港港现状及环境

防城港，位于东经108°21′，北纬21°37′，地处广西沿海西部，北部湾西北侧，中国大陆沿海南端。防城港海陆交通发达。海路东距北海港49海里，东南距海口港174海里，西南距越南海防港151海里，至胡志明市800海里，至新加坡1045海里，至泰国曼谷1343海里。该港距南宁市143公里，距柳州市368公里，距贵阳市900公里，东距钦州市60公里，距北海市168公里，距湛江市317公里，距东兴市60公里。港口由

钦州港建 30 万吨级航道开工仪式（广西港航管理局提供）

南防铁路线经南宁与湘桂、黔桂、枝柳线和南昆铁路线联网。

防城港一角（广西港航管理局提供）

2013 年底，防城港市共有码头泊位 121 个。其中，生产性泊位 116 个，万吨级以上泊位 33 个，最大靠泊能力为 20 万吨级。生产性泊位岸线总长度14794米；生产用仓库面积253332平方米，容积125633立方米，生产用堆场5359416平方米，港口装卸机械1435台（套）；"港口设计货物综合通过能力货物12516万吨，集装箱185万标箱，旅客10万人次"[①]，全市港口完成投资298769万元[②]，续建项目为防城港东湾403号—407号泊位，云约江作业区1号泊位，东湾402号泊位和钢铁基地20万吨级、5万吨级泊位码头水工主体建成。根据交通部和自治区人民政府批复的《防城港总体规划》，规划岸线106.3公里。其中，码头岸线长40.3公里，可建万吨级泊位200多个，货物吞吐量能力超过2亿吨，分为5个港区。第二港区由9号—16号泊位组成，是近期承担干散货、件杂货和集装箱运输的综合性港区。第三港区位于牛头航道及西贤航道东侧，现拥有18号—22号泊位，为承担大宗干散货运输为主的港区。第四港区位于东湾暗埠江深槽西侧，已建有20万吨级矿石和5万吨级液化气码头，规划为散货和外贸集装箱作业区。至2016年底，防城港市共有泊位125个，其中生产性泊位120个，万吨级以上泊位36个，码头最大靠泊能力为20万吨级，生产性泊位总长度15527米[③]。2017年，防城港市完成港口货物吞吐量为1.04亿吨。

防城港进港航道自南向北，全长7.3海里，底宽80米至120米，水深－8米至－16米，分三牙、西贤、牛头三个航段，为人工疏浚的单程航道，可为20万吨级船舶乘3.5米潮高进出港口。其中，三牙段为15万吨级，底标高－16米，宽160米。防城港锚地分为三个区域：一是引航、检疫锚地，位于北纬21°27′56″，东经108°21′13″，半径为1000米，水深－13米；二是大型船舶待泊及避风锚地，位于北纬21°28′30″至21°29′02″，东经108°20′17″至108°24′12″，半径为500米，设有10个锚位，面积达790万平方米，水深－19米至－21米，可锚泊2.5万吨级以上船舶；三是中小型船舶锚地，位于东经108°21′12″至108°21′36″，北纬21°33′00″至21°3′09″，半径为300米，面积为113万平方米，水深－7.0米，共设

[①] 防城港市地方志编纂委员会编：《防城港市年鉴（2014）》，广西人民出版社2015年版，第244页。

[②] 同上。

[③] 中国港口年鉴编辑部编：《中国港口年鉴（2017）》，中国港口杂志社2017年版，第241页。

防城港码头一瞥（广西港航管理局提供）

锚位4个，可泊5000吨级船舶。

防城港年平均气温22.2℃。最热月为6月，平均气温为27.9℃，极端最高气温为35.4℃。最冷月为1月，平均气温13.9℃，极端最低气温为2.8℃。港口年最大降水量3111.9毫米，年最小降水量1745.6毫米，多年平均降水量2334.1毫米。降水主要集中在6—9月，4个月降水量占年降水量的72%，而11月—翌年3月五个月的降水量仅占年降水量的6.4%。防城港常风向为季节性东北风，出现频率30.9%；次常风向为西南风，出现频率8.5%；强风向为东，出现频率4.7%，多年平均风速达5米/秒，强风风速一般为20米/秒。热带风暴年平均1次，最多3次，多发生在6—9月份，风力一般为8—10级。防城港多年最高相对湿度达100%，最低相对湿度17%，平均相对湿度81%。防城港潮汐属正规全日潮，根据防城港潮位站1976—1990年实测潮位资料统计：最高高潮位5.54米（1986年7月22日），最低低潮位-0.29米（1990年11月21日），平均潮位2.27米，平均高高潮3.82米，平均低低潮0.96米，平均潮位3.67米，平均低潮位1.12米，最大潮差5.32米（1987年11月14日），平均潮差2.39米。拦门沙以外开阔海域潮流具回转流性质，主流线与潮波传播方向一致，流速小，湾内受地形影响流速增大，拦门沙以内基本上为往复流。沿拦门沙航道轴线附近流速较大,防城港水域由于东面有企沙半岛,西面有江山、白龙尾半岛两道天然屏障掩护,港内风平浪静,只有6—9月的台风季节才有4—5级波浪,但次数不多。根据有关资料分析,当风力达到7—8级时,港内波高仅1米—1.2米,进港航道入口处(即一号灯浮处)附近水域波高为1.5米;当风力在3—4级时,港内水域平稳,船舶入港靠泊十分便利。

(四)广西内河出海门户——梧州港现状及环境

梧州港,位于浔江、桂江和西江汇合处,扼广西内河水运咽喉,有广西"水上门户"之称。西江航线,上连桂、滇、黔、湘,下通粤、港、澳,梧州港是西江水道的交汇点。因此,自古以来梧州港就是大西南与珠江三角洲水路的出海通道口,是西江内河水运的交通枢纽。2016年港口货物吞吐能力可达3000多万吨,居我国内河港口的第6位。据统计,港区总面积2931万平方米,其中陆域33万平方米,水域2898万平方米,自然界线长96.1公里,拥有169个泊位,泊位岸线长6467米。在珠江水系的港口中,梧州港排列第二位,仅次于广州港。

梧州港地处珠江水系中游,东经119°9′至119°29′,北纬23°21′至23°35′方位。溯浔江而上12公里抵苍梧县龙圩港,318公里至贵港,623公里至南宁港,565公里至柳州港。顺西江东流21公里抵广州封川江口港,408公里至广州港,384公里至澳门,435公里至香港。溯桂江58公里抵苍梧长发港,350公里至桂林①。梧州港区的范围,西江下游东至界首航标站,上游西至藤县白马圩,桂江上游北至平浪。梧州港区主要分中心港区、苍梧港区和藤县港区。中心港区码头主要分布在浔江、西江及桂江两岸,使用岸线4.72公里。梧州港主要港区有河西集装箱码头港区、中外仓码头有限公司李家庄集装箱码头港区和赤水圩作业区(位于藤县)。2014年,"全市已建成投入的生产性泊位79个(3000吨级泊位6个,2000吨级泊位9个,1000吨级泊位18个;有仓库和堆场面积共29.73万平方米)","主要装卸机械70台,最大起重能力45吨,港口吞吐能力

---

① 黄铮主编:《广西对外开放港口——历史、现状、前景》,广西人民出版社1989年版,第74页。

梧州港李家庄码头（广西港航管理局提供）

3000万吨"①。同时，梧州市拥有水运企业37家。其中，内河省际运输企业27家，沿海省际运输企业2家，港澳运输企业8家。水运服务企业13家，船舶管理业1家。全市拥有运输货船515艘，58.39万载重吨。其中，1000吨级以上船舶有270艘，共46.34万载重吨。2014年，"梧州港累计完成水路货物运量2170.6万吨，同比增长22%；货物周转量56.8亿吨公里，同比增长30%"。同年，全市港口完成货物吞吐量3141.53万吨，同比增长4.21%。其中，集装箱完成吞吐量4.87万标准箱，同比增长12%，"保持广西内河港口集装箱吞吐量第一大港"②。截至2016年底，

---

① 梧州市年鉴编辑委员会：《梧州年鉴（2015）》，广西人民出版社2016年版，第256页。
② 同上。

梧州港已建成泊位81个，仓库堆场面积398029平方米，装卸机械89台套，最大起吊能力45吨，最大靠泊能力3000吨，港口设计通过能力为1514万吨，集装箱73.6万TEU（综合通过能力可达5687万吨、集装箱130万TEU）①。2017年，全市港口完成货物吞吐量升为3637.74万吨，同比增长7.35%。

梧州港（广西港航管理局提供）

梧州港口年平均风速1.6米/秒。最大风速17米/秒（1956年8月4日），极大风速29.3米/秒（1969年5月7日），全年主导风向为东北风，风向频率15.1%；夏季主导风向为东风，风向频率为15%。风向较稳定，对航运很有利。港口年平均降雨量1515毫米，最大降雨量1907毫米（1961年），年平均降雨日数156.9天。因而港口河流水量丰富，常年可通航轮船。雨季从每年4月中旬开始，至9月上旬结束。暴雨多在5—6月份，而11月至次年3月几乎无暴雨。港口气候温和，长夏无冬。年平均气温21℃，平均低温6℃，极低温3℃。最热月（7月）平均气温28.3℃，最冷月（1月）平均气温11.9℃。因而梧州港是个不冻港。港口地区水量充分，年平均水位7.24米，最高水位（珠基）27.07米（1915年），最低水位（珠基）1.9米（1900年）。1935年—1977年的

---

① 中国港口年鉴编辑部编：《中国港口年鉴（2017）》，中国港口杂志社2017年版，第244页。

平均高峰水位为19.40米，平均水温是21.9℃。月平均水温中，以8月份最高，为28.8℃；2月份最低，为14.1℃。历年最高水温38.5℃，出现于1962年8月2日；最低水温是6.4℃，出现于1964年2月26日。

（五）广西内河最大中转港——贵港港现状及环境

贵港港位于东经109°42′，北纬23°04′，地处西江流域中游，浔郁平原中部，是全国内河主要港口和对外开放一类口岸。贵港区位优势明显，属于集水路、公路、铁路联运于一体的重要交通枢纽，贵港至粤港澳可常年通航2000吨船舶。324国道、209国道、南宁至广州高速公路、南宁至梧州二级公路在市内交汇。贵港至南宁公路154公里，至广州527公里，贵港至长沙923公里，至贵阳799公里，至昆明1002公里，至成都1750公里。与南昆线、黔桂线、湘桂线、枝柳线、南宁至广州高速铁路相通。拥有西江"黄金水道"贵港段长287公里，其中，二级航道244公里。水路贵港至广州630公里，至珠海700公里，至香港754公里。贵港是连接中国—东盟自由贸易区、泛珠三角洲经济区和大西南地区的最便捷的物流通道。

贵港港分为贵港中心港区、桂平港区、平南港区等三个港区，2016年拥有码头泊位162个。其中，2000吨级以上泊位31个，1000吨级泊位14个，500吨级泊位117个；堆场面积48.4万平方米，仓库面积7万平方米，各类装卸机械298台（套），港口起重机械最大起吊能力50吨，港口货物吞吐能力为5500万吨和25TEU[①]。2017年，全市完成港口货物吞吐量达6322万吨，同比增长9.68%。贵港市拥有港航企业238家。其中经营内河跨省普通货物运输航运企业117家；经营港澳航线运输航运企业8家；经营港口货物装卸业务企业90家；经营水运辅助性业务类的船舶管理业和船代、货代服务企业31家。全市拥有内河货运船舶运力达到3178艘、464.56万载重吨；最大单船运力载重吨位达到4451吨，为江海直达集装箱专业运输船舶。开辟有贵港至香港、深圳集装箱定期班轮，广州港"穿梭巴士"广西贵港支线，贵港至南沙集装箱定期班轮，贵港至珠

---

① 中国港口年鉴编辑部编：《中国港口年鉴（2017）》，中国港口杂志社2017年版，第243页。

贵港码头一瞥（广西港航管理局提供）

海集装箱班轮航线、贵港至粤港澳地区的水路常年货运航线，以及贵港至昆明铁路集装箱快运班列。近年，贵港市大力推进港口码头、疏港公路和航道等基础设施建设，共实施项目16个，完成投资28.14亿元。其中，中心港区贵钢码头、猫儿山作业区二期工程已竣工投入使用，中心港区永泰码头、苏湾作业区一期工程水工主体已全部完工并部分投入试运营，桂平港区棉宠作业区一期工程1号泊位、平南港区武林港作业区二期工程1号—2号泊位水工主体已完工并投入试运营，罗泊湾作业区进港公路、峡山路口至猫儿山作业区二级公路改造工程、棉宠作业区进港大道、武林港进港公路、南宁至贵港Ⅱ级航道工程（贵港段）等疏港公路和航道工程已竣工并投入使用。截至2016年底，贵港港现有码头泊位162个。其中，2000吨级以上泊位达到31个，年吞吐能力为5500万吨和25万标准箱，并形成中心港区郁水作业区服务覃塘区覃塘产业园，苏湾作业区服务港南区江南工业园，罗波湾作业区及猫儿山作业区服务港北区西江产业园及粤桂热电循环产业园，桂平港区蒙圩棉宠作业区服务桂平市龙门陶瓷工业园及长安工业园，平南港区武林作业区服务平南县临江产业园的港、产互动发展的良好局面。2014年，全市水路货运量完成10897.98万吨，货物周转量完成348.92亿吨公里，同比分别增长20.38%、20.3%[①]。

---

① 贵港市地方志编纂委员会：《贵港年鉴（2015）》，广西人民出版社2016年版，第181页。

贵港地处亚热带，四季温润，自然环境比较优越，年平均气温21.1℃。7月气温最高，平均气温23℃—29℃；1月气温最低，平均气温6℃—14℃。极端最高气温39.5℃（1970年7月29日），极端最低温度-3.4℃（1955年1月15日）。港口年平均降雨量1505.7毫米，最大年降雨量2185.9毫米（1942年），最小年降雨量951.1毫米（1956年）。年平均降雨159.4天。港口年平均风速2.49米/秒，常风向北。港口年平均雾日2天，最多5天，多出现于冬季。港口年平均水位30.23米（黄海基面，下同），最高水位45.92米（1968年8月21日），最低水位25.99米（1964年1月17日），年平均流量1450m³/秒。

贵港平南润华作业区（广西港航管理局提供）

（六）桂南水运交通枢纽——南宁港现状及环境

南宁港是天然良港，位于广西首府南宁市，地处珠江流域西江水系中上游，东经180°22′，北纬22°48′方位。左江、右江在港口上游45公里之三江口汇合。溯江而上410公里至百色港，360公里至龙州港，顺郁江而下305公里至贵港港，623公里至梧州港，1031公里至广州港，1008公里至珠海、澳门，1059公里至香港①。南宁港域范围自上游那龙码头起至下游豹子头滩止，长76公里。港域自然岸线长152公里，总面积30.58万平方米。其中，水域面积15.65万平方米。该港水陆空交通发达，是大西南出海通道和面向东南亚沿边的要塞。公路东联广东，南接北部湾，北

---

① 黄名汉、杨家琪：《广西航运志》，广西人民出版社1994年版，第78页。

连湖南，西达云贵。航空直达国内主要城市，并开通有多条国际航线。铁路客货运输通过湘桂线、黔桂线、黎湛线、南昆线、枝柳线联系中南、西南地区，并通过南防线由钦州、防城港出海。"南宁港是国家二类对外开放口岸，为全国内河主要港口"。

南宁港主要由牛港（中心城港区）作业区和六景作业区组成，还包括隆安、横县港区等。截至 2016 年有生产泊位 91 个，总长 5796 米，前沿水深 1.8 米—2.5 米，可靠泊 2000 吨级船舶。各类仓库共 16 座，总面积为 8.36 万平方，堆场面积 24.65 万平方米；港口拥有各类装卸机械 98 台套，港口机械最大起吊能力 50 吨[①]。2017 年，全市完成港口货物吞吐量 1381.15 万吨，同比增长 5.27%。

南宁港码头一瞥（广西港航管理局提供）

南宁地质属湖泊盆地，第三纪上部邕宁系地层。其岩石层松软，暴露于地表被水冲刷，故南宁附近无高山，只有平坡丘陵。邕宁系之底部为下

---

① 中国港口年鉴编辑部编：《中国港口年鉴（2017）》，中国港口杂志社 2017 年版，第 245 页。

第三纪永福系层,此层由坚硬的砾石或角砾组成,其上则为红色沙石。邕宁系为沉积层的沙砾页岩和黏土底层,绝无可溶性岩石存在,因此,在邕宁系上层建筑厂房等,均无空洞性与喀斯特陷落之虞①。邕江枯水期,一般为10月至次年4月,以12月至次年的1、2月为最低;洪水期为5—9月,洪峰出现在7、8、9月。据有水文记载以来的50年统计,邕江最高水位为79.10米(坎门),最低水位为60.30米(坎门);最小流量为15.2立方米/秒,最大流量为95.6立方米/秒;年平均流量为411.2亿立方米,最大径流量为678.4亿立方米,最小径流量为201.8亿立方米;年平均流速为0.75米/秒,年最大流速2.59米/秒,年最小流速为0.13米/秒。

南宁气候属亚热带季风区,且有阳光充足,气候温和,雨量充沛,夏长冬短,干湿季节分明等特点。全年平均气温21.7℃。1月份最冷,平均气温12.8℃,最低气温-2.1℃;7月份最热,平均气温28.2℃,最高气温40.4℃。年平均降雨量为1300.06毫米,每年以5—9月降雨最多,占全年降雨量70%以上,暴雨也多发生在这期间。冬季盛吹东北风,夏季盛吹东南风,以西风和偏西风为最少。年平均风速为1.9米/秒,最大风速为28.3米/秒。夏季湿度较大,秋季湿度较小。全年以阴天为多,年平均晴天为27.7日,年平均阴天为199.26日。年最多晴天48日,年最少晴天11日;年最多阴天248日,年最少阴天为163日。一年中以秋冬季晴天较多,春夏较少。年平均雷暴日为3.1天,多集中于5—8月,以7月为最多,达19天;最少为12月,为0.1天。

南宁港靠近左江、右江的汇合处,是通往北海、钦州、防城港这个大西南最佳出海口的咽喉,同时也是我国沿海南部发达地区(尤其是珠江三角洲)与大西南不发达地区的主要交汇点之一。南宁已成为西南地区水路、陆路、航空最便利的综合交通枢纽。广西北部湾经济区的开发,将对南宁港的建设和发展起到促进作用。

---

① 黄铮主编:《广西对外开放港口——历史、现状、前景》,广西人民出版社1989年版,第358页。

南宁港（广西港航管理局提供）

第三节　广西海上丝绸之路建设的社会经济效应

广西对外开放港口历史，是广西海上丝绸之路史的重要内容。广西海上丝绸之路的经济腹地广阔，地域优势明显，探索广西海上丝绸之路的历史与现状，是落实国家赋予广西构建面向东盟的国际大通道、西南中南地区开放发展新的战略支点、"一带一路"有机衔接的重要门户、"三大定位"战略目标的具体实践。

一　广西主要港口的经济腹地和人文资源

（一）资源丰富的经济腹地

广西海上丝绸之路直接依托腹地为广西地区，间接依托腹地为西南、中南地区。这些地区的矿产资源、农业资源、水电资源、动植物资源十分丰富。已探明的金属矿量，居全国首位的有锡、铝、锌、锗、钒、钛等，铜、镍、金、铂、钯、锰、汞等保有储量亦名列前茅。"铁矿保有储量占全国的五分之一，其中云南保有储量达12.1亿吨。非金属矿储量更为可观：煤炭储量达742亿吨，占全国煤炭储量10%以上，主要分布在云南、贵州两省，其中贵州省煤炭储量达462亿吨，在全国各省中居第三位。云南、贵州两省的磷矿已探明储量有230亿吨，品位都在30%以上。其中，云南省的富磷矿储量达4.47亿吨，居全国首位。云南省岩盐储量达12.1亿吨"[①]。西南地区是我国罕见的多金属成矿带之一，也是非金属矿藏丰

---

① 黄名汉、杨家琪：《广西航运志》，广西人民出版社1994年版，第92页。

富的地区，有大量的矿产平调供外省和出口。

广西素有"有色金属之乡"之称，矿产资源在"全国占有重要地位，已查明的矿产有 96 种，有 47 种矿产储量在全国名列前十名。其中锡、锰、磷钇矿、铟、砷、压电水晶、水泥配料、水泥用混合材、玻璃用白云岩、砖瓦用黏土储量居全国第一位；锑矿产量居全国第二位；铝的储量居全国第四位；钨的储量居全国第六位；滑石储量居全国第二位。煤、石油等重要矿产产量亦相当丰富。煤已探明储量达 80 亿吨"①。广西农作物和各种经济作物生产潜力很大，粮食一年可两熟或三熟，是中国稻米的主要产区之一。经济作物主要有甘蔗、橡胶、黄红麻、剑麻、烤烟、咖啡、胡椒、香蕉、菠萝、荔枝、芒果、龙眼、柑橙、沙田柚、柿子等。其中，甘蔗列全国第三位（不含台湾省），年产蔗糖 100 多万吨，除自给外，尚有部分出口。广西还有丰富的土特产品，其中罗汉果、田七、桂皮、红茶、松香、茴油、八角、马蹄、蘑菇、青刀豆、桂花油等，都是广西创汇率较高、货运量较大的重要物资。广西的水产资源亦十分丰富，仅海洋鱼类就有 500 多种，虾类达 230 多种。广西沿海地区可以发展为大型深海渔业捕捞和海水养殖基地。另外还有丰富的可供出口和与国内沿海省市交换的工农业产品。随着大西南地区经济的大开发，广西沿海将成为大西南地区的不可替代的最大出海口。

北海港经济腹地的直接依托为合浦县和海城区、银海区、铁山港区，面积 3370 平方公里。北海市矿产资源丰富，已探明的有十余种。其中石油储量 3.5 亿—5 亿吨。石英砂"储量 8000 万吨，品位名列全国第二。石膏产地在上洋一代，储量达 2.7 亿吨。陶土分布较广，储量可达 3 亿吨，品位高"②，北海港亦是著名渔港，"年捕量达五六十万吨"，"占广西产量 61%"③。钦州港经济腹地以钦州市钦南区、钦北区和灵山县、浦北县为直接依托，面积 10843 平方公里，矿产资源亦十分丰富。其中，"石膏储量达 4.7 亿吨，煤储量 2828 万吨，锰储量 887 万吨"④。钦州市的坭兴陶获巴拿马万国博览会金牌奖和世界陶器展览会金质奖。陶器年产

---

① 黄名汉、杨家琪：《广西航运志》，广西人民出版社 1994 年版，第 92 页。
② 同上书，第 87 页。
③ 同上。
④ 同上书，第 95 页。

量 300 万件以上，远销日本、欧美和东南亚等 30 多个国家和地区。钦州市现设有国家级经济技术开发区、钦州保税区、中马钦州产业园。防城港经济腹地以港口区、防城区以及上思县、东兴市为直接依托，面积 6238 平方公里。近处腹地包括广西的百色、河池、柳州等地区。间接腹地包括云南、贵州地区，矿产资源十分丰富。防城港市是边境城市，与越南相邻，拥有国家级的东兴经济技术开发区。广西沿海的北海港、钦州港、防城港背靠祖国大西南，面向东南亚，具有广阔的经济腹地，成为广西大西南地区不可替代的出海口。

钦州港码头一瞥（广西港航管理局提供）

南宁港直接经济腹地主要包括南宁市（含邕宁、武鸣二县）和左右江流域的龙州、宁明、崇左、扶绥、大新、百色、田阳、田东、平果、隆安、靖西、德保等 12 个县，总面积 4.42 万平方公里。南宁市是一个综合功能较强的城市，不仅是广西的政治、文化、科技和信息中心，而且是广西的工业、商业、金融、对外贸易和交通运输中心。目前已初步形成以食品和轻纺工业为主，包括机械、电子、冶金、化工、建材、煤炭、电力等门类较齐全的工业体系。南宁市郊区及武鸣、邕宁两市辖县盛产稻谷、玉米、花生、油茶、甘蔗、烟叶、木薯、麻类，以及多种水果。左右江流域是广西重要的农林基地，经济作物有甘蔗、花生、油茶、桐油、八角、玉桂、黄麻等；"木材蓄积量仅右江流域就有1372万立方米"①。左右江流域蕴藏着丰富的矿产资源，"煤炭保有储量10.42亿吨，其中褐煤约9.4亿吨，为广西主要煤炭基地之一"②，"锰矿保有储量8893.8万吨，集中了全广西锰储量的66.9%，主要分布在大新县下雷、天等县东平等；铜矿保有储量29.73万吨，主要分布在德保县；铝土矿保有储量2.1亿吨，平果铝土矿为国内外少见的优质矿石，具有很高的利用价值；重晶石保有储量578.5万吨"③。高岭土、石灰岩、大理石等亦有很大的储量。

梧州港经济腹地以长洲区、万秀区、龙圩区，以及藤县、蒙山县、苍梧县、岑溪市为直接依托，总面积1.26万平方公里。2015年，梧州市完成公路、水路货运周转量119.65亿吨公里。贵港港是西江水道的重要中转港，直接经济腹地为港北区、港南区、覃塘区以及平南县、桂平市，面积1.06万平方公里，间接腹地为云南、贵州和珠江三角洲地区。大西南出口的货物由铁路运至贵港转水路运往沿海地区。海外或沿海货物，溯西江而上至贵港转铁路运往大西南。2015年，贵港市完成客货运周转量495.64亿吨公里，港口货物吞吐量5334.26万吨。梧州、贵港地区资源十分丰富，黄金、钛、铁、锰矿、锡矿、重晶石、石英砂、佛石、大理石、石灰石等储量大、品位高。有色金属品种较齐全，已探明蕴藏有14种，锡和锑的蕴藏量居全国前列。"粮食年产量达90亿斤以上，输往港澳和广东的优质米备受欢迎。黄麻、红麻年产量达20多万担，居广西首位。甘蔗、花生年产量占广西第二位"④。土特产质优量多，玉桂、八角、香菇、云耳、油茶、药材以及容县沙田柚、藤县无籽西瓜、苍梧古凤荔枝、容县乌园龙眼等特产在国内外市场享有盛誉。杉木、毛竹等重要木材蓄量很大，"仅梧州地区现有的木材蓄量就达2630多万立方米"⑤。梧州港、贵港港背靠大西南，面向珠江三角洲，辐射能力强，腹地辽阔，有利于开展横向经济联系，发展对外贸易。

---

① 黄名汉、杨家琪：《广西航运志》，广西人民出版社1994年版，第79页。
② 同上。
③ 同上。
④ 同上书，第75页。
⑤ 同上。

（二）稳步发展的广西水运

2014年，广西水运经济基本与国家经济保持同步稳定发展。船舶结构进一步优化，朝大型化、专业化、标准化方向发展，集装箱专业化运输亦进一步加快。全区水路完成货运量2.2亿吨，货物周转量1251亿公里；完成客运量511万人，旅客周转量24839万人公里。同比分别增长12.59%、5.12%、29.7%、29.4%。2014年底，广西共有内河航运企业271家，沿海海运企业95家。"各类船舶拥有量9078艘，载重773万吨，11.44万客位，10.39万标准箱位。同比，分别增长4.80%、4.04%、10.32%、0.27%"[①]。广西沿海共拥有运输船舶610艘，载重192.75万吨。海运船舶类型主要有散、杂货船，集装箱船，成品油船、液化天然气船、滚装船、高速客船等。经营业务主要包括货物运输，客滚船运输，高速旅游客运，集装箱（班轮）运输，危险品运输等。广西沿海航线，由

钦州港（广西港航管理局提供）

沿海南北航线、台港航线、东盟航线和远洋运输航线组成。货种以煤、石油、天然气、金属矿石、钢材、建材、粮食、化肥、机电设备和农林牧渔业产品为大宗，国内货物主要流向广东、海南、福建、浙江、上海、山东、辽宁等省港口。集装箱货主要流向国内沿海，香港、澳门、新加坡等，并通过港澳、新加坡流向世界各港口。钦州市拥有广西鸿翔船务公司、广西航盛海运有限公司，以及钦州港顺达、威龙船务有限公司等，实力较强。其中，广西鸿翔船务公司拥有运输船舶31艘，载重20.7万吨。2014年，钦州市所属船务企业完成货运量1166.1万吨，运输周转量

[①] 广西壮族自治区港航管理局编：《2014年广西水路运输市场与经济运行分析报告》，内部资料，2015年，第5页。

118.9万吨公里。防城港市拥有锦航、新海信、瑞源等船务公司，以及瑞达、合顺海运公司。其中，广西防城港锦航船务有限公司拥有运输船舶21艘，载重14.5万吨。2014年防城港市所属船务企业完成货运量290万吨，运输周转量37.7万吨公里。北海市拥有嘉捷储运有限公司，奥通、顺航物流有限公司，以及金海恒业、诚峰船务公司等。其中，北海嘉捷储运装卸有限公司拥有船舶12艘，载重6.1万吨。2014年北海市所属船务企业完成货运量122万吨，运输周转量22.3万吨公里。

广西内河货运量贵港居第一，其次为梧州。梧州市拥有藤县金海、风顺、华顺船务有限公司，以及同舟、江粤船务公司等。其中，广西藤县风顺船务有限公司拥有运输船舶46艘，载重7.1万吨，2014年完成货运量950万吨，运输周转量11.4亿吨公里。贵港市拥有平南县永佳、桂平市飞达、贵港市海安船务有限公司，以及广西润桂、桂平城厢等船运公司。其中，平南县永佳船务有限公司拥有船舶184艘，载重24.1万吨。2014年完成货运量778万吨，运输周转量28.9万吨公里。截至2016年底，广西全区共有生产性泊位777个，码头长度69524米，设计年货物综合通过能力35235万吨，集装箱600万TEU，旅客2074万人[①]。2017年，广西完成港口货物吞吐量34442.31万吨，同比增长7.36%。同时，完成港口集装箱吞吐量318.46万TEU。

防城港码头一瞥（广西港航管理局提供）

[①] 中国港口年鉴编辑部编：《中国港口年鉴（2017）》，中国港口杂志社2017年版，第245页。

（三）宏大深厚的人文资源

广西的"海上丝绸之路"文化源远流长，人文资源宏大深厚，历史文化遗产十分丰富。合浦、梧州、贵港汉墓群出土的大量文物便是证明。其中，合浦汉墓群主要分布在廉州镇，东西宽5公里，南北长约18公里，有1万多座汉墓。多数为西汉晚期的土坑墓，出土的文物有陶器、瓷器、铁器、漆器和金、银、玉、石、骨器等。1971年清理出望牛岭西汉晚期土坑墓穴一座，有主室、通道、耳室和墓道。出土黄金、铜器、陶器、玉石等器物245件。其中，铜凤灯、铜仓、铜魁、三足盘等比较珍贵，曾先后被送到日本、南斯拉夫、罗马尼亚、加拿大等国展出。此外，汉墓还出土了波斯瓶、水晶、玛瑙、琥珀、琉璃灯等舶来品，见证了中西贸易和文化的交流。合浦还遗存了大量古窑群址，草鞋村汉窑群遗址的挖掘发现，震动了考古界，向人们展示了合浦汉代制陶业的生产规模和状况。另外，廉州古城、白龙珍珠城、冠头岭、地角、八字山、大观港炮台遗址也见证了北海（合浦）深厚的历史文化。在海洋文化方面，北海百年老街是名副其实的"空中雕塑长廊"。它是中国南方沿海城市直线最长、保存完好的骑楼老街。老街的骑楼、窗拱雕饰线条流畅，房屋里面顶端的女儿墙风格多样，"中西方建筑群雕饰完美融合"①。同时，合浦汉代文化博物馆，是"海上丝绸之路"辉煌历史的见证。它位于合浦城南郊文昌塔下的四方岭汉墓保护区内，是中国目前规模最大的汉墓博物馆。到合浦汉墓博物馆参观，能看到汉代中国南部地区丧葬制度完备的实物资料。汉墓出土的"舶来品"，是了解汉代以合浦为始发港的海上丝绸之路对外贸易和文化交流的重要物证。此外，海角亭，东坡亭，大士阁，普度震宫，及英、法、德领事馆，洋行，海关，教堂，医院等，都是北海作为历史文化名城的见证。钦州市亦拥有越州古城、刘永福旧居、冯子材旧居三个全国重点文物保护单位。

广西沿海旅游景点众多，旅游业十分兴旺。北海市拥有"海洋知识教育之窗"——海底世界、海洋之窗。海底世界坐落在北海海滨公园内，馆内建有全国最大的四面通透的独立表演池，中国第一个360度全方位透

---

① 罗星烈、庄宗球主编：《北海市海洋志·海洋旅游》，广西人民出版社2013年版，第270页。

视海底隧道,"其文化内涵、展示方式、规模和鱼类品种在国内海洋馆中名列前茅"①。海洋之窗,位于北海市四川路终端,展厅前身是"世界贝类珊瑚馆"。它分别设立了生命的起源、远古海洋生物的对话、生命的长廊、南海水下世界、滨海景观、贝类与贝壳艺术、海洋资源、人类开发海洋的历史和深海探奇九个展厅。该馆通过高科技声、光、电手段,再现了珊瑚、贝类等海洋生物的生存环境,开辟了一个海上丝绸之路海底探秘的新窗口。在人文环境方面,北海市建有"国家级北海银滩旅游度假区",以及"休闲度假胜地"——侨港海滩、北岸海景和南湾风景区。其中,南湾风景区位于市区西南部,三面临海。景区内有数百只白鹭长期留守,形成了独特的景观。景区内建有冠岭山庄、普度寺。南湾风景区是一幅壮丽的山海画卷,北海八景中的"冠峰览胜""海崖双涛""龙岩潮音"三景即在此,这里是旅游观光、避暑度假的理想胜地。同时,北海还拥有"中国最美的十大海岛之一"——涠洲岛,"小蓬莱"仙境——斜阳岛,"食在北海"——外沙海鲜岛。其中,2016年涠洲岛旅游区上岛游客由2013年的57万人次,上升为88.4万人次,年均增长率为18.4%。2013年旅游总收入为3.5亿元,2016年上升为5.7亿元,年均增长21.3%。此外还有山口红树林、金海湾红树林、大江埠风情园等景区,合浦县已产生了一条以汉文化为代表的古韵旅游路线:汉间文化公园(汉文化博物馆)→槐园→古海角景区→阜民老街→东坡亭景区。其中,汉间文化公园为国家4A级景区。

钦州市亦拥有三娘湾、八寨沟旅游景区、刘冯故居、五皇山景区4处4A级国家级旅游景区,与海上丝绸之路相关的文化遗址有乌雷庙、大观港、杨二涧、江东博易场、唐池城等。防城港市拥有潭蓬古运河、伏波庙等一批与海上丝绸之路文化有关的历史遗产,并以北部湾海洋文化公园、伏波文化园、桃花湾公园、仙人山公园建设为支点,建设生态海湾城市。2013年6月,获"广西园林城市"称号。防城港市边境旅游异地办证深受游客欢迎,江山半岛成为中国十佳海洋旅游目的地,防城港旅游迎来新发展。边境旅游线路有两条,即防城港市经东兴口岸前往越南芒街陆地旅

---

① 罗星烈、庄宗球主编:《北海市海洋志·海洋旅游》,广西人民出版社2013年版,第278页。

游线路,防城港市至越南下龙湾海上旅游线路。东兴已成为中国陆地出入境人数第三大口岸,江山半岛是广西最大的半岛,集山、海、古、少、边等特色景观于一体。"2012 年被中国生态旅游发展协会中国旅游品牌协会评为中国最美休闲度假旅游胜地,江山半岛白浪滩景区升格为国家 4A 旅游景区"①。

  同时,广西沿海拥有丰富的海上丝绸之路历史文化。其中,北海市、防城港市均有"赛龙舟"等民俗节庆以及疍家文化、南珠文化。北海的南珠文化代表作品有:戏剧《珠还合浦》、舞剧《咕厘美》《碧海丝路》等。其中,大型舞剧《碧海丝路》曾获中宣部"全国五个一工程奖",应邀前往斯里兰卡、马来西亚和韩国演出。戏曲《老杨公》《耍花楼》是钦廉传统曲种,演唱时载歌载舞。民歌《西海歌》《咸水歌》深受群众欢迎。另外,珠贝和贝雕画的艺术文化独树一帜,作品曾大批出口。2015 年钦州市有两个项目入选国家级非物质文化遗产代表性名录:钦州坭兴陶烧制技艺和钦州跳岭头②。代表作歌曲《月亮湾》、壮族海祭《情献大海丝路》,分别获第九届中国音乐金钟奖优秀作品奖和第八届中国曲艺牡丹奖全国曲艺大赛节目入围奖。男女声二重唱《壮家啊嘞嘞》获第三届广西基层群众文艺金奖。防城港市在海上丝绸之路文化建设中,积极开展对外交流活动,曾举办国际海上龙舟节、东兴京族哈节、防城区金花茶节、上思十万大山森林旅游节等节庆文化活动,形成"一城一品",成为防城港市文化特色的平台和对外宣传的名片③。防城港市曾承办中越青年大联欢分会场文艺演出。创编的音乐剧《过桥风吹》将独弦琴、哈节等京族特色与现代艺术结合,打造出了国内第一部京族题材大型音乐剧。歌舞剧《疍家秀》、音乐小品《香糯香》曾获全国第十六届"群星奖"戏剧比赛优秀剧目奖。

---

  ① 防城港市地方志编纂委员会编:《防城港市年鉴(2013)》,广西人民出版社 2014 年版,第 2 页。
  ② 钦州市地方志编纂委员会办公室编:《钦州市年鉴(2015)》,广西人民出版社 2016 年版,第 355 页。
  ③ 防城港市地方志编纂委员会编:《防城港市年鉴(2014)》,广西人民出版社 2015 年版,第 344 页。

二 21 世纪广西海上丝绸之路的规划与发展

进入 21 世纪，广西突出改革开放促合作，全面融入"一带一路"建设。2006 年，为进一步推进改革开放，改善港口经营机制，北海港、钦州港、防城港港企业实行三港组合，统称为"广西北部湾港"。同年，广西成立"北部湾国际港务集团股份有限公司"，为国有控股企业，统辖广西沿海三市的国有港口企业。2010 年，自治区人民政府正式批准《广西北部湾港总体规划》。按照规划，广西北部湾港实行"一港、三域、八区、多港点"的港口布局体系。"一港"即广西北部湾港；"三域"指防城港域、钦州港域和北海港域；"八区"指广西北部湾规划期内重点发展的 8 个枢纽港区——渔澫港区、企沙西港区、龙门港区、金谷港区、大榄坪港区、石步岭港区、铁山西港区、铁山东港区；"多港点"指主要为当地生产生活及旅游客运服务的规模较小的港点。

按照规划，防城港将建成为我国沿海主要港口之一和综合运输体系的重要枢纽，是我国西南地区实施西部大开发战略和连接国际市场发展外向型经济的重要支撑，西南地区出海大通道的重要口岸。其将以大宗散货运输为主，加快发展集装箱运输，逐步发展成为多功能现代化的综合性港口。防城港域规划港口岸线东起大小东瓜段，西至竹山段，共 105 公里。其中港口深水岸线为渔澫半岛、西东两端，以及企沙半岛西段等，长约 82 公里。钦州港域将建成以临港工业开发和保税物流服务为主的地区性重要港口。近期主要依托临港工业开发和港区保税功能拓展，形成以能源、原材料等大宗物资和集装箱运输为主的规模化、集约化港区，远期将发展成为集装箱干线港，为广西重化工产业的重要支撑，为西南地区利用国际国内两个市场、两种资源服务。其中，金谷港区规划将建成以煤炭、原油、液化类产品运输为主的大型专业化港区。大榄坪港区规划发展成为集装箱中转运输基地，现代综合物流服务中心，原油储存中转基地。北海港域将建成以商贸和旅游服务、临港工业为主的地区性重要港口。其中，铁山港区重点为中南和桂东、粤西大宗物资中转运输和临港工业服务，石步岭港区以客运旅游及集装箱运输为主，积极拓展国际邮轮母港功能。

从 2007 年至 2011 年，广西北部湾港务集团加快北海铁山港建设，"兴建了 4 个 10 万吨级码头，完成投资 6.88 亿元"①。同时投资 1.5 亿元建设北海港石步岭港区三期工程，投资 7.2 亿元建设邮轮码头工程，建成"5 万吨级、7 万吨级邮轮泊位各一个"。另外，合浦县沙田镇新港综合发展公司建设铁山港沙田码头，"项目建设规模：5000 吨级泊位 7 个，800 吨级泊位 5 个，项目总投资 66221 万元"②。广西投资集团北海实业公司亦在铁山港石头埠作业区建设 1 号、2 号泊位，"项目建设规模：10 万吨级通用泊位 2 个，设计年吞吐量能力 904 万吨，总投资约 13.84 亿元"③。

北海国际客运码头（广西港航管理局提供）

随着北海铁山港加快码头建设，铁山港（临海）工业区应运而生，成为广西北部湾经济区的三大临海工业区之一。该区规划面积 123 平方公里，拥有深水岸线 47 公里。可建 1 万吨—20 万吨级深水泊位 160 多个，"全部实施通过能力达 5.25 亿吨"，铁山港一期 5 万吨级及二期 10 万吨级航道工程已完成。玉林至铁山港高速公路、铁路已建成通车，再加上机场、港口等交通设施，"形成了一个完整的北达中原，东达粤西，西达西

---

① 北海市地方志编纂委员会编：《北海市年鉴（2012）》，广西人民出版社 2013 年版，第 327 页。

② 同上。

③ 同上。

南各地的立体交通网络"①。同时，北海出口加工区 B 区已在铁山港区投入使用，开放口岸设施已完备。该区重点发展能源化工、林浆纸、临港综合产业、港口物流产业等。其中，能源化工产业项目中的北海炼油异地改造石油化工项目，天然气（LNG）项目，以及输油、输气管道工程早已投产。临港综合产业项目中的诚德新材料厂，山东渤海实业公司 4800 吨/天大豆加工厂已投产，工业区推进的斯道拉恩索北海林浆纸一体化项目亦早已投产。2014 年，北海市拥有水运企业 27 家，营业性船舶 166 艘，载重 22.1 万吨，客位 7112 个。全年完成社会水路货运量 656 万吨，同比减少 21.6%。水路货运周转量 87.55 亿吨公里，同比减少 30.2%。全年完成水路客运量 209 万人次，同比增长 72.8%。水路客运周转量完成 1.21 亿人公里，同比增长 80.9%。同年，北海海事局办理船舶进出港签证 35043 艘次。

在水路运输方面，2014 年钦州市拥有企业 16 家，运输船舶 204 艘，载重 80.26 万吨，684 客位。全年完成货运量 2208 万吨，货运周转量 285.96 亿吨公里。完成客运量 9.7 万人次，客运周转量 90.17 万人公里。同时，为落实钦州促进口岸"大通关"政策措施，钦州市抓好海上航线开拓工作，"推动中谷新良开通钦州港—太仓直航线，开通钦州港—海防—林查班—胡志明市—洋浦—钦州港直航线。扶持加密钦州港至香港航班，实现周三班"②。

另外，抓好货源组织，"促进内支线北部湾三港"穿梭巴士内贸箱中转集装箱航线，升级钦州—连云港—青岛南北直航航线，运力由 3 艘 4250 标箱、5100 标箱，升到 4 艘，促进航线及箱量稳定增加。同时，加密钦州—天津—营口直航航线，开通钦州—厦门、钦州—台湾高雄、钦州—广州南沙内外贸航线，并且"开通钦州—越南—韩国—印尼—泰国第一条国际集装箱班轮航线"③。2014 年，"全年办理船舶进出港签证 1.74

---

① 北海市地方志编纂委员会编：《北海市年鉴（2012）》，广西人民出版社 2013 年版，第 317 页。

② 钦州市地方志编纂委员会办公室编：《钦州市年鉴（2015）》，广西人民出版社 2016 年版，第 209 页。

③ 同上。

钦州港码头一角（广西港航管理局提供）

万艘次"①，比2011增长42.6%。钦州港引航站全年共安全引领各类船舶2560艘次，比上年增长9%。其中，引领外轮1560艘次，危险品船舶1356艘次，万吨级以上船舶1926艘次，10万吨级以上船舶106艘次。以上数字反映，钦州港来往船舶甚多，航海十分兴旺。

2013年，防城港市拥有国内水路运输企业38家，船舶220艘，63万载重吨。水路运输完成货运量1305万吨，货运周转量245亿吨公里，分别比上年增长1.64%和下降3.92%。同年，"全市港口货物吞吐量完成10560.5万吨，比上年增长4.99%。集装箱完成30.98万标箱，增长14.66%"②。其中，防城港务集团有限公司累计完成货物吞吐量6970万吨，比上年增长3.1%。该公司为客户量身制定效率最高、成本最低的物流方案，开展越南、印尼等非主流矿、水转水业务，转运越南铁矿202.2万吨，增量1.5倍。同时，该公司了解和把握集装箱市场需求，以个性化的服务措施争取船舶公司抵防城港开辟新航线。"3月底，新增一条直航

---

① 钦州市地方志编纂委员会办公室编：《钦州市年鉴（2015）》，广西人民出版社2016年版，第209页。
② 防城港市地方志编纂委员会编：《防城港市年鉴（2014）》，广西人民出版社2015年版，第243页。

东北亚集装箱航线，防城港累计拥有 15 条外贸集装箱直航航线，覆盖东南亚、韩国、东非、新加坡等地主要港口"①。

防城港港码头一角（广西港航管理局提供）

2013 年，防城港"有效保障船舶安全出港 3.13 万艘次，比上年下降 12%"②。其中，超 10 万吨载重船舶 316 艘次。2015 年，防城港安全靠泊国际船舶 4309 艘次，国内船舶 19503 艘次，合计进出船舶 23812 艘次。2016 年，因国内外贸易进出口出现下滑，防城港安全靠泊国际船舶 2674 艘次，国内船舶 11988 艘次，合计进出船舶 14752 艘次。完成港口货物吞吐量为 10688 万吨，同比下降 7.1%。

近年，广西内河水路运输发展很快。2015 年，梧州市拥有水运企业 35 家。其中，港澳运输企业 9 家。全港拥有专门运输船舶 542 艘，71 万吨位。其中，1000 吨级以上船舶有 321 艘，载重 59.8 万吨。在各类船舶中，目前能行走港澳线的有 3.2 万多载重吨，承担着梧州口岸绝大部分出口物资的运输③。平均每天进出梧州港口的各类船舶约 400 多艘。全年完

---

① 防城港市地方志编纂委员会编：《防城港市年鉴（2014）》，广西人民出版社 2015 年版，第 244 页。

② 同上书，第 245 页。

③ 梧州市年鉴编辑委员会编：《梧州市年鉴（2016）》，广西人民出版社 2016 年版，第 284 页。

52 广西海上丝绸之路史（古近代）

成货运量 2383.5 万吨，同比增长 10%；货运周转量 69.3 亿吨公里，同比增长 22%。南宁市拥有水路运输企业 55 家，港口企业 23 家。有运输船舶 1560 艘，载重 112.4 万吨，载客 1.16 万客位。其中，沿海船舶 54 艘，载重 31.23 吨；远洋船舶 20 艘，载重 2.88 万吨。全市水路运输完成运货量 3257.8 万吨，比上年增长 20.06%；完成货运周转量 157.7 亿吨公里，同比增长 8.31%。①

南宁六景港区、梧州长州船闸（广西北部湾港口管理局提供）

近几年，贵港市大力发展港航和物流业，有港口企业 87 家。港口龙头企业广西贵港爱凯尔港务有限公司已有件杂货 300 万吨、集装箱 20 万标箱和散货 800 万吨的吞吐能力，开通了贵港至香港、深圳集装箱定期航班、广州港"穿梭巴士"、广西贵港支线以及贵港至珠三角和港澳地区的水路常年货运航线。在贵港市 116 家水运企业中，利维集团在新加坡、香港、深圳、黄埔、贵港等地均有较大的装卸、运输和货运代理业务。同时，中远、中海、中国外运、广西玉柴物流集团有限公司、广东省燃料公司、顺德大江码头有限公司、成都天枢快运公司等 10 多家国内外知名企业已进驻贵港港开发物流。贵港市正在规划建设水泥物流园区、煤炭物流园区、建材物流园区等一批大型临港物流园区，打造区域性物流基地。2016 年贵港港完成货物吞吐量达 5763 万吨，到 2020 年贵港港吞吐能力将达 8000 万吨和 70 万标准箱。贵港港将发展成为布局合理、功能完善、信息畅通、便捷高效和安全环保的现代化港口。

2008 年，广西北部湾经济区设立。其区域包括钦、北、防及南宁、

---

① 南宁市地方志编纂委员会编：《南宁市年鉴（2016）》，广西人民出版社 2017 年版，第 233 页。

贵港港一角（贵港市航务处提供）

崇左、玉林 6 市。钦州保税区，中马钦州产业园，东兴国家重点开发开放试验区，北海出口加工 A 区和 B 区，以及新成立的龙港新区（包括北海铁山港东港产业园，龙潭产业园）正在蓬勃发展。按照 2017 年 1 月 20 日国务院批准的《北部湾城市群发展规划》（以下简称《规划》），北部湾畔将崛起宜居宜业的蓝色海湾城市群。城市群的框架为"一湾双轴，一核两极"：其中"一湾"，指以北海、湛江、海口等城市为支撑的环北部湾沿海地区，并延伸至近海海域。"双轴"，指以南北钦防、湛茂阳城镇为发展轴。"一核"，指以南宁为核心城市，以加快建设南宁特大城市和区域性国际城市为目标，推动要素集聚，强化国际合作、金融服务、信息交流、商贸交流、创业创新等核心功能，建设现代产业集聚区，规划建设五象新区等对外开放合作平台，构建"一带一路"有机衔接的门户枢纽和内陆开放型经济高地。"两极"指以海口和湛江为中心的两个增加极。《规划》提出，在优化提升城市规模结构上，将做大做强南宁等中心城市，做强做优北海、钦州、防城港、玉林、崇左等重要节点城市。目前，中国—东盟博览会、电子商务峰会、东盟信息港已落户南宁。水运方面，建设防城港企沙南 30 万吨级航道和码头，防城港域 40 万吨级码头；建设钦州港 20、30 万吨级航道和码头；建设北海铁山港 15 万吨级航道。同时，建设防城港域 20 万吨锚地，钦州港域 30 万吨危险品锚地，北海铁山港域 10 万吨级 LNG 大型专业锚地。可见，广西北部湾港将成为面对东盟，背靠中南、西南的"一带一路"交通运输枢纽和对外门户。

广西推进改革开放促合作，全方位融入"一带一路"建设，已产生了巨大的社会经济效益。首先，经济综合实力和产业结构调整跃上新台阶。广西地区生产总值 2011 年只有 1.17 万亿元，2015 年升为 1.68 万亿元，"平均增长10.1%。财政收入达2333亿元,是2010年的1.9倍"①。2015年全社会固定资产投资完成1.57万亿元,比2010年增长1.06倍。三大产业结构由2010年的17.5∶47.1∶35.4,调整为2017年的14.2∶45.6∶40.2。2017年,广西经济实现年均8.3%的中高速增长,地区生产总值和全社会固定资产投资均突破2万亿元,财政收入达2064亿元,年均增长7.5%。广西工业化已步入中期阶段,"三个千亿元"工程取得实效,石化、电子信息等10个产业成为千亿产业。广西对外开放合作拓展新空间,已成功建成南宁国家新技术产业开发区,电子商务交易额呈井喷式增长。同时,旅游收入增长27.8%,粮食产量亦稳步增长,糖料蔗、特色水果等农产品产量保持全国前列。

其次,基础设施建设实现新突破。广西高铁建设突破1700公里,昂首跨入高铁时代。同时,北部湾港口码头建设加快,2016年货物吞吐能力达到2.3亿吨,比2010年翻一番。西江黄金水道基础建设亦加快,南宁至贵港、贵港至广州航道分别提升到2000吨、3000吨级。广西内河港口建设已取得突破,货物吞吐能力达到1亿多吨。同时,航空基础设施建设加快,南宁机场跻身千万级旅客年吞吐量大港行列。由于基础建设大提速,广西已成为区域性的交通枢纽。

中石化北海铁山港炼油厂　　　　　北海诚德镍业冷轧生产线
(中共北海市铁山港区委组织部提供)

最近,广西先后成立南宁国家经济技术开发区、广西—东盟经济开发区、南宁六景工业园、北海电子产业园、北海铁山港工业区、防城港大西

---

① 广西壮族自治区地方志编纂委员会编:《广西年鉴(2016)》,广西人民出版社2017年版,第25页。

南临港工业园、防城港企沙工业园、钦州石化产业园、钦州保税区、中国—马来西亚钦州产业园、龙港新区、玉林龙潭产业园、凭祥综合保税区和东兴等国家重点开发开放试验区,有力促进了"一带一路"对外贸易的发展。其中,中马钦州产业园是继中新苏州工业园、中新天津生态城后,中外两国政府合作建设的第 3 个园区。自 2012 年 4 月开园至 2017 年 8 月,中马钦州产业园启动区 7.87 平方公里基础设施全面建成,目前园区项目超过 100 个,总投资超过 500 亿元,开创了中马"两国双园"合作新模式。钦州保税区已成为中国西部最完备的保税物流体系。同时,粤桂合作实验区也成为两广合作新亮点。

三 广西"一带一路"建设促进对外贸易

2017 年 5 月,我国成功主办了"一带一路"国际合作高峰论坛,标志着共建"一带一路"倡议已经进入从理念到行动、从规划到实施的新阶段。至 2017 年上半年,共有 100 多个国际组织积极支持和参与"一带一路"国际合作,取得了成就和收获。广西在"一带一路"建设中,发挥区域优势,形成骨干通道,促进互联互通,成为中国连接东盟的平台,促进了对外贸易的发展。

建设 21 世纪海上丝绸之路发展对外贸易,航运和港口是战略支点。近几年,广西抓住机遇,找准目标,加大开发西江黄金水道和北部湾港口建设的力度,全区航运和港口建设取得重大突破。2016 年,广西已拥有生产性泊位 777 个。包括内河港口千吨级以上泊位 152 个,沿海港口万吨级以上泊位 82 个。集装箱、石油、天然气等专业化泊位数量明显增长,码头规模化、专业化水平进一步提高。广西共有港口企业 358 家,2016 年完成货物吞吐量 32075.88 万吨。其中,贵港市、梧州市、南宁市分别完成港口货物吞吐量 5763.4 万吨、3384.8 万吨和 1312 万吨,分别同比增长 8.05%、5.74% 和 30.81%。广西沿海的北海市、钦州市、防城港市分别完成港口货物吞吐量 2749.68 万吨、6953.51 万吨和 10688.41 万吨。在参与"一带一路"建设中,广西沿海港口分别开辟了钦州至海防、岘港、胡志明市、归仁、新加坡、关丹、仁川、雅加达、曼谷、林查班、仰光,以及至高雄、台中、基隆、名古屋、大阪、神户、东京等地港口的 17 条外贸集装箱航线。同时,开辟了钦州至海口、洋浦、湛江、香港、深圳、厦门、福州、上海、宁波、天津、营口等地的 14 条内贸集装箱航线。并且，开辟了钦州港—防城港—北海港"穿梭巴士"内支线。西江内河航运出海方面，贵港、梧州、南宁加强了与香港的外贸航线，也大力发展与广东各港的内贸航线。

2015 年，广西参与"一带一路"建设，促进对外经济贸易合作，经济效益显著。全年"广西外贸进出口总额 512.6 亿美元，比上年增长 13%；其中出口总额 280.3 亿美元，增长 14.8%；进口总额 232.4 亿美

2017 年 4 月 19 日习近平总书记到铁山港考察调研
（中共北海市铁山港区党委组织部提供）

元，增长 12%"[①]。一是促使广西外贸进出口规模再上新台阶，使外贸进出口总额首次突破 500 亿美元，出口和进口分别高于全国平均水平 17.6% 和 26.1%。二是促使广西加工贸易稳步增长。加工贸易进出口额为 105.7 亿美元，比上年增长 26.1%。加工贸易增幅排名全国第 4 位，高于全国平均水平 37.7%。南宁、钦州、北海、梧州等 4 个国家级重点承接地加工贸易额增长较快，南宁富桂精密工业和广西鸿盛科技有限公司加工贸易分别为 24.7 亿美元和 10.1 亿美元，居广西前列。2016 年，广西北部湾经济区进出口贸易金额为 2749 亿人民币，其中，南宁市进出口贸

---

① 广西壮族自治区地方志编纂委员会编：《广西年鉴（2016）》，广西人民出版社 2017 年版，第 156 页。

易总额为416亿人民币,比上年增长14.1%。三是促使广西边境贸易增长,贸易额居全国边境省(区)前列。2015年广西边境小额贸易进出口额达170亿美元,比上年增长15.4%,在全国各边境省(区)名列第一位。四是促使广西连续15年保持东盟最大贸易伙伴。"全年与东盟进出口贸易总额290.1亿美元,比上年增长18.4%,占全区对外贸易总额的56.6%"①。其中,对东盟出口贸易额194.6亿美元,增长13.3%;从东盟进口贸易额95.6亿美元,增长30.3%。同时,与越南、马来西亚、菲律宾和泰国贸易额分别增长了17.6%、29.5%、40.8%和1.75倍。五是促使广西北部湾经济区的发展,使之成为广西外贸进出口的主要地区。广西北部湾经济区所属的南宁、玉林、崇左、北海、钦州、防城港6市进出口额446.7亿美元,比上年增长15.6%,占广西外贸总额的87.1%。

铁山港临海工业区建设新貌

2015年广西对"一带一路"沿线国家进出口总额达到人民币1991.6亿元,增长19.6%②。南宁每年成功举办一次中国—东盟博览会,由服务"10+1"向服务丝绸之路沿线各国拓展,广西成为海上丝绸之路的重要对接服务平台。中国—东盟信息港落户广西,中国—东盟港口城市合作网络建设取得突破,中国—马来西亚"两国双园"的多个项目实现投产。

---

① 广西壮族自治区地方志编纂委员会编:《广西年鉴(2016)》,广西人民出版社2017年版,第156页。
② 同上书,第159页。

铁山港公用集装箱码头
(中共北海市铁山港区委组织部提供)

文莱—广西经济走廊、中国—印尼经济合作区、中泰（崇左）产业园等项目加快推进，使广西加快构建面向东盟的大通道，沿边开发开放进程加快。2015年，金融综合改革试验逐步推进，广西全年实现跨境人民币结算量1688亿元，居中国西部省（区）第一位。同时与东盟的人文交流进一步加强，广西面向东盟的国家级教育培训中心增至9个。

2017年6月，北海出口加工区创建国家高新技术产品全球入境维修/再制造示范区通过验收，成为继上海、深圳之后全国第三个示范区。2017年，北海市经济发展增速继续领跑全区。完成地区生产总值1200亿元，同比增长10%；完成规模以上工业总产值2535亿元。全市接待国内游客3069.8万人次，创历史新高。在广西"一带一路"的建设中，广西连续11年成为东盟最大的贸易伙伴。2018年1月17日，新的中欧班列从钦州东站始发，由阿拉山口出境，最终抵达波兰马拉舍维奇，全程11000多公里。它开辟了一条从东盟国家经广西，连接我国西南、西北地区直至中亚、欧洲的海陆贸易通道，对于充分发挥广西与东盟陆海相连的独特优势，实现"一带一路"有机衔接，增进我国与东盟、中亚、东欧等地区的交流具有重要意义。2017年，广西外贸进出口总额为3866.3亿元，增长22.6%，其中广西对"一带一路"参与国家进出口贸易额为2100.2亿元，增长5.2%，占同期广西外贸总值的54.3%。与东盟国家双边贸易额为1893.85亿元，比上年增长3.7%。此外，广西北部湾经济开发区进出口贸易总额中,崇左市为 1338 亿元,排名广西第一;防城港市和南宁市分别以 768.54 亿元和 607.09 亿元排名广西第二和第三①。由上可见,广西打造向海经济,已成为我国面向东盟开发合作的前沿和窗口。

---

① 中商产业研究院:《2017 年广西各市出口总额排行榜》,中商情报网(http://www.Askcl.com)。

第二章　原始社会和先秦时期广西的航海活动

原始社会，广西沿海地区是骆越先祖福荫之地。钦州市灵山县马鞍山"灵山人遗址"和钦南区犀牛脚"芭蕉墩贝丘遗址"的考古证实，距今1—2万年前当地越人已在这片富饶的土地上休养生息。在先人从事原始的航海活动中，古港口逐渐产生与演变。进入奴隶社会后，先人依山傍水从事渔猎和航运活动。春秋战国时期，广西沿海地区已有早期航海商贸活动的文字记载。

第一节　原始社会广西沿海的海陆态势和新石器时代文化遗址

原始社会广西沿海地区海陆态势经历了极其漫长的发展进程，大约7000年前才开始相对稳定。在新石器时代，史称"百越"的先民便生活在今广西沿海地区，留下了极其丰富的新石器时代文化遗址。其中，北海市境内的西沙坡、高高墩，钦州市犀牛脚贝丘遗址、芭蕉墩遗址和那丽镇独料村，防城港市亚菩山、马兰嘴、杯较山等遗址，反映出先民在广西沿海以渔猎为主要生活来源和早期的原始航海活动情况。

一　广西沿海陆海态势的演变

从地貌特征来看，广西沿海地区为沉降海盆地质结构。"属华南准台地南端，北部湾坳陷区的北部隆起和中间坳陷。在漫长的地质发展史中，经历了早古生代地槽型沉积，晚古生代准台型沉积，中生代和新生代陆缘活动带盆地沉积三大发展阶段"①。距今约 4.4 亿年的古生代志留时期，广西沿海地区境地一片汪洋，与南海连成一片。在三叠纪末期（1 亿 8000 年前），我国西南和印支半岛发生了一次强烈地壳活动。受喜马拉雅山构造运动影响，北部湾盆地北部边缘间歇性地回升，广西上升为陆地。海南岛原来位于北部湾，"由于地壳的旋转运动，将海南岛从广西的咬合部分断裂式甩出去"，"其总体是向东南方向漂移并伴随右旋"②。因而，形成了一个向西凸出的半封闭的北部湾。另外，"因地壳运动，使雷州地洼中部发生断陷形成琼州海峡"③。北部湾属于新生代的大型沉积盆地，东临雷州半岛和海南岛，并与琼州海峡相接，北临广西沿海三市，西临越南，南与南海相连，湾内属于半封闭大陆架海域，总面积 12.93 万平方公里，平均水深 40 米。

由于强大的印支地块驱动，海南岛与广西沿海咬合部分分离，一方面形成广西海岸线曲折，港湾众多的特点。这是大自然恩赐的优势港口资源，十分有利于广西沿海兴建港口。另一方面，形成北部湾海域。在靠近海南岛和广西沿海一侧，为中新时代沉积盆地。据我国地质学家估计，北部湾油气盆地"石油资源储量约为 21 亿吨，燃气储量为 0.6 万亿立方米"④。同时，北部湾又形成了一个鱼类丰富的渔场。大约到中更新世后期，广西地壳变动以升降为主。西北部比东南部上升快，边缘部分防城港市十万大山一带上升较多，使广西地势呈现出西北高、东南低、四周高、中间低的特征。受太平洋板块和印度洋板块挤压，广西形成盆地。中部被两列弧形山脉分割，"外弧形成以柳州为中心的桂中盆地，内弧形成左江、南宁、玉林等众多中小盆地"⑤。山脉盘绕在广西盆地边缘，桂北有凤凰山、大苗山；桂东有猫儿山、萌渚岭；桂南有大容山、六万大山、十万大山等；桂西为云贵高原边缘山地。河流大多随地势从西北向东南，形成以红水河—西江为主干流的横贯中部盆地及两侧的树枝状水系。盆地内

---

① 罗星烈、庄宗球主编：《北海市海洋志》，广西人民出版社 2013 年版，第 20 页。
② 阎根齐：《南海古代航海史》，海洋出版社 2016 年版，第 20 页。
③ 同上。
④ 同上书，第 7 页。
⑤ 广西壮族自治区地方志编纂委员会编：《广西年鉴（2016）》，广西人民出版社 2017 年版，第 39 页。

形成河流冲积平原和溶蚀平原，较大的有浔江平原、郁江平原、宾阳平原。

进入新生代，气候转暖，冰盖与冰川消融，广西河流也顺势向中部汇集形成树枝状水系，将梧州峡口割穿，汇成西江，直奔南海。广西南部河流，也形成独立入海水系。受地壳间歇性上升的影响，广西沿海地区形成了四至五级残丘、海蚀阶地及滨海砂砾海岸地貌观，广西海岸线曲折，类型多样。其中，铁山港、大风江口、茅岭江口、钦江河口、防城河口为溺谷型海岸，南流江口为三角洲海岸。钦州市、防城港市为山地型海岸，北海市为台地海岸。其中，以北海市的冠头岭、钦州市的乌雷岭残丘海岸最为明显。由于地球海平面上升，广西沿海低地有过海浸。北海半岛的冠头岭以东至大冠沙和白龙至营盘一带，钦州三娘湾、防城的江山半岛海岸都沉积了滨海砂堤沙地。广西沿海 -20 米水深以内的浅海面积为6488平方公里，滩涂面积为1000平方公里，软质沙滩约占滩涂面积的90%。北部湾近海海底平坦，由东北向西南逐渐倾斜，倾斜度不到2°。受近晚期的喜马拉雅山构造运动影响，冠头岭外海及附近曾发生火山喷发活动，形成了涠洲岛、斜阳岛，岛上全是火山灰类堆积。在冠头岭东南和西南方向海底各有一条深槽，由北海港和铁山港分别直通北部湾。同时，在钦州湾和防城港湾南部方向海底各形成一条深槽，直通北部湾。

现代海岸地貌学认为，今广西沿海地貌主要是12000年前"地球最后一次冰期的冰水大规模消融所发生的海浸，在各种海岸动力因素（波浪、潮流、河流等）长期作用下形成的"[1]。今北海市区除石子岭和冠头岭等处，其余原是港汊。12000年前的海域，比现在更深入内陆。由于广西沿海边缘间歇性地上升，以每年上升0.1毫米—0.3毫米计算，12000多年来广西海岸平均上升2米—6米，加上南流江、大风江、钦江、防城河、北仑河等挟带大量泥沙送往大海，在河口处沉积起来，日积月累，堆积成河口三角洲。其中，南流江出海口附近至乾江一带，几千年来逐渐由沧海变桑田。同时，廉州湾内海岸由沙堤增长分割向浅海推进，形成古港埠。正如《北海杂录·原始》一书记载："北海埠地濒大海。古昔为泽国，后

---

[1] 国家交通运输部编：《关于北海港石步岭港区扩建万吨级码头泊位的可行性报告》，1984年版。

以沙积而成。"① 今北海市区的珠海路、海角大道、银滩镇、侨港镇、红坎村，以及大墩海一带的地面，都覆盖着10多米厚的海积层，就是7000年前为海底的证明。中山大学地理系河口海岸研究组于1974年到北海市区调查，认为今广西北部湾海岸在距今11000年—12000年前形成之后，"大约六千至五千年前，海面接近现在海面的水平。近五千年来，海面基本稳定"。钦州市、防城港市沿海丘陵山地地区除海湾、河口以外，海岸线则变动缓慢。

大约7000年前，钦廉沿海地区形成滨海平原、火山岩台地、基岩残丘、海积海蚀地岸四大地貌单元。北海市沿海主要由滨海平原组成，海岸多沙砾。潟湖是原始港口变迁的历史见证，今北海市区的高德港和外沙内港等港口都是由潟湖演变而成的。潟湖由沙堤增长，围堵分割浅海而成，有缺口与外海联通，可做天然避风港。在今海城区，古潟湖的踪迹到处可见。从南漃至红坎村、峒尾村菜园、旧青少年宫和劳联大厦一带，是古潟湖的遗迹，也是古海汊所在地。冠头岭的南面，即南湾港和引水锚地；冠头岭的北面，即今廉州湾内的今外沙内港、地角避风港和红坎村一带，同样是古海汊所在地。一个港口必须有一个优良港址和其他辅助条件，才能有效地发挥吞吐货物的功能。广西海岸曲折绵长，现自东至西有英罗港、沙田港、铁山港、北海港、乾体港、木案港、大观港、钦州港、龙门港、企沙港、防城港、珍珠港等，可见古代广西沿海兴起港址不止一处。同时，广西海岸属上升型海岸，形成了南流江、大风江、钦江、防城江等独立入海水系。在河流的出海之处，也形成了河口港。先人在河流沿岸生息、劳作，河流沿岸人口密集的地方也就逐渐出现圩市，形成早期城市的雏形。其中，南流江三角洲7000年来向南推进了10公里。今合浦县城建于北宋的海角亭附近，旧为南流江出海口，现已被城市包围。这一沧海桑田的事实，说明原始社会南流江更深入内陆，附近出海口更多。古代南流江是合浦最大的一条河流，是史载中原出北部湾傍通交趾的水上要道。几千年来，处于南流江出海口及其附近的大浪古城至乾体一带，在不同历史时期均为合浦的主要门户，这也是合浦古港兴起、发展不可缺少的历史条件。

---

① 北海市地方志编纂委员会编：《北海史稿汇纂》，方志出版社2006年版，第3页。

二　广西沿海地区新石器时代文化遗址

广西沿海地区自古是骆越先祖的生息繁衍之地。1958年，在广西柳州市柳江县通天岩洞发现的人类化石，被称为"柳江人"化石，距今约4.5万年，属于旧石器时代。1960年，中国科学院古人类考古工作队和广东省文物管理委员会确认：位于钦州市灵山县东北边郊马鞍山下的"灵山人遗址"出土的古人类化石，与广西"柳江人"化石特征接近，属于新人类型的人类化石，距今约2万年①。另外，在今钦州市钦南区犀牛脚镇的"芭蕉墩遗址"，发现一层很厚的胶结坚硬的蚝壳堆积物，以及石器工具等。经广西考古鉴定，该处是距今约1万年的贝丘遗址②。另外，位于防城港市防城区茅岭乡的"杯较墩遗址"，也属于新石器时代的贝丘遗址。该处北面是茅尾海，东北面是钦州湾。可见，石器时代当地"灵山人"已在广西沿海生息。大约在公元前1600年，商汤建立商朝，才把岭南定为"百越"之地，令南方进贡珠玑等物。史书《交州的外域记》，称今广西南部为"骆越先祖生息繁荣之地"。所以，当地"越人"早期就耕海为生，以海生活，以海御外，"以舟为马"，从事原始的航海活动。

据考古资料记载，早在4000年前的新石器时代，当地越人就在广西沿海依山傍海从事农耕和渔猎活动。石锛和印纹陶是我国百越文化的特征，而百越文化的创造者主要是越人。石锛对于在沿海地区造独木舟，尤其需要。位于北海市区的"西沙坡"新石器时代文化遗址，是目前广西沿海所发现面积最大的遗址，遗物散布面积达9万平方米，出土文物有石斧、石锛、石刀及砂红褐陶，表明在新石器时代，这里已有人类活动的踪迹。位于市区冯家江出海口附近的"高高墩"，不但出土了汉陶器，还出土了汉陶古钱，说明市区并非晚期才有居民。"高高墩"位于今银滩附近，出海位置极其优越，这是经广东省1959年文物普查确定，后又经广西文物部门认可并列入广西新石器时代的文化遗址。

广西沿海新石器时代文化遗址，尚存钦州市那丽镇独料村大石铲遗址和犀牛脚镇的贝丘遗址、合浦县牛屎环塘遗址，以及钦州市芭蕉墩黄金墩

---

① 滕广茂主编：《钦州文史·文物古迹专辑》，广西人民出版社2013年版，第4页。
② 同上书，第27页。

遗址。防城港市有亚菩山、马兰嘴、杯较山等遗址，和东兴市江平镇交东村的社山贝丘遗址等。其中，马兰嘴遗址，位于东兴市江平镇马兰基村的马兰嘴山冈上，面临珍珠港，西北与交东村石角渡江的亚菩山遗址相距5公里。亚菩山遗址，位于东兴市江平镇石角村石角河与黄竹河汇合的三角嘴处。交东贝丘遗址（社山遗址），位于东兴市交东村的社山上。杯较山遗址，位于防城区大围基村东的茅岭江出口处的杯较山小岛上。白龙台遗址位于防城区江山半岛珍珠港东岸的沙丘上，其附近为海岸充新台地。这些海滨贝丘遗址文化遗物十分丰富，亦包括石器、骨器、蚌器、陶器和动物遗骸。磨制石器中有斧、锛、凿、磨盘、杵、石锌、砺石等，以斧、锛为最多，具有地方特点。陶器全是夹砂陶，纹饰以绳子为主，也有蓝纹和划纹等。只有防城港市杯较山出土的陶器稍微不一样，其胎质有的为红色，有的为灰黑色，内掺粗沙粒和蚌壳末。

位于钦州市犀牛脚丹寮村西金鼓江的一个土墩上的芭蕉墩遗址也是一个典型的海滨遗址，而且时代较早，距今约八九千年，属于新石器时代早期。这个遗址，也是在一个孤岛上，芭蕉墩在大海涨潮时成一孤岛，退潮后四周是滩涂。出土的石器以打制石器为主，大多数是"蚝蜊啄"，其余还有砍砸器、刮削器、石斧、石球等。"经自治区文物考古队的专家鉴定，这是一处以渔猎为主要生活来源、新石器时代早期的遗址"①。牛屎环塘遗址位于合浦县城东南27公里的沙丘上，面临北部湾。遗址出水面约5米，有丰富的陶瓷出土，其年代约为五六千年前。迄今为止，已发现的广西海滨贝丘遗址打制石器仍占大多数，手斧等打制石器仍保留旧石器时代的技术特点，有一定的原始性。磨制石器不多，器型简单，磨制较粗糙。陶器夹砂粗，以黑、红陶为主，纹饰以细绳纹居多。加工技术是手制，火候不高。由此可见其生产水平不高，处于新石器时代中期的水平，即距今7000—9000年。

海滨贝丘遗址在广西沿海出现，说明了四个问题：一是海边贝丘遗址的出现并非偶然，它是在洞穴贝丘遗址和河旁阶地贝丘遗址的基础上发展起来的，所以仅在东兴市江平镇和防城区江山镇一个不大的区内域，就能聚集有马兰嘴、亚菩山、交东三个规模相当大的海滨贝丘遗址，聚居着三

---

① 滕广茂主编：《钦州文史·文物古迹专辑》，科学出版社2013年版，第27页。

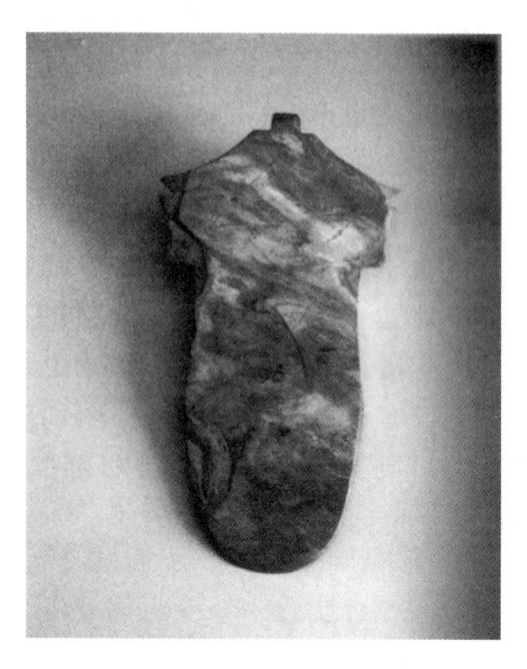

新石器时代石铲（浦北县博物馆提供）

个大族群，可谓密度不小。二是海滨贝丘遗址的先民们，使用的各种工具，进行生产的方式和类型都比洞穴贝丘遗址和河旁阶地贝丘遗址的先民们广泛和先进。不仅有渔猎、海洋捕捞、陆上狩猎、采集，还有一定规模的稻作农耕，这为进一步向海上发展打下了物质基础。三是凿、钻、铲这类工具的出现，反映了原始的造船业已开始，近岸沿海的交通肯定也已出现，虽然独木舟不易保留，但加工工具已有所反映。四是说明环北部湾地区的各种自然生态环境十分优越，适合古人类繁衍生息，为后来的发展打下了基础。广西沿海地区史前文化遗址分为洞穴、岩厦、河傍台地、山坡、海滨五种，遗存丰富。其中，钦州市那丽镇独料村大石铲遗址出土了1100件石器，证明广西沿海确是远古人类频繁活动的区域。

北海港市石步岭港区附近的匙羹岭，也是一个新石器时代遗址，除了出土有石锛、陶网坠，也出土有罐陶片。这是从新石器时代开始，逐步形成古海港口的历史变迁见证。上述遗址一般都位于港湾出口处，其附近为海岸冲积台地，对先民们从事渔猎生活十分有利。这些出土的石器可以证实，最晚在新石器时代，史称百越族系之一的西瓯越人，在漫长的岁月中，用自己的辛勤劳动开发了广西沿海古港口。沿海古港口是越人从事

"半渔猎半农耕"生活的地方。先民在"刳木为舟,剡木为楫"的基础上,开创了航海运动。今湛江市博物馆内展览的独木舟,以及钦州市出土的独木舟,说明在先秦时期今广西北部湾沿海的港汊、潟湖最早成为当地独木舟寄碇之所。

南宁古为百越之地,新石器时代文化遗址众多。其中,顶狮山遗址位于邕宁区浦庙镇新新村九碗坡。豹子头贝丘遗址、青龙江口遗址、灰窝口遗址、天窝口遗址位于南宁青秀区。石头船遗址,位于良庆区良庆镇那黄村。这些新石器时代的文化遗址,全部在河岸附近。石戈是石器中最晚出土的一种兵器,桂南地区是发现石戈较多的地区之一。其中,"1972年,在合浦龙门江遗址出土1件"[①],1988年武鸣县岜马山西周岩洞也曾出土过。桂南地区出土的石戈,不但与西周殷墟的石戈相似,与"四川广汉三星堆祭祀坑出土的玉戈也相似"[②]。桂南石戈的出现,是当地曾发生战争的物证,说明当时广西开始由原始社会向奴隶社会进发。同时,还说明桂南地区已与中原和四川有着某种文化联系和交流,反映了中原和四川文化对桂南地区的直接和间接影响。与南宁市邕江沿岸的新石器时代的贝丘文化遗址相接近的,是位于左江流域的龙州县弄岗自然保护区内的陇山企鸟19号洞文化遗址。从文化堆积层中,采集到大量打制的尖状器,磨制的石斧、石锛,还有用三角蚌做成的蚌刀、蚌匕。其中,蚌刀、蚌匕的模样,两地简直毫无区别。此外,从左江沿岸的花山和敢造新石器时代的文化遗址中,采集到的打制石器,以及蚌刀、蚌匕,与南宁豹子头贝丘遗址几乎相似,反映出左江流域的先民,栖息在大河的两岸,下水捕捞鱼虾螺蚌,向江河索取食物资源。在桂南的新石器时代文化遗址中,普遍发现一种制作比较精细的打磨石器——大石铲和石斧。以大石铲为特征的文化遗址,主要分布在南宁的邕江沿岸。这些遗址除了出土大量的石铲以外,还有石斧、石锛、石凿等磨制石器伴出,说明当时砍木造船工艺已很成熟。由于石铲、石斧制作精致而又规整,可以推测当时已有一定的金属工具予以加工,或已进入铜石并用时代。这就是说,生活在左江流域的先民早已开始造船。

---

① 蒋廷瑜:《桂岭考古论文集》,科学出版社2009年版,第3页。
② 黄云忠、邓超雄:《广西武鸣岜马山岩洞葬清理简报》,《文物》1988年第12期。

人类在梧州地区活动的时期相当远古，考古工作者在梧州发现不少新、旧石器时代的文化遗址。新发现的木铎冲、红泥嘴、塞冲顶等遗址是比较典型的旧石器时代遗址。其中，木铎冲旧石器时代文化遗址，正好位于浔江流域的几个山坡上，散落着砍砸器、切割器等一百多种旧石器时代的遗物。这些文化遗物，反映出当时的古人类都是实行群居的生活，他们通过在河流附近采集、狩猎、捕捞等维持生存。所以，梧州古人类一般都选择在依山傍水的地方群居。另外，梧州市郊大塘、高旺、螺山等新石器时代遗址，也出土了一批石斧、石铲等磨制石器。这些石器可以伐木造舟，反映了人类生产活动时间的连续性。它们的发现，充分说明距今8000年前，梧州就有了人类的水上活动，为研究珠江水运史提供了丰富的资料。

贵港市位于广西东南部，郁江自西南向东北流经全境。"平南县相思洲遗址证明，约8000年前的今天的贵港区已进入新石器时期"①。京屋村、上江口村新石器时代遗址，位于城南的思怀乡和瓦塘乡。此外，木桥坑口、焦材冲遗址，也已采集到新石器时代的石斧、石锛、刮削器等石器残件，以及夹砂陶片。这些文化遗址的共同特点是靠近河岸，说明先人依山傍河谋生。贵港新石器时代晚期的代表作是平南县石脚山遗址，发掘中发现了供浇铸青铜石器的砂石范，说明当地青铜器制造技术已出现，也表明当时社会开始跨入青铜器文化的时代，社会生产力也进一步提高。

第二节　原始社会和先秦时期广西航海兴起

新石器时代，广西沿海已有了原始的航海活动；战国时期合浦也出现了早期的商贸活动，客观上促进了古代航海的发展。

一　广西原始航海活动

广西沿海地区古属百越之地，在其区域范围内发现了数十处新石器时代文化遗址。其中，合浦县清水江新石器时代遗址曾发现石铲、石锛与青铜器共存。证明了广西北部湾港口群地带从新石器时代开始一直是人类活

---

① 贵港市地方志编纂委员会办公室、贵港市文化局编：《贵港文物图志》，广西人民出版社2011年版，第1页。

动的活跃区和持续区,并逐渐进入青铜器时代。此时,生产力发展的重要标志是金属冶炼技术的发展。在钦廉出土的青铜器中,浦北县出土的四件

大石铲(贵港市博物馆提供)

羊角钮铜钟颇具特色。羊角钮铜钟形状像半截橄榄,上小下大,底平直,顶端有两片羊角形钮,下部有一周菱形雷纹。容县出土的羊角钮钟,面部饰纹形云纹,下端饰密集的弦纹,"从其饰纹来看,应是战国时代遗物。"① 另外,武鸣县还出土了三件铜戈和铜卣,戈体和铜卣饰云雷纹、栉纹。"这种纹饰常现于商代晚期和西周初期的铜器上"②。另一类如梧州出土的青铜鼎,腹部有凸棱,"膝部饰兽面纹,与湖南省出土的战国鼎相似,明显属楚式鼎"③。先秦时期,桂南出土的铜器渐多。南宁、玉林也出土了一批铜尊、铜盘、铜钟和铜剑。这说明战国时期桂南的青铜铸造业具备了相当规模。1985 年 10 月,在武鸣县马头乡元龙坡发掘了一群西周春秋墓,出土了青铜器 100 多件,同时"出土了一批砂石铸范,完整的有 6 套,单面的有 6 件,残碎不全的有 30 余件"④。类似的砂石铸范还发

---

① 蒋廷瑜:《桂岭考古论文集》,科学出版社 2009 年版,第 17—21 页。
② 同上。
③ 同上。
④ 同上。

现于那坡县感驮岩遗址、平南县石脚山遗址和灵川县新岩遗址。说明从西周时期起，广西百越人已普遍掌握了用石范铸铜器的技术。青铜器的使用，十分有利于削木造船。另外广西沿海亦出土了几百面铜鼓。铜鼓作为一种打击重器，供人们聚会、庆祝使用，百姓喜闻乐见，以击鼓为乐。其中北流县出土的一面铜鼓面径达 156 厘米，重达 600 斤，被誉为"铜鼓

新石器时代有肩石斧（梧州市博物馆提供）

王"。从而反映出桂南是中国古代铸造铜鼓的重要地区，青铜冶炼技术处于较先进的水平。

原始社会，广西沿海和江河已出现了"筏""竹排""独木舟"和"舫"四种水上运输工具。筏，是指先人把许多木头捆扎在一起当"筏"，以此产生浮力，装载人、货。这种原始的做法，历时数千年，至今尚存。其中，放运木排就是今日的应用。北海的海运公司曾在柳州地区将数百立方杉木排捆在一起，用拖轮拖带，沿柳江、西江运出珠江口，再沿广东西部沿海拖带回钦廉。"竹排"，则是先民将许多竹子并排捆扎而成的。因竹子空心、浮力大、承载量多，所以，竹排是广西沿海和内河重要的民间水上运输工具，一直沿用至今。现多用于海汊、水库、小河等水域捕鱼。独木舟，则是先人"用整段圆木，削去圆筒上部的一部分，成为大半圆

形以后，再挖出船舱，凿平舷墙和舟底"①。由于制作简单方便，独木舟使用十分广泛，"独木舟自原始社会就在广西河流出现，曾用于渔猎、运输"②。舫，是原始社会后期，先民采用木板连接两个以上独木舟或木排，使之并列成一体的"双体船"。与独木舟或竹排相比船身较宽，稳定性好，可在沿海航行，这种舫船后来逐渐演变成为木板船。原始社会广西出现的水上运输工具，正是先祖从事生活与生产活动的迫切需要，是在漫长的反复实践中产生的。由于河流与大海是相通的，先祖们发现筏、竹排、舫、独木舟，在浅海中仍能航行，便开始了早期的航海活动。正如《论语·公冶长》卷五记载："乘桴浮于海。"桴，就是筏。"经近代学者考证，筏是新石器时期的百越人发明的"③。

据《壮族通史》记载，早在商周时期，实属瓯越族的广西沿海先民，能仰泳于潮，善伐大竹（竹排），"舟居穴处"，采珠捕鱼，并有珠、渔疍之分。灵山县和合浦汉墓曾出土战国时期的铜钱、青铜剑，证明在先秦时期，广西沿海地区的青铜冶炼技术已十分成熟，利于削木造船。据《廉州府志》（崇祯版）记载："廉州九头岭下，有战国造船遗址"。据史料记载，九头岭战国造船遗址，曾出土"坚硬如铁"的木料。"最大的一段方木长达20丈，如果这根方木没有经过驳接，直接用来做船的龙骨，造出的船可长达60米"④，可见合浦县先民早在战国时期就掌握了先进的造船技术和航海技术。专家考证了该造船工场遗址，认为该工场可同时建造载重50吨—60吨的木船数艘，规模较大。说明当地造独木舟已演变成造木板船，亦说明先秦时期合浦航海活动就已兴起。由独木舟、浮筏向木板船演变，这是造船航海技术提高的一个标志。在先秦的航海活动中，风力是船舶航行的主要动力。据专家考证，殷商时期，"行船已用帆"。由木板船再向木帆船演变，有力地促进了航海的发展。

独木舟是广西北部湾原始航海较早的一个标志性水运工具。在《易经·系辞》一书中也有春秋战国时期"刳木成舟"的记载。早在1989年

---

① 黄名汉、杨家琪：《广西航运志》，广西人民出版社1994年版，第119页。
② 同上。
③ 阎根齐：《南海古代航海史》，海洋出版社2016年版，第42页。
④ 合浦县人民政府、北海市地方志办公室编：《北海合浦海上丝绸之路史》，广西人民出版社2008年版，第126—127页。

和 1990 年，在茅岭江支流的钦州大寺、黄屋屯沿岸的旧航道中就出土了 6 艘独木舟。其中一艘长 12 米，宽 1 米，深 0.3 米的独木舟，现收藏于广西壮族自治区博物馆。茅岭江注入钦州湾，说明独木舟是广西沿海原始的运输工具。这 6 艘独木舟的共同点是中间宽，两头小，船尾微翘；舱内有明显留存的硬化物及粗糙不完整的斧痕，木质坚硬，呈黑色。专家考证，先人在制造独木舟时，在木头外面包上一层湿泥，然后用火烧烤要挖掉的部分，再用粗笨的石斧、石锛刨挖烧焦的地方，多次反复，直至成形。中国考古发现最早的独木舟，当数在广东揭阳榕江河道中出土的已经炭化的独木舟。"经专家考证，属于旧石器时代晚期的遗物"①。由此推测，大约距今 7000 年前，我们的祖先就已经能够制造独木舟。由于竹木筏和独木舟的制作简单，操作方便，所以广西原始社会产生的独木舟，在相当长的时期内被广泛应用于内湖、河流及近海水域。宋人周去非在《岭外代答》一书中记载："钦州竞渡兽舟，亦刨全木为之，则其地之所产可知矣。"可见，钦州独木舟始制年代应在宋朝以前是无疑的。早在先秦时期，钦廉先民就已广泛使用独木舟和木筏，并以其非凡的勇气和智慧走向海洋，为广西航海事业奠定了基础，为海外贸易提供了保障。这是汉代合浦港形成海上丝绸之路始发港的关键因素。

据《淮南子·主术训》记载："昔者神农之治天下……其地南至交趾，北至幽都。"商汤（公元前 17 世纪）夺取天下后，下令广西先民贡珠玑、玳瑁、象齿等物。周成王十年（约公元前 12 世纪）交趾南面的越裳国（今越南中部），"以三象重译而献白雉"②，向周朝进贡。与此同时，"四方贡献，南海贡鱼革、珍珠、大贝"。在当时的航海条件下，越裳国由马来半岛抵中原，广西沿海是必经水道。战国时期，越裳国改为"朝贡百越"，与今中国南方沿海的越人来往。此时合浦所产的明珠，已和南洋的象牙、翡翠等舶来珍品一起流入中原。同时，中原的物产也经合浦销往南洋。当地的骆越人素善航海，很早就与南洋地区发生经济联系。《越绝书》谓当地越人"水行而山止。以舟为车，以楫为马，行若飘风，去则难从"。这些记载，正是先民航海活动的生活写照。又据《淮南子·

---

① 阎根齐：《南海古代航海史》，海洋出版社 2016 年版，第 45 页。
② （汉）伏胜撰注：《尚书大传》（卷三），台湾商务印书馆 1986 年版，第 410 页。

钦州独木舟（拍摄者：吴琳）

齐俗训》记载，"越人善于用舟"，《汉书·严助传》亦记载，越人"习于水斗，便于用舟"。郁林、苍梧、合浦古为百越之地。春秋战国时期当地百姓被称为百越人。显然，祖先使用舟渡水是社会的进步，也是航海的开始。广西古海港的产生和发展，正是先人在沿海劳动生息，捕鱼采珠，从事航海生产活动，并利用海流、潮汐通过沿岸行驶或越海漂航，与南洋各国交往中逐步形成的。

二 先秦时期广西沿海的商贸活动

商汤时期，广西沿海出产的珍珠和东南亚出产的玳瑁、象牙、珍珠等商品已流入中原。据《商书·伊尹献辞》记载："正南瓯、邓、桂国、损子、产里、百濮、九菌，请以珠玑、玳瑁、象齿、文犀、翠羽、菌鹤、短狗为献。"史料中的"正南瓯"是指战国时期分布在今天的广东、广西境内的西瓯民族。桂，是指广西地区。伊尹是商朝的第一位首臣，曾助商汤攻下夏朝，建立商朝。这段记载的是他承商汤王的旨意向天下发布诏令，征集各地的贡品。《商书·伊尹献辞》中所提到的南瓯、桂圆、损子、百濮等地名就是包括汉合浦郡在内的百越族聚居地，地域范围相当于今南方。其中，"桂国"为古国地名，因产桂树而得名，即今广西壮族先民所在地。"损子"，指今广东、广西一带。"百濮"即"百越"，为今广西和越南北部一带。贡品中的珠玑，产地主要来源于合浦一带。《后汉书·循吏列传》记载，合浦"郡不产谷实，而海出珠宝"，说明合浦一带在汉代以前已出产珍珠。《汉书·地理志》载："粤地……处近海，多犀、象、毒瑁、珠玑、银、铜、果、布之凑，中国往商贾多取富焉。"珍珠数量甚稀，价值极高，既可装饰，又可药用，是中原官商喜欢交易的商品。由此说明，商汤时期广西已与中原有经济文化来往。

今天的梧州，史称苍梧（仓吾），是广西内河出海的重要门户。据《逸周书·王会解》记载："成周之会，仓吾翡翠，翡翠者，所以取羽。"孔晁注："仓吾亦蛮也，翠羽其色青而黄也。"这里反映的是周代南方的仓吾部落想向周武王进贡翡翠的史实，也说明桂东南与中原有经济文化来往。《史记·五帝本纪》亦记载："（舜）践帝位三十九年，南巡狩，崩于仓吾之野。"司马迁的《史记》，道出了广西古文化与舜帝时期中原文化之间千丝万缕的关系。《山海经·海内南经》记载："苍梧之山，帝舜葬于阳，帝丹朱葬于阴。"舜帝为了安边富民，每隔五年到四方巡狩一次，曾经先后数次到达岭南，把中原文化带到岭南。舜帝南巡逝于苍梧，苍梧（今梧州）人民为了纪念这位上古圣君，于唐大历四年（769年）建舜帝庙来祭祀他。《梧州府志》记载："舜帝庙在大云山麓锦鸡岩，久废。乾隆三十五年（1770年）知府吴九龄重建于故址，春秋拜祭。"由此可见，广西与中原的文化融合，也早在舜帝时代就已开始。

先秦时期，梧州成为南北文明的交汇点，也成为岭南水运的中转枢纽。在岭南地区，商周时期最具特征的考古学文化器物是夔纹陶器与米字纹陶器。夔纹是商周青铜纹饰演化而来，由中原传到岭南的。陶饰在陶器上则是岭南越人的创新。2006年，广西文物考古研究所和梧州市博物馆在碟山区夏郢镇凤凰山西周遗址进行了抢救性发掘，采集到几十件米字纹、夔纹的商周时期陶器文物。这一发掘奠定了梧州是岭南文化古都的基础，也凸显了其沟通中原文化关系的重要通道作用。又据《史记·苏秦列传》记载，战国后期，楚国"南有洞庭、苍梧"。考古发现了楚怀王六年（前323年）所制的"鄂君启舟节"铭文，较详细地记载了湘水沿岸的交通路线。可见，早在战国中晚期，楚国的官商船队就经过湘水，远达沅湘上游及五岭地区，湘水、漓水通道已经形成。所以，后来秦军在此开凿灵渠，沟通长江和珠江两大水系。据三江之口的梧州便发展为南北交流和中外交通的枢纽，成了海陆丝绸之路相交汇的地方。

战国米字纹陶瓮（梧州市博物馆提供）

春秋战国时期，南海的航海活动以今广东、广西沿海的先人为主角。据《战国策》记载，楚国称霸，百越朝贡，楚王竟称："黄金、珠玑、犀象处于楚，寡人无求于晋国。"楚王的珠玑无疑是来自今广东、广西沿海的"朝贡"。《后汉书·循吏列传》说："楚越之地，地广人稀……不待贾而足。"可见当时楚国控制着南海的航海贸易。据《国语·楚语》记载："赫赫楚国，而君临之，抚征南海，训及诸夏，其庞大矣。"可见先秦时期楚国与岭南发生了政治、经济和军事关系。南宁市武鸣战国墓曾出土的一件铜卣，其"造型、纹饰与湖南宁乡出土的戈卣相似"。另外，广西平乐银山战国墓"用木棺椁，随葬品种多青铜器，尤其是其中许多精美的青铜器具有明显的楚风"[①]。这说明广西的经济、文化交流受楚国的影响很深。

又据《战国策》记载，魏襄王七年（前311年），"越王使公师隅来献……犀角，象齿焉"。公元306年楚王趁越内乱而灭越国，将其设为郡。越国虽"朝服于楚"，但"诸族子争立"，"滨于江南上"。直至秦始皇灭掉楚国后，发50万大军经略岭南，拥有南海。其目的还是"利越之犀角、象

---

① 蒋廷瑜：《桂岭考古论文集》，科学出版社2009年版，第159页。

战国铜矛（贵港市博物馆提供）　　战国弦纹大铜鼎（梧州市博物馆提供）

齿、翡翠、珠玑"等海外传统商品。先秦时期，"番禺亦其一都会也，珠玑、犀、玳瑁、果、布之凑"①。珠民、珠贩分散在产珠的海边，产珠的地方就可能有港口存在。犀、象产自东南亚和南亚地区。"珠玑"和"玳瑁"则产自南洋，以合浦"珠玑"最为著名。《汉书·地理志》记载："大珠至围2寸以下。"按汉尺折算，周长2寸的直径接近1.5厘米。南越王墓出土的珍珠，最大直径达1.1厘米。珠玑的主要产地是合浦，并由合浦运至番禺。由此，可见当时广西沿海港口与广东沿海已有舟船往来，互通有无的航海贸易。由于生产的发展，水运交通的活跃，各国争霸的激烈，各诸侯在开拓疆域的过程中，特别是南方越人海上活动的兴起，先人的目光开始伸向海外。据《尚书·禹贡》记载"江汉朝宗于海"。先人已有"百川归海"，江河通海，海外有海，海中有岛的海陆大势观念。《周礼·春官》说："以十有二风察天地之和。"先人已懂得利用季风航行。通过漫长的航海实践与观察积累，先人已掌握海洋潮汐知识。宋周去非在《岭外代答》卷五中，曾总结钦廉沿海潮汐的知识，"钦廉则朔望大潮，渭之先水。日上一潮，二弦小潮，渭之子水"。《管子》也说："渔人之入航，海深万仞，就彼逆流，乘危百里，宿夜不出者，利在水也。"这两段文字说明航船出海要利用潮汐。在《汉书》中有汉武帝派遣官吏在合浦出海往东南亚、印度半岛贸易的记载，说明在古代长期的采珠生产活动和航海中，合浦沿海在秦汉之前就已形成了古海港。汉代合浦县区域，包括今广西沿海的北海、钦州、防城港三市。在今防城港市江山半岛的"箭猪笼春秋战国遗址"，也位于月亮湾中间向南面的海滩上。由此可以推断，春秋战国时期应是广西航海和

---

① （汉）司马迁：《史记·货殖列传》（卷一百二十九），中华书局1959年版，第3268页。

古海港早期孕育发展的阶段。先秦时期至汉代广西古海港的主要位置应该在盛产珍珠的冠头岭（今北海港）、白龙、永安（铁山港）和防城江山半岛一带海域，以及南流江和钦江出海口附近一带。

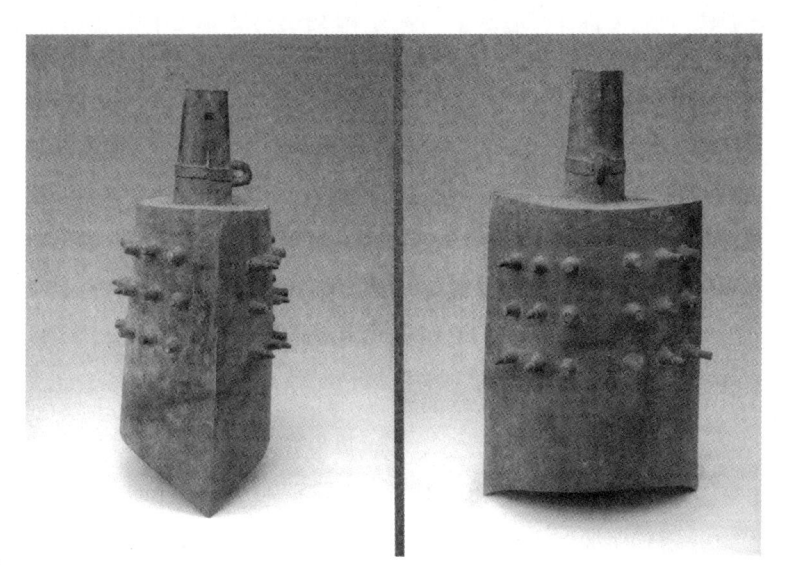

西周铜甬钟（贵港市博物馆提供）

自商代晚期起，中原的青铜文化就已向南传入环北部湾地区。武鸣县出土的铜戈、铜卣，横县出土的铜钟，在器型、纹饰等方面与中原先秦时期的青铜器十分相似。同时，骆越的某些文化因素也影响到中原。河南安阳殷墟大司空村出土了大批海贝、龟甲，这些东西可能来自南海或北部湾沿岸。玳瑁、海贝、珠玑等，一直是吸引中原王朝的土特产。据赵德云著《西周至汉晋时期中国外来珠饰研究》一书记载，在河南淅川下寺和陕西宝鸡益门村先秦时期的墓葬，曾出土蚀刻玉髓管和线形蚀刻肉红色珠饰。这些珠饰，无论是技法，还是器型，都明显有别于中国传统珠饰的形态。"最新研究表明，它的产地是北印度城市"[①]。由此可见，先秦时期中国与南亚已有贸易来往。

广西左江的花山岩画和铜鼓船纹，是广西古代航运的见证。位于宁明县耀达花山和龙州县锦江花山的岩画，是古代壮族先民骆越人的珍贵文化

---

① 赵德云：《西周至汉晋时期中国外来珠饰研究》，科学出版社2016年版，第99页。

遗产。花山岩画中的龙舟竞渡图大致是战国时期先人所作。多数竞渡舟船首尾高翘，不仅有桨，有橹，有梢，而且有舵，构造精致。船中之人奋力划舟，说明船上已使用桨作为推进工具。但只能在江河和沿海航行。贵港罗泊湾1号汉墓出土的大铜鼓上，所刻画的船身不但窄长，而且有12道横梁，可提高船速，增加船身牢固，经得起风浪的侵袭。另外，广西西林出土的战国时期铜鼓腹部都有船纹。其中，以西林280号铜鼓为代表，有船纹6组，每组船上有八九个水手划桨。然而船上没有桅和帆，说明春秋战国时期广西所造的船舶，不会利用风力，只能沿海沿江河岸边行驶。

今合浦县廉州镇九头岭下的战国造船厂遗址，"证明乾江港起码在战国时期就是一个与陆地内河直接联通的航海港口"①。九头岭，位于今合浦县城廉州镇南郊2公里处的文昌塔下，距乾江（体）港约2公里。土墩墓是先秦时期流行于古代吴越地区的一种特殊的墓葬形式，主要分布在江浙一带。然而，在合浦文昌塔汉墓地却发现了64座土墩墓。其出土的杯、瓮等陶器，则体现出浓厚的吴越文化特征②。由此说明，楚越土墩墓的形制，在先秦时期合浦流行，并一直延续到西汉时期。同时，也证明南流江出海口附近的文昌塔至九头庙一带，先民已在此定居。南流江的一条支流——西门江，绕九头岭与乾体港相通入海。古人在该处选址造船极佳，可乘潮涨潮落之势，引导新船入海，或驶入南流江；有港口的地方，都建龙王庙、天妃庙（天后宫），作为渔民商贾出海前祭祀之所。从乾体古港至廉州镇的入海河段约4公里，在古代分别建有海角亭天妃庙、九头岭天妃庙和乾体天后宫。位于南流江出海口南面的冠头岭，明代亦建有龙王岩和镇海庙等。从这些踪迹可以看出，从战国时期开始，钦廉沿海一带已形成古港口。从秦汉至唐、宋、元、明、清，古代广西海上丝绸之路，经历了兴起、繁荣、中衰和振兴的历史过程。

---

① 范翔宇主编：《乾体史话》，中国文史出版社2008年版，第72—73页。
② 广西文物保护与考古研究所编：《广西合浦文昌塔汉墓》，文物出版社2017年版，第408页。

第三章 秦汉时期广西海外交通的发展

秦始皇开发岭南，广西沿海属象郡。秦二世胡亥三年至西汉元鼎六年（前207至前111年），南越王赵佗曾驻军合浦，加快了广西沿海的开发，并为中原开辟了出北部湾的水道。西汉时，汉武帝派路博德平南越，设合浦等九郡，并派使者和商船由合浦起航出洋，使汉代合浦成为中国对外贸易主港，并成为"海上丝绸之路"的始发港，在中国航海史和贸易史上具有重要地位。东汉时，马援南征交趾，大大地促进了广西沿海经济和港口海上交通的发展。

第一节 秦汉时期开通中原出北部湾的水道

秦军南征，溯湘江，过灵渠，沿桂江，经浔江，再溯北流河，过桂门关，转沿南流江抵合浦，开通了中原出北部湾的黄金水道。西汉路博德征南越，驻军合浦，有力促进了广西的海上交通。

一 秦军凿灵渠沟通南北水运航路

公元前221年，秦始皇为了开发岭南，"又利越之犀角、象齿、翡翠、珠玑，乃使尉屠睢发卒五十万军……三年不解甲弛弩，使监禄无以转饷。又以卒凿渠而运粮道，以与越人战"①。据《史记·平津侯主父传》记载，"秦始皇欲肆威海外"，使尉屠睢将楼船之士南攻百越，使监禄凿渠运粮深入越，越人遁逃。从《淮南子》和《史记》作者的着眼点来看，秦始皇不惜倾全国之力，南取百越，目的不只是利于百越的珍奇物产交

---

① （汉）刘安：《淮南子·人间训》（卷十八），河南大学出版社2010年版，第614页。

流，还是以占据岭南境地为主，打通海外交通的作用。史禄率领秦军和广大民工在广西兴安县开凿了漓江和湘江的灵渠，保证了援兵和给养经湘江源源不断输入，与西瓯人作战。灵渠，又名陡河或湘桂运河，全长 34 公里。由天平、铧、渠道、秦堤、陡门等组成一个完整的水道工程体系，是中国古代劳动人民伟大的智慧和创造能力的结晶。据《史记·秦本纪》记载："自海洋山导水源，以湘山北入于楚，融江为牂牁下流，远不相谋。为玑以激水，于沙磕中磊石作铧，派湘之流而注之，建瓴而下，既通舟楫，又利灌溉，号为灵渠。"开凿灵渠，设计是把湘水引进灵河的始安水，达到沟通漓江的目的。灵渠建成后，由于沟通了长江、珠江两大水系，自秦始广西内河船只可越过灵渠，沿湘江抵洞庭转入长江而达京师；或沿桂江至梧州、广州、合浦，从而把岭南和京师连在一起。因而，灵渠成为海上丝绸之路海陆交通的重要节点。灵渠凿通后，秦军很快得到兵员、粮草的补给。经过 6 年的艰苦征战，到公元前 214 年，秦军终于统一了岭南。其中，秦第一路军即由湘江，经越城岭，沿桂江抵苍梧。第二路军由湖南经萌渚白芒岭，达广西之贺县，至苍梧与第一路军会合，溯北流河，过桂门关，再沿南流江抵合浦。

西汉大铜马　　　　　　　　　　西汉铜鼎

（贵港市博物馆提供）

公元前 214 年，秦朝在岭南设南海、桂林、象郡三郡，建立中央集权大帝国，因此拥有南海、北部湾这两大海域，统一了海疆。秦朝设桂林郡，郡治并不在桂州（今桂林）市，而是设在布山县，一说即在今贵港市贵城镇，"辖境包括今之桂林、贺州、梧州、柳州、来宾、南宁、贵港、玉林等市，相当于现今大半个广西"①。古代布山县地处广西最大的浔郁平原中部，境内以平原、台地、山丘地形为主，地势西高东低，郁江由西向东贯流全境，全长100多公里。上游河源为左、右两江江域，河段平缓，利于发展航运。水路东达苍梧，可由西江东出海；西经邕州，溯左、右两江，可达广西西部。北由黔江，连接柳州，水路可通达湘、黔、川、滇，南面又与合浦接壤，是广西重要的水陆联运交通枢纽。因布山县水陆交通方便，故秦便在此设桂林郡。秦末汉初，桂林郡更名为郁林郡，郡治仍为布山县，属南海尉赵佗建立的南越王国。据广西壮族自治区博物馆《广西贵县罗泊湾汉墓》一文记载，郁江流域目前能确认的秦汉遗存主要是罗泊湾1、2号墓和风流岭31号墓。罗泊湾2号墓出土的"夫人"玉印表明墓主为南越国大官的配偶，风流岭汉墓的形制和随葬品、规格也表明墓主为南越国的大官②。同时，秦朝设象郡，将广西沿海地区划入象郡。古北部湾地区大部分属象郡。象郡的治所，一说在今广西崇左境内，一说在今越南北部。其辖地范围包括今广西南部、云南东部、贵州西南部和广东湛江地区，以及今越南中部和北部地区，向南至今越南富安省南境。秦王朝为了加强对岭南的统治，除了推行"书同文""车同轨"的国策，还采取了兴建驰道，修城筑关防守，移民戍边和发展经济等一系列措施。秦始皇还将军队留下"戍越"，并征调未婚妇女随军定居。据《史记·淮南王传》记载，尉佗"使人上书，求女无夫家者三万人，以为士卒衣补。秦皇帝可其万五千人"。赵佗统领秦军，一举平定南越，"徙兵士农夫罪人五十万于其地"。这些汉人，被当地称为"客民"。从合浦文昌塔一期汉墓出土的器物看，有鼎、壶、铜镜、铁锸、纺轮等中原器物，且多为土坑墓，不排除墓主是中原人的可能。铁锸是秦汉时期中原使用最普遍的农具，可用来翻土。可见，南越国时期铁农具已运用于合浦地区的农业耕种。同时，秦王朝不断把中原人民迁移岭南，"以谪徙民，与越杂

---

① 贵港市地方志编纂委员会办公室、贵港市文化局编：《贵港文物图志》，广西人民出版社2011年版，第1页。

② 广西壮族自治区博物馆编：《广西贵县罗泊湾汉墓》，文物出版社1988年版，第112—113页。

处"。中原人民南移，带来了先进的生产技术和文化，促进了岭南地区的经济文化发展和民族团结。秦军南征，开通了灵渠，将长江水系和珠江水系连成一片，亦开辟了中原出北部湾的航路，南流江便成为黄金水道。

西汉铜盆　　　　　　　　　西汉羽人划船纹铜鼓
（贵港市博物馆提供）

当时，秦王朝的政治经济中心在关中咸阳，向南延伸，由汉水和湘江，经荆州和长沙，连接京师与岭南的通道，并以偏西的越城岭道最为重要。越城岭道之所以最便捷，离不开灵渠的开凿。古代运输以水运为主，基本上利用灵渠沟通南北水道。秦军开凿灵渠后，汉水—湘江—灵渠—漓水—桂江—西江，这条水路便成为秦军入岭南的重要通道。一条水路由梧州向东，可沿西江直达南海；一条水路由梧州向西，经郁江，可达云、贵，也可溯北流河，沿南流江由合浦出北部湾海。秦军开凿灵渠，对中国南方海上丝绸之路的发展起到极大的促进作用。同时，梧州成为这一南北陆地、海上丝绸之路的交接点。

合浦秦时属象郡，为兵家必争之地。公元前210年，秦始皇死后，蜀王子乘乱取象郡，赵佗率兵征讨，平定了今属广西南部和越南北部的瓯雒地区，并将今越南北部地区划为交趾、九真二郡。交趾作为一个特定的行政区域名称，开始出现在历史上。赵佗率军抵合浦后，驻军城北的糠头山（今合浦县石湾镇境内），并修建行宫。相传今东山寺，为赵佗行宫所改建。南越王行宫的规模及样貌，今已不可考。但从今东山寺的规模及位置来看，当年南越王行宫的气势浩大，内有山门、金刚殿、大雄宝殿和观音殿等。由此可见，古合浦县在秦始皇时代是军事活动频繁的地区。关于糠头山遗址，《合浦地名志》记载：糠头山在合浦县城西北，《元和郡县志》称粮头山，《太平环宇记》称糠头山，《大清一统志》称狼头山，又名军头山。正如《方舆纪要》记载:"在廉州府西北四十里有糠头山,一名军头山,相传秦尉佗驻军于此。"秦之后,南海尉赵佗乘天下大乱之际,迅速兼并桂林、象郡,于公元前204年建立了南越国,定都番禺,自称南越武王,在岭南开始了对南越国的统治。公元前183年,南越王赵佗封其族弟赵光为苍梧王,并在今梧州市东中路、东正路一带,修建苍梧城,为后来汉武帝在广信设苍梧郡奠定了基础。此后,广信(今梧州)成为岭南水路的交通枢纽,和商贸繁荣之地。

西汉陶壶 　　　　　　　西汉五联陶罐
(贵港市博物馆提供)

　　赵佗在南海郡的番禺成立南越国,区域范围包括今广东、广西和越南北部地区。他在疆域内,仍推行秦朝的郡县制,任内社会安定,既促进了南方的经济文化发展,也促进了还处在部落联盟阶段的越族向阶级社会转化,正如《史记·南越列传》记载:"佗因此以兵威边,财物赂遗闽越、西瓯、骆越属焉,东西万余里。"骆越人主要居住在今广西的左、右江流域,南流江、钦江三角洲,以及越南红河三角洲,他们为海上丝绸之路和航海文化的积累做出了贡献,堪称"南海丝绸之路的先驱"[①]。在南越国的墓葬中,出土最多的是陶器和铜器。其中青铜器的种类和数量十分丰富。仅在南越王墓便出土了500多件青铜器,可说明来自中原的青铜器铸

---

① 阎根齐:《论骆越人对南海海上丝绸之路的重要贡献》,载蒋开科、江彦君主编《北部湾海洋文化论坛论文集》,广西人民出版社2010年版,第87页。

造技术使岭南的冶铸业有了很大的发展。又据广州市文物管理委员会、中国社会科学院考古研究所编的《西汉南越王墓》一书记载,南越王墓头箱漆盒内有珍珠,墓主头套下为丝囊珍珠枕。推测这些物品为合浦地区向南越王进贡或合浦从海外输入的。在南越王墓的遗址中,也出土了一部分"产自于东南亚和南亚诸国的舶来品,包括银盒、象牙、金花泡饰乳香等"①。说明此时南越已和外国有贸易来往。秦征西瓯(指今广西南部和越南北部),开凿灵渠,将湘江与桂江相连接,加强了中原与岭南的联系,加快了珠江流域的开发。当时,南流江与北流江的分水坳很低,溯北流河经桂门关可进入南流江。"秦已破灭,佗即击并桂林、象郡"②。赵佗征西瓯不但加快了合浦的开发,而且为中原开辟了出北部湾通交趾的水道。从今合浦县廉州镇草鞋村——秦汉时期衙门遗址出土的云树纹瓦,与广州南越国官署同类文物相似的情况看,合浦应是南越西部地区的一个重镇。

赵佗,于公元前137年去世,在位71年间,推行"和集百越",实行"南北交欢",促进民族融合。同时,注重"教民耕种",推广中原的生产技术和汉文化,"以诗书而化训国俗"。这一时期南越国已能制造青铜器、铁器,尤其是广西瓯越族的铜鼓被视为首领权利重器和财富的象征。广西出土了大量的铜鼓,是岭南青铜铸造业高度发展的重要标志。此外,在今越南河山平省章美县淋木寺等地也曾出土一批铜鼓。老挝、柬埔寨、泰国和马来西亚、印尼等国也曾出土石锛和铜鼓。所有这些都是中国与海外经济文化交往的证物,对于促进古代广西沿海地区经济的发展,具有积极的意义。

二 汉军驻合浦促进海上交通发展

秦亡后,汉高祖采取安抚政策,封赵佗为南越王,使之成为汉朝藩辅。据《汉书·陆贾传》记载:"时中国初定,尉佗平南越,因王之。高祖使贾赐佗印为南越王。""令称臣奉汉约。"从赵佗占据桂林、象郡、南海自立为南越王直至其去世,岭南地区在他的治理下相安无事,赢得了一

---

① 合浦县人民政府、北海市地方志办公室编:《北海合浦海上丝绸之路史》,广西人民出版2008年版,第68页。

② (汉)司马迁:《史记·南越列传》(卷一百一十三),中华书局2011年版,第2967页。

段相对较长时间的偏安局面，促进了岭南社会经济的发展。公元前126年，赵佗的曾孙、南越王赵兴奏请汉朝，"请比内诸侯，三岁一朝"，遭丞相吕嘉杀害。元鼎四年（前113年），为平息南越丞相吕嘉的叛乱，汉武帝派伏波将军路博德、楼船将军杨仆，征集"楼船十万人"，攻破番禺，并水陆并进，会至合浦，"征西南夷，平之，遂定越地"①。

合浦草鞋村汉窑群遗址
（辑自《北海图录》）

楼船是汉代水军的一种作战船型。水军将校被称为"楼船将军""楼船校尉"等，并配有"艨艟""赤马""戈船"等战舰。据《史记·平准书》记载，"造楼船，高十余丈，旗帜加其上，甚壮"。楼船体势高大，上面有3层楼，每层都有防御敌人弓箭矢石进攻的女墙。每艘船载重500斗以上，有桨、橹、帆等设施，每次战役出动楼船2000余艘，规模庞大。在长沙挖掘的西汉203号汉墓中出土的船模，"有16支桨，船模两侧边沿及首位甲板上都有规则的钉眼。说明这种船已采用世界上先进的钉接技术了"②。路博德驻军合浦后，"越王令二使者，赍牛百头，酒千钟，及二郡

---

① （汉）班固：《汉书·武帝纪》（卷六），中州古籍出版社1991年版，第612页。
② 合浦县人民政府、北海市地方志办公室编：《北海合浦海上丝绸之路史》，广西人民出版社2008年版，第147页。

民户口簿诣路将军，乃拜二使者为交趾、九真太守"①。由于伏波将军路博德对当地百姓实行安抚政策，因而使西瓯的40余人万口归汉。可见，路博德对开发汉代合浦起到了重要作用。元鼎六年（前111年），由赵佗创立并延续93年的南越国灭亡了。汉武帝平定南越后，将南越国所属区域分为南海、苍梧、郁林、合浦、交趾、九真、日南、珠崖、儋耳九郡，此九郡在岭南地区处于重要的地位。合浦郡辖徐闻、高凉、合浦、临允、朱户五县；汉合浦县辖区域相当于今广西沿海三市，玉林市的博白、陆川、北流、容县及广东廉江等地。汉武帝所置的苍梧、郁林、合浦三郡，均基本在今广西境内。其中，苍梧、郁林郡治，已明确分别在广信（今梧州）和布山（今贵港）。关于汉代郁林郡治，一说在今贵港市港北区贵城街道，一说在今桂平市蒙圩镇新德古村，隋朝徙今贵港市港南区东津镇郁江南岸。关于汉代合浦郡治，专家们根据《后汉书·郡国志》和汉代合浦汉墓出土文物作证，一致肯定东汉合浦郡治在今合浦县。关于西汉合浦郡治，一说在广东的徐闻，其依据是《汉书·地理志》合浦郡下所列五县，把徐闻列为首县。一说在今广西合浦县，其依据是北魏郦道元的《水经注》。《水经注》说："郁水又东迳高要县，牢水注之。水南出交州合浦郡，治合浦县，汉武帝元鼎六年平越所置也。"从考古发现来看，徐闻所发掘的汉墓只有几十座，都是东汉时期的平民小墓，尚没有发现西汉中晚期的墓葬。合浦县廉州镇周围有汉墓1万多座，其中绝大多数是西汉中叶至东汉时期的墓，而且有不少墓的规模较大，相当于郡守一级官吏的墓葬。因而，"从历史文献、自然环境和考古发现的材料来看，有理由说合浦县是西汉设郡的郡治所在地"②。又据广西文物保护与考古研究所的《广西合浦县草鞋村汉墓遗址发掘简报》一文认为，草鞋村遗址"应是东汉合浦郡的郡城，具有可能在早一阶段的西汉晚期，以作为郡治"③。草鞋村汉城址位于合浦县城廉州镇草鞋村西面，发现遗址主要为灰坑、囤泥坑、房址、水井、石墩、柱洞等，出土遗物有陶器、铜器、铁器和石器，

---

① （北魏）郦道元撰，王国维校：《水经注校》（卷三十七），上海人民出版社1984年版，第1155页。

② 蒋廷瑜：《桂岭考古论文集》，科学出版社2009年版，第201页。

③ 广西文物保护与考古研究所编：《广西合浦县草鞋村汉墓遗址发掘简报》，《考古》2016年第5期。

陶器多为筒瓦、板瓦、砖等建筑材料，现为全国重点文物保护单位。

大浪古城汉代码头遗址

（辑自《北海图录》）

古汉合浦郡区域东起今广东的开平一带，北起广西容县至横县一带，西起今广西防城港市至邕宁一带，南达今广东徐闻至阳江一带，曾一度管辖今海南省全境（即儋耳、珠崖）。合浦郡南临大海，海路可直接与东南亚各国交往，陆路有南流江入海通道，连接郁江、桂江、湘江，进入中原。特定的区域和河海联运优势，为合浦经济文化的发展提供了相融的条件。此七郡向汉朝的进贡，大都走海道。九真、日南、交趾是汉朝最南边的郡治，此三地的朝贡商船只能沿岸而驶，合浦一带海域便成为其进入中原的必经之路。2004 年，在今合浦县石湾镇大浪村古城发现了西汉古港口码头遗址和大浪古城遗址。其中，"古城头城址的年代经考古试掘确认为西汉早中期，且有可能是公元前 111 年建立的合浦县县治"①。大浪古城遗址呈正方形，边长 220 米，城墙及护城河清晰可辨。在长约 1500 米，宽约 200 米的活动范围内，遗留了数量众多的汉代几何印纹陶片。公元 83 年以前，"旧交趾七郡贡献转运，皆从东冶，泛海而至"。后因"风波

---

① 熊昭明、王伟昭：《新中国合浦汉代考古综述》，载北海市地方志编纂委员会编《北海史稿汇纂》，方志出版社 2006 年版，第 419 页。

艰阻，沉溺相系。弘奏开零陵、桂阳峤道，于是夷通，至今遂为常路"①。由于当时航海技术仍十分落后，外国商人急于舍舟就陆，汉朝便派兵在今湖南增开航道，以利运输。外国商人由合浦登陆，溯南流江，经北流江，溯桂江，过灵渠，进入湘江，直抵中原。这样，合浦便成了汉代海上交通枢纽和主要贸易口岸。汉武帝对南方加强统治，为南海航路的通达，以及中国汉代远洋航业的兴起奠定了历史基础。

东汉陶阁楼 　　　　　　　　　　　　　东汉陶俑灯
（梧州市博物馆提供）

在当时的航海条件下，汉朝商舶从番禺等地抵东南亚，或外国商舶由东南亚抵番禺，必经琼州海峡和北部湾，船舶便在徐闻、合浦停泊，补充淡水、粮食或货物。合浦则濒临北部湾，是汉代中国通往东南亚和西方各国的必经之道。由于位置重要，公元前 111 年，汉武帝设合浦郡，管辖合浦、徐闻、高凉、临允、朱卢五县。同时，设置合浦关。可见当时合浦已成为海外交通、内联外接的都市，是国内外商贾云集之地。其中，汉代的合浦县包括今广西沿海地区以及玉林地区的一部分。于是，合浦便成为船队出访南海诸国的起航点。汉元封五年（前 106

---

① （南朝宋）范晔：《后汉书·朱冯虞郑周列传》（卷三十三），中华书局 1982 年版，第 1156 页。

年），汉武帝把"交州刺史部"从赢娄（今越南河内西北），移至苍梧郡治广信（今梧州）。因而，广信因其控制"两江"的水上交通位置，一度成为岭南政治、经济和文化的重要地区，并初步形成内河港埠，成为广西最古老的贸易港口之一。

平帝元始年间（公元1—5年），广信设城东驿，驿路通往洛阳。建武十六年（公元40年），交趾二征反叛。东汉政府加强岭南交通建设，拓展中原通往交趾的通道。据《后汉书》卷八十六记载："光武乃诏长沙、合浦、交趾具车船，修道桥，通障溪，储粮谷。"由于军事需要，由中原经汉水、洞庭、湘江、灵渠、桂江，抵梧州后，再经北流河、南流江出合浦抵交趾的航道更畅通。建初八年（公元83年），东汉又派兵开凿零陵、桂阳峤道，旧交趾等郡使者和商贾到中原进贡，不必从海上绕道东冶（今福州），可直接由合浦或番禺登陆。此后，湖南零陵峤道便成为中国南北陆地、海上丝绸之路的交接点。零陵峤道（湘桂走廊）开通后，汉代官员和商贾从中原到达湖南境后可溯湘江南行到广西兴安，经过灵渠沿桂江至广信。然后，逆浔江而上溯北流河，进入郁林后转入南流江，最后达到北部湾的合浦港，前往南洋地区。西汉时期对灵渠进一步治理，使湘江、桂江、北流江、南流江这条中原出北部湾通交趾的水道，变得通行无阻。因而，合浦港的发展比徐闻港更快，县城也比徐闻更繁华。汉代合浦县处于江海之交，水上交通甚为便利，县治附郭，以南流江为干流。其第一支流称州江流入县城，"水势至此萦洄环绕停蓄"，成为船舶入海要道。南流江主流河道的迁移历史可以追溯至新石器时代晚期，处于下游的县城廉州镇地势较低，至今仍保存有河流淤积而形成的泻湖和河流遗址。据《南流江河口动力过程与地貌发育》一文报道，南流江三角洲形成于6000年前，约以每年平均1.6米的速度，向南面海岸进积到现在的位置。专家认为，汉代合浦县城的古海岸线，应位于白沙江口—下洋—亚桥—望州岭一线附近。州江（南流江）下游沿岸的大浪古城、草鞋村古城，至乾体一带海岸，在不同时期应为汉代合浦港的主要口岸[①]。由于大浪古城处于南流江入海口，冠头岭一带海域处于南流江入海口之南，扼船舶入廉州湾

---

① 莫永杰：《南流江河口动力过程与地貌发育》，《海洋通报》1988年第3期。

之口，故大浪古城、冠头岭一带海域自古便是合浦县的主要港口。汉朝使者和商船，大都在此起航出洋。外国使者亦在此登陆，合浦便成为中外闻名的港口。

腰鼓形金饰　　　　　　　　　　　釜式陶鼎
（贵港市博物馆提供）

汉代中西交通，一是通过陆路，经甘肃出长城往西域，到达印度，即后世所称"陆上丝绸之路"。二是通过航海，由徐闻、合浦、日南，经南海诸国，到达印度半岛，被誉为"海上丝绸之路"。西汉桓宽《盐铁论》记载：蜀郡的货物运到南海交换珠玑、犀角、象齿等珍品，中国的丝绸亦由徐闻、合浦、日南等处出口，在海上卖给大夏、安息、天竺（今印度）的商人，然后转售给大秦（古罗马帝国）。自从汉武帝置南海、苍梧、郁林、合浦、交趾（今越南北部）、九真（今越南清化）、日南（今越南义安）等郡后，岭南疆域和南海北部湾归汉朝直接管辖。扼琼州海峡的徐闻和北部湾沿岸的合浦、日南、交趾等沿海地区，成为环北部湾的主要船舶起航点。再加上当地雄厚的航海和外贸实力，中国的南海远洋运输，便走上了迅速发展的坦途。由于当时航海知识和造船技术上的限制，船只规格不大。在航海中，载重五六十吨的船只在装载货物后，再装船员的生活资料，空间就极其有限，商人需要沿途取得粮食和淡水。因而商船只能沿着大陆湾边行驶，北部湾沿海港口便成为中国往东南亚和印度洋的必经之道。中国在南海的出航地点，主要是徐闻、合浦、日南等地。日南港位居汉朝最边远的南端地域，成为边防前沿，故设置"障塞"御边守土，也是迎接外国使者和南来客商的第一站。该处虽然位于河口，入海方便，但是其河运无法直接与中原相通，只有循海择季风沿岸行驶可至合浦，再循南流江与中原水道北上通过漓江、湘江水系进入长江水系，才能与中原沟通。徐闻港背靠雷州半岛，南扼琼州海峡而控制海南岛，西侧是北部湾水域。徐闻港无河运与内陆相通，货物、人员的水上运输唯有海路。由徐闻往东南亚，只能选择秋冬季趁东北风进入北部湾，自东北至西南行驶，必经日南。据《汉书》《旧唐书》《太平环宇记》等史籍记载，东吴以前，凡通西南海上西蕃诸国常称某国在徐闻、合浦、日南以南若干里。例如，"黄支国，汉时通焉，去合浦、日南三万里"，"自汉武以来，朝贡必由交趾之道"①。从史料我们可以看出，晋代以前合浦是南海市舶要冲。

汉代陶樽　　　　　　　　汉代陶壶

（辑自《贵港文物图志》）

西汉时期航海事业的发展，必然与造船业的兴盛分不开。《史记·平淮书》曾说："楼船高十余丈，旗帜加其上，甚壮。"汉代刘熙在《释名》中对风帆的定义："帆，范也。随风张幔回帆，使舟疾泛泛然也。"据《考古界》报道，广东、广西出土的西汉木船模，已采用风帆、分隔舱结

---

① （晋）刘煦：《旧唐书·地理志》（卷四十一），中华书局1975年版，第1750页。

构和尾舵技术，以增加船体抗冲击强度与沉没能力。可见汉代船舶在海洋上航行可以利用季风和海流，并有效地控制航行方向。在今合浦乾体古港，亦存汉朝造船遗址。造船技术的发展为中国远洋航业的发展奠定了物质基础，航海事业的发展又反过来促进广西沿海港口的发展。有一个历史证物，便是西汉合浦港码头遗址的发现。该码头位于今合浦县城东北13公里处的石湾镇大浪村委的古城头村，"此处正是当年南流江出海口附近，码头为泥质夯筑，有三级台阶呈弧形伸入古江道中，台阶长约 8 米，最宽处 5 米。码头西南侧发现两个柱洞，相隔约 1 米，洞直径约 20 厘米，洞内残存木质碎屑，估计是当年系船木桩，残存木屑经送北京大学作碳14 测定，测得距今平均值约 2250 年前，恰是西汉中后期"[1]。另外，在大浪城古城码头遗址附近亦发现西汉墓葬，证明这里是汉代合浦的一个经济、文化区。

大浪古城码头遗址

（拍摄作者：熊昭明）

---

[1] 张九皋：《合浦港是古代海上丝绸之路始发港》，载北海市地方志编纂委员会编《北海史稿汇纂》，方志出版社 2006 年版，第 372 页。

第二节 汉代合浦成为中国海上丝绸之路始发港

汉武帝平定南越后,在中国南方沿海港口又开通了一条沟通南海诸国及印度洋沿国的黄支(今印度)、已程不国(今斯里兰卡)交往的海路——海上丝绸之路。马援征交趾后,航路更畅通,促使合浦成为汉代中国对外贸易的主港。

一 中国航海史上最早的远洋航线

秦汉时期我国的造船技术已取得巨大成就。据三国时期万震所著《南州异物志》记载:"外缴人随舟大小,或作四帆。"东汉刘熙在《释名·释船》一书中说:"其尾曰舵……正船使顺流不使他戾也。""在傍曰橹。橹,膂也。用膂力然后舟行也。"可见,汉代中国木船已使用帆、舵、橹,具备了在南海远航的基本条件。公元前140至前87年,汉武帝刘彻在位,西汉王朝进入全盛阶段,内政稳定,经济繁荣,国力强大,外交活跃。汉武帝为加强中央集权,统一沿海地区,积极致力于发展近海与远洋的交通和贸易。素有"珠玑、犀、玳瑁、果布之凑"的徐闻、合浦、日南等沿海地区,成为汉朝南方的主要对外贸易口岸。从此,中国的南海和北部湾的远航航行和海外贸易迅速发展。

史籍最详细记载的是《汉书·地理志》卷二十八:"自日南障塞、徐闻、合浦,船行可五月,有都元国;又船行可四月,有邑卢没国;又船行可二十余日,有谌离国;步行可十余日,有夫甘都卢国。自夫甘都卢国船行可二月余,有黄支国,民俗略与珠崖相类,其州广大,户口多,多异物。自武帝以来,皆献见。有译长属黄门,与应募者俱入海,市明珠璧、琉璃、奇石、异物,赍黄金杂缯而往。所至国皆禀食为耦,蛮夷贾船,转送致之,亦利交易,剽杀人,又苦逢风波溺死;不者,数年来还。大珠至围二寸以下。平帝元始中,王莽辅政,欲耀威德,厚遗黄支王,令遣使献生犀牛。自黄支船行可八月,到皮宗;船行可八月,到日南象林界云。黄支之南有已程不国,汉之译使自此还矣。"

这是史籍中关于中国至印度洋之间海上航路最早的官方记载。这段文献所记述的年代,当在汉武帝平定岭南设郡县(前111年)至王莽辅政

《汉书·地理志》记载从徐闻、合浦出海的海上丝绸之路原文

（辑自《汉书·地理志》）

（9至22年）之间，主要内容是汉王朝与东南亚、南亚诸国交往和贸易情况，尤以使团的航线、航程和交易商品等较为详尽。使团由官方的"黄门"率领，"应募者"有当地商人和水手，文献还提及路途漫长艰难和交易的风险。学术界对《汉书》记载的解读还存诸多异议，其中最大的争议是沿线国家现今的地理位置。据专家考证，都元国今在马来半岛；邑卢没国在今缅甸萨尔温江入海口西之直通；谌离国在缅甸浦甘城附近悉利；夫甘都国卢国在今缅甸旧浦甘城即太公城附近；黄支国在今印度东南海滨之康契普拉姆；已程不国在今斯里兰卡；皮宗则在今马来半岛西南端的甘蔗岛。从史料中可以看出，汉武帝时，中国的商船和使者，曾由合浦港扬帆起航，带着黄金、丝绸和陶器，经马来半岛之南端，循马六甲海峡西北行，出海峡后历安达曼海，经萨面温口和锡唐河口，而到达缅甸古代繁盛的伊洛瓦底江口。使者一部分人乘"蛮夷贾船"，溯江而上直至浦甘，或

卑谬，然后步行达到缅甸海岸的夫甘都卢国，再登船继续航行，越过孟加拉湾，到达印度半岛东南沿海的黄支国。回程由黄支国抵斯里兰卡，横越孟加拉湾，不必再绕海边沿岸而驶，经过安达曼群岛、马六甲海峡而到皮宗，然后沿海岸北航至今越南南方的象林。汉使航程的记录反映出汉代合浦县不仅是南海市舶冲路，而且是汉代我国主要的对外通商口岸。汉武帝时中国船舶由徐闻、合浦、日南起航抵印度半岛，这条航线是中国历史上最早的远洋航线，也是官方的第一条海上丝绸之路。

所谓始发港，应该是中国船舶出海贸易的起航港口，或是外国商舶来华贸易的第一站。前引《汉书·地理志》中出现在西汉版图中的日南、徐闻、合浦，应是中国海上丝绸之路的始发港。其中，日南障塞是位于今越南中部沿海的一个边防寨所，是中国船舶南下沿岸而驶的货物补充或给养之地，由汉朝政府日南郡太守派候官管理。徐闻地处雷州半岛最南端，是中国船舶沿岸而驶，以及往海南岛的必经之地。在当时的航海条件下，其也是汉朝控制海南岛和有效管理交趾、日南的重要之地。同时，南方陆地丝绸之路的一条支线，则由"牂柯道"与海上丝绸之路连接。从四川成都至黔中，通过红水河、黔江、西江水路，经广西抵达合浦或广州，由此即可进入北部湾或南海。据《元和郡县图志》卷三记载："汉置左右候官，在徐闻县南七里，积货于此，备其所求，与交易有利。故彦曰：欲拨穷，诣徐闻。"地处徐闻与日南之间的合浦，拥有南流江这条沟通南北的黄金水道，便成为汉朝重要的始发港。西汉"海上丝绸之路"航线的延伸，即徐闻合浦至印度半岛伸展到欧洲的大秦（古罗马），则是在东汉时期由古罗马商人开辟至中国的航线。由于航海条件的限制，直到唐代中国"广州通海夷道"才开辟，中国才产生通往大秦的海上丝绸之路。

据《后汉书·西域传》记载："和帝永元九年（公元97年），都护班超遣甘英使大秦，抵条支。""自安息（今伊朗）西行三千四百里至阿蛮国。从阿蛮国西行三千六百里至斯宾国。从斯宾国南行度河（今幼发拉底河），又西南至于罗国九百六十里。安息西界极矣。自此南乘海，乃通大秦。"据考，阿蛮国即今伊朗的哈马丹；斯宾国位于今伊拉克巴格达东南；于罗国位于今伊拉克幼发拉底河下游，或今巴士拉港。东汉时中国使者和商贾已认识到从波斯湾出发，由海上可直通埃及。这条航路的开辟，对于今后唐代"广州通海道"航线的开通，以及中国帆船从海上远航西亚海岸具有重要的历史作用。从班固所撰的《汉书·地理志》可以看出，西汉这样航海具有官方的性质。汉武帝组织航海的目的，是扩大汉王朝与海外各国的政治、经济文化联系，故而派使者"赍黄金杂缯而往"，"厚赠"海外诸国，以便换来海外奇物的贸易。由于当时中国对海外航运的货种以"杂缯"——各种丝绸织物为主，因而，相对于陆上丝绸之路，海外航运便被称为"海上丝绸之路"。

这条海上丝绸之路航线是何时开通的，《汉书·地理志》已明确记载："自武帝以来。"也就是说是在汉武帝平定南越，伏波将军路博德"会至合浦"之后，比较客观合理。同时，《汉书·地理志》的记载证明，当时的远洋航海由官方控制，即由汉王朝遣黄门（太监）心腹亲自执掌，并招募雇用有航海经验的当地民间海员一起出航，反映出合浦民间的远洋活动应出现更早。汉武帝时期，合浦能出现较大规模的远洋航海，关键在于应用了风帆，并把季风作为船舶的驱动力。当时仅靠桨、篙、橹之类的人力，船舶在大海中是无法做远距离航行的。汉使远航印度洋记程，便可证实合浦先人善于利用偏北风和西南风。汉船大约在初冬（11月）乘北风扬帆起航，经5个月航行，至今马来西亚半岛。其后到次年4月左右，利用南风出马六甲海峡，沿孟加拉湾东岸北上抵缅甸沿海，一路顺风。及至秋冬北风再起，汉船正好利用印度洋东北风，沿孟加拉湾西岸向西南航行，直驶黄支国。回程也是利用季风，由斯里兰卡横越孟加拉湾，乘船回到马六甲海峡而达皮宗。可见，西汉时期包括合浦在内的中国人对西太平洋和北印度洋的季风规律，已有所掌握，并应用于航海。又据《汉书·艺文志》介绍，西汉时的海上导航书籍已有《海中星占验》《海中二十八宿国分》等几十卷，说明当时中国海员也掌握了航海天文术，自然使得中国的古老船舶由合浦启远航至印度半岛成为可能。

合浦与交趾同属交州刺史部。此时，由于灵渠沟通了漓江与湘江，从而使得东南亚和西方各国经交趾、合浦集散，转运的舶来品能够完全通过水路快速转运到长江流域。舶来品由合浦登陆，溯南流江而上，转北流河可直达苍梧。货物在此重新上船，可分两条水运线路：一是逆郁水而上，经布山县（今桂平），至潭中县（今柳州），向西北入溶江（清江）改行一段陆路抵始安县（今桂林）；二是由苍梧逆桂江直上，抵始安县。货物过灵渠入湘江后进入荆州刺史部管辖的零陵郡，然后顺水抵临湘（今长

合浦汉墓出土的玉璧　　　　　　　　印章

（辑自《北海图录》）

沙）。长沙汉墓出土的大量珠饰，证明长沙是舶来品的消费重镇。至此，商贾利用水运的便捷，再次从长沙出发，自湘江入洞庭湖后，分两路进入内地：一是前往关中地区，经江陵、宜城，达重城襄阳。据王子今著《秦汉交通考古》一书记载：自襄阳分道，一路沿汉水干流而上，再入丹水，取古武关道抵上雒（今商县），通过陆路转运货物至京畿地区。另一路入南阳郡，沿清水（今白江）而上，过新野到达南阳城，便可完全进入中原内地。二是前往汉朝东部地区。商贾将舶来品沿长江干流而下，进入扬州刺史部辖区，途经庐江，最终到达广陵郡、吴郡与会稽郡。当时，汉朝的中心城市都坐落在黄河与长江沿岸，沟通这些内河运输线路，相对于由合浦、交趾沿海路航线抵会稽（今杭州）来说，交通更加安全[①]。据南京博物馆编的《江苏甘泉二号汉墓》记载，曾出土胶胎玻璃。今绍兴、苏州、扬州等地的汉墓，也出土有红玉髓质地的耳挡饰、蓝色玻璃串饰等。无论料质与器形，与合浦汉墓出土同类物品完全一致[②]。

汉代合浦港是一组港口的总称，其水域包括今铁山港、北海港、钦州港和防城港等广西沿海天然港口。然而，自秦汉开始，由长江水系溯湘江，过灵渠，沿桂江，再溯北流河，过桂门关，再沿南流江抵合浦出海，是汉代中原出北部湾，连接海外的一条黄金水道，也是汉代外国商贾自日南抵中原的必经之道。处于南流江出海口的水域，应是合浦港的主要位置。有

---

① 王子今：《秦汉交通考古》，中国社会科学出版社2015年版，第166—169页。
② 南京博物馆编：《江苏甘泉二号汉墓》，《文物》1981年第11期。

合浦汉墓出土的铜壶　　　　　　　　合浦汉墓出土的铜灶

(辑自《北海图录》)

专家认为,今合浦县石湾镇"大浪古城遗址",是汉代古港口的所在地。

据科学考察,汉代合浦古港岸线大致沿今南流江三角洲边沿。由于南流江出海口泥沙的堆积淤填,几千年来廉州湾北部海岸向南推行了10—12公里,"平均每年约1.6米"①。现在的合浦县城北、东、南三面都是小丘高地,原来西边临海有一个缺口,与三角洲平原相接,便是船舶出入南流江的港湾。港口由码头、航道港池和仓储组成。不论港口规模大小,必定成为船舶寄碇之所,货物中转之地。也不论港口主要位置怎样变迁,进出南流江的船舶必经廉州、乾体和北接南流江的今北海港水域,这是区域位置的客观事实。另外,全国重点文物保护单位——草鞋村汉城遗址,位于合浦县城廉州镇西南郊的南流江支流西门江畔,距入海口约10公里。考古工作者对城址先后两次展开了大规模的发掘,出土了大量西汉筒瓦、板瓦、瓦当和陶器残片,其质地和花纹风格与广州南越王官署相似。还发现了城垣、护城河、水井、作坊遗迹、"官吏"房屋建筑遗迹等。这一带的古港,都应该是汉代合浦"海上丝绸之路"的始发港遗址。

在当时的航海条件下,汉代海舶沿广西北部湾海岸航行,或者海舶转换河船溯南流江,今北海港水域都是中外商舶进出广西北部湾的必经之地。从考古发现及地理位置来看,冠头岭下的"北湾"(今地角、外沙内

---

① 广西壮族自治区地方志编纂委员会编:《广西通志·自然地理志》,广西人民出版社1994年版,第74页。

港一带），处于廉州湾的南部，是船舶出入南流江出海口的必经之地，也是一个古港口。由于受自然地理条件的限制，涨潮时外海大量水体涌入廉州湾；退潮时，大量海水由廉州湾退出，经冠头岭、地角北面的内航道（深槽）流出外海。古代木船没有动力装置，涨潮时大都在湾内的冠头岭北面海域停留，等候退潮时顺水驶出外海。正如最早的地方志《广东通志》（嘉靖）卷六十七记载，冠头岭在合浦城南八十里，"穹隆如冠，西南临海，南北皆粤海船艇焉，潮涨撼石如雷"。所以说，冠头岭海域自古就是合浦县的重要港口。20世纪末考古工作者在地角近古炮台边缘，曾发现汉代文物，并采集到板瓦、筒瓦、釜、罐等残片[1]。地角岭下亦曾采集到石网坠、夹砂陶等汉代以前的遗物。1963年外沙西港口海角大道水产加工场施工时，曾挖掘出土一批汉代的钱币。其中，王莽改制时所铸的"大泉五十"一大瓦瓮，约有千余枚汉代钱币[2]。另外，防城港市西面珍珠港东北岸的马兰港，也是一个古埠头。由于当时海船抗风浪能力弱，今防城港江山一带，也曾为广西与交趾的海上交通必经之道。据《汉书·地理志》记载，汉代合浦郡包括合浦、徐闻、高凉、临允、朱卢五县。儋耳、珠崖亦曾一度划入合浦郡辖地。合浦郡地处九郡的中部，便成为岭南重要的政治、经济、军事中心。汉代，是一个空前强盛的王朝。正如史载："汉兴，海内为一，开关梁，驰山泽之禁，是以富商大贾周流天下。交易之物莫不通，得其所欲。"[3] 汉代社会经济的发展，奠定了广西沿海对外贸易的基础。

　　交趾、日南是汉朝最南边的沿海郡治，也是中国重要的对外贸易口岸。"自武帝以来，皆朝贡必由交趾之道"。"和帝时数遣使贡献，后西域反叛乃绝，至桓帝延熹二年、四年，频从日南徼外来献"[4]。由于匈奴的骚扰，外番经西域至中国的陆路不通，从海上沟通中西交通和贸易便显得极其重要。越南早期文化显示，今越南北部所设交趾、九真、日南三郡归汉朝所辖。近年考古发现，原日南郡的岘港一带遗址，已出土批量的多棱肉红石髓串珠饰。另外，中南半岛有一条狭长陆地深入南海，被称为马来

---

[1] 北海市地方志编纂委员会编：《北海史稿汇纂》，方志出版社2006年版，第495页。
[2] 同上。
[3] （汉）司马迁：《史记·货殖列传》（卷一百二十九），中华书局1975年版，3261页。
[4] （南朝宋）范晔：《后汉书·西域传》（卷八十八），中华书局1982年版，第2922页。

半岛，在此考古发现了一系列遗址。在三乔山、差那港、三佛齐山等遗址，出土了为数众多的串珠饰玻璃、宝石等遗物，同类物品已在合浦汉墓中有所发现。在印度南部的阿里卡梅度遗址中，出土了大量的石榴子石串珠饰。"最近检测表明，合浦出土石榴子石在矿物结构上与其有共性，此地应是来源地之一"①。在当时的航海条件下，外国使者和商贾抵达中国，大都先经交趾再进入中原。然而，合浦与交趾比邻，是中原通交趾的咽喉。由合浦沿海而西入，途经钦州、防城南面大海，扬帆一日至西南岸即交趾。《汉书》记载，外国使者和商贾的贡品，由交趾、日南"转运"较多。其实合浦也包括在内。只是日南、交趾是汉朝最南方的沿海郡治，外国商船沿岸而驶，抵日南就算入中国。由日南再进入中国，皆经合浦，所以，合浦和交趾、日南都是汉代南海市舶要冲。

二 马援南征交趾促进广西海陆交通的发展

东汉初，交趾的经济文化仍处于落后状态，先进的中原农耕技术和汉文化在传播过程中仍遇到极大阻力。据《后汉书·南蛮传》记载，汉朝任职交趾的官员为改变"骆越之民无嫁娶礼法，各因淫好，无适对匹，不识父子之性，夫妇之道"的落后习惯，移书张榜文告各县，"各使男年二十至五十，女年十五至四十，皆以年龄相配。其贫无礼聘，令长吏以下各省俸禄以赈助之"，初步改变了落后的婚姻习惯。汉朝官员推行先进的农耕技术和新的生活方式，触动了旧贵族的利益，导致了交趾二徵的反叛和马援南征的历史事件。

汉光武帝建武十六年（40 年），"交趾女子徵侧及其妹徵贰反，攻郡。徵侧者，麓泠县雒将之女也。嫁为朱䳒人诗索妻，甚雄勇。交趾太守苏定以法绳之，侧忿，故反。于是九真、日南、合浦蛮里皆应之，凡略六十五城，自立为王，交趾刺史及诸太守仅得自守"②。这是交趾地区雒将奴隶主贵族反对新兴封建制度的叛乱，此举显然违背了社会历史的发展方向。汉光武帝"乃诏长沙、合浦、交趾具车船，修道桥……遣伏波将军马援、

---

① 李青合编：《文化交流视野下的合浦港研究》，合浦申报海上丝绸之路世界文化遗产中心编 2018 年版，第 369 页。

② （南朝宋）范晔：《后汉书·南蛮西南夷列传》（卷八十六），中华书局 1982 年版，第 2836 页。

楼船将军段志，发长沙、桂阳、零陵、苍梧兵万余人讨之"①。刘秀派马援南征交趾，封他为伏波将军。马援率水军溯湘江，过灵渠，沿桂江抵苍梧，再从苍梧率师抵博白，在此修凿桂门关，并立下石碑，然后再沿南流江抵合浦县。桂门关，位于北流县西。"两石峰相对，状如关门，中间阔三十步。马援讨林邑，路由此，交趾往来皆道此关"②。又据《博白县志·古迹》记载，"马门滩，在顿谷堡，离县治西七十里，滩多峭石，水流湍急，汉伏波将军马援征交趾，凿石流通以便行舟"。马援军至合浦，汇诸路兵，共率领"楼船大小二千余艘，战士二万余人"③，"缘海而进"，征讨交趾的征侧和征贰。所谓"缘海而进"，是指伏波将军马援军队到达合浦后，从南流江出海，沿着北部湾北部沿海进兵交趾。据史书记载："伏波将军，汉武帝征南越始置此号，以路博德为之。后汉马援亦为之。伏波者，船涉江海，欲使波浪伏息。"④ 据古文献记载，汉代楼船，甲板上建有重楼，帆、舵、锚齐全，有十桨一橹，能在水上进行大规模的战斗和远航。马援水军驻合浦，统领船舶2000余艘，士兵20000人。一方面反映出汉代造船技术的进步；另一方面反映出合浦曾是汉朝重要军港。乾江古港曾发现过两处古代造船厂遗址，一是在乾江古港东南一公里处的水儿汉代造船厂。据史料记述是汉伏波将军马援征交趾时留下来的⑤。当时"水儿汉代造船厂"重点造舰，虽仅仅是为了满足汉朝军事上的需要，却客观上促进了当地造船技术的发展，促进了航海运输和海洋捕捞的发展。

在平息交趾这场叛乱中，合浦成为南方海上运输的中心。据《广东通志》（雍正）卷一百零九记载，"马援征交趾时，驻军合浦，由外海运粮"。当时马援从粤、闽等处漕运粮食至合浦，有力地促进了合浦海上交通和贸易的进一步发展。昔日，马援楼船水师曾驻泊在今合浦县大风江入海处的大观港。他们从福建运粮抵此，在乌雷岭附近经常遭风打烂运粮船。马援"苦雷岭风涛之险"，于是命令水军"夜凿白布峰腰之地，以通

----

① （南朝宋）范晔：《后汉书·南蛮西南夷列传》（卷八十六），中华书局1982年版，第2837页。
② （清）顾祖禹：《读史方舆纪经》（卷一百零八），商务印书馆1937年版，第4427页。
③ （南朝宋）范晔：《后汉书·马援列传》（卷二十四），中华书局1982年版，第839页。
④ （宋）郑樵：《通志·职官略》（卷五十五），中华书局1987年版。
⑤ 范翔宇主编：《乾江史话》，中国文史出版社2008年版，第114页。

乌雷伏波庙旧像（摄影者：滕广茂）

乌雷伏波庙新像（摄影者：滕广茂）

粮艘"。这条渠道可沟通大风江与龙门港的联系，"其凿掘处约长七、八里，阔五六丈，深三四尺，今两潮相通"，这是史籍记载的古代合浦早期的人工航道工程。这个古老的人工航道工程"实钦廉舟楫之利"，促进了合浦县海上交通的发展。

马援率水军驻合浦后，以合浦港为基地。"遂缘海而进，随山刊道千余里，十八年春，军到浪泊上，与贼战，破之，斩首数千级，降者万余人。援追微侧等至禁豀，数败之，贼遂散走"①。马援军二万兵在合浦会合后，兵分两路。一路从陆上进军，经今防城那良一带，向交趾腹地推进；一路由海上出发，"由龙门九口浪进船，沿海开进"。正如越人编撰的《钦定越史通鉴纲目》卷四记载："乌雷岭，出大海，西望交趾海东府，马伏波人入安南由此道也，有马伏波庙在焉。"顾炎武撰的《天下郡国利病书》也记载："马伏波以来，水军皆由钦州南大海，扬帆一日到交州。"此航线被后人称为"伏波故道"，也成为中国与交趾在北部湾海上贸易的一条重要航线。"援所过辄为郡县治城郭，穿渠灌溉，以利其民。条奏越律与汉律驳者十余事，与越人申明旧制约束之，自后骆越奉行马将军故事"②。马援南征交趾，用封建制度战胜奴隶制度，用先进文化代替了落后文化，解放了生产力，促进了社会的全面进步。其意义：一是实现了制度、文化层面上的替代；二是废除了原先世袭的雒将制度，健全了封建的郡县制度，保障了南疆人民的安定生活；三是马援立铜柱，确定了国家的南部疆界，维护了国家的统一。

马援在浪泊（今越南北宁省境）平定交趾之乱后，为合浦和交趾地区的社会经济发展做了许多有益的事。例如，筑城建路、挖航道、修水利、引进农耕技术。马援南征实际上是发生在北部湾海域的一次重大军事行动，马援曾在防城港境内的江山白龙半岛及那良等地作战，当地留存有古战场等遗址。据《钦县县志》载，东汉建武十九年（43年）正月马援南征交趾后，"以随带青州人黄、禤二姓有功，封为平夷大夫"。马援南征班师后，曾留下一批将士留守南疆，安邦守土。这批人根在中原，留守下来变成早期的"客家人"。所以，马流（留）人有"世称汉子孙"的说法。"马流人"中，以今广西沿海的禤、黄两姓最具代表性。马援南征，不但促进了合浦地区交通和贸易的发展，而且产生了一种伏波文化。后人为纪念马援的功绩，纷纷以伏波的名义命名山、庙、祠、城、铜鼓等。例如临桂的伏波山、藤县的伏波庙、钦州的乌雷伏波庙、博白的伏波祠、龙州的伏波城、合浦的伏波铜鼓。因而，马流人、铜柱、铜鼓塘、铜

---

① （南朝宋）范晔：《后汉书·马援列传》（卷二十四），中华书局1982年版，第838页。
② 同上书，第839页。

船湖，成为马援驻军合浦并开发钦廉沿海港口的见证。据《廉州府志》（崇祯）卷九《名官志》记载，建初三年（78年），汉肃宗派使者持节，追封马援为"忠成侯"。"所在皆为立庙，其在乌雷山者，为伏波沿海进军所经之路，实握华夷天险云"。马援南征，不但为后人留下了安定的社会环境，而且留下了极大的精神财富：他留下"马革裹尸"的伏波精神，激励着历代将士保卫边疆。广西北部湾的客家人认同马援是开基鼻祖，是守护之神。汉代北部湾的客家人大多伴随征战而来，逐水而迁，沿海而居，做舶来品贸易生意，被称为水客，成为广西海上丝绸之路的开拓者之一。此后，汉朝廷以合浦港口为军事要地，多次大规模用兵，平息交趾的叛乱。在维护国家统一的斗争中，合浦逐渐成为岭南重要的政治、经济、军事地区。由于兵员和粮食的运输，反过来又促进合浦沿海港口海上交通的发展。铜鼓是汉代我国南方各民族使用的一种青铜打击乐。古人谓"击此鼓聚众"，铜鼓主要用于祭祀、庆典和战争活动。汉代属合浦县区域的灵山、浦北、北流、容县曾出土几百面铜鼓。其中，以北流县出土的铜鼓最大，面径达1.65米，重600斤，堪称"铜鼓王"。中华人民共和国成立前后，今北海港、铁山港沿岸的铜鼓岭、营盘白龙等地，也出土了10多面汉代大铜鼓，亦说明今北海港、铁山港是汉代合浦的一个重要港口，一度辉煌。

西汉羊角钮铜钟（摄影者：冯涛）

三 汉代广西的对外海上交通和贸易

合浦的含义是江河汇集于海的地方，其境内有南流江流入海，是中原通北部湾往东南亚的要道。据《汉书·地理志》所载，武帝派黄门太监内务官、译长（翻译官）、应募者（海员，可能有汉人和当地越人），带着黄金丝绸从合浦、日南出发，前往印度半岛。这条船舶的出发路线是：北部湾—马来半岛—马六甲海峡—缅甸—孟加拉湾—云竺（印度）南部—已程不国（斯里兰卡）。回程航线是：斯里兰卡—孟加拉湾—马六甲海峡—马来半岛—北部湾沿岸。这条汉代"海上丝绸之路"历时 28 个月，航程达五六万公里，是世界航海史的壮举。可见西汉时期与合浦有海上交通和贸易来往的国家，就包括今天的越南、马来西亚、新加坡、印尼、缅甸、泰国等东盟国家和南亚的印度和斯里兰卡。其中，斯里兰卡是当时欧亚大陆的海上交通枢纽，西汉合浦与古罗马等西方各国的贸易来往，一般由斯里兰卡中转。自西汉末期至东汉初期的几十年间，匈奴由北向南下，西羌由南向北夹击，汉朝暂时失去了对西域贸易的管辖，传统的陆上丝绸之路不通。在这种情况下，反而增进了西亚商人取道海路的信心。陆路贸易的断绝直接刺激了海路的畅通与海路贸易的兴旺，所以合浦汉墓出土的大量舶来品正集中在这一时期。

东汉时期，精美的中国丝绸和瓷器等商品大量远销国外，东南亚及西方各国亦纷纷派使者从海道而来，与东汉进行以朝贡形式为主的官方贸易。元和元年（84 年）"日南缴外蛮夷究不事人邑豪献生犀、白雉"。这是外国商人将舶来品由日南经合浦向汉朝进行官方贸易的例证。永宁元年（120 年），"掸国王雍由调复遣使者诣阙朝贺，献乐及幻人，能变化吐火，自支解，易牛马头，又善跳丸，数乃至千，自言我海西人"[①]。海西即大秦（古罗马），缅甸国遣使臣来向汉王朝贺，还带着大秦（即罗马）的魔术师。反映出此时古罗马商人从波斯湾乘船穿过印度洋到缅甸，再经日南、合浦抵中国的这条航线已畅通无阻。永建六年（131 年），叶调国（今爪哇）和掸国（今缅甸）遣使朝贡，汉顺帝刘保向叶调国的国王赠送

---

① （南朝宋）范晔：《后汉书·南蛮西南夷列传》（卷八十六），中华书局 1982 年版，第 2851 页。

了"金印紫绶"。外国使者向中国进贡当地珍宝和特产，汉皇帝回赠黄金丝绸，这是一种朝贡形式的官方贸易。当时叶调和掸国的商人，大都是经日南沿海抵合浦，然后进入中原。

汉桓帝时（146—167年），合浦与东南亚和西方各国的海上交通和贸易往来更加频繁。当时天竺国（今印度），又名身毒，出产象、犀、瑇瑁、金、银、铁、铅、锡和各种细布、沉香、胡椒等。据《后汉书·西域传》记载，延熹二年（159年），天竺使者由海道抵中国，"频从日南徼外来献"。从中反映出，天竺使者也由日南沿海，经过北部湾抵合浦，然后进入中原。中国与印度不但经济来往密切，而且文化来往也很频繁。其原因是佛教传入中国后十分盛行，印度不少佛教徒，抵合浦郡（此时郡治合浦县）后分别前往番禺或洛阳。延熹九年（166年），合浦不仅与印度有密切来往，而且开始直接与古罗马帝国进行海上交通和贸易。古罗马帝国即《后汉书》所提及的大秦，它当时以今意大利为中心，是包括今北非、西亚和欧南的大帝国。从古罗马威尼斯水城的遗址可以看出，该国古代的航海活动十分发达，对外贸易亦十分兴旺。据《后汉书·西域传》载：大秦国"土多金银奇宝，有夜光璧、明月珠、骇鸡犀、珊瑚、琥珀、琉璃……与安息、天竺交市于海中，利有十倍……其王常欲通使于汉，而安息欲以汉缯彩与之交市，故遮阂不得自达。至桓帝延熹九年（166年），大秦王安敦遣使自日南徼外献象牙、犀角、毒瑁，始乃一通焉"。此时，正值罗马国王安敦派兵东征安息，控制了波斯湾，使通往东方的海道不再受阻。于是他派使臣从北部湾登陆中国。罗马帝国的使者在日南收集珍宝后，经合浦登陆，由南流江北上往中原抵洛阳与汉朝进行朝贡贸易，从而沟通了中国与古罗马的海上贸易。这条史料证明，东汉时中国与大秦（古罗马）的海上丝绸之路已然开通。也就是说东汉时由合浦起航的"海上丝绸之路"贸易，已由黄支国（印度）延伸到西亚、欧南和东非，这是一条在3世纪前的东、西方之间的世界上最长的远洋贸易路线。它对于增强中国人民与东南亚、南亚、西亚、欧南、东非等广大地区的友好合作、贸易往来和文化交流，具有重大的历史作用和深远意义。

汉代合浦港不仅是商港，而且以盛产珍珠而闻名。合浦珍珠又名南珠，出产于池瑁池、珠母池（在今北海港区域内）、杨梅、青婴（在今北海港区域)、平江、断望、白龙七个天然珠池。合浦珍珠在先秦时期就已经开始采集了，汉代合浦采珠业更加兴旺。西汉成帝阳朔元年（前24年），京兆尹王章得罪大将军王凤，遭陷冤而死，其妻及女被流放到合浦，"以采珠为业"，从事珍珠贸易。七八年间，"致产数百万"。后回到京城，购买自己的房产。这个事例证明，珍珠产业可以致富。《后汉书·孟尝传》记载："郡不产谷实，而海出珠宝，与交趾比境常通商贩，贸籴粮食。"① 可见，汉代合浦是商舶辐辏之地，多珍珠奇物。西汉初，派到合浦的官吏大都肆意搜刮，再加上名目繁多的苛捐杂税，必然影响生产和商业，对海外贸易极其不利。东汉光武帝时，"合浦少产谷米，民赖采珠为活，往守多贪污，严珠禁，诛求无厌，珠渐徙，商旅弗通"②。统治者为了更快地发展海洋生产，扩大海外贸易，委派"莅政清简"的费贻任合浦太守。汉桓帝时，又由"清行出俗，能干超群"的孟尝出任合浦太守。费、孟二人"访求民病，力革前弊，大驰珠禁，货物流通，百姓复业，人以为去珠复还"③。同时，汉统治者为开发边疆，再次将中原人口大规模迁移至合浦一带。那时，中原许多有识之士抵合浦，积极经商，采珠致产。反映出合浦汉代商业的繁盛。有的商人积极从事海外贸易，"浮海交趾，往来南海"，促使合浦的海上交通和贸易快速发展。商业的繁荣，交通的便利，使合浦"渐染声明文物之盛，媲美中朝"，成为岭南一大都会。

汉代合浦港口为何成为中国对外贸易的主港，并带动了广西海运和内河航运的发展？首先，是由于当时的生产力发展水平和地理位置造成的。当时，航海技术水平不高，船舶吨位不大，若要解决船舶的供应，只能利用季风沿岸航行，取得淡水和食物。从地理位置来看，钦廉距东南亚各国较近。其次，航线经济合理。合浦处于南流江的出海口，是中原经灵渠，由桂江、北流河、南流江从合浦出北部湾，或从云贵沿西江至合浦下海的三角点，也是广州至交趾的必经之道，地理位置适中。中原货物如以长江的沙市为集散起点，过洞庭转入湘江，经灵渠、桂江、浔江、北流河、南

---

① （南朝宋）范晔：《后汉书·循吏列传》（卷七十六），中华书局1982年版，第2473页。
② （清）周硕勋：《廉州府志》（乾隆）（卷十三），岭南美术出版社2009年版，第255页。
③ 同上。

流江，由合浦出海，全程约 2097 公里。如由沙市沿长江出东海，经杭州转南海至合浦，则全程约 3980 公里。不仅多航行 1883 公里，同时还要冒南海风波之险。从夜郎至合浦，经融江、柳江、黔江、北流河、南流江出海，全程约 1170 公里，比经广州出海至合浦全程 1805 公里，缩短 635 公里。再次，民俗习惯和自然条件大致相同。合浦与交趾为比邻，与东南亚各国接壤，对彼此的语言、生活、习俗比较了解，民间贸易自古有来往。同时海潮和季风大致相同，"自廉州冠头岭发舟，北风利"①。由合浦扬帆出海，1 至 2 天可抵交趾，7 至 15 天可抵占城，30 天可到藩郎，60 天可到逻暹湾之富国岛，90 天可抵今新加坡一带，120 天到加里曼丹，140 天可至槟榔屿。据史料记载，由合浦至西贡（今胡志明市）、苏门答腊、新加坡一带的木帆船运输航线，从汉代一直持续到清末，两千年来兴衰交替。

2006 年秋，在防城港市企沙镇出土了一批古铜钱。这批古铜钱全部为五铢钱，重 70 多斤，是防城港市出土五铢钱数量最多的一次。1963 年，北海市海角大道水产加工场，曾出土一批汉代的钱币。其中，五铢钱一大瓦瓮，约有千余枚。这为研究广西海上丝绸之路，又提供了重要的实物依据。汉代时期，黄金和铜钱是法定货币。武帝的五铢钱，因其大小适宜，制作精良，使用方便，故流通广泛。古代钦廉属南蛮之地，在这一带海岸线上居然沉淀了如此之多的五铢钱，由此可见，中原文化对钦廉的政治、经济和文化产生了深远的影响。从钦廉地区出土和民间存留下来的古钱币来看，五铢钱是钦廉最早使用的历史货币。汉以前，广西沿海地区的经济贸易可能以实物作为交换；汉代，五铢钱作为历史货币得到了广泛的使用。"防城港市是海上丝绸之路中国段的最后一站，企沙是船队的重要集结地"②。中国船队之所以沿海岸线走，与当时的航海技术、货船的承载能力、抗风险能力和补给能力有关。汉代对外贸易的发展，中国商人的货物交换，必然会使用大量的历史货币——五铢钱。

20 世纪 80 年代，广西文物工作队曾在今合浦县廉州镇草鞋村西南发现 10 处汉代古窑址。这些窑址位于南流江入海的主要支流——西门江畔，

---

① （明）黄佐：《广东通志》（卷五十八），广东省地方志办公室 1997 年影印本。
② 王锋主编：《北部湾海洋文化研究》，广西人民出版社 2010 年版，第 333 页。

浦北古钱币（摄影者：冯涛）

只距离入海口约10公里，有大量的汉文化遗物。南流江出海口距离南面的冠头岭约20公里，这一带海域，被称为"廉州湾"，水深港阔，是船舶的主要寄碇之所。最早的地方志《廉州府志》（嘉靖）卷六亦记载："冠头岭俯视六池，为廉门户。""六池"，是指今位于北海港至铁山港一带水域的杨梅、青婴、平江、断望、白龙、乌泥6个珠池。在今石步岭港区附近，曾出土一批汉代陶片，是装水用的罐、钵等陶器。说明这一带港口（即今廉州至北海港水域）在汉代已兴起，成为"西洋货贡道之所"。

第三节 广西汉墓出土文物见证海外贸易的繁荣

合浦汉墓群出土的大量文物，是研究汉代岭南政治、经济、军事和外国商贸文化交流的实物，也证明合浦是汉代岭南重镇，是中国"海上丝绸"之路的始发港。

一 汉墓出土文物证实合浦是岭南重镇

西汉晚期，桂南的经济已十分繁荣。考古发现合浦汉墓大量出土粮仓模型明器，几乎每一座汉墓都有。同时，还出土了用铜锅装着的稻谷，反映出当时粮食储备丰裕充足。这些粮仓平面是长方形的，像一间平房，前墙有门，左、右、后三面封闭，可储藏大量粮食。据1985年3期《考古》报道，合浦县博物馆在《广西合浦县风门岭10号汉墓发掘简报》中记载："风门岭10号墓陶仓，仓底有四条圆柱，将仓体顶离地面，仓顶悬山式两面坡，仓门在正面，正面墙外还设计凉台回廊。"另外，黄泥岗1号汉墓铜仓，也是一大间，正面开单扇门，其他三面板封闭，"人"字坡瓦顶，平底，下附四只高足将仓体顶起。同时，仓房板壁都錾刻了精细的图案花纹，十分华丽。汉代合浦人如此重视粮仓，说明当时粮食丰收，百姓安居乐业，为发展贸易提供了较好的社会环境。

据广西文物保护与考古研究所编著的《广西合浦文昌塔汉墓》一书记载，该书收录墓葬175座。其中，断为西汉前期的有64座，断为西汉中期的有36座。这些汉墓出土了大量与海上丝绸之路有关的文物[1]。又据熊昭明的《汉代合浦港考古与海上丝绸之路》一书记载，合浦汉墓出土的与海上丝绸之路有关的文物，囊括了玻璃、石榴子石、琥珀、肉红石髓、玛瑙、蚀刻石髓珠、水晶、绿柱石、黄金等饰品，及作为非贸易品的波斯陶壶与铜钹，引起了国际考古学术界的关注[2]。

汉代海外贸易分官方和民间两种，官方贸易一般有文献记载，而大量的却是没有文献记载的民间贸易。西汉以前，已经有民间商人从物产丰富的四川运蜀锦等商品，到合浦、交趾一带与外商换玳瑁、琥珀、琉璃、珍珠等珍品。广西合浦县大浪古城址、草鞋村汉代遗址的考古发掘成果，有力地证明了汉代合浦是岭南重镇。大浪古城址位于合浦县城东北约11公里的石湾镇大浪村古城头小组，西有西门江经乾体后出海，进入廉州湾。2002年，广西文物工作队、考古研究所和合浦县博物馆为配合汉代合浦港课题研究，在前期调查的基础上，两次对古城墙、城门、护城河、码头遗址进行发掘。选取建筑物遗址和码头遗存的4个柱洞残余的炭样和木屑，送北京大学加速器质谱实验室测试，"结果分别为距今2540年、1690年、2540年、2330年"[3]的。大浪古城的筑城技法显然来自中原，如方正的布局、夯筑的城墙等，与中原和关中地区同时期或更早期的做法类似。"应是汉武帝平定南越后，受强大的汉文化影响所致"[4]。此次发掘所见的码头遗址，"夯筑的弧形平台、台阶及伸出江面供停船只和装卸货物

---

[1] 广西文物保护与考古研究所编：《广西合浦文昌塔汉墓》，文物出版社2017年版，第408页。
[2] 熊昭明：《汉代合浦港考古与海上丝绸之路》，文物出版社2015年版，第49—127页。
[3] 熊昭明：《广西合浦县大浪古城址的发掘》，《考古》2016年第8期。
[4] 同上。

的'船步'等都清晰可见，与现代沿江伸出水面的小型码头相类"①。草鞋村遗址位于合浦县城廉州镇草鞋村西侧的一座小岭上，西临南流江的支流西门江，现距海口约10公里。遗址于20世纪80年代经调查发现，2013年公布为第七批全国重点文物保护单位。遗址第二期出土陶器的纹饰以方格纹饰和方格加圆形、方形、菱形翟印纹为主，与合浦西汉晚期汉墓所出相同。草鞋村东、南、北三面还保留有轮廓较为清晰的城墙和护城河。"B区北部发现的大型建筑遗址，可能为衙署建筑"②。取遗地存的两木块样品，"经意大利那不勒第二大学实验室的碳十四测试，年代分别为距今2165±40、1927±76和2120±35年，可作为本遗址年代的参考"③。为此专家们认为："草鞋村遗址应是东汉合浦郡的郡城。"④ 距遗址约1公里外，东、南、北三面都分布着合浦汉墓群，据估算，"合浦汉墓群的墓葬数量多达一万座左右"。发掘结果表明，汉代合浦是岭南的重镇。该址的确认，对推进汉代海上丝绸之路的研究也具有重要意义。合浦古汉墓群有力地佐证了汉代合浦是一个十分繁荣的商港。今廉州镇东郊、南郊、北郊的十几个村庄，总面积达68.75平方公里，分布着万座汉墓。其中，在望牛岭的一座西汉晚期古墓中，出土文物245件，内有铜凤灯、金饼、水晶、玛瑙、琥珀等重要文物。琥珀、玛瑙的产地主要在欧洲波罗的海沿岸国家。当时，一颗琥珀可以兑换10个奴隶，价值十分昂贵。另外，在已出土的几十座汉墓文物中，琉璃器物、陶瓷、青铜器、铁器多达上万件。其中，一级文物21件，二级文物230件。有10多件文物入选《中华人民共和国出土文物展》，先后到日本、罗马尼亚等国家展出过。其中，有两件陶提桶内壁有牛书文字，一是"九真郡"字样，一是"九真府口器"字样。考古得出结论，墓主人生前是九真郡太守。此外，廉州镇西门江附近现存的汉代陶瓷遗址，有草鞋窑、老哥渡、窑上街等处，1956年经广东省博物馆鉴定，该处出土的砖瓦、瓷陶片均为汉代文物。考古学家在爪哇西部和苏门答腊发掘出土的夹砂陶、白瓷与合浦汉陶址出土的陶瓷器，造型、彩绘和施釉配方基本一致。此外，北海市银海区的孙东汉墓区亦出

---

① 熊昭明：《广西合浦县大浪古城址的发掘》，《考古》2016年第8期。
② 熊昭明、富霞、陈启流：《广西合浦县草鞋村汉代遗址发掘》，《考古》2016年第8期。
③ 同上。
④ 同上。

土了大批汉陶、汉瓦。由此可见，汉代合浦是南海市舶要冲，它对发展中西交通和贸易，增进中国与东南亚及西方国家的友谊，起着重要的枢纽作用。

合浦汉墓出土的琥珀狮子
（合浦县博物馆提供）

合浦汉墓出土的玛瑙

合浦汉墓出土的文物不但种类多，而且工艺精致，华美瑰丽，具有鲜明的岭南特色。秦汉统一中国后，加强了对岭南的开发，先进的生产工具和文化源源不断地输入，大大地促进了当地经济文化的发展。由于广西沿海独特的地理环境，合浦汉墓文物既深受中原文化的影响，又具有鲜明的岭南特色。例如望牛岭西汉墓出土的龙首羽纹铜魁、龙柄铜方匜等铜器，镂工精致，均有浓郁的岭南风格。其中，一级文物铜凤灯，器身为凤乌双足并立扭头回望状，颈部为双层铜管，背部放置一侧有个手柄的灯盘，嘴衔喇叭形灯罩，点燃时烟烬经颈部的通关导入盛水的腹腔溶解，构造精巧实用，是2000多年前的环保产品，是科学与艺术的结晶。此外，合浦汉墓大量出土的陶器，如陶屋、陶壶、陶罐等，翟印花纹，均制作考究。每座汉墓都有粮食储藏器（陶仓或铜仓），且多为干栏或两层建筑。上层居人，下层圈畜。这是根据岭南天气潮湿的特点而设计的，具有通风防潮的功能。合浦汉墓出土大量的玻璃器，一部分来自"香舶"，由西方输入；一部分是当地制造。其中，合浦九只岭一座汉墓出土了3869粒，为目前广西汉墓出土玻璃粒最多的一例。经测试分析证实："合浦汉墓的玻璃器大部分是我国制造的。"[①] 可见，大量的汉墓群和具有岭南鲜明特色的出土文物，便是合浦为汉代岭南重镇的见证。

---

① 韩湖初：《合浦汉代文物谈》，载北海市政协文史资料委员会编《北海文史》（第25辑），广西师范大学出版社2011年版，第129页。

二　汉墓出土文物中的舶来品

厚葬之风在汉代社会普遍盛行，桂南地区也不例外。正如《后汉书·

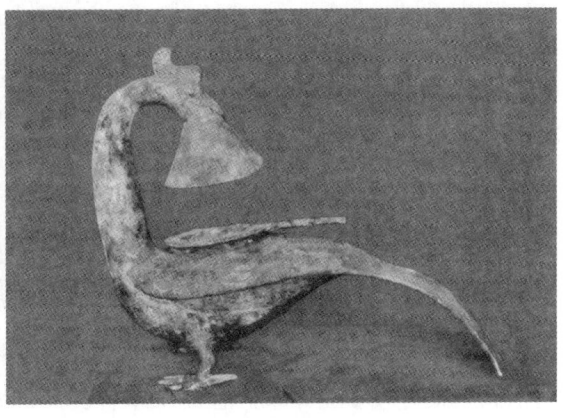

合浦汉墓
（辑自《北海图录》）

合浦出土的铜凤灯
（辑自《北海图录》）

光武帝纪》记载："世以厚葬为德，薄终为鄙。至于富者奢僭，贫者单财，法令不能禁，礼仪不能止。"① 广西汉墓群主要集中在合浦、贵港和苍梧三处。其中，贵港汉墓分布在市区周围。南起郁江，北至七里江桥；西起风流岭，东至罗泊湾。南北宽 2.5 公里，东西长 7.5 公里。桂东地区的汉墓密集区为梧州、贺州及周边市县，该处扼湘桂走廊之要道，受中原及楚文化的影响较大，土坑墓和椁墓较为常见。在贵港、梧州汉墓考古发现了众多海上丝绸之路的文物，大部分与合浦汉墓出土的文物相似。汉武帝在布依（今贵港）设立郁林郡后，当地陶器业得到迅速发展。从贵港汉墓中大量出土的陶器实用器，有瓮、罐、盆、盒、鼎、壹、桶等，陪葬明器有屋、仓、井、灶模型和家畜家禽模型。贵港罗泊湾 1 号汉墓从椁室中出土的一件木牍"从器志"记载，墓中随葬品不论种类和数量都很丰富，出土文物达 1000 多件。随葬器物按质地分，包括陶、铜、铁、金、银、锅、玉石、玛瑙、玻璃、竹、木、漆、麻、丝等。按用途分包括生产工具、车马器、乐器、木牍、木简、植物种实等。另外，风流岭西汉墓出

---

① （南朝宋）范晔：《后汉书·光武帝纪》（卷一），中华书局 1982 年版，第 51 页。

土了大铜马等40多件珍贵文物。其中大铜马和牵马架车铜俑为稀世珍品，现存于广西博物馆。此外，梧州市自1958年以来，已清理汉墓200多座，出土文物6000多件。其中，旺步2号墓出土了大量铜器，包括铜炉、铜盘、铜碗、铜箸、铜镜等。还出土有陶釜、陶尊和琥珀饰件。结合汉代桂南流行墓葬，"厚资多藏，器用如生人"的风俗，既反映了墓主人的地位，也反映了当时社会经济十分繁荣。合浦汉墓群位于合浦县城东南部，在出土文物中，已发现1300多件（套）来自东南亚和西亚的舶来品，证明合浦是中国海上丝绸之路的始发港。

合浦汉墓是汉王朝推进郡县制的产物，在中原文化的影响下，体现了"事死如事生"的汉文化丧葬习俗，并明显反映出包括楚、闽越、滇等在内的文化因素。同时，作为海上丝绸之路的重要港口，域外文化因素在合浦汉墓中也有较多的体现。合浦汉墓群为第四批全国重点文物保护单位，考古工作始于20世纪50年代，迄今发掘的墓葬数量已超过1200座，"出土文物2万多件，包括陶器、铜器、铁器、金银器、玉器、玻璃器以及琥珀、水晶、玛瑙、蚀刻石髓、缘柱石和石榴子石等珠饰"[①]。黄金和杂缯属贸易输出商品。合浦汉墓出土了刻有"太史"字样的金骈，可见黄金已成为与外国商品交换的货币[②]。黄金作为货币的储藏和支付手段，也用于为死者陪葬。合浦望牛岭1号墓、贵港罗泊湾2号墓都出土了金饼，分别重249克和239克。同时，合浦汉墓还出土了大量款式各异的金佩饰，有串珠、花球、戒指、手镯、带钩等。其中，合浦北插江盐堆1至4号汉墓出土的金串球手链、金花球等，专家认为其造型风格是印度的，"也应是从海外输入"[③]。合浦汉墓出土的玛璃珠、戒指和圆雕小动物等，"汉晋时期都认为产自西域或大秦"。合浦堂排汉墓还出土了用琥珀雕成的小狮子。琥珀的产地，主要是欧洲的波罗的海沿岸。专家鉴定"应是合浦工匠以从海外输入的琥珀为原材料雕刻而成"[④]，它显示了两汉时期中外贸易和文化的交流。

---

① 熊昭明：《汉代合浦港考古与海上丝绸之路》，文物出版社2015年版，第39页。
② 同上书，第49页。
③ 韩湖初：《合浦汉代文物谈》，载北海市政协文史资料委员会编《北海文史》（第25辑），广西师范大学出版社2011年版，第109页。
④ 熊昭明：《汉代合浦港考古与海上丝绸之路》，文物出版社2015年版，第63页。

"杂缯"是各类丝织品的总称。丝绸品属有机质，易朽，在合浦风门岭 26 号汉墓中仅发现少许麻织品，"每平方米厘米经线 1 根，维线 9 根，体现了较高的纺织水平"①。2001 年，在航线另一端的斯里兰卡出土了一块中国丝绸，经碳—14 测定，"年代为公元前 2 世纪，为汉代海上丝绸之

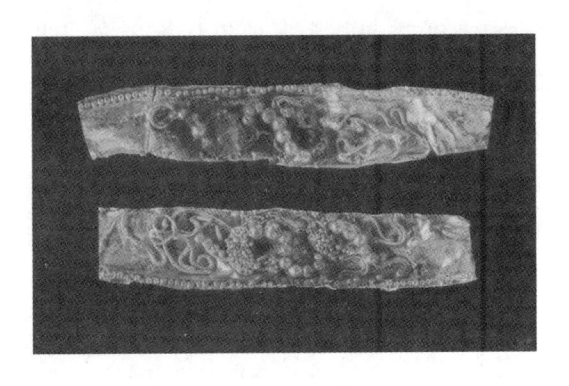

合浦汉墓出土的金珠串饰　　　　　合浦汉墓出土的铜熏炉

（摄影者：熊昭明）

路增添了新的物证"②。另外，石榴子石珠饰是舶来品的典型器物。合浦汉墓群第二炮竹厂 14A 号墓、风门岭 10 号墓等均出土过各种形态的饰件。"这些形态的玻璃珠和矿石珠（包括石榴子石）在印度阿里卡梅度遗址都有发现，他们是通过丝绸之路从印度和斯里兰卡一带传入的"③。

合浦汉墓出土有外国胡人形象的磨锄铜俑和陶俑，它们是"海上丝绸之路"开通和繁荣的见证。合浦堂排 1 号风门岭 26 号和凸鬼岭 20 号汉墓，均出土过"深目高鼻"的胡人铜俑和陶俑，这些高鼻的胡人形象应该来自西亚④。这说明了"海上丝绸之路"的开通和繁荣，不但促进了中外商贸的交流，而且还有意识形态和生产人员的交流。胡人陶俑打工，从事生产活动的形象，以及"铜人吊灯"中的铜俑双膝跪地捧灯托盘向汉人跪拜，"证实了当时中国在世界上的强大及其高贵地位"⑤。

---

① 熊昭明：《汉代合浦港考古与海上丝绸之路》，文物出版社 2015 年版，第 63 页。
② 同上书，第 61 页。
③ 同上书，第 127 页。
④ 同上书，第 121 页。
⑤ 韩湖初：《合浦汉代文物谈》，载北海市政协文史资料委员会编《北海文史》（第 25 辑），广西师范大学出版社 2011 年版，第 119 页。

合浦汉墓出土的大量熏炉，不但地点众多，有望牛岭、风门岭、文昌塔、黄泥岗、凸鬼岭、母猪岭、九只岭、堂排、平田等，而且遍及大、中型和土坑汉墓。这就说明，当时不但官宦富豪，而且普通老百姓也使用熏炉。我国不出产熏炉所燃的香料，香料完全靠进口。合浦堂排2号墓出土的铜熏炉，内有少量香料和灰烬。这种香料，经考证古代称之为"果布"，即龙脑香。古人认为焚烧香料之烟气，可驱邪消瘴，清新空气。据史籍记载，"汉时苏门答腊、马来半岛、婆罗洲等地盛产龙脑香，说明合浦熏炉的香料可能来自东南亚"[①]。在贵港、梧州的汉墓中也有类似的熏炉出土，更增加了这方面的证据，说明南洋来的龙脑香，也有从合浦港登陆输入内地的。

合浦汉墓还出土了杯、碗、盘等玻璃制品60多件，以及上万粒玻璃珠和湖蓝色的串珠。从寻常百姓到地方富豪和达官贵人都有随葬品，有数十至数百及数千颗。经科学检测以钾硅酸盐玻璃居多，"部分属中等钙铝和低铝的类型，来自东南亚、印度等地"[②]；也有部分玻璃珠采用海路传入的技术自产；也有的来自印度等地。东南亚的"混合碱玻璃"和来自地中海的钠钙玻璃，俗称"罗马玻璃"[③]。在合浦汉墓中，多有玻璃出土。其中，文昌塔70号墓出土的淡青色玻璃杯等"应从印度输入"[④]；而黄波岗1号墓出土的蓝色玻璃杯，"则可能从东南亚输入"[⑤]。合浦汉墓望牛岭1号墓出土有白水晶，黄泥岗1号墓出土有紫水晶。合浦本地没有可开采的水晶矿，应该是舶来品。另外，自寮尾13号汉墓出土的波斯壶和铜钹，源于西亚，较早在埃及、叙利亚出现，之后在波斯、罗马等地流传。合浦汉墓出土的波斯壶与安息帝国时期的"波斯壶"，"无论外形、做工，还是釉色，都极相似，应该来自这个地区"[⑥]。铜钹，可有多重柿蒂纹、羽纹，明显为中亚的帕提亚帝国的纹饰。因此，"这两件东西，来自中亚的

---

① 熊昭明：《汉代合浦港考古与海上丝绸之路》，文物出版社2015年版，第121页。
② 同上。
③ 同上。
④ 同上。
⑤ 同上。
⑥ 同上。

帕提亚帝国"①。合浦汉墓出土的大量金佩饰、玛瑙、琥珀、玻璃等舶来品，以及熏炉、胡人铜俑、胡人陶俑等文物，充分说明汉代合浦海上丝绸之路的一度繁荣。

波斯陶壶　　　　　胡人俑

（辑自《北海图录》）

广西"海上丝绸之路"的兴起和形成，不但促进了当地农业、手工业的发展，而且促进了贸易和沿海沿江商业城市的发展。一是广西所产的"细葛"布，成为丝织品中的上品。据《后汉书》和《三国志》记载，"细葛"布是当地向汉王朝和东吴政权的贡品，也是中西交流的重要商品，产生了经济效应。二是"海上丝绸之路"的发展，促进了广西内河水运的发展。郁江、西江、桂江航运日趋繁荣。三是随着内河航运的发展，沿江主要商埠逐渐演变为城市。广信（今梧州市）是苍梧郡治，位于西江、桂江交汇处逐渐成为岭南重要的商业城市。从文物普查得知，已发掘的汉墓有280多座。其中，鹤头山岗顶2号墓，出土陶器28件，铜器11件，以及玻璃制品200多件。反映出汉代流行厚葬，"厚资多藏，器用如生人"。从侧面说明，广信已成为岭南重要的商业城市。另外，布山（今贵港市）是郁林郡治，滨西江最大支流——郁江。罗布泊1号汉墓曾

---

① 熊昭明：《汉代合浦港考古与海上丝绸之路》，文物出版社2015年版，第121页。

出土大批烙印"布山"戳记的漆耳杯，以及金球、金珠、金饼和铜器等高档用品，均为"输出品"。据广西壮族自治区博物馆所编的《广西贵县罗泊湾汉墓》一书记载，贵港汉墓也曾出土丝织品。从出土的一件木质"从器志"（记录随葬品的清单）的记录来看，在原来的随葬品中，"有大批的缯布和缯布缝制的衣服以及袋等"。琥珀和石榴子石是名贵饰品，合浦汉墓出土的琥珀狮形饰件，与同时期的印度阿里卡梅度所出土的同类饰件形状十分相似。近年在湄公河下游的柬埔寨东南地区发掘了波赫遗址，该遗址出土了"汉式青铜碗"，以及铜鼓、陶器、石榴子石、玛瑙、玻璃珠饰等器物，与合浦汉墓的出土文物十分相似。由此说明扶南（今柬埔寨）、黄支国（今印度）在此时已通过海路与中国南方进行贸易。

此外，在今泰国克拉地峡孔通把特村遗址、缅甸萨蒙河谷遗址等，出土了大量的玻璃、珠饰、髓珠等文物，也有我国输出的丝绸、黄金、陶器、钱币、铜镜等，以及输入的明珠、璧琉璃等奇石异物，反映了该地区是海上丝绸之路的活跃地带。汉时，中国船舶从合浦出海，沿廉州湾西行，可到交趾、九真、日南、占城、暹罗（今泰国）、真腊（今柬埔寨）、爪哇、满加、三佛齐（今印度尼西亚的婆罗洲、加里曼丹），直至波斯湾沿岸。已发掘的东南亚遗址和广西汉墓出土的大量舶来品，成为合浦是汉朝重要对外贸易口岸的物证。由上可知，今广西地区的梧州、贵港、合浦等商业城市是随着海上丝绸之路的兴起而发展起来的。

第四章 三国至南北朝时期广西海上丝绸之路的扩展

三国至南北朝时期，广西沿海地区成为东吴经略南海的基地。东吴以合浦为据点，多次用兵海上，从海道上控制交州。海外诸国的商人及外交使节入中原，必经北部湾海域。两晋至南北朝，合浦又成为交州的政治、经济、文化中心。

第一节 三国时期合浦成为东吴经略南海的基地

三国黄武五年（226年），合浦郡与交趾、九真、日南一起属交州，归东吴管辖。孙权、孙皓父子两次依靠军事力量和"安抚政策"相结合，平定交州，并以合浦为基地，在北部湾进行两次海上战争，依靠军事和经济实力，拥有北部湾海域，发展海外贸易，有效地加强了对交州的统治。

一 东吴以合浦为基地治理交州

东汉末年，政治黑暗腐败，民不聊生，广大农民纷纷揭竿起义。封建地主和诸侯也趁机拥兵割地称雄，魏、蜀、吴三国鼎立，中原陷入混乱，社会生产遭到极大破坏。而处于南方的合浦、交趾等郡独免兵祸，社会得到较安定的发展。公元187至226年，今广西苍梧人士壹、士燮分别担任合浦郡太守和交趾郡太守，弟兄两人治理合浦、交趾"四十余年，疆场无事，民不失业，羁旅之徒，皆蒙其庆"[①]。同时，士燮的另外两兄弟士武、士黄又分别任南海、九真太守，四兄弟安治一方，岭南社会十分安

---

① （晋）陈寿：《三国志·士燮传》（卷四十九），中华书局1964年版，第1191页。

定，利于当地经济文化的发展。据郑樵（宋）《通志》一一九卷记载："士燮，字咸彦，苍梧广信人。""燮体器宽厚，谦虚下士，中国士人往依避难者以百数。"士燮注意网罗大批中原士人南迁交州，促进了中华文化向南传播，大力发展经济。当时，中原有识之士和士官商贾纷纷到合浦避难，多至百余家，普通百姓不计其数。他们带来了中原先进的技术和文化，加上安定的环境，便利的交通，使合浦地区经济迅速发展，从而也促进了今广西沿海港口海上交通和对外贸易的发展。据史载："燮兄弟并为列郡，雄长一州，偏在万里，威尊无上。出入鸣钟磬，各具威仪，茄箫鼓吹，车骑满道，胡人夹毂焚烧香者常有数十。"① 胡人应是指抵交趾、合浦从事贸易的印度、阿拉伯的商人或传教士，他们夹道欢迎士燮、士壹太守。可见，当时合浦是中外商贾云集之地。合浦县凸鬼岭20号汉墓出土了罕见的马面形托灯胡人陶俑；另外，堂排汉墓亦出土了宽袖大袍的胡人陶俑。从陶俑发短、目深、鼻高、唇厚的面部特征来看，其应属所谓的印度或阿拉伯"胡人"。从史书的记载和合浦汉墓的出土文物来看，可以证实东汉至三国时期外国商贾常抵合浦从事贸易。

  三国时期，北部湾地区为南方安定之地。赤壁之战后，孙权派步骘为交州刺史，率兵从长江溯湘江，过灵渠，沿桂江占领苍梧，入岭南。公元210年，合浦太守士壹、交趾太守士燮率众归顺东吴。孙权封士燮为左将军，后又封龙编侯。此后，东吴以合浦为基地，控制交趾、九真、日南，拥有今北部湾海域。由于社会安定，经济得以迅速发展。孙权每年从北部湾得到大量的贡品，据史载："燮每遣使诣权，致杂香细葛，辄以千数，明珠、大贝、琉璃、翡翠、玳瑁、犀、象之珍，奇物异果，蕉、邪、龙果之属，无岁不至，壹时贡马凡数百匹。权辄为书，厚加宠赐，以答慰之。"② 在这些交趾、合浦向东吴进献的贡品中，不少为舶来品，说明合浦在三国时期仍是我国重要的对外贸易港口。

  公元221年，因东吴舶来品十分丰富，曹魏遣使东吴，"求雀头香、大贝、象牙、明珠、犀角、玳瑁、孔雀、翡翠、斗鸭、长鸣鸡"。东吴群臣闻之反对，认为"魏所求珍玩之物，非礼也，宜勿与"。可是，东

---

① （晋）陈寿：《三国志·士燮传》（卷四十九），中华书局1964年版，第1192页。
② 同上书，第1193页。

吴的孙权却认为："彼所求者，于我瓦石耳，孤何惜焉？"① 孙权同意魏王的请求，以马来交易。由此可见，东吴由合浦、交趾经营海外贸易，获得大量舶来品。公元226年，交趾太守士燮年九十岁，病死。孙权封其子士徽为九真太守。黄武五年，孙权听取吕岱的意见，为了加强对岭南的控制，分合浦以北，立为广州，派吕岱为广州刺史；分合浦以南为交州，派戴良为交州刺史。吕岱是东吴政权治理岭南的第一人，他觉得交州毕竟地域过于宽广，难于管治，便以合浦为分界点。合浦以北的南海、苍梧、郁林划为广州，州治番禺。从此，番禺正式定名广州，成为岭南的政治、经济、文化中心。合浦、交趾、九真、日南划为交州，州治在龙编（今越南河内东天德江北岸）。尔后，孙权以广州为中心，实施对今两广和越南部分地区的行政管理，对海上丝绸之路的起航点产生了重大影响。此时，合浦县辖地仍为今广西沿海钦北防三市，以及南宁、玉林部分地区。

黄武七年（228年），合浦郡改称珠官郡，同年划出合浦县南境置珠官县，与合浦县同属珠官郡②。虽然，孙权分交州、广州的初衷是为了分别加强对岭南这两个重要地区的控制和开发，但客观上却对广州、交州沿海的港口发展和海上交通产生了深远的影响。士徽不愿臣服，占据交趾，反对戴良，"举兵戍海口以拒良等"，妄图自立为王。戴良无法抵交趾上任，只好停留在合浦，并火速上奏孙权。孙权决心用武力收复交趾，以维护政权统一。此时，恰逢吕岱上疏，自请从番禺发水军讨伐交趾。孙权闻报大喜，马上封吕岱为征交趾的都督。于是，吕岱在番禺"督兵三千，晨夜浮海……过合浦，与良俱进"③。吕岱水军经琼州海峡抵合浦县，并以今合浦沿海港口为水军基地，调集兵员和粮食，然后进军交趾。吕岱素善用水兵，"潜军轻举，掩其无备"④，便出其不意地由海道直攻交趾都城龙编。士徽听闻吕岱的水军压境，又因吕岱"先移书交趾，告喻祸福"⑤，

---

① （晋）陈寿：《三国志·吴主传》（卷四十七），中华书局1964年版，第1124页。
② 合浦县地方志编纂委员会编：《合浦年鉴（2015）》，广西人民出版社2016年版，第37页。
③ （晋）陈寿：《三国志·吕岱传》（卷六十），中华书局1964年版，第1384—1385页。
④ 同上。
⑤ 同上书，第1193页。

只好投降。这是三国时期第一次明确记载的北部湾海战。吕岱自广州率水军渡海攻交趾，必然要通过琼州海峡，然后在北部湾登陆。东吴取胜后，孙权为便于管理，一度将广州与交州合并。后来，"孙权复置珠崖郡，领徐闻、朱户、珠官三县，属交州"①。吕岱任交州刺史，不但管辖合浦、交趾、九真，而且管辖海南岛。可见，东吴依靠强大的海军和舰船，统治了南海和北部湾。吕岱以合浦为基地精心治理交州，"改置长史，章明王纲，威加万里，大小承风"。"岱既定交州，复进讨九真，斩获以万数。又遣从事南宣国化，暨徼外扶南、林邑、堂明诸王各遣使奉贡"②。东吴统治交州期间，孙权和其子孙皓是大规模航海活动的倡导者。东吴政权利用控制南海的海洋地理条件和南方沿海人民擅长航海的历史传统，组织大规模的航海活动，以致出现了"舟楫为马"、"巨海为夷庚"的东吴航海盛世。

公元229年，孙权联蜀拒魏，称帝于建安（今南京）。在争霸中原时，东吴积极组织航海开发南方。在取得浙闽、广州、交州的统治权后，东吴为有效地统治南海，一是派水军控制台湾岛，二是征讨海南岛，三是治理交州。据史载，公元230年，孙权"遣将军卫温、诸葛直将甲士万人浮海求夷洲及亶州"③。夷洲，即今天的台湾岛；亶州，即秦代徐福东渡的日本列岛（包括疏求群岛）。卫温水军登上台湾后，"得夷洲数千人还"。这是《三国志》中关于东吴水军到达台湾后的实录，也是正史中关于台湾海峡两岸通航的明确文字记载。公元242年，孙权又"遣将军聂友、校尉陆凯以兵三万，讨珠崖、儋州"④。珠崖（郡治琼山）、儋州（郡治儋县）两郡，即今海南岛的东南部和西部。为统治海南岛，孙权动用兵力3万人，大小战舰300艘，在南海和北部湾发动海战，足见东吴水师实力之雄厚。后来，西晋灭掉东吴时，"从孙吴政权那里接收的船达5000艘以上"⑤。由此可以看出三国时中国造船规模的扩大和造船技术的进步，有力地促进了航海运输和外贸的发展。

---

① 阎根齐：《南海古代航海史》，海洋出版社2016年版，第149—150页。
② （晋）陈寿：《三国志·吕岱传》（卷六十），中华书局1964年版，第1385页。
③ （晋）陈寿：《三国志·吴主传》（卷四十七），中华书局1964年版，第1136页。
④ 同上书，第1145页。
⑤ 黄启臣：《广东海上丝绸之路史》，广东经济出版社2003年版，第73页。

二 东吴使者由交州出访东南亚国家

吕岱平定交州后,实行"和平外交",派下属官员出访林邑、扶南、满剌加、暹罗等东南亚国家,宣扬国威。这是东吴以合浦为基地治理交州,加强与海外诸国贸易的佐证。该时期,东吴交州所属的合浦、交趾亦是外国使者来中国朝贡的必经之地。东吴拥有交州后,不但在南海航海活动频繁,而且与海外的交往也相当密切。据《梁书·诸夷列传》记载,"海南诸国,大抵在交州南及西南大海洲上,相去近者三五千里,远者二三万里,其西与西域诸国接"。"其徼外诸国,自武帝以来朝贡。后汉桓帝时,大秦、天竺皆由此道遣使贡献。及吴孙权时,遣宣化从事朱应、中郎康泰通焉。其所经及传闻,则有百数十国,因立记传"①。由上可知,孙权使者所经过与所闻之海外国家已很广泛了,包括西太平洋与北印度洋众多的亚洲国家和地区。同时,亦说明三国东吴时,交州成为中国对外海上交通的重要口岸。孙权派朱应、康泰从交州出发的南洋之行,历时十多年。东吴使者沿林邑(今越南南方)海岸南下,经扶南(柬埔寨)、暹罗(泰国),渡过金邻大湾(今泰国湾),沿乌文国(马来半岛)、蒲罗、诸薄、巨延洲,又北向经道明(缅甸沿岸)等国,抵恒河(今印度半岛)口南下,至非洲东岸而还。因《扶南异物志》和《吴时外国传》皆已遗失,有些详细情况今已不可知。近来专家考证有两种肯定观点:一是"康泰等人沿林邑(安南)南下,经扶南(柬埔寨)滨舠蕁国,林阳国(暹罗),金邻大湾(暹罗湾),沿乌文国(马来半岛)耽兰洲,经蒲罗、蒲汉州、诸薄、马五洲、比护洲、巨延洲,又北向经优钹、横跌、道明等国(缅甸沿岸),抵恒河口南下,至斯调洲而还"②。二是"他们的副使大约到过南印度迦那调洲","由此向西大约航行四五十天便可到达大秦"③。又据《太平御览·吴时外国传》记载,康泰出使南海诸国,"从加那调洲,乘大海船,张七帆,时风一月余"。东吴的海船能使用7帆,增加船舶的推进力和提高航速,说明此时的航海造船技术已比汉代进步。

---

① (唐)姚思廉:《梁书·诸夷列传》(卷五十四),中华书局1973年版,第783页。
② [日]驹井义明:《所谓孙权之南方遣使》,载《历史与地理》(卷二十五第六号)1919年版。
③ 孙光圻:《中国古代航海史》,海洋出版社2005年版,第193页。

对于朱应和康泰这次航行的路径和所到国家，虽尚待继续深入研究，但这次航海的意义却非常重大。首先，这次船队出海，是对汉代合浦"海上丝绸之路"航线的再次肯定。其次，使者"从事南宣国化"，开通了吴国与东南亚和西方各国的友好贸易往来。最后，通过出访"百数十国"，促进了吴国与东南亚和西方各国的海上交通发展，增进了中国与外国的经济文化交流。

朱应和康泰出访扶南国（今柬埔寨、老挝南部、越南南部、泰国东南部、马来半岛南端），见到该国人裸体，遂建议其国王范寻命令国中成年男女穿"横幅"，范寻接受二人建议之后，"大家乃载锦为之，贫者乃用布"。豪富之家从此以丝绸为衣，普通百姓则用布掩体。这说明，朱应、康泰除了作为使臣具有沟通同海外国家关系的使命外，还从事丝绸贸易。返回中国后，朱应、康泰曾将航行与访问的所见所闻，分撰成《扶南异物志》与《吴时外国传》。可惜这两本史料价值极高的文献已经失传，仅有个别史料散见于《水经注》《太平御览》等宋代的古籍中。然而，仅此也为我们提供了东吴统治时期我国与西方各国航海和贸易的珍贵资料。东吴使者的出访，不仅是为了与这些国家进行政治联系，扩大中国的影响，而且也是为了开展贸易活动。

公元248年，吕岱调离后，孙权派丞相陆逊的儿子陆胤任交州刺史。他到任后，仍实行安抚政策，戮力发展经济，对民众"喻以恩信，务崇招纳"，"流民归附，海隅肃清"，"商旅平行，民无疾疫，田稼丰稔"，"民感其恩"①。同时，他又为官清廉，"内无粉黛附珠之妾，家无文甲犀象之珍"②，深受当地百姓的爱戴。东吴统治交州，做到了百姓安居乐业。社会安定，经济发展，交州海外贸易便更加兴旺。

有大秦贾人，名秦论，来到交趾，"交趾太守吴邈遣使诣权。权问方土谣俗，论具以事对"。时诸葛恪讨丹阳，获黝、歙短人。论见之曰：'大秦希见此人。'权以男女各十人，差吏会稽刘咸送论，咸于道物故，论乃径还本国"。古罗马的商人，由交趾太守接待后，送到建安（今南

---

① （晋）陈寿：《三国志·陆胤传》（卷六十一），中华书局1964年版，第1410页。
② 同上。

京），受到孙权的接见。孙权又派人护送他去会见"黝、歙短人"，然后秦论才返回本国。古罗马的商人，由交趾抵建安（今南京）见孙权，可见交州是中国海上交通的要冲。古罗马的商人等海外来华者，往往先至交趾、合浦。东南亚各国和西方使者来中国"朝贡"之物，"贵致远珍名珠、香药、象牙、犀角、玳瑁、珊瑚、琉璃、鹦鹉、翡翠、孔雀、奇物，充备宝玩，不必仰其赋入，以益中国也"①。故交州刺史、合浦太守常向孙权奉献各类珍奇之"舶来品"。其中，香药（料）一项，东汉至三国时期主要产地在苏门答腊、马来半岛和婆罗洲等地。在今合浦县廉州镇望牛岭、堂排、风门岭、九只岭等处的汉墓亦出土过燃香之器——熏炉，有铜质和陶质两种，说明当时燃熏香料已成为社会上层人士的一种时尚。另外，贵港东湖新村4号墓、深钉岭汉墓、梧州鹤头山1号墓，也出土过熏炉。此亦说明，在广西海上丝绸之路的贸易中，"香药"是一项重要的进口商品。

公元264年，交趾郡吏吕兴叛乱，杀死太守，引曹魏出兵偷袭占领交趾。宝鼎三年（268年），孙皓派交州刺史刘俊从建安（今南京）率领水军由海路抵北部湾击交趾，开辟了"建安海道"。魏国交趾太守杨稷领兵在合浦沿海拦截，双方在海上大战。吴军胜，合浦成为吴军驻守的重地。古代我国内地到交趾有两条路相通，一为陆路，二为水路。东吴以水军立国，"主要以水路为主"，就是从今南京出长江口，经台湾海峡抵南海，过琼州海峡，沿北部湾登陆交趾，由此开辟了从建安至交趾的海上航线。"三国多时，多次从合浦港出发，沿北部湾航行，到交趾平叛"②。公元269年，孙皓为了维护对交州的统治，"遣监军虞汜、威南将军薛珝、苍梧太守丹阳陶璜，从荆州道，监军李勖、督军徐存从建安海道，皆会于合浦，以击交趾"③。这是史籍中有关湖北荆州内河航路和华东建安（今南京）海上航路，与广西沿海通航的明确记载。

为夺回交趾，吴后主孙皓不惜派十万水军，兵分两路出发：一路从湖北荆州溯湘江，沿广西内河航路抵合浦；另一路从建安（今江苏南京）

---

① （晋）陈寿：《三国志·薛综传》（卷六十一），中华书局1964年版，第1252页。
② 阎根齐：《南海古代航海史》，海洋出版社2016年版，第167页。
③ （宋）司马光：《资治通鉴·晋纪一》（卷七十九），中华书局2011年版，第2511页。

出长江口,沿海上航路,经台湾海峡、琼州海峡抵合浦。东吴以合浦港为水军基地,出动大小战船 400 余艘,从海道进攻,于 271 年收复交趾。据史载,"吴大都督薛珝与陶璜等兵十万,共攻交趾","九真、日南皆降与吴","州境皆平"①。又据《晋书·陶璜传》记载,陶璜,丹阳秣陵人。孙皓年间,交趾一度被归顺蜀国的九真太守董元占领,时任苍梧太守的陶璜率领水军沿南流江抵合浦驻军,"夜以数百兵袭董元,获其宝物,船载而归"。璜立下大功,被东吴封为"前部都督"。"璜从海道出其不意,径至交趾",大破董元军后,所得宝船上锦物(丝绸)数千匹,赠送给当地少数民族头领,获得当地万余人助战,大败蜀兵,夺回交趾、九真、日南三郡。此后,东吴任陶璜为交州刺史。当时交州管辖合浦、交趾、日南、九真。合浦郡与交趾相邻,一度成为东吴经略交州的重要贸易基地。陶璜任职 30 年,在交州采取让民生息的统治政策,有力地促进了当地经济和航海贸易的发展。

明珠,是合浦沿海的特产,也是重要的交易商品。当时合浦商贾和百姓主要以采珠和贩珠为业。据晋·刘欣《交州记》记载:"合浦八十里有涠州,周围一百里,其地产珠。"涠州,即今北海市涠州岛。晋以前,合浦沿海既是主要产珠之地,又是贾舶渔船寄碇之所。孙权死后,其子孙皓继位。他为了满足统治阶级的奢侈享受,对合浦实行严厉的"珠禁",并将合浦县南境(即今北海市银海区和铁山港区的福城、南康、营盘一带)设立为珠官县。在境内只准官方收取珍珠,大力发展珍珠贸易。由此可见,东吴当时以合浦为基地控制交州,大力发展对外交易。

第二节　两晋至南北朝时合浦成为治理交州要地

两晋时期,交州刺史陶璜归顺晋朝,使社会安定,并在合浦恢复采珠产业,促进航海贸易。南北朝时期,古罗马商人往扶南、日南、交趾,然后经合浦港口,从南流江水道北上中原。当时,海外诸国与中国的外交往来和贸易,所走航路也经北部湾海域。

---

① (宋)司马光:《资治通鉴·晋纪一》(卷七十九),中华书局 1956 年版,第 2517 页。

一　两晋时合浦发展采珠业和海外交通贸易

太康元年（280年），三国归晋。晋武帝时撤珠崖郡并入合浦郡，同时划出合浦县东北部设荡昌县（今容县）。建武元年（317年）以后，又析合浦县地置新安县，合浦郡隶属交州，郡址在合浦县城（今浦北县旧州）①，管辖合浦、南平、荡昌、徐闻、毒质、珠官共六县。据《晋书·陶璜传》记载，晋灭东吴后，"皓既降晋，手书遣璜息融敕璜归顺。璜流涕数日，遣使送印绶诣洛阳。帝诏复其本职，封宛陵侯"②。当时，旧将陶璜见东吴已亡，自愿向晋朝投降。晋朝仍封他为交州刺史，以加强对合浦、交趾、九真、日南等南海市舶要冲的统治。陶璜在位30年，采取开放政策，并为民请命，深得当地百姓拥护。陶璜为了使合浦地区的生产更快的发展，曾向晋朝廷上疏言："百姓唯以采珠为业，商贾去来，以珠贸米，而吴时珠禁甚严，虑百姓私散好珠。禁绝来去，人以饥困……今请上珠三分输二，次者输一，粗者蠲除。"③ 晋武帝司马炎同意了陶璜的奏章，下诏"非采上珠之时，听商旅往来如旧"④。可见，三国至两晋时期，采珠是合浦沿海的重要产业。政策放宽，自然调动了合浦百姓采珠和商人易珠的积极性。此后，由中原和浙、闽沿海抵合浦的商家，或由东南亚各国经合浦抵中原的外国商旅，大都在交州停留从事贩珠生意，从而刺激了交州海上交通的发展。

晋时（265至420年），东南亚各国的朝贡，仍是从海上取道经合浦进中原。咸康二年（336年），林邑国王范文"徼外诸国，尝赍宝物自海路来贸货"⑤。林邑国（今越南中部）较穷，宝货不多，他们主要向东南亚和西方国家的商人收购货物，然后从海道经合浦与东晋进行朝贡式的贸易。另外，林邑国西南的扶南国（今柬埔寨），也从海道经日南、合浦，与东晋有着密切的朝贡贸易来往，"贡赋为金银珠香"。伴随着海上丝绸之路对外贸易的发展，广州、交州成为中外贸易商品的集散地。当地官府

---

① 合浦县地方志编纂委员会编：《合浦年鉴（2015）》，广西人民出版社2016年版，第37页。
② （唐）房玄龄：《晋书·陶璜列传》（卷五十七），中华书局1974年版，第1560页。
③ 同上书，第1561页。
④ 同上。
⑤ （唐）房玄龄：《晋书·四夷列传》（卷九十七），中华书局1974年版，第2546页。

在海外贸易中获得了大量的珍宝和金钱，甚至成为国家财政的重要来源。据《晋书·食货志》记载，两晋时期，"交、广之城，全以金银为货"。交州、广州一带，也就是岭南地区。当时的商品交换却以金银为主货币，表明岭南地区所流通的货币并不是铜钱，与全国大不一样。这是因为两广地区通过海外贸易，有不少的进口金银源源而入。在合浦、梧州、贵港出土的文物中，大量的金银便是证物。通过海上丝绸之路进入广西的外国银铸币，输入后即在广西流通。在郁林郡的容县曾出土一批波斯银币，可见当时这些外国银币已在桂南地区使用。

晋时，石崇曾任交趾采访使。他往返合浦、交趾与洛阳之间，大量采购水晶、珍珠、琉璃等珍宝供朝廷使用，促进当地贸易。同时，"还用三斗珍珠，强聘博白美女绿珠到古都洛阳"①。演绎了一曲玉林民间传说的悲惨故事，从侧面也反映出海上丝绸之路贸易的兴旺。扶南国由泰国湾沿着今越南的海岸北上抵中国，合浦县沿海便是必经之道。东晋与大秦（罗马）的海上贸易，虽然因"商客往来皆赍三岁粮，是以至者稀少"②。然而，太元年间（376—396年），大秦王仍然遣使由波斯湾越过今阿拉伯海和孟加拉湾，穿过马六甲海峡，沿着广南湾北上，经过北部湾由合浦抵中原。可见，晋时合浦在中国与东南亚和西方国家的海上贸易中占有十分重要的地位。

海上丝绸之路既是贸易交往之路，也是一条文化交流之路。在两晋至南北朝时期，通过海上丝绸之路进行的文化交流，主要是宗教传播。其原因是印度同中国的海上交通往来日益密切，更重要的是印度大乘佛教先向东南亚扩张，然后通过东南亚向中国传播。通过海上丝绸之路，佛教文化逐渐成为此时中国与印度、东南亚地区相互交流的重要内容。史载，东晋年间中国僧人渐至印度求法译经；印度高僧也从海路东行传经布道，合浦曾成为"佛教"从海路进入中国的海路南传通道"③。当时，宣扬因果报应与转世轮回之说的佛教在中国十分活跃，僧尼益众，迫切需要研习佛经来宣扬。隆安三年（公元399年），以高僧法显为代表的一批和尚，西行

---

① 吕汉江主编：《玉商文化丛谈》，广西玉林市政协2014年编，第13页。

② （唐）房玄龄：《晋书·四夷列传》（卷九十七），中华书局1974年版，第2545页。

③ 合浦县人民政府、北海市地方志办公室编：《北海合浦海上丝绸之路史》，广西人民出版2008年版，第475页。

求法，发足于长安，循河西走廊度陇山（位于甘肃），过流沙，越葱岭（位于今新疆），抵天竺（印度）诸城，取得大量佛教经典。义熙三年（公元407年），法显从印度加尔各答载"商人大舶，泛海西南行，得冬初信风，昼夜十四日，到狮子国"①。

狮子国，汉时称已程不，即今之斯里兰卡。因狮子国是南亚重要的佛教中心地之一，法显求得国内没有的佛经，遂决意回国。法显又搭乘商船自狮子国起航，横渡孟加拉湾，渡海东归。历尽艰苦航海，终于在公元412年7月回到中原，写了纪实性的名著《法显传》。该书不仅是中国佛教史上的一部重要经典，而且是中国航海史上的一块无价之宝。该书证实，当时商船来往中国与印度之间已是普通之事。从斯里兰卡到苏门答腊，从苏门答腊至合浦或广州，已有相对稳定的航路。也反映了航海技术虽有一定提高，但天文定位技术尚停留在天体定向导航阶段。最早记载佛教徒在合浦活动的是《三国志·士燮传》：士燮兄弟分别任交趾、合浦太守，"出入鸣钟磬，备具威仪，笳箫鼓吹，车骑满道。胡人夹毂焚香者常有数十"②。当时常有数十的胡人佛教徒在合浦地区参加社会活动，加上大批佛教徒途经合浦，在很大程度上推动了当地佛教文化的传播和发展。因而，合浦的佛教寺庙有"一寺三庵七十二庙之说"。东山寺是广西最早的两大佛寺之一，"原为南越行宫，后改为灵觉寺，时间约在汉末晋初之间"③。晋末法师达摩由印度海道返回中国，经合浦，又专程去东山寺拜谒参禅，并为东山寺书写了"即事多欣"（意为理解佛的精妙是快乐的）题词④。由此可见，晋代合浦已成为佛教从海路通道进入中国的中转站，形成佛教由南向北传播的通道。

晋末，林邑国王范胡达趁晋朝国势衰弱，出兵占领日南。东晋便派交州刺史杜慧度率领合浦、交趾之兵讨伐收复。与此同时，广州刺史卢循反叛晋朝，自立为王。史载，卢循趁杜慧度率交州兵在日南打仗，合浦兵力

---

① 章巽：《法显传校注》，上海古籍出版社1985年版，第149页。
② （晋）陈寿：《三国志·士燮传》（卷四十九），中华书局1969年版，第1192页。
③ 合浦县人民政府、北海市地方志办公室编：《北海合浦海上丝绸之路史》，广西人民出版2008年版，第480—481页。
④ 同上书，第487页。

空虚之时，便从海道"袭合浦进攻交州"①。义熙七年（411年）四月，卢循占据合浦，获得大量海上的珍宝。而后，他又从钦廉沿海港口率兵攻交趾。交州刺史杜慧度闻讯马上调集水步军共6000人，打退其进攻。6月，卢循不甘失败大造战船，然后，率领水军由钦廉沿海出发，直抵交趾都会龙编附近登陆。杜慧度率领交州水军在海面与卢军大战。结果，杜慧度击溃卢循，夺回合浦。据《南史》卷七十记载，"卢循袭破合浦，径向交州，慧度乃率文武六千人拒循于石碕"②。杜慧度为鼓励士气，拿出宗族的财产奖赏部下，并亲自登上战舰带头作战，下令放火箭。"循众舰俱燃，一时散溃。循中箭赴水死，斩循及父嘏并循二子，并传首建邺，封慧度龙编县侯"③。这场位于广西北部湾的海上大战，以杜慧度夺胜告终。从而说明，晋初合浦、交趾仍是岭南的政治、经济、军事中心，是中国南洋海上交通的重要节点。杜慧度为统一交州，接着又挥军南下收复日南，讨伐林邑，"林邑乞降，输生口、大象、金银、古贝等"④。杜慧度"为政纤密，有如治家，由是威惠沾洽，奸盗不起，乃至城门不夜闭，道不拾遗。"⑤ 治理交州得到民众拥护，合浦、交趾、日南恢复了安定，海外贸易又发展起来。

　　史载，东晋广东沿海已能造大海船，起四层，高十余丈。而且船舶航速很快，抵御海上风浪的能力有了大幅度提高，"已经不需要像汉代的那样沿着北部湾海岸线航行"⑥。汉代时，由于船只沿海岸航行，从广州到新加坡及马来半岛，需要经过琼州海峡和北部湾，绕了一个很大的弯路。东晋时，人们选择从广州启航经西沙群岛，直达新加坡或马来半岛的航线。这条航线的开通，不但节省了时间，而且产生了两个方面的影响。一是，中国海上丝绸之路主要航线东移，即由原来的沿岸航行改成由南海直行，合浦港已没有太大的地理优势。二是，广州港成为中国对外贸易主港，并迅速成为繁荣的商业城市。正如《晋书·吴隐之传》记载："广州包山带海，珍异所出，一箧之物，可资数世。"故当时有

---

① 廖国器：《合浦县志·事纪》（卷五），合浦博物馆馆藏，民国廿年（1931年）石印本。
② （唐）李延寿：《南史·杜慧度列传》（卷七十），中华书局1975年版，第1702页。
③ 同上。
④ 同上书，第1703页。
⑤ （南朝）沈约：《宋书·杜慧度传》（卷九十二），中华书局1974年版，第2265页。
⑥ 阎根齐：《南海古代航海史》，海洋出版社2016年版，第165页。

谚云:"广州刺史但经城门一过,便得三千万钱也。"① 此后,尽管晋末合浦作为"海上丝绸之路"始发港的地位下降了,但由于地处北部湾,与交趾相邻,故仍能维持海外贸易。2000 年来,盛衰交替,其仍是中国对外贸易的重要口岸。

二 南北朝时广西与东南亚及西方的海上交通和贸易

南北朝时(420 至 589 年),合浦郡属交州,管辖合浦、徐闻、荡昌、朱卢、新安县(在今合浦县境内)。辖境相当于今广东湛江和广西玉林的一部分,以及广西钦、北、防三市地区,与东南亚各国来往较近,故合浦在南朝时仍是一个重要的政治经济文化都会。刘宋(420—479 年)是南朝的第一个政权,与海南诸国贸易来往十分频繁。公元 445 年,林邑(今越南中南部)"侵暴日南、九德诸郡"②。日南,今越南广治省。九德,今越南荣市。宋文帝为了维护领土统一,加强对交州的统治,遂遣军攻讨,大破林邑王于粟城(今越南顺化),这就是《南史》所记载的"象浦之捷,威震冥海"③。于是,海南诸国纷纷航海而来,与刘宋建立以"朝贡"为基调的交往关系。林邑频频遣使者,"奉表献金银器、香、布诸物"④。刘宋皇帝亦厚赠使者,两国恢复正常贸易。与此同时,刘宋朝廷还加强对交州的统治,对当地少数民族实行安抚政策,使合浦、日南沿海一带很少有少数民族闹事,社会安定,生产和商业运输都发展较快。

元徽元年(473 年),南朝重视发展合浦,"以越州刺史陈伯绍为交州刺史,城越州"⑤。越州古城,位于浦北、博白、合浦三县交界处,坐落在今浦北县石埇镇坡子坪村委。越州从泰始七年(471 年)置,到隋完成统一的 589 年止,长达 118 年,对广西沿海和雷州半岛的发展起到了促进作用。故后来唐武德四年(621 年)合浦郡更置为越州。贞观八年(634 年),"改越州为廉州"⑥。越州故城遗址,2013 年国家文物局公布为国家

---

① (梁)萧子显:《南齐书·王琨传》(卷三十二),中华书局 1872 年版,第 578 页。
② (唐)李延寿:《南史·夷貊上》(卷七十八),中华书局 1975 年版,第 1949 页。
③ 同上书,第 1987 页。
④ 同上书,第 1950 页。
⑤ 廖国器:《合浦县志·事纪》(卷五),合浦博物馆藏,民国廿年(1931 年)石印本。
⑥ 北海市地方志编纂委员会编:《北海市年鉴(2013)》,广西人民出版社 2014 年版,第 58 页。

级重点文物保护单位。因而，合浦（廉州）再度成为交州的政治、经济中心和对外贸易主要口岸。刘宋时，中国航海者在北印度洋航行方面，取得了超出以往各历史时代的突破，开辟了由广州、交州直达阿拉伯海域波斯湾的远航航路，从而使中国帆船越过印度半岛，直接沟通了与西亚之间的海上联系。正如《宋书·蛮夷传》记载："若夫大秦、天竺，迥出西溟，二汉衔役，特艰斯路，而商货所资，或出交部，泛海陵波，因风远至。"①"山琛水宝，由兹自出，通翠羽之珍，蛇珠火布之异，千名万品，并世之所虚心，故舟舶继路，南使交属。"② 当时合浦隶属交州，便成为南朝主要的南海远航始发港之一。齐时（479—502年），林邑王为了增进与中国的友好关系，多次派使者前来进贡。林邑商人经交趾、合浦与我国进行贸易往来者，络绎不绝，大大地促进了合浦海上交通和贸易的发展。公元491年，林邑王还"遣使贡献金簟等物"③。公元498年，林邑王诸农亲自乘舟来华，不幸在海中遇风溺死。齐明帝诏慰其子为"安南将军、林邑王"④。与此同时，中国与扶南（今柬埔寨）等东南亚国的海外交通和贸易更为频繁。当时，"商舶远届，委输南州。故交、广富实，刃积王府"⑤。

梁时（502—557年），交州与海南诸国的海上交往十分密切。"自梁革运，其奉正朔，修贡职，航海岁至，逾于前代矣"⑥。南朝时交州与东南亚、中亚、南亚、西亚诸国的海上交往也相当频繁。梁武帝时（502—549年），林邑除了频频向中国遣使"贡献"外，还接受梁武帝的诏封，两国关系更友好，相互贸易更发展。与此同时，扶南等东南亚国家与我国往来也十分密切，常常"奉贡献方物"，外国商舶有时一次来十几批，大都抵交州，再抵中原。大同元年（535年）又送来"金、银、琉璃、杂宝、香药等物"⑦。梁武帝把这些舶来品拿去与北魏互市，交换北方产品

---

① （南朝）沈约：《宋书·夷蛮传》（卷九十七），中华书局1974年版，第2399页。
② 同上。
③ （梁）萧子显：《南齐书·蛮东南夷传》（卷五十八），中华书局1972年版，第1013页。
④ 同上。
⑤ 同上书，第1018页。
⑥ （唐）姚思廉：《梁书·诸夷传》（卷五十四），中华书局1973年版，第783页。
⑦ 同上书，第794页。

满足统治阶级的生活享受。

梁武帝时，林邑商人经交州与我国中原进行贸易来往，络绎不绝，其国王为了增进与中国的友好关系，经常派遣使者前来朝贡。梁武帝时，林邑于天监九年（510年）、十年（511年）、十三年（514年）……普通七年（526年）、大通元年（527年），中大通二年（530年）……六年（534年），又遣使献方物。据《册府元龟·外臣部》所载，林邑（今越南顺化一带）曾遣使入梁9次，扶南（今柬埔寨）曾遣使入梁8次。晋武帝太康时（280—289年），扶南国开始遣使贡献。梁朝时，扶南连年入贡。其中，梁天监二年至大同五年（503—539年）间，扶南商使来华达9次之多。正如史载："交州，镇交趾……外接南夷，宝货所出，山海珍怪，莫与为比。"① 在扶南（今柬埔寨）的波赫遗址中，曾出土铜鼓、陶器、珠饰等器饰，与合浦汉墓同期出土的文物十分相似，说明扶南在汉代至南北朝，可能就通过海陆与中国南方进行贸易。在波赫遗址出土的墓葬物，"经扫描电镜对其中饰件的分析，墓主有一部分人群可能来自交趾、合浦一带，为了躲避战乱而来到扶南"②。另外，在位于马来西亚吉打州附近的布秋谷历史文化遗址中，也出土有中国的瓷器。由此说明，今柬埔寨、马来西亚的文化遗址是中国海上丝绸之路的一个重要转运港。

此外，梁朝与南洋的盘盘（今泰国南部万伦湾一带）、丹丹（今马来半岛吉兰丹）、干陁利（今马来半岛查打）、狼牙修（今马来半岛北大年一带）、婆利（今印尼加里曼丹）等国的海上交通来往也日益开展。在马来半岛顿逊国以南的狼牙修国（今泰国北大年）、丹丹国，自南朝初开始与中国进行商贸往来。盘盘国，在宋文帝至孝武帝年间（424—457年），遣使贡献。到梁时，交往更加密切，中大通元年（529年）五月，多次遣使贡象牙及塔，并献沉檀等香数十种。据《梁书·诸夷传》记载：大通元年（527年），盘盘国遣使奉表，称道梁武帝信奉佛教济度众生，入梁时送上牙像、牙塔、沉香、菩堤树叶等佛具。丹丹国在中大通二年（530年）也遣使奉表，赞誉梁武帝，信重三宝，佛法兴显，众僧殷集，法事

---

① （梁）萧子显：《南齐书·州郡上》（卷十四），中华书局1972年版，第266页。
② 李青合编：《文化交流视野下的合浦港研究》，合浦申报海上丝绸之路世界文化遗产中心编2018年版，第369页。

日盛,并送上"牙像及塔各二躯,并献火齐珠、古贝、杂香药等"①。今马来半岛上的干陁利国,在宋孝武帝时,贡金银宝器。中国朝廷回赠给这些东南亚国家很多物品。至于狼牙修与波利等国,也都曾在天监、普通年间(502—527年)多次遣使入梁,赠送方物,双方进行通商友好。与此同时,南亚的天竺国、狮子国,以及西亚的波斯国、大秦国等,也与梁朝保持着航海贸易往来关系。天竺自从东汉时期遣使到中国之后,两国贸易关系也得到了一定的发展。据统计,梁武帝时每年接待的外国商舶约在十余批左右。南北朝期间,北部湾沿岸的合浦海陆交通发达,南海诸国来中国朝贡和通商,可经合浦溯南流江北上中原。今浦北县境内的南朝墓群主要分布在福旺、小江、石埇三镇,出土文物为金器、铜器和大量的青瓷、陶器。

梁大同七年(541年),交州李贲叛乱,起兵反对梁朝,率兵占领交州,梁武帝闻讯慌忙派广州刺史卢子雄率领高州、新州两处兵马由番禺启程,从陆路至合浦征伐李贲。路上"春瘴方起……至合浦,死者什六七,众溃而归"②,不能继续前进。后来,梁武帝复派陈霸先率水军由番禺溯西江和北流河抵郁林,再沿南流江抵合浦。547年,梁朝水军以合浦为军事基地,从海道"讨交州贼李贲,平之"③。此后,陈霸先占据交州,势力渐大,便拥兵灭梁,自立为皇,国号陈,成为陈武帝。陈朝比梁朝更热心经营钦廉沿海的海外贸易,据《册府元龟》所载,陈朝和丹丹、盘盘、林邑、扶南、狼牙修、天竺(今印度)诸国仍有海上交通来往。只是由于陈朝建立在兵荒马乱之后,国力下降,航海贸易规模不如以前。

总之,在三国至南朝时期的360年间,南流江一直是中原出广西北部湾通东南亚的天然水道。故从东吴的孙权至陈朝的陈霸先,都控制南海市舶要冲之地的合浦,进而统治交州,经略海外贸易。南北朝是广西古代航海史上又一个重要的繁荣时期。虽然政局动荡,但与东南亚及西方的航海事业,在技术上继续呈现上升趋势,在世界航海史上仍占据领先地位,为接踵而来的隋唐航海繁荣奠定了基础。

---

① (唐)姚思廉:《梁书·诸夷传》(卷五十四),中华书局1973年版,第794页。
② (宋)司马光:《资治通鉴》(卷一百五十八),中华书局1956年版,第4912页。
③ 廖国器:《合浦县志·事纪》(卷五),合浦博物馆馆藏,民国廿年(1931)石印本。

第五章 隋唐五代时期广西海上丝绸之路的兴盛

隋文帝实现了国家的统一后，合浦经济又逐步繁荣。隋炀帝时曾由此对外用兵，攻打林邑，遣使通东南亚各国。因而，外国使者和商贾由海道经合浦抵中原络绎不绝。唐朝国势强盛，合浦经济更加繁荣，海上交通和贸易比汉朝更进一步扩大。五代时期，合浦曾更名为越州、禄州、合州和廉州。南流江这条水路，仍是中原经广西出北部湾通印度支那半岛的天然水道。

第一节 隋唐广西海上丝绸之路兴旺

公元581年，隋文帝进行了一系列政治改革，使封建制度渐臻成熟，北部湾经济恢复且发展很快，广西沿海地区与外国的海上交通和贸易更加频繁。618—907年的唐朝是我国封建社会的盛世。节度使高骈驻军海门（今廉州镇），疏浚南流江和北部湾航道，以及开凿"天威遥"，促使今广西航海和贸易逐渐繁荣。

一 隋朝广西与东南亚的海上贸易

隋初，岭南政治经济舞台由高凉太守冯宝的冼夫人掌控。她拥有部属10万人，称霸岭南。开皇十年（590年）隋文帝采取安抚政策，追封冯宝为广州总管，封其夫人为谯国夫人，封其孙为高州刺史。于是岭南和平统一，归属隋朝。平定岭南之初，隋文帝《安边诏》宣扬皇化，"外国使人欲来京邑，所有船舶沿泝江河，任其载运，有司不得搜检"①。随着社

---

① 黄启臣主编：《广东海上丝绸之路史》，广东经济出版社1973年版，第109页。

会的逐渐安定，经济也恢复繁荣，南方的海上交通和海上贸易也随之发展起来。东南亚的扶南、赤土、真腊、婆利等国纷纷遣使贡献方物，以朝贡的形式，经交趾、合浦或广州，与隋朝进行贸易。隋开皇十八年（598年），隋改安州为钦州（因境内有钦江而得名）。由于钦廉地区"扼塞海北，远镇交南"，隋统治者便把广西沿海作为海上交通和对外贸易的基地。在今钦州市久隆古墓群，广西文物考古队曾出土隋唐文物129件，以青瓷器、陶器居多。陶瓷是钦廉传统的外销商品，由此可说明钦州市在隋唐时期是重要的外贸口岸。

大业元年（605年），隋炀帝继位。此时，林邑侵占日南郡象林县。隋炀帝为维持国家统一，遂派遣大将军刘方和刺史宁长真等人，率兵万余，由钦廉沿海出发攻打林邑，收复日南地区。隋军分海陆两路，前往林邑。陆路一军，由宁长真率步骑万余，由钦州沿海岸而西南进。海道一路，由刘方率水军从钦廉沿海港口出发，"以舟师出比景（属日南郡）"①，沿印支半岛东岸南下，在今越南南部登陆，从海道直攻林邑。据《隋书》记载，隋代中国的造船技术已更加进步，所造海船结构精良，体势庞硕，"名曰五牙，上起楼五层，高百余尺，左右前后置六拍竿，并高五十尺，容战士八百人，旗帜加于上"②。隋代中国船舶制造已广泛使用钉榫接合技术，建有多道水密隔舱，大大增加了船舶的横向强度，提高了船舶的抗风、抗沉能力。隋船由于船体坚固，帆樯相应增多，也更适合海战，林邑水军不是隋军对手。隋军海路进攻，"林邑大败。俘馘万计，方引兵追之……至其国都"③，林邑王只好缴械投降。此后，林邑国与隋朝和好，不再侵扰日南郡，并"遣使谢罪，于是朝贡不绝"④。其主要贡品为驯象、玳瑁、珠玑、沉香等物，不断由合浦销往中原。此后，隋朝主动向北部湾地区发展势力，扩充影响，派遣大将军刘方任骥州道行军总管，经略林邑。骥州，治九德县（今越南义安省荣市），其辖境相当于今越南河静省和义安省南部。据《隋书·地理志》记载，刘方于其地建比景、海阴、林邑三郡，领十二县，"户四千一百三十五"。为稳定南疆局势，维护祖

---

① （宋）司马光：《资治通鉴·隋纪四》（卷一百八），中华书局1956年版，第5616页。
② （唐）魏征等：《隋书·杨素传》（卷四十八），中华书局1973年版，第1283页。
③ （宋）司马光：《资治通鉴·隋纪四》（卷一百八），中华书局1956年版，第5619页。
④ （唐）魏征等：《隋书·南蛮传》（卷八十二），中华书局1973年版，第1833页。

国统一，并加强对东南亚海上贸易的控制，公元607年，隋朝将钦州改为宁越郡（公元622年改为钦州总管府），任委宁长真为宁越安抚大使、宁宣为合浦郡太守。在今钦州市久隆镇的石狗坪村的宁氏家族墓群以及唐刺史宁道务墓志铭碑，有遗址尚存。当时，由宁氏家族掌控今广西沿海地区和今广东雷州半岛，一度加强了与东南亚国家的海上交通和贸易。

隋水军击败林邑后，南洋国家纷纷与中国建立航海朝贡关系。其中，"去日南郡，舟行六十日"的真腊（今柬埔寨及越南南端一带），"自交趾浮海"[①]，便达广西沿海。同时，婆利（今印尼）、丹丹、盘盘（今马来半岛）等国均曾遣使入贡，进行海上通好。而隋朝也对之回以厚礼，大业三年（607年），隋炀帝为扬国威，派屯田主事常骏和王君政从南海郡乘舟，带着大批黄金和丝织品，出使赤土（位于马来西亚半岛），受到赤土国王盛大接待，他们"以舶三十艘来迎，吹蠡击鼓，以乐隋使"[②]。隋朝对南洋诸国的外交和航海活动，传播了先进的中华文明，加强了中国人民对南洋地区的了解，为此后唐代海上丝绸之路的全面繁荣奏响了序曲，使交州与广州、泉州、扬州一起，被列为唐代中国的四大贸易口岸。常骏出访南洋返航归国时，赤土国王派使者那邪迦带着金珠宝贝和龙脑香等贡品，随同常骏回访中国，"循海北岸，达于交趾。骏以六年春与那邪迦于弘农谒，帝大悦"[③]。海北岸即今广西北部湾沿岸，赤土王子随同常骏经交趾，取道合浦南流江北上，抵中原谒见隋炀帝。隋炀帝大喜，厚赠赤土国的使者。此后，两国以"朝贡"和"赐赠"形式进行海上贸易。这一事件，加强了隋朝与南海诸国的联系，为中国海上丝绸之路史上一大盛事。

大业时（605—617年），"南荒诸国朝贡者十余国"[④]。可考者除赤土外，尚有真腊、临邑、婆利、丹丹、盘盘等国。南海、交趾郡地处今南海、北部湾的交通要冲，商使往来频繁。因而，南海、交趾郡分别成为隋朝的外贸中心。正如《隋书·地理志》记载，"南海、交趾，各一都会也，并所处近海，多犀、象、瑇瑁、珠玑、奇异珍玮，故商贾至者，多取

---

① （唐）魏征等：《隋书·南蛮传》（卷八十二），中华书局1973年版，第1838页。
② 同上书，第1834页。
③ 同上书，第1835页。
④ 同上书，第1831页。

富焉"①。合浦与交趾是比邻，并与南海、苍梧、郁林郡等国内通商大邑的商旅来往密切，这便有利于促进当地商品经济与海外贸易的发展。其中，郁林位于合浦与苍梧之间，借助湘漓至北流河这条水上丝绸之路，增加了中原与东南亚各国的贸易。郁林、苍梧便成为广西海上丝绸之路的一个节点。这样，隋朝通过征讨和遣使访问，加强了对南洋诸国的航海活动，在中国航海史上产生了深远的影响。同时为今后唐代海上丝绸之路的发展打下了良好的基础，促进了合浦与东南亚国家的海上交通和贸易往来。

当时，贡于隋者颇多，大抵皆南海中小国。其贡金宝檀香等物，亦有献佛牙舍利者②。合浦沿海港口地处北部湾海上交通要道，因而隋朝东南亚各国抵合浦的船舶也日益增多。当时，由合浦出口往东南亚的商品种类主要为陶瓷。"隋唐时期的古窑址，目前只发现三处：即英罗窑群遗址，晚姑娘窑址，盐灶窑"③。遗址分别位于今合浦县山口镇罗村，铁山港区南康镇晚姑娘村，营盘镇盐灶村。此外，还有钦州市东场镇西北部的唐池岭隋唐瓷遗址。这些窑址近出海口处，水上运输方便。这些瓷窑生产规模较大，年生产陶瓷几十万件，当时钦廉人口不多，当地解决不了销售问题，只有靠外销和外贸出口。此时，梧州、玉林、容县、北流、藤县等地的瓷器，亦经北流河、南流江，由合浦港出口。随着隋唐陶瓷、纺织等手工业的发展，这些手工艺品迅速成为广西外贸的出口商品，以往以朝贡贸易为特色的玳瑁、玻璃、犀、象齿等物品，也逐渐演变为以瓷器、丝绸、香药、铜钱、金银为主的物品，已真正具有了"海上丝绸之路"的文化内涵。

义宁二年（618年），因隋炀帝的残暴昏庸，隋朝仅经38年时间而亡。合浦太守宁宣以辖地归顺唐朝，宁长真降唐后任钦州都督。唐的安抚政策，避免了北部湾沿海因战祸遭受破坏，为唐代广西沿海海外贸易更快地发展提供了极有利的条件。

二 唐代广西与东南亚和西方的海上交通

唐朝前期，政治清明，社会较安定。其时，"河清海晏，物殷俗阜"，

---

① （隋）魏征等：《隋书·地理志》（卷三十一），中华书局1973年版，第887—888页。

② 参见（清）郝玉麟《广东通志》（雍正本）（卷五十八），广东省人民政府地方志办公室誊印本2007年版。

③ 李志俭：《北海文化纵横》，广西人民出版社2016年版，第448页。

呈现出"贞观之治"太平盛世的景象,航海和贸易也出现较大繁荣。贞观八年(634年),合浦郡更名为廉州。唐代桂州、梧州、钦州和廉州的农业、手工业已经很发达,海外贸易产品种类很多。除了珍珠以外,还有绸、麻布、陶瓷制品、木制品和供装饰用的金银器等制品出口。因合浦南流江是中原通安南的要道,因此唐朝开辟了由长安一直合浦的南路干线,自长安至荆(湖北江陵县)、襄(湖北襄樊市襄阳城),再入长沙经广西达交州。唐时由长沙经广西到达安南,仍沿袭秦汉以来的旧航路,溯湘江,过灵渠,沿桂江,入西江,再从苍梧(今梧州)转西南,溯北流河,出桂(鬼)门关,沿南流江抵合浦,再从钦廉海道直抵安南。北流河是容县的母亲河,从县城贯穿而过,自汉武以来一直是南方"海上丝绸之路"的重要一段,是一条黄金水道。容州处于南流江和北流江的分水坳附近,成为这条航线的交通枢纽。所以唐在此设容州都督府,委派经略使以控制这条重要的中原出北部湾通交趾的航线,具有重要的政治、经济和军事意义。

　　容县在汉至三国时期为合浦县辖地。晋武帝后分合浦、荡昌二县。荡昌县在唐贞观年间改为容州。在今容县北流河北岸的西镇西山村,有规模巨大的西山冶铜遗址,显示了岭南地区发达的矿冶业与水运密不可分。唐代往交趾的另一条大道为陆路。唐贞观十二年(638年),唐朝派清平公李弘节从陆路新开辟了由邕州(今南宁),经龙州入安南的道路。然而,陆路运输的主要工具为马匹、牛车等,这些畜力运输量少,耗费大,时间长,无法适应中原与安南等地的物资交流和海外贸易的需要。相比之下,水上运输则载量大,耗费低,时间短,其优越性是显而易见的。因而,南流江仍是中原经广西通安南的要道。李弘节和合浦太守宁宣曾派宁师宗率水军由钦廉出发,沿当年隋军刘方、宁长真进攻林邑的故道,前往东南亚各国。于是,广西沿海港口对安南的海路交通就显得极其重要。"廉之海,直通交趾……若夫浮海而南,近则占城诸蕃,远则接于六合之外矣"①。据阿拉伯人苏莱曼所著《东游记》记载,唐时中国在南海航行的海船,以船舶大,容积广,构造牢固,便于利用风力著称。唐代的海船长

---

① (宋)周去非著,杨武泉校注:《岭外代答校注》(卷一),中华书局1999年版,第4页。

达 20 丈，可载六七百人，载货万斗。海舶称雄于海上，意味着中国对外通商的繁盛。又据《蒲寿庚考》记载，当时许多阿拉伯商人来中国，大都搭乘中国海舶。

唐代张九龄开凿大庚岭（梅岭）新道，北可通赣江，上接长江。中原商贾可经江洲（九江），出横浦关（今广东南雄县小梅关），沿淡水镇到韶州、广州。这条经梅岭而由广州出海的通道，"为后来的广州通海夷道发挥了重要作用"①。唐代贾耽开辟"广州通海夷道"，从广州乘船出发，循南海的印支半岛东岸而行，越过暹罗湾，穿过马六甲海峡，横越孟加拉湾而至印度半岛南端，继而沿印度半岛东北，行至阿拉伯帝国首都巴格达，最后越过曼德海峡，至东非海岸。西汉前期由合浦开辟的"海上丝绸之路"，历经几个世纪，到唐代已为"广州通海夷道"所代替。这条新的"海上丝绸之路"，第一阶段仍经今北部湾。正如《新唐书·地理志》记载："广州东南海行，二百里至屯门山，乃帆风西行，二日至九州石。又南二日至象石。又西南三日行，至占不劳山，山在环王国东二百里海中。又南二日行，至陵山。又一日行，至门毒国。又一日行，至古笪国。又半日行，至奔陀浪洲。又两日行，到军突弄山。又五日行，至海硖……南岸则佛逝国。佛逝国东水行四五日，至诃陵国，南中洲之最大者。"②据专家考证，屯门山，即今香港屯门岛；九州石，象石，位于今海南岛东南沿岸；占不劳山，即今越南北部的兰婆岛；陵山、门青，位于今越南的归仁；古箕国，即位于今越南的芽庄；奔陀浪州，今越南藩朗；军突浪山，即今昆仑岛；海硖，即今马六甲海峡；佛逝国，今苏门答腊东南部；河凌国，今印尼爪哇岛。可见"广州通海夷道"这条新的海上丝绸之路在第一阶段仍停留在南海，与汉代合浦海上丝绸之路航线部分重合。

又据《新唐书·地理志》记载，广州通海夷道的第二段航路："又西出硖，三日至葛葛僧祇国……又从葛葛僧祇四五日行，至胜邓洲。又西五日行，至婆露国。又六日行，至婆国伽蓝州。又北四日行，至狮子国，其

---

① 阎根齐：《南海古代航海史》，海洋出版社2016年版，第180页。

② （宋）欧阳修、宋祁等：《新唐书·地理志》（卷四十三），中华书局1975年版，第1153页。

北海岸距南天竺大岸百里。又西四日行，经没来国，南天竺之最南境。又西北经十余小国，至婆罗门西境。又西北二日行，至拔飔国。又十日行，经天竺西境小国五，至提飔国……又自提飔国西二十日行，经小国二十余，至提罗卢和国……又西一日行，至乌剌国，乃大食国之弗利剌河，南入于海，小舟泝流，二日至末罗国，大食重镇也……自婆罗门南境，从没来国至乌剌国，皆缘海东岸行。"① 据专家考证，葛之僧祇国，位于今马六甲海峡；胜邓州，位于今苏门答腊北部东海岸；婆露国，位于今苏门答腊北部西海岸；狮子国，今斯里兰卡；天竺国、没来国、婆罗国、拔飔国，位于今印度境内；乌剌国（即俄波拉），今奥博拉；大食国，今阿拉伯地区泛称；末罗国，今巴士拉。可见在第二阶段新航线仍与汉代合浦海上丝绸之路的旧航路有部分重合。

第三阶段航路，《新唐书·地理志》的记载似采取倒叙手法："其西岸之西，皆大食国。其西最南谓之三兰国。自三兰国正北二十日行，经小国十余，至设国。又十日行，经小国六七，至萨伊瞿和竭国，当海西岸。又西六七日行，经小国六七，至没巽国。又西北十日行，经小国十余，至拔离歌磨难国。又一日行，至乌剌国，与东岸路合。"② 又据专家考证，三兰国，位于今东非的索马里，或坦桑尼亚；设国，位于今也门；萨伊瞿和竭国，位于今阿曼的哈德角；没巽国，位于今阿曼的苏哈尔；拔离歌磨难国，位于今波斯湾内巴林岛的麦纳麦。由上可见，唐代新的海上丝绸之路航线，将中国的南海与东南亚、南亚、波斯湾、东非连接起来。其航程之长，航区之广，在中古时代的世界航海史上占据了重要地位。同时，又说明唐代中国南方航海的规模和范围，远远超过了西汉时期。随着唐代航海规模的扩大，作为海舶靠泊与补给点，以及货物集散地的中国南方沿海港口也得到迅速发展。据阿拉伯旅行家伊本·考尔大贝在9世纪中叶编著的《道程及郡国志》中说"中国贸易港自南向北，顺序记之：曰交州，曰广州，曰泉州，曰扬州"，可知交州是唐代位于中国最南方的行政区域，交州的沿海港口应包括唐代的廉州、钦州

---

① （宋）欧阳修、宋祁等：《新唐书·地理志》（卷四十三），中华书局1975年版，第1153—1154页。

② 同上。

和景州（今越南顺化东南附近）等沿海港口。其中，唐代景州的比景港属日南郡，归属交州总督府管辖，是外国商舶来华的第一站，到比景港就等于来到了中国。

又据《旧唐书·玄宗纪》记载，开元二年（714年）"时右威卫中郎将周庆立为安南市舶使"①。由此可知，唐代不但在广州，而且也在安南设立了我国最早职掌海运及海关事务的机构——市舶司。

唐代后期，海上丝绸之路经南洋、西亚和东非，广州、安南成为中国重要港口。其中，每年进入两广沿海的海船约4000艘。因产地而得名的"广船"以载重量大、结构坚固、抗风力强和航海性能好而闻名中外。据《新唐书》记载，仅广州一地一次就"能造海船五百艘"，船长20丈，能载六七百人，木兰舟能载1000人。"广船"在龙骨用材上以热带硬木（荔枝木、樟木、乌榄木等）为主，用铁钉链接铆牢，船型首尖体长，吃水较深，梁拱小，甲板脊弧不高，船体结构横向是以密距肋骨与隔舱板构成。舵板上开有成排的菱形小孔，操纵省力，有较好的适航性能和较大的续航力。

唐代交州在国内外海上交通中地位相当重要，海舶由此北驶可直趋广州、泉州，南航可捷足通南洋，为进出中国南方海运的枢纽。当时交州港口成为南洋所产象牙、犀角、香料、珍珠、珊瑚、琉璃、苏木的货物中转之所，也是中国输出丝绸、陶瓷、茶叶、铜铁器四大宗货物的中转之地。唐中后期，中国航海活动的性质开始从以前的政治外交为主，转向以贸易为主的发展轨道，对于其后的航海事业产生了极其深刻的影响，成为推进中国古代航海事业发展的巨大动力。所以，交州港口在唐代经济贸易史和航海史中占据重要地位。

正如李肇《唐国史补》记载："南海舶，外国船也，每岁至安南、广州。狮子国舶最大，楼上下数丈，皆积宝货。至则本道奏报，郡邑为之喧阗。"盛唐时，除了大食国（今阿拉伯）、天竺（印度）、狮子国的商贾抵中国之外，经安南、廉州同唐朝进行朝贡贸易较为频繁的仍是东南亚国家。据史料记载，林邑在交州南，武德年间（618—626年）频遣使贡方物。贞观时（627—649年），其国王范头黎遣使"献驯象、镠锁、五色

---

① （晋）刘煦：《旧唐书·玄宗纪》（卷八），中华书局1975年版，第174页。

带、朝霞布、火珠，与婆利、罗刹二国使者偕来"①。林邑等东南亚国家向唐朝进贡，主要"泛交趾海"。交趾海，即今北部湾区域。古印度使者和商贾大都由合浦登岸，溯南流江北上抵长安。《旧唐书·南蛮西南蛮传》记载："林邑国，汉日南象林之地……武德六年（623年），其王范梵志遣使来朝。八年（625年），又遣使献方物，高祖为此设《九部乐》以宴之，及赐其王锦彩。贞观初，遣使贡驯犀。四年（630年），其王范头黎遣使献火珠……五年（631年），又献上五色鹦鹉。"② 此外，婆利国、盘盘国、真腊国、陀洹国、诃陵国、堕和罗国、堕婆登国等东南亚国家也向唐朝多次朝贡。

唐高宗永徽二年（651年），大食国第一次遣使节来唐并进行国家间的贸易。大食国即今阿拉伯国家。阿拉伯商人运到中国的商品主要是象牙、珠宝和香料。仅据新旧《唐书》的统计，从唐高宗永徽二年（651年）到唐德宗贞元十四年（798年）的148年间，"大食国遣派的政府使团进行访问和官方贸易的即达37批"③。中国与阿拉伯国家之间的贸易，跨州越海，促进了彼此的经济发展。

阿拉伯商人除了运来本国货物外，也带来了非洲及印度洋沿岸的香料、象牙，大大促进了中国航海事业的发展。唐代贾耽《广州通海夷道》载："小舟溯流二日至末罗国，大食重镇也。又西北陆行千里至茂门王所都缚达城。"末罗国和缚达城分别是今伊拉克的巴士拉和巴格达，可见唐时我国贸易已深入到西亚波斯湾沿岸，此外，波斯国自开元十年至天宝六年（722—747年），"凡十遣使来朝，并献方物"。这些海外国家"朝贡必由交趾之道"，又"当时之发航地，首广州、次交州，偶亦为今合浦境内之旧治，与钦县境内之乌雷"④。可见这些来朝贡和贸易的东南亚、南亚及西方国家的商船和使者，大都是经过北部湾海域进入中原的。合浦、钦州仍是唐代重要港口。

---

① （宋）欧阳修、宋祁等：《新唐书·南蛮下》（卷二百二十二），中华书局1975年版，第6298页。
② （晋）刘煦：《旧唐书·南蛮西南蛮传》（卷一百九十七），中华书局1975年版，第5269—5270页。
③ 沈光耀：《中国古代对外贸易史》，广东人民出版社1985年版。
④ 冯承均：《中国南洋交通史》，上海古籍出版社2005年版，第60页。

当时，钦廉经交趾与印度半岛和波斯湾的商人贸易来往也十分频繁。据史载，天竺国"有金刚、旃檀、鬱金，与大秦、扶南、交趾相贸易"①。唐朝皇帝为显示大国风度，"以其地远，礼之甚厚"。所以各国使者和商人十分乐意来到中国。正如《旧唐书·地理志》记载："交州郡护制诸蛮，其海南诸国大抵在交州南及西南……自汉武以来，朝贡必由交趾之道。"②"贞观、开元之盛，贡朝者多，"外国商贾由交趾进中原必经合浦，故广西海上丝绸之路发展较快，一度出现"舟船继路，商使交属"的繁忙景象。

第二节　唐代广西发展江海联运促进海上丝绸之路贸易

贞观、开元年间（627—741年），唐朝进入封建社会的繁盛时期，各地经济交流客观上促进了广西加快发展江海联运。咸通五年（864年）唐朝封高骈为节度使率水军南下，疏通南流江的"马门滩"，开凿防城的"天威遥"，在北部湾沿海疏通至交趾的航道，大大加快了广西河海联运的发展。

一　唐代广西的江海联运和对外贸易

随着唐代经济的发展，广西官府以桂林总管府为中心，纵向沟通长江流域之湘江水系、珠江流域之西江水系，连接沿海水系。沿着河海联运航线，梧州、柳州、邕州、容州、廉州、钦州等逐步形成了城镇式的都市港埠。唐武德四年（621年），朝廷设容州总管府，改始安郡为桂州，改宁越郡为钦州。次年，唐朝将桂州总管府改为都督府，委任李靖为桂州都督，管桂、象、贺、静等九州，又选择在漓江西岸独秀峰的东南（今桂林市区解放路与正阳路交叉处）修建城垣，布置官府衙署，使桂州成为岭南西部的政治、经济、军事中心，并促进了湘桂走廊政区城市等级的提高。其间，广西海上丝绸之路对城市发展和水上运输的相互作用已显现出

---

① （宋）欧阳修、宋祁等：《新唐书·西域上》（卷二百二一），中华书局1975年版，第6237页。

② （晋）刘昫：《旧唐书·地理志》（卷四十一），中华书局1975年版，第1750页。

来，无疑使桂州、梧州成为南北陆海上丝绸之路的交接点。中原商贾可从桂江抵梧州，沿西江顺流南下达番禺出海；或可经梧州从藤县南下溯北流河过桂门关沿南流江直达合浦，出海往交趾。

贞观八年（634年），南昆州改称为柳州，并在容州设总管府经略使。今容县的古经略台，相传为唐代诗人元维任容管经略使时所建。唐朝以容州为水运的枢纽，说明唐代北流河、南流江是一条重要的交通要道。当时，桂州出产的纻布，容州出产的蕉离布，郁林州的土贡布，都很精美。昭平平乐的花瓷壶，桂平的双耳罐，钦州的莲花纹瓦当，以及容州、钦州、廉州的陶瓷都成为重要的出口商品。其中，钦州雅子冲窑址，"是迄今北部湾地区发现的规模最大的唐代窑址，是一处具有相当规模的瓷器手工业作坊"①。当时，越州（廉州）沿海盐场是唐朝的四大盐仓之一，并经内河销往西南、中南内地。王锷任岭南节度使时，"诸蕃舶至，尽有其税，于是财蓄不赀，日十余艘载皆犀象珠琲，与商贾杂出于境"②。贞元至天祐年间（785—907年），唐朝实施两税法，国家收入增加，政局较稳定。岭南地区的海外贸易有所恢复和发展，成为国家财赋的重要来源之地。为确保朝廷对市舶事务的控制，一般由岭南节度使兼任市舶使。贞元末（804年），原邕管经略使徐申因经营广西外贸有功，升任岭南节度使。结果，"蕃国岁来互市，奇珠玳瑁，异香文犀，皆浮海舶以来；常贡是供，不敢有加，舶人安焉，商贾以饶"③。长庆元年（821年），工部尚书郑全下派岭南任节度使，"外国之货日至，珠、香、象、犀、玳瑁，稀世之珍，溢于中国，不可胜用"④。从史籍记载可见唐代两广海上丝绸之路贸易的兴盛。

唐朝是秦汉以后对灵渠开发的第二个时期。早在唐长寿元年（692年），当地就修建了相思埭运河，连通了柳江与桂江，便利了唐朝对桂西以至黔中等地的控制，也促进了广西江海联运的发展。宝历元年（825

---

① 广西文物保护与考古研究所、钦州市博物馆：《钦州市海上丝绸之路重点遗迹调查与试掘报告》。

② （北宋）欧阳修、宋祁等：《新唐书·王锷列传》（卷一百七十），中华书局1975年版，第5169页。

③ （清）董浩等编：《全唐文》（卷六三九），中华书局1983年版，第6459页。

④ （唐）韩愈：《昌黎先生集》（卷二十一），北京图书馆出版2005年版。

年），因长年不整修，灵渠"堤防尽坏，江流且溃，渠道逐浅"①。船只航行困难，对广西发展内河航运不利。桂州观察使李渤上任后，"重为疏引，仍增旧迹，以利舟行"②。咸通九年（868年），桂州刺史鱼孟威进行了第二次整修。"其铧堤悉用巨石堆积，延至四十里"。"浚决碛砾，控引汪洋，防陇既定，渠遂汹涌"。"虽百斛大舸，一夫可涉"③。整修后，大大提高了灵渠的通行能力，也有利于岭南海上丝绸之路的拓展和畅通。同时，也促进了桂江、郁江沿岸的桂州、苍梧、贵州（今贵港）、邕州等城镇商都的繁盛。另外，位于南流江沿岸的越州和廉州故城，都繁盛于唐代。其中，越州故城位于今浦北县的石埇镇，南临南流江。正如《南齐书·州郡志》记载："越州，镇监漳郡，本合浦北地也。"又据《读史方舆纪要》记载："廉州故城，在府东北七十五里蓬莱乡，唐时州治也。"旧州，在唐代成为廉州府的政治、经济中心。考古调查与志书记载完全相符。可见，唐代南流江、北流河联运的发展，促进了沿江城镇墟市的建设。尽管规模不大，但今容县、北流县、合浦县、浦北县和桂林、柳州、梧州等城市布局，大体上都是在唐代发展起来的。港埠和城市在河边和海边的兴起，反过来又促进了广西的海河联运以及广西航海的发展。

唐朝钦州、廉州故城建立在河边，通过河道与大海相联通。据广西文物保护与考古研究所、钦州市博物馆《钦州市"海上丝绸之路"重点遗迹调查与试掘报告》记载，钦州故城位于今钦州市东北25公里的钦南区久隆镇上沙田村东北，城址内出土有板瓦、筒瓦以及青瓷碗片、玉璧形碗足、青瓷罐等隋唐时期的遗物，为自治区重点文物保护单位。该故城建于南朝，南梁天监四年（505年），梁武帝在此设置安州，隋朝改为钦州。顾祖禹《读史方舆纪要》记载："开皇十八年改回钦江县，为钦州治，唐因之。"唐代，钦江故城是州治所在地。城墙的东北角外有与钦江沟通的古河道和码头遗址，反映了唐朝在钦江故城更加注重对海运交通的掌控。钦州故城是一处十分典型的与海上丝绸之路相关连接的遗址，钦州隋唐墓亦出土了陶器、瓷器、铜器、金银器、琉璃等一批珍贵文物。其中，有一

---

① （明）林富、黄佐修：《广西通志六十卷》（嘉靖）（卷二十一），齐鲁书社1996年版。
② （清）董浩等编：《全唐文》（卷八〇四），中华书局1983年版，第8454页。
③ 同上。

件隋唐高足琉璃杯，具有西方器物风格，或为经由海路输入中国的舶来品。容县的清景寺就是唐代设立在容州的景教寺遗址，该遗址出土了波斯桃瓶和波斯银币，这是中西经济文化交流的证据，也是南方海上丝绸之路的重要见证物。

唐开元二年（714年），中国航海活动的性质发生了明显的变化。唐代以前由政府派出使者前往东南亚和西方国家，建立友好关系，进行朝贡贸易，此时已转变为双方以经济贸易为主的船舶来往。为加强对航海贸易的管理，唐代首先在广州设市舶司，促使广州成为中国南方最大的贸易港。广州地处西江、北江、东江总汇的出海口。其经济腹地辽阔，水陆交通便捷，城市繁华，商业发达，又濒临南海，具有海河港口的多功能，自然条件比南方其他城市都优越。唐代，中国的海上丝绸之路不但商贸活动空前繁荣，而且航线不断延伸。与西亚、东非，以及南洋地区的国家建立起了海上交通和贸易来往。资料显示，唐代合浦港的中心港地位发生了变化，被广州港代替。由广州循南海的印支半岛而西行，乘风扬帆抵今越南中部只需十余天时间。唐代，安南属中国版图。此时，安南的比景港（位于今越南顺化灵江口）应运而生。在南海航行的船舶多往此港停留，补充粮食淡水，交换货物。因而，比景港成为唐代交州的重要外贸港口。

唐代开元、天宝年间（713—755年），唐朝在广州设市舶使管理外贸，主要职责"稽查舶货，征榷抽分"。具体言之，即接待番舶商贾，监管船舶，对货物进行进出口检验，征收入口税。据《旧唐书·王锷传》记载，曾一度为岭南节度使的王锷，每当"西南大海中诸国舶至，则尽收其利，由是锷家则富于公藏"。唐德宗贞元八年（792年），广州官吏贪赃枉法，时时对商贾敲诈勒索，"重加税率"。外国商贾"唯利是求，绥之斯来，扰之则去"。当时安南没有设市舶使，税课很低，外国的一些商舶便纷纷取道北部湾，抵安南贸易。于是，便出现了外国商舶和中国商人"多往安南易市"的现象，安南成了重要的贸易集散地。然后，外国舶来品再由安南，经合浦溯南流江北上销往珠江流域、长江流域和中原。大和八年（834年），唐文宗颁布诏令，"岭南蕃舶，本以慕化而来，固在接以仁惠，使其感悦"，"除舶脚、收市、进奉外，任其来往通流，自为交易，不得重加率税"①。上述优惠外商的法令，有利于岭南地区海上丝绸之路

---

① （清）董诰等编：《全唐文》（卷七十五），中华书局1983年版，第785页。

的拓展和畅通。正如《唐国史补》卷下记载："南海舶，外国船也，每岁至安南、广州。狮子国舶最大，梯而上下数丈，皆积宝货；至则本道奏报，郡邑为之喧阗。"由此可见，唐代随着"广州通海夷道"的开通，在东方逐渐形成了以广州、安南为中心，连接南亚狮子国等重要贸易枢纽的"海上丝绸之路"。

唐代，与广东、广西有贸易往来的有林邑、真腊、狼牙修（今马来半岛）、婆利（今印尼巴厘岛）、天竺（今印度）、狮子国、波斯（今伊朗）、大食（阿拉伯帝国）等二十余个国家和地区。"据统计，贞观至乾元间（627—760年），波斯人十次来朝"①。中国输出的商品，仍以丝织品为大宗。丝织品包括绢、绅、纱、绫、罗、锦、绮、绸等品种，以质地优良而畅销海外市场。陶瓷，则是唐代新崛起的出口产品，广东、广西等地的陶瓷生产要面向国外。大批青瓷和白瓷通过广州、合浦等口岸销往东南亚、印度、阿拉伯和东非地区。唐代中国进口的商品，仍以象牙、犀角、珠玑、香料、药材为主。唐王朝重申对外开放的政策，并对灵渠进行多次修理，保证灵渠"乃通巨舟"，使这条水道畅通无阻。中原的出口商品，亦溯湘江，过灵渠，沿桂江，溯北流河，过桂门关，再沿南流江由合浦出海转运往安南贸易。唐时，"每岁，广州常发铜船过安南货易"②。由于钦廉控制着通安南的海道，故广州与安南贸易来往的增多，更促进了钦廉与安南海上交通的发展。在今越南北部的考古遗址中，曾出土不少中国的古钱币。其中，有"开元通宝""乾元通宝""元和通宝"，都是唐朝钱币。这表明，唐代安南与中原等内地的经济来往十分密切。

据唐朝韩愈《送郑尚书序》记载："其海外杂国，若耽浮罗流求夷亶之州，林邑、扶南、真腊、干陀利之属，东南际天地以万数，或时候风潮朝贡，蛮胡贾人舶交海中。"交海，即今北部湾。说明当时抵唐朝的东南亚各国使者和商人，无论是进行朝贡式的官方贸易，还是进行民间贸易，大都多经北部湾。在钦州市的久隆古墓群、雅子冲窑场、钦江古城等遗址中，曾出土品种丰富的陶瓷器。表明此地制作的陶瓷品作为唐代海上丝绸之路的大宗货品，不仅可以满足当地需要，还直接销往海外。"这些出土

---

① 黄启臣主编：《广东海丝绸之路史》，广东经济出版社2003年版，第171—173页。
② （唐）刘恂：《岭表录异》（卷下），广东人民出版社1983年版，第28页。

文物和地面遗址，共同构成钦州海上丝绸之路遗产最具有可视性、真实性的历史图景，代表着海上丝绸之路独特的艺术成就和景观范例"①。

蕃商来往、自为贸易的政策，则在唐代确立，成为推动唐代海上丝绸之路发展的巨大动力。合浦不仅是对外贸易的重要商港，而且是主要出产明珠之地。当时，廉州府的州治位于今浦北县的旧州。"西南一百六十里，有珠母海，郡人采珠之所"②。珠母海，即今北海港、铁山港及其附近海面。唐贞观六年（632年），唐朝曾在廉州定珠课纳贡。据唐刘恂著《岭表录异·池珠》记载："每年刺史修贡，自监珠户入池采珠，以充赋贡。"唐朝大臣令狐楚在《还珠赋》中称"物之多兮珠为珍；通其货兮济乎人"。天宝年间，唐朝对珍珠宝货搜刮无度，致使廉州沿海"珠逃不见，二十年间缺于进奉"。开元二年（714年），唐玄宗为满足自己的奢侈享受，由合浦大量抽解珍珠，并派宦官抵合浦霸占珠池，禁止珠民私自采珠。结果，珍珠产量锐减。广德二年（764年），唐皇李豫吸取安史之乱的教训，采取一些减轻徭役发展生产的措施，下诏给廉州府，谓："廉州珠池，与民共利，近闻本道禁，遂绝通商，今令本州任百姓采。"③ 此后珠禁大驰，沿海珠民又得以恢复旧业。珍珠是货物交流中最贵重的商品之一，当地百姓靠采珠以养活家小。商人从产地廉州贩珠到京城长安，可获利10多倍。因而，中原商贾纷纷抵广西沿海港口，一方面贩珠；另一方面由此到安南与外商交易。

唐代，因社会安定，经济发展，造船和水运更胜前代。据《旧唐书·崔融传》记载："天下诸津，舟航所聚，旁通巴汉，前指闽越，七泽十薮，三江五湖，控引河洛，兼包淮海，弘舸巨舰，千舳万艘，交贸往还，昧旦永日。"④ 岭南地区的船舶进长安，"皆尾相衔进，数十里不绝，关中不识连樯、挟橹，观者骇异"⑤。由此说明，唐代水运造船已十分兴

---

① 广西文物保护与考古研究所、钦州市博物馆编：《钦州市海上丝绸之路重点以及调查与试掘报告》。
② （晋）刘煦等：《旧唐书·地理志》（卷四十一），中华书局1975年版，第1759页。
③ 廖国器：《合浦县志·事纪》（卷五），合浦博物馆馆藏，民国廿年（1931）石印本。
④ （晋）刘煦等：《旧唐书·崔融传》（卷九十四），中华书局1975年版，第2998页。
⑤ （宋）欧阳修、宋祁等：《新唐书·韦坚传》（卷一百三十四），中华书局1975年版，第4560页。

旺。当时，由于广西造船的发达，亦促进了内河运输的发展。广西水路交通沿线逐步形成的桂州、邕州、柳州、梧州、贵港和容州等港埠，已发展成为店肆林立的都市。唐武德四年（621年），广信改称梧州，成为广西内河的重要港口。武德七年（624年），唐设桂州都督府，成为广西的行政中心。此后，长安至桂州（今桂林）之间，商旅不绝。中原与交州、广州的物产，多以桂州为集散地，贸易相当活跃。桂、滇、黔的货物经灵渠、相思埭越湘水，过长江鄂州（今武昌），进入中原抵长安。唐人莫休符在《桂林风土记》中载道：当时的桂林已成为"南北行旅，皆集于此"的繁华港埠。为了保证水运的畅通，一是唐朝官吏曾对灵渠进行两次较大规模的维修。结果，"防陁既定，渠遂汹涌，虽百斗大舟，一夫可涉"。这两次对灵渠的整治，使湘江与桂江的水上交通更为方便。二是长寿元年（692年）正处于唐武则天兴盛年代，开凿了相思埭运河，又称桂柳运河。相思埭运河位于广西临桂县境，良丰至大湾之间，全长16公里，沟通桂江与柳江的水运，使两江水运距离缩短，便利货物运输，并沟通云贵航线，使云贵土货经融江、柳江过相思埭运河，越灵渠到达中原。同时，它促使柳州水运交通便利，使柳州成为"桂中商埠"。郁江沿线的邕州是唐代著名的马市，又是西南与交趾进行土特产交换的集市。正如刘恂在《岭表录异》中说："夷人通商于邕州石溪口，至今谓之僚市。"梧州位于桂江、西江交汇处，成为广西内河运输出海的门户。大西南出口的土货总汇梧州后，沿西江销往南海（广州），或经三水至磨刀石出海外销。容州，位于广西东部，北流河横贯其中，是中原通往合浦出海的必经古航道。唐在容州设总管经略府的目的是维护该航路。容县唐代文化遗址曾出土彩瓷、蓝料玻璃杯、铜镜、波斯银币等一批文物，说明唐代的海外贸易相当发达。总而言之，唐代广西内河港埠的兴旺客观上促进了河海联运的发展。反过来，河海联运的发展又促进了广西海上丝绸之路对外交通和贸易的发展。

二 高骈修凿"天威遥"及疏通航道

唐代中期前，钦州、廉州成为广西河海联运的重要出海口。咸通年间（860—873年），南诏占据交趾。为此，唐朝三次从今山东、湖南等地调集军队，由高骈率领，驻军钦廉一带，拟收复交趾。高骈率领诸道兵进军交趾，仍以南流江和北流河为交通要道。南流江上游的屯谷堡附近，距博白 70 里处，有一个险滩，名为"马门滩"，滩多峭石，水势湍急，汉代伏波将军马援征交趾时，曾在此凿疏通，以便行舟。然而唐代的战舰比汉代船体大，吃水深，于是"唐节度使高骈复凿之"。结果"行舟益利，至今赖之"①。这是古代第二次大规模治理南流江的工程，正如金鉷《广西通志》卷四十五《古迹》记载："马门滩碑，在县西南。唐咸通末年，安南都护高骈平蛮獠，诏使归关，就海道由合浦经是，滩湍险石，伏舟不可行。因留俸钱，遣海防使杨俊营治之。乾符中工竣，立碑以记。"乾符年间，即 874—879 年。南流江上游航道的畅通，促使廉州水陆交通更加发达。当时，高骈"海门屯兵"，诸道兵驻扎廉州，"州县馈劳运费，润州人陈菌石上书，请诸海舟自福建漕米接济"②。通过漕运粮食，廉州与福建沿海港口的海上交通来往更加密切。高骈除了注意疏通南流江航道，还注意开辟海上航道，实施广西河海联运。为了保证唐军海上运输安全，高骈又在今防城横嵩和潭蓬之间开凿了"天威遥"运河。钦廉往来安南的船舶不再绕过江山半岛，而是直驶安南。

潭蓬运河（辑自《防城港文化遗产丛书》）

"天威遥"又称"潭蓬运河"，位于现防城港市的江山半岛上，开凿

---

① （晋）刘煦等：《旧唐书·高骈传》（卷一百八十二），中华书局 1975 年版，第 4701 页。
② 廖国器：《合浦县志·事纪》（卷五），合浦博物馆馆藏，民国廿年（1931）石印本。

于唐代元和三年（808年）和咸通九年（868年）之间。早在汉代伏波将军马援征交趾时，就曾经今防城港市，意欲在此开凿运河。这样可使防城港至今珍珠港的航程，缩短40多公里，同时可免去沿海风浪大、礁石多的海事危险。但由于该处海底硬石较多，未能凿通，加上用兵时间仓促，马援被迫中止。至唐代，高骈任静海节度使，管辖廉州、钦州和安南等地区，便将天威遥凿通，使之成为廉州、钦州与安南的交通捷径。据《岭外代答·地理门》记载："钦之士人曾果，得唐人《天威遥碑》，文义骈俪，诚唐文也。《碑》旨言：安南静海军地皆滨海，海有三险，巨石屹立，鲸波触立，昼夜震汹，漕运之舟，涉深海以避之。少为风引，遵岸而行，必瓦碎于三险之下。而陆有川遥，顽石梗断焉。伏波将军尝加功力，迄不克就。"① "高骈节度安南，斋戒祷祠，将施工焉。一夕大雨，震电于石所者累日，人自分沦没矣。既霁，则顽石破碎，水深丈余。旁有一石犹存，未可通舟。骈又虔祷，俄复大雨震电，悉碎余石，逐成巨川。自是舟运无艰，名之曰天威遥。"② 该运河长约4公里，沟通了潭蓬湾和万涨港，使潭蓬至东兴的水路也不需绕道白龙尾，既避开了风浪，又缩短了航程。它是世界上最早，也是我国唯一现存的海上运河。高骈率兵修凿"天威遥"，以及疏凿南流江"马门滩"和至交趾的航道，其意义重大：一是有利于海外贸易，也有利于北部湾海上交通的畅通；二是有利于当时唐朝对安南的管辖。从秦汉到唐朝，中国的南疆都位于今天越南中北部。政府要派官吏到安南进行管理，以保障社会安定，文明发展。

　　航道安全，事关重大。只有疏通航路，安全快捷才有保障。唐宋年间，广东航海商贾常说："自广州而东，其海易行；自广州而西，其海难行；自钦廉而西，则尤为难行。"③ 其原因是，廉之西多沙，钦之西多礁石。"钦廉海中有砂碛，长数百里，在钦境乌雷庙前，直入大海，形若象鼻，故以得名。是砂也，隐在波中，深不数尺，海舶遇之辄碎"④。"至于钦廉之西南，海多巨石，尤为难行，观钦之象鼻，其端倪已见矣"⑤。当

---

① （宋）周去非著，杨武泉校注：《岭外代答校注》（卷一），中华书局1999年版，第33页。
② 同上。
③ 同上书，第37页。
④ 同上。
⑤ 同上书，第37—38页。

时,广州至交趾的航道,由于钦廉至交趾海道礁石较多,造成"广州遭运艰涩"。高骈驻军海门,"视其水路自交至广,多有巨石梗途,乃购募工徒作法去之。由是舟楫无滞,安南储备不乏,至今赖之"①。从史载可见,高骈不但修凿了天威遥,而且疏浚了钦廉沿海航道。其中,在今钦南区犀牛脚镇修建的"西坑运河",沟通了大风江与钦州湾的出海航路,为广西航海发展曾作出贡献。正如高骈在《南海神祠》诗中所言:"沧溟八千里,今古畏波涛。此日征南将,安然渡万艘。"② 高骈驻军廉州时,曾留下《南海叙怀》诗篇谓:"万里驱兵过海门,此生今日报君恩。回朝直待烽烟静,不遣征衣有泪痕。"③ 可见,高骈治兵海门曾有建树。公元860年,高骈大败南诏军,收复交趾(安南)。此后,唐朝置"静海军",任高骈为静海军节度使,管理驻廉州、安南的军队,并接受高骈的建议,对南诏和安南采取怀柔政策,从而使廉州和安南一度出现了比较安定的局面。由于高骈"海门屯兵",促进了廉州海上交通的发展。后来宋朝设太平军,并移合浦郡治至海门镇(今廉州镇),使处于南流江出海口附近的海门(今廉州镇至冠头岭一带)水域成为重要的港口所在地。

唐代,广西以桂州都督府治(今桂林)为中心,纵向沟通了长江流域之湘江水系、珠江流域之西江水系以及沿海水系,联结了几条干流向四方辐射,航运网遍布全境并连接了出海通道。广西、云南、贵州的土特产,一部分由西江航程输往广州集散或出口,余下多沿绣江经合浦出海。广西沿海水系,即今桂南的钦州、廉州、防城港等市县的河流。唐代广西沿海的水运货源,较大宗的有来自番舶的香药、珠宝及东南亚各国的贡品,以及经济腹地内的食盐、大米、土布、海产品等土特产。中原、西南各地经绣江至廉州,或由邕州八尺江水陆经钦江至钦州的陶瓷、漆器、丝绸和山货等,开始成为传统的出口商品。

同时,唐朝一些获罪贬到安南的人,曾分别被流放安南驩州(今越南河静省)和安南峰州(今越南山西、永安省境内),他们所走的路线和中原商贾一样,均是沿桂江至梧州再越绣江至廉州出海往安南。唐王朝所

---

① (晋)刘昫等:《旧唐书·高骈传》(卷一百八十二),中华书局1975年版,第4703页。
② (清)彭定求等:《全唐诗》(卷五百九十八),中州古籍出版社2008年版,第3108页。
③ 同上书,第3110页。

有官员和军队前往安南，所走的都是这条航路。而安南至广州的海上航线，必经今广西沿海港口一带，也即唐高骈"海门屯兵"，所修通交、广水路通道之所。唐代广西沿海的天文航海术，基本上仍依靠天文定向导航。船员只能观测天体辨别船的航向，而不能在大海中利用天体辨别船的所在位置。在《度安海入龙编》的唐诗中有这样两句："北斗崇山挂，南风涨海牵。"① 这里表明在船上当发现北斗星到达"挂"在崇山（今越南北部境内）顶上的高度时，在海中的帆船即可到达安南。安海即今北部湾；龙编是唐代交州主要港口城市，位于今越南河内至海防一带。由此可见，广西航海者已懂得观测北斗星进行定位导航。广西海运的发展，同时带动了广西内河的发展。由于钦州、廉州分别处于钦江、南流江的出海处，广西、贵州主要土特产可由珠江水系经钦廉转销往安南。从贵州夜郎至廉州，经融江、黔江至绣江，由南流江出海至安南，与经梧州、广州至安南相比，全程水路大大缩短。

三　五代时期南汉对广西航海和采珠的经营

唐后期，地方藩镇割据。从 907—960 年，中国进入分裂的五代十国时期。因中原混战，经济重心向南方转移。占据岭南地区的南汉政权，以钦廉沿海为水军基地，征服安南，并在合浦设媚川都，发展采珠业，对广西航海和外贸颇为重视。

公元 908 年，起家粤西封州的刘隐、刘岩兄弟，力扫群雄，成为岭南最大的武装势力。刘隐曾任静海军节度使兼安南都护使，独霸岭南。公元 911 年，刘隐卒，其弟刘岩继任。917 年，刘岩称帝，在广州建立"南汉"政权，"坐拥百粤，闭关自擅"②。其管辖范围包括今广东、广西、海南全部及湖南、贵州、云南三省各一部分，以及今越南北部。刘氏诸帝拥有岭南和北部湾，皆重视发展对外关系和海外贸易。据《旧五代史》卷三至卷五记载：唐末刘隐利用管理市舶的地方大权，向后唐朝廷"进奇宝名药，品类甚多"③，"又进龙脑、腰带、珍珠枕、玳瑁、香药等"④，

---

① （清）彭定求等：《全唐诗》（卷九十七），中州古籍出版社 2008 年版，第 485 页。
② （清）王夫之：《宋论·太祖》（卷一），商务印书馆 1936 年版，第 10 页。
③ （宋）薛居正：《旧五代史·太祖纪》（卷三），中华书局 1960 年版，第 52 页。
④ 同上书，第 55 页。

"贡犀、象、奇珍及金银等，其估数千万"①。刘氏进贡之多，说明岭南对外贸易之盛。刘岩继位之后，以岭南二使（清海、静海节度使）兼任广州市舶使，直接获得外贸税收和收市进奉，促进了当地海上交通和贸易的发展。

又据《续资治通鉴长编检补》卷五记载，南汉政权建立后，其"内足自富，外足抗中国"，长期与中原对抗和争夺势力范围。929年，刘岩派大将梁克贞等攻占交州后，又在广州率领舰队经北部湾海域远征占城，"胁以兵威，载宝以还"，使"海外皆慑服"②。南汉政权以武力发展海外贸易，确实为南汉带来了十分丰厚的市舶收入。"犀象、珠玉、翠玳、果布之富，甲于天下"③。可见，南汉跻身五代强国行列，相当程度是靠"海上丝绸之路"贸易的支撑。公元930年刘岩为控制安南市舶要冲，派兵在钦廉设水军基地。此后，南汉完全控制了合浦、交趾一带的海外贸易要道，"广聚南海珠玑"。当时中国输出丝绸、陶瓷等商品，换回了外国大量的奇珍异宝，并由钦廉源源不断地运回广州。于是，刘岩用大量金珠宝贝和名贵的琥珀建造了昭阳殿。"岭南珍异所聚，每穷奢极丽，宫殿悉以金玉珠翠为饰"④。正是由于建造昭阳宫，所以吸引了更多中原商人到南方沿海经商，进行金银珠宝交易。不少商贾是由西江溯北流河，再沿南流江出北部湾，抵东南亚经商，采买海外珍奇异宝。这样，进一步促进了钦廉海外贸易的发展。南汉统治阶级腐化奢侈的生活，完全靠残酷的搜刮和海外贸易维持。

广西沿海一带是市舶要冲，又是商品交易之地。南汉派来的官吏，非常贪婪残暴，对百姓敲诈勒索，赋税甚重，"一方之民，共烘炉火"。清泰元年（934年），交州牙将吴权等人不满刘岩的黑暗统治，起兵反对南汉。为了控制住合浦、交趾的海上交通和对外贸易，维持财赋收入，继续满足自己的享受，刘岩封其子刘宏操为静海军节度使，并派他率领水军从海道攻打吴权，争夺交州的控制权。刘宏操率水军由广州抵廉州后，"自

---

① （宋）薛居正：《旧五代史·太祖纪》（卷三），中华书局1960年版，第100页。
② （清）王廷楠：《南汉书·二梁传》（卷十一），广东人民出版社1981年版，第56页。
③ （清）王廷楠：《南汉书·黄损传》（卷十），广东人民出版社1981年版，第53页。
④ （宋）司马光：《资治通鉴·后晋纪四）》（卷二百八十三），中华书局1956年版，第9236页。

以兵驻海门"①。海门即今廉州镇至冠头岭一带，处于南流江入海口处。为此，刘宏操将海门作为水军收复交趾的基地，进攻吴权。双方水军在北部湾海面大战，"宏操舟覆而死"。后来，刘䶮改变武力解决方式，采取招抚的政策，以维护安南、廉州的社会安定。

南汉大宝三年（960年）南汉后主刘䶮在海门镇（今廉州镇）设置媚川都，大力发展海外贸易。刘䶮继承刘岩的衣钵，大修宫殿，"悉以珍珠瑇为饰"②。珍珠瑇主要来源于合浦沿海，或来自东南亚国家的海舶。于是，刘䶮便在合浦"置媚川都，定珠课"③。媚川源自"山蕴玉而含辉；水生珠而川媚"，意指廉州沿海的北海港至铁山港一带是"山辉川媚"的珠宝之乡。媚川都是管理合浦珠民采珠，以及专门向商贾和番舶抽解珍珠的官方机构，兼有市舶使的性质。南汉朝廷为了措筹资财，取得与北方交换的异域珠宝，并满足本国统治阶级的享受欲望，一方面在合浦沿海滥采珍珠；另一方面加强市舶管理，向番舶抽解珍珠。媚川都设税课司，派出差役，以收取"珠课"为名，如狼似虎地在港口向珠民和商人索取珍珠，以便"上贡"。南汉朝廷对珍珠的需求，加快了合浦海上采珠业和海外贸易的发展。同时，东南亚各国商人也贩珠到此与中国商人交易，因而推动了合浦沿海的海上交通和贸易的发展。

南汉在安南的统治失败，并没有影响其推行开放政策和发展海外贸易，鼓励通商。大宝六年（963年），后主刘䶮"许群僚士庶，四海蕃商，俱入内庭，各得瞻礼"④，说明此时外国商民可在王府居留，贸易享有自由，受到优惠。次年，刘䶮又封南海神为昭明帝，"庙为聪正官，其衣饰以龙凤"⑤。这样将南海神封号，在中国历史上是空前绝后的，显示出南汉王朝对海外贸易的高度重视。因而，促使广州市城区扩张，成为岭南最大的中心城市，并具有超区域的辐射力和吸引力。于是广州成为中外商品的货物集散地，展现了南汉帝国国门的气派和海上丝绸之路东方大港的风采。

---

① 廖国器：《合浦县志·事纪》（卷五），合浦博物馆馆藏，民国廿年（1931）石印本。
② 同上。
③ 同上。
④ （清）董浩等：《全唐文》（卷八百九十二），中华书局1983年版，第93页。
⑤ （宋）李焘：《续资治通鉴长编》（卷十二），中华书局1992年版，第265—266页。

粤西沿海（今广西北部湾）地扼交广海路，是中外商船往来的必经之地，商业活动比较活跃。由合浦往西，通安南诸藩国，商旅频繁，且富鱼盐之利，促使合浦成为人殷物阜之地。媚川都设置在海门镇（今廉州镇）；海门镇位于廉州湾顶，处于南流江入海口附近，是唐代廉州主要的货物集散地，也是岭南地区的一个水陆交通枢纽。为了控制此地，刘䶮曾从各地调来军队，"置兵八千，专以采珠为事"①。为了获得大批珍珠，满足统治阶级的需要，南汉统治者调军队士兵8000人驻扎在今铁山港、北海港一带，监督和强迫几百艘采珠船，数以万计的珠民采珠。久而久之，珠玑充积库内。采珠业的兴旺，使当地商业和贸易快速发展，大大地促进了港口的海上交通。但是，媚川都的官兵横征暴敛，威逼珠民按期如数缴纳珍珠。违抗者被捉住用石缚足投入海中，"溺而死者相继也"。然而，广大珠民用辛酸血泪换来的珍珠，仍然满足不了南汉统治者无穷的贪欲。刘䶮除了用珍珠装饰宫殿外，还"以珠结鞍"②。他们用合浦的明珠结成精巧的马鞍，炫耀自己的富贵。这一方面反映出合浦珍珠产量之多；另一方面也反映出刘䶮的骄奢淫逸和腐化。后来，北宋兵临广州，南汉政权行将倾覆时，刘䶮"以海舶十余，悉载珍宝、嫔御"③，向南海逃亡。

从唐末咸通年间至南汉灭亡的100余年间，海门镇（今廉州镇）扼南流江的入海口，成为珠江流域出北部湾通交趾的要道和重要商埠。

---

① 廖国器：《合浦县志·事纪》（卷五），合浦博物馆馆藏，民国廿年（1931）石印本。
② （宋）欧阳修：《新五代史·南汉世家》（卷六十五），中华书局1974年版，第819页。
③ 同上。

第六章　宋元时期广西海上丝绸之路的繁荣

宋朝（960—1279年），合浦曾设为太平军，移治海门（今合浦县廉州镇），后又复为廉州，其辖境相当于今广西沿海和广东廉江市的部分地区。宋真宗时辟廉州和钦州如洪寨为对交趾互市之地，设廉州沿海巡检司和钦廉驿站接待番舶。此后，宋朝在广西以邕州为中心，设宜州、横山、永平、钦州博易场；以桂林、梧州港埠为中心，作为内河运输货物集散地。同时，梧州、廉州又成为宋朝漕盐的中转港，从而促进了广西河海联运的发展，使广西成为南宋经济发达的地区之一。元朝（1271—1368年），曾设海北道廉州路总管府，管辖今广西沿海地区。元朝多次在此用兵，并置廉州市舶提举司和采珠都提司管理海外贸易，使钦廉海上交通和对外贸易十分兴旺。元代实行以海运为主，海河并举的方针，使宋代以来的广西海上丝绸之路对外贸易继续发展。

第一节　钦廉成为宋朝重要对外贸易口岸

宋真宗大中祥符三年（1010年），宋王朝设钦廉为与交趾互市之地。中国与交趾的商务往来，由国内贸易变成海外贸易。此后，宋朝统治者采取注重经济内涵的航海贸易方针，维持统治，扩大影响。今广西沿海港口成为中国对东南亚各国海上交通和贸易的枢纽。宋朝钦廉商务的繁荣程度远胜于唐朝，是古代广西海上丝绸之路对外贸易又一个鼎盛时期。

一　宋王朝允许钦廉与交趾互市

公元960年，赵匡胤统一中原，建立北宋政权。公元963年，安南郡主吴权死后的"十二使君之乱"，被丁部领平定。这时，北宋尚未灭南汉，丁部领向南汉政权求封，刘鋹封其子为静海军节度使。公元968年，丁部领趁中国内乱，仿照中国盖宫殿，制朝仪，置百官，宣布立社稷建国，号"大瞿越"。当时北宋朝廷正遭受辽国、西夏的严重军事威胁，无法派军队南下干涉。安南从此摆脱了中国的封建统治，建立起独立的封建国家。宋开宝四年（971年）二月，为了控制岭南，宋太祖集中军队攻下广州，灭掉南汉。其目的是掌控南海贸易，增加财赋收入。为了控制北部湾，宋太祖派兵迅速占领钦廉后，马上宣布"大赦"，并且免除老百姓两年赋税，还颁布法令"禁鬻男女"，禁止贩卖人口。接着采取利民措施，"废媚川都，罢常乐州，以其地分合浦、石康二县"①，对促进合浦的安定和恢复生产十分有利。次年五月，宋太祖亲自"命罢采珠"②，恢复合浦珠民旧业，任其自由采珠和经商。开宝七年（974年）四月，宋太祖"定岭南贼律"，实行法治，使钦廉社会安定，农业和手工业生产得以迅速恢复和发展，经济逐渐呈现繁荣态势。同年，丁部领派遣使者带着方物上表，请求北宋王朝册封，表示愿作为宋朝藩属。北宋政权刚建立不久，宋太祖采取和平、安抚政策，封丁部领为检校太尉、交趾郡王。故宋朝的史书，一般称安南为交趾。从此廉州与交趾的关系由郡邻变成比邻，两地商品交流由国内经商变成海外贸易。

指南针应用于航海以后，宋朝海上交通和对外贸易比以前更为发达。太平兴国年间（976—984年），宋太宗为了扬国威，增加财赋收入，扩大对外国的贸易来往，"遣内侍八人赍敕书金帛分四纲，各往海南诸蕃国，勾招进奉，博买香药、犀牙、真珠、龙脑。每纲赍空名诏书三道，于所至各处赐之"③。宋使者带着黄金、丝绸和诏书，抵占城、真腊、三佛齐、渤泥等国，宣扬宋朝的国威和富饶。中国精美的丝织品，吸引着东南亚和西方各国的商人抵中国进行贸易。由于地理原因，钦廉与东南亚国家的海上交通来往最为密切，"钦廉皆号极边，去安南境不相远，异时安南舟楫多至廉……"④。为了加强对海外贸易的管理，廉州设置沿海巡检司，专

---

① 廖国器：《合浦县志·事纪》（卷五），合浦博物馆馆藏，民国廿年（1931）石印本。
② 同上。
③ （清）徐松：《宋会要辑稿·职官》（卷四十四），中华书局1957年版，第3364页。
④ （宋）周去非著，杨武泉校注：《岭外代答校注》（卷一），中华书局1999年版，第53页。

职接待商舶。贵重商品，则由巡检司专收专卖，名曰"收市"。由此，宋朝官府获得大量的赋税收入。宋初，首先抵廉州进行海上贸易的是占城国（今越南中部）。其国势力小，便想凭借中国的势力保护自己，因而累"遣使来献"。它几乎每年都向宋朝进贡，有时一年数次。占城使者多从海道经北部湾抵廉州，然后溯南流江北上，直抵中原。随着官方贸易的发展，占城与廉州的民间贸易自然更加密切。与此相反，交趾和钦廉的海上贸易却发生摩擦。掌握兵权的交趾将领黎桓篡位后，奉行扩张政策，一方面将丁部领的儿子和太后逐出皇宫；另一方面派兵多次在钦廉沿海骚扰，大肆抢掠人口财物，洗劫商船，钦廉当地百姓蒙受了极大的灾难。太平兴国五年（980年）七月，宋太宗为了维持边境的安定与和平，保护钦廉的海外贸易，控制南海交通要道，决定出兵讨伐黎桓。宋军"由邕廉两道并进"[1]：步军由孙余率领，从南宁经龙州抵交趾；水军由刘澄等率领，以海门为基地，从今北海港和龙门港一带出发渡海征交趾。结果，宋水军在白藤江口重创黎桓水军。黎桓因军队一败涂地，只好上表请罪投降。

战争结束后，宋朝统治者于太平兴国八年（983年）"废廉州，移就海门三十里，建太平军"[2]。廉州旧治（今浦北旧州），虽位于南流江下游，但地理位置不及海门镇优越。故宋朝将州治移往海门镇（今廉州镇）。淳化元年（990年），为了加强友好往来，宋太宗派宋镐等官员从廉州出使交趾。黎桓闻讯，为讨好宋朝，遣使"以船九艘、卒三百人至太平军来迎"[3]。交趾派使团由海路往廉州，上门迎接宋朝的代表团，表示双方友好。公元993年，黎桓为得到册封，不断遣使向宋朝入贡，表示对宋朝的忠诚。北宋方面，基于交趾郡王位的既成事实，也就承认了黎氏政权，并封其为交趾郡王。咸平元年（998年），宋朝廷因边境已安定，便撤销太平军，在海门镇复设廉州。自此，海门镇便成为廉州府和合浦县的驻地。

至道三年（997年），广南路析为广南东路和广南西路，今广西区域大部分属广南西路，广西之名源于此。"其时，广西经济社会有较大发

---

[1] 廖国器：《合浦县志·事纪》（卷五），合浦博物馆馆藏，民国廿年（1931）石印本。
[2] 同上。
[3] （元）脱脱等：《宋史·外国列传》（卷四百八十八），中华书局1977年版，第14061页。

展，锡、铅产量在全国位居前列，苎麻织品质量上乘"①。当地经济繁荣、客观上为海上丝绸之路贸易提供了充足的货源。同时，内河运输也促进了桂州、邕州、梧州、柳州、容州等重要城镇的发展。由于宋朝经济迅速发展，军事实力又强大。此后，交趾黎桓主动与中国和好，不断向宋朝进贡。据《宋史》记载，交趾王黎桓派遣大臣多次向宋真宗皇帝进贡宝物，并上表求封，并再次被册封为交趾郡王，成为中国的藩国。景德二年（1005年），黎桓病死。次年宋真宗仍封其子黎龙铤为"交趾郡王，食邑三千户"，"仍赐名至忠，给予旌节"②。景德四年（1007年），黎龙铤正式继承王位，派遣使者"以犀角、象牙、金银、玻璃等来贡"，"表求甲胄具装"，"又求互市于邕州"③。这次，宋真宗赵恒没有应予，对大臣谓："濒海之民，数患交州侵寇，仍前止许廉州及如洪砦互市。盖为边隅控扼之所，今或直趋内地，事颇非便。"④便下诏给地方官员宣布"诏许交趾互市廉州及钦州如洪砦"⑤。于是，钦廉正式对交趾开放。

广西与交趾（安南）比邻，自古两国百姓有互通、互鉴之情。作为中国的"藩属国"，交趾的封建政权常常每隔几年便派遣使者，携带"方物"，向宋朝朝贡，宋王朝亦回赐各种礼物。这种"朝贡"关系虽然有政治上、外交上的含义，但主要的还是从中体现出来的商业关系。据《宋史》记载，交趾所进贡的物品有金器、象牙、犀角、沉香、珍珠等物，宋王朝回赐的物品有钱币、器具、金带、丝织品等。为彰显大国风度，宋朝常常将价值大大超过贡品的礼品回赠给安南。1022年交趾进贡玳瑁、瓶香等贡品，价值约一千六百八十二贯，宋朝将价值二千贯的物品回赠给交趾。1028年交趾向宋朝进贡香药，值钱三千零六十贯，而宋朝则回赠四千贯。交趾向宋王朝进贡"乃遣使由钦入"，"乞自钦州归国，许之"⑥。安南（交趾）每

---

① 广西壮族自治区地方志编纂委员会编：《广西年鉴（2016）》，广西人民出版社2017年版，第38页。
② （元）脱脱等：《宋史·外国列传》（卷四百八十八），中华书局1977年版，第14065页。
③ 同上。
④ 同上。
⑤ 廖国器：《合浦县志·事纪》（卷五），合蒲博物馆藏，民国廿一年（1931）石印本。
⑥ （宋）周去非著、杨武泉校注：《岭外代答校注》（卷二），中华书局1999年版，第58—59页。

两三年向宋朝进贡，主要取道于广西水路。宋时，"安南入贡，所过州县差夫众多，自静江水路以至容州，又自北流转陆一百二十里至郁林。自郁林水路可至廉州……自廉州航海一日之程即交趾，则从静江而回二千余里可不役一夫，而办诏遂路"①。可见交趾使者抵中原朝贡后，亦溯湘江，过灵渠，沿桂江，抵梧州，再溯北流河抵容州，再沿南流江抵廉州，由今广西沿海扬帆从海道返回交趾。随着这种朝贡式的贸易发展，中国商人经钦廉与交趾的民间贸易更为兴旺。

宋神宗熙宁五年（1072年），交趾郡王李日尊死，其子李乾德即位，年仅七岁，由太尉李常杰辅佐，对中国边境的侵扰十分露骨。1075年10月，李常杰带领十万大军，兵分两路向广东、广西进犯。陆路攻邕州，水路乘船攻钦州、廉州，在中国境内大肆烧杀抢掠。交趾军队攻入邕州（今南宁）城后，"尽屠五万八千余人，并钦廉州，死亡者几十万人"，"俘三州人而还"②。对于交趾的入侵和野蛮的屠杀，宋王朝无法容忍，宋神宗熙宁九年（1076年）春派郭逵为招讨使，率军反击，收复邕州、钦州、廉州的失地，然后乘胜追击。其中，宋朝水军"自廉进击"③，由钦廉沿海出发，直攻交趾都城龙编（今河内）。当宋水军"抵富良江，未至交州三十里。贼置战舰四百余艘于江南岸"。"逵率亲兵挡之"，"诸伏尽发，贼大败"。"乾德惧，奉表诣军门乞降"④。双方议和，宋军后撤回国。元丰元年（1078年），"交趾李乾德遣陪臣赴钦州请入贡"⑤。政和年间（1111—1117年），宋王朝认为交趾"自熙宁以来，全不生事，特宽和市之禁"⑥。此后，两国间的互市活动又恢复活跃。重和元年（1118年），广西转运使燕瑛曾上表朝廷："言交人服顺久，毋令阻其贸易。"⑦宋朝在廉钦各创"驿所"，在廉州设沿海巡检司，设立官方商贾接待站，"令交

---

① （明）林希元著，陈秀南校：《钦州志》（嘉靖）卷九，政协广西灵山县委员会编印1990年版。
② 孙晓：《大越史记全书》标点校勘本（卷三），西南大学出版社、人民出版社2015年版。
③ 廖国器：《合浦县志·事纪》（卷五），合浦博物馆藏，民国廿年（1931年）石印本。
④ 孙晓：《大越史记全书》标点校勘本（卷三），西南大学出版社、人民出版社2015年版。
⑤ 廖国器：《合浦县志·事纪》（卷五），合浦博物馆藏，民国廿年（1931年）石印本。
⑥ （元）脱脱等：《宋史·交趾传》（卷四百八十八），中华书局1977年版，第14070页。
⑦ （元）脱脱等：《宋史·食货志》（卷一百八十六），中华书局1977年版，第4564页。

人就驿博买"①。于是，从1118年至1297年钦廉成为宋王朝对交趾的互市口岸，增进了中国与东南各国海上交通和对外贸易的发展。因而，宋代钦廉便成为我国对外贸易的重要商埠。

中国抵交趾的商人，"多为贩锦易香"，大都从中原和江南带来丝织品，与外藩交换香料。沉香、麝香，是外藩向中国输入的主要商品。据宋朝范成大《桂海虞衡志·志番》记载，中原人士"用广州舶上占城、真腊等香，近年又贵"。然而，由钦廉进口的沉香，不但"质重实，多大块，气尤酷烈，不复风味，惟可入药"，而且价格较低廉，自然吸引商贾抵此贸易。宋代，包括沉香、笺香、光香、排草香、橄榄香在内的等各种香料，是钦廉沿海地区的重要交流商品。据宋周去非的《岭外代答·香门》记载："沉香来自诸蕃国者，真腊为上，占城次之。真腊种类固多，以登流眉所产香，气味馨郁，胜于诸蕃。"②"光香，出海北及交趾，与笺香同，多聚于钦州。大块如山枯槎，气粗烈如焚松桧。桂林供佛、宾筵多用之。沉香，出交趾，以诸香草合和蜜调，如薰衣草，其气温磨，然微昏钝。排草香，出日南，状如白茅香，芬烈如麝香，亦用以合香，诸草香无及之者。"③ 可见，当时中国所有主要香料交易皆出自海北（今广西钦廉和雷州半岛沿海地区）贸易，产地来自今东南亚地区。廉州流传的一首古诗《送人入安南》写道："万里波涛几日程，海门飞去片帆轻。鱼龙宫阙浮空上，犀象人家饶树行。宝货远通银豆市，艾花春满竹棚城。日南本是南交地，况复彝王识姓名。"④ 从这首诗中可以看出，中国商人由海门（今廉州一带）启程扬帆，顺北风只需几天就可抵安南。据《太平寰宇记》记载："大观港至冠头岭之海域，即称海门。"中国商贾自海门启程"至安南界约半日，正南至琼州海口约四日……西南至安南海东府约四日"。湘、桂、滇等地的货物多由廉州海门（今廉州镇）港口运往国外，外国货物也源源不断由海门进口销往中国内地，使廉州成为宋朝重要的商埠。

---

① （元）脱脱等：《宋史·食货志》（卷一百八十六），中华书局1977年版，第4564页。
② （宋）周去非著、杨武泉校注：《岭外代答校注》（卷七），中华书局1999年版，第241页。
③ 同上书，第245—246页。
④ （清）郭玉麟：《广东通志·艺文志》（雍正）（卷六十三），广东省人民政府地方志办公室誊印本2007年版。

宋代廉州府治，设在位于南流江入海口附近的海门镇。南流江的一条支流（名州江）穿城而过，由乾体入海。此时，海舶可趁潮溯江而上，经乾体、九头庙直抵州城碇泊。因而，廉州江海运输十分畅达，尤其是处于交通枢纽之地的海门镇（今廉州镇），商业兴旺，城市建设发展很快，是廉州的主要商埠。宋朝把廉州作为广西漕运海盐的中心，同时，也促进了廉州城市的发展。元符三年（1100年），翰林大学士苏轼遭贬岭南，遇徽宗即位，获赦由儋州谪移航海至廉州。他由琼州渡海抵海康，又由海康下舟从海道抵廉州，在风景优美的清乐轩、长春亭（今东坡亭）结庐。古人谓这里："九曲河桥通碧汉，千家渔火出重渊。长春亭畔明如画，清乐轩前醉欲仙。"[1] 苏东坡在廉州仍豪放不羁，抒发真情实感，写下《廉州龙眼质味殊绝可敌荔枝》《瓶笙》《留别廉州张左藏》等名篇，从诗中描写的景象，可以反映出廉州海门镇在当时是一个繁华的口岸。

廉州海角亭（辑自《北海图录》）

城市的繁华，又反过来促进了海上交通的发展。古人曾在钦州修建"天涯亭"，在廉州近郊修有"海角亭"，以示"南辕穷途也"，认为这里是远离京城的天涯海角之地。钦州天涯亭建于宋代，周去非在《岭外代答·地理门》中记载："钦远于廉，则天涯之名，甚于海角之可悲矣。斯

---

[1] 北海市地方志编纂委员会编：《北海史稿汇纂》，方志出版社2006年版，第581页。

亭并城之东,地势颇高。下临大江,可以观览。"① 大江,即钦江。可以说,天涯亭旧地址在钦江旁,水上交通甚为方便。宋仁宗庆历年间(1041—1048年)任钦州知州的陶弼曾作《天涯亭》诗一首。诗中云:"兵送远人还海界,吏迎迁客入津桥。"② 可见,宋代钦州天涯亭旧址一带,曾是钦江的一个古渡口。海角亭原址,一说约建于北宋景德年间(1004—1007年),一说据传是"东汉马援征交趾时在合浦所建"。旧址在州江(南流江经廉州镇入海的一条分支)出海口附近的九头庙一带,这里原是海舶从今北海港溯州江抵廉州镇的必经之道。据《廉州府志》记载:"古合浦,汉名郡。地属南海,乃百粤之分。韶广以西,珠崖以东,水万折而归之,故以海角名。"这海角亭故址,是宋代廉州人为纪念汉代合浦郡太守孟尝施政廉明而建的。海角亭内碑刻有宋仁宗时任职廉州团练使的陶弼的《记海角亭》中的诗句。他在诗中云:"骑马客来惊路断,泛舟民去喜帆轻。"③《记海角亭》遗留下来的碑文可以说明,宋朝古海角亭附近的九头庙至乾体一带已经形成河口港,成为廉州的门户之一。

自1010年将廉州、钦州辟为与交趾的互市口岸,至1279年南宋灭亡,共200余年。由于广西北部湾港所处地理位置优越,海陆交通方便,因而成为宋朝中原和珠江流域出北部湾畅通交趾的要道。客观上,促进了广西海上丝绸之路的发展。

二 宋代广西航海与外贸兴盛

宋承唐制,合浦郡称廉州。开宝四年(971年)二月,宋太祖在广州灭掉南汉。同年六月,宋朝便设"广州市舶司"。据《宋史·职官志》记载:"提举市舶司,掌蕃货、海舶、征榷、贸易之事。以徕远人,通远物。"④ 其目的是掌控南海贸易,增加财赋收入。其职责是,对抵港海舶核查抽解;对禁榷货物专卖,及其他舶货的收买、出卖、保管与解送;对

---

① (宋)周去非著、杨武泉校注:《岭外代答·地理门》(卷一),中华书局1999年版,第39页。
② 滕广茂主编:《钦州文史·文物古迹专辑》,广西人民出版社2013年版,第84页。
③ 合浦县人民政府、北海市地方志办公室编:《北海合浦海上丝绸之路史》,广西人民出版社2008年版,第233页。
④ (元)脱脱等:《宋史·职官志》(卷一百六十七),中华书局1977年版,第3971页。

抵港船舶管理及签发公文；招徕、运送蕃国贡使商舶，以及管理蕃坊事务。当时廉州东南、西南皆临大海，因此中国王朝通过廉州海路可以和安南（今越南）往来。开宝五年（972年），宋朝将封山、蔡龙、大廉三县并入合浦县，隶属廉州。同时，"将廉州驻地迁长沙场（今石康镇顺塔村）"①，以便控制南流江航运，加强对外贸易。太平兴国八年（983年），宋朝撤销廉州，改设太平军，驻地海门镇（今廉州镇）。咸平元年（998年），宋朝撤销太平军，复设廉州，驻地仍在海门镇，管辖合浦、石康二县。此后，海门镇成为廉州府对外的主要口岸。

宋初首先与宋朝进行朝贡的是位于今越南中部的占城国。占城国多次派遣使者前来中国进行官方贸易；于建隆二年（961年）曾贡方物，三年（962年）八月又来贡，宋哲宗元祐元年（1086年）十二月又进贡，"有诏赐钱二千六百缗，其慕化抑可嘉也"②。此后，海外诸国纷纷来华进行朝贡。真腊国（今柬埔寨）于宋徽宗宣和二年（1120年）遣使入贡；蒲甘国（今缅甸中部）于宋徽宗崇宁五年（1106年）二月入贡；注辇国（今印度半岛东南部）于宋真宗大中祥符八年（1015年）遣使贡真珠等。三佛齐（位于苏门答腊岛），宋建隆元年（960年）九月，国王悉利大霞里坛遣使来贡方物；二年（961年）五月复遣使进贡；三年（962年）三月又来贡；十二月又来贡方物。至神宗元丰二年（1079年）七月，遣詹卑国使来贡；宋哲宗元祐三年（1088年）闰十二月又遣使入贡；五年复来贡。大食国（今阿拉伯）于宋哲宗元祐三年（1088年）十一月遣使入贡。据统计，宋朝来朝贡比较多的国家有：交趾来华朝贡45次，占城56次，三佛齐33次，大食40次。东南亚国家贡象牙、犀角、玳瑁、珍珠、驯象以及各种香料、香木等；西方国家贡玻璃器、水晶、织锦、香料等。宋王朝也多次遣使回访、册封王号等。当时这些海外国家多数经北部湾从海路抵达中国进行朝贡。《岭外代答》卷二载："三佛齐国，在南海之中，诸蕃水道之要冲也。东自阇婆诸国，西自大食、故临诸国，无不由其境而入中国者。"③ "三佛齐之来也，正北行，舟历上下竺与交洋，乃至中国之

---

① 合浦县地方志编纂委员会编：《合浦年鉴》2015，广西人民出版社2016年版，第38页。
② （宋）周去非著、杨武泉校注：《岭外代答校注》（卷二），中华书局1999年版，第77页。
③ 同上书，第86页。

境……其他占城、真腊之属，皆近在交趾洋之南。"①"交趾洋"即今北部湾海域。当时来中国朝贡的国家是以位于今苏门答腊岛上的三佛齐为转运中心，跨越北部湾海域而来的。这种具有政治和贸易双重功能的朝贡的频繁进行，在一定程度上促进了双方的友好往来，也促进了宋代广西海上丝绸之路的发展。

宋朝通过海上丝绸之路进口的商品主要是香药、象犀、珠玑、水晶等。这些舶来品，直接供官员和富商享用的只占少部分，大多通过市场转化为具有交换价值的商品。据《宋史·食货志》记载："宋之经费，茶、盐、矾之外，惟香之为利博。"其中，贩卖香药利润最高，"所以助国家经常之费"，成为宋朝的财政来源之一。宋朝中央和地方官员主要通过对舶货的抽解和官市，以及下级官员上贡来获得舶货。而官府手中的舶货，则通过出榷货，在市场上卖出转化为金钱，补助本路兵费，折支俸禄。朝廷有时经费不足，也常以舶货交换粮食。正如《宋会要·食货》卷四十一记载："商人船载米斛输行在储仓，愿以茶盐、乳香、矾、钞或犀象、布帛、香药偿其值者。"统治者将舶来品投入商品流通市场，利用其价值节省了大量开支，支援边疆，补充军费，多少缓解了财政困难。所以，宋朝便在钦廉增设驿所，专门接待番舶。对各国贡使、商人十分友善。官府不但在生活上提供方便，保护其生命财产安全，而且在贸易上对所有贡品，"估值回购"，让其获利。由于从事舶来品贸易有利可图，于是大批中原、江浙、广东商贾抵钦廉"贩锦易香"，促进了广西海上丝绸之路海外贸易的兴旺。

宋朝廷对海外贸易的重视，客观上推动了广西海上丝绸之路的发展。据《广西航运史》记载，宋代时由钦廉港口出发的海外航线分别为廉州至交趾、占城（今越南中部）、真腊（柬埔寨）、三佛齐（今印尼苏门答腊岛屿）、阇婆（今印尼的爪哇岛）、故临（今印度西南沿海奎隆一带）、注辇国（今印度科曼德尔海岸）、大食国（即阿拉伯帝国）、木兰皮国（约在今非洲东部）、昆仑国（今马达加斯加）、波斯国（今伊朗）。宋代中国对外海上交通航线的规模已超越汉王朝。南宋时期，钦廉地区的海外

---

① （宋）周去非著、杨武泉校注：《岭外代答校注》（卷三），中华书局1999年版，第126页。

交通和对外贸易更为活跃。据南宋隆兴元年（1163 年）任钦州教授的周去非在《岭外代答·海外诸蕃国》中载："正南诸国，三佛齐其都会也。""西南海上诸国，不可胜计，其大略亦可考。姑以交趾定其方隅。直交趾之南，则占城、真腊、佛罗安也……渡之而西，复有诸国。其南为故临国，其北为大秦国、王舍城、天竺国。又其西有海，曰东大食海。渡之而西，则大食诸国也。"① 这里记载了宋代由钦廉等地港口出发南航所到的国家有安南、占城（今越南中部）、真腊（今柬埔寨）、三佛齐（今苏门答腊岛）、阇婆（今爪哇岛）、故临国（今印度半岛西南岸），以及大食国（今阿拉伯）、波斯国（今伊朗）。由此可见，宋代钦廉"海上丝绸之路"的航线，已由印度半岛延伸到阿拉伯海和东非。宋代中国的远洋航线，远远超出唐代的活动范围。

为适应海外贸易的发展，宋代广西造船技术与工艺获得新的提高。据宋朝周去非在《岭外代答》卷六中记载，当时今广西沿海的船舶，可载数百人，船体坚固，航器先进。船体的龙骨以杉松为材，船舵以乌婪木制作。船壳板已使用桐油、石灰麻丝等粘缝，以防漏水。大型海船，"帆皆以竹为横架，织成席状"，且可随时起落。除风帆外，船上还有橹、桨、篙等人力驱动装置，以在无风或进出港时使用。当时，钦廉沿海能造一种大海船，称"木兰舟"，其"舟如巨室，帆若垂天之云。柂长数丈，一舟数百人，中积一年粮，豢豕酿酒其中"②。钦州盛产的紫荆木和乌揽木，"用以为大船之柂，极天下之妙也。蕃舶大如广厦，深涉南海，径数万里，千百人之命直寄于一柂。他产之柂，长不过三丈。以之持万斛之舟，犹可胜其任，以之持数万斛之蕃舶，卒遇大风于深海，未有不中折者。唯钦产缜理紧密，长几五丈。虽有恶风怒涛，截然不动，如一丝引千钧于山岳震颓之地，真凌波之至宝也"③。据文献资料记载，宋代时钦州产的紫荆木造大船舶的柂，能顶得住海洋中的狂风恶浪。紫荆木，色如燕脂，材质坚韧，是造船舶的材料。紫荆木除供廉州造商船、渔船以外，还由港口

---

① （宋）周去非著、杨武泉校注：《岭南代答校注》（卷二），中华书局1999年版，第74—75页。

② （宋）周去非著、杨武泉校注：《岭外代答校注》（卷六），中华书局1999年版，第216—217页。

③ 同上书，第219—220页。

远销广东、福建、浙江一带，价格翻倍。钦廉沿海造船技术的发展，客观上推动了当地航海的发展。

宋代，停靠钦廉沿海的船舶均利用潮汐靠岸卸货。据《岭外代答》卷六记载："钦廉则朔望大潮。谓之先水，日止一潮。二弦小潮，谓之子水，顷刻竟落，未曾再长。"①廉州沿海港口的自然条件优越，海岸以沙碛为主，潮差达一丈五尺。船舶利用大潮靠岸，潮水退时就可以在沙滩上或浅水中卸货。当时廉州的船舶多抵安南，"自钦西南舟行一日，至其永安州。由玉山大盘寨过永泰、万春，即至其国都，不过五日"②，海上交通极其方便。另外，廉州海舶又可远航东南亚和西方各国。当时，与我国进行海上贸易的国家，以大食（阿拉伯）为最远，其次为故临（今印度奎隆），再次为三佛齐（今印尼苏门答腊）。外国商舶经苏门答腊岛北上，"舟历上下竺与交洋，乃至中国之境"③。上下竺，即竺屿（今马来半岛东南方的小岛）。交洋，是今北部湾一带海面。当时西方商贾抵三佛齐后，除了"入自屯门"（今广东东莞市南），以抵广州，"入自甲子门"，以抵泉州之外，余下者，纷纷向正北行舟，抵安南和廉州。廉州，面海背山，川流回抱，号称"泽国"，其"冠头岭拱有其南，州城拥其北，巨海环于西南"。"通占城、暹罗（泰国）、真腊（柬埔寨）、爪哇、满剌加、渤泥（今印尼婆罗洲加里曼丹）、天方西洋等国"④。因而，廉州便成为宋朝对外贸易的重要口岸。

当时，作为广西沿海港口腹地的廉州、钦州、博白、容州（今容县）、郁林州（今玉林市）及邕州（今南宁市）一带，拥有提供外贸的货源。宋代，广西出口贸易货种以纺织品为大宗。据《岭外代答》卷六记载："广西触处富有苎麻，触处善织布。"其中，邕州等地所产白布，以佳丽厚重著名。"白质方纹，广幅大褾，似中都之线绫罗，而佳丽厚重，诚南方上服也"。此外，当地瑶族人用蜡染法制的班花布也成为传统的出口商品。当时，"广西的麻织品产量居全国第三位，每年收购达37万多匹"⑤。其中，郁林产的白布，质量更上乘，每年都要向朝廷进贡。广西

---

① （宋）周去非著、杨武泉校注：《岭外代答校注》（卷一），中华书局1999年版，第40页。
② 同上书（卷二），第55页。
③ 同上书（卷三），第126页。
④ （清）张育春等：《廉州府志》（道光）（卷二十二），合浦博物馆藏，道光十三年刻本。
⑤ 吕汉江主编：《玉商文化丛谈》，广西玉林市政协2014年编印，第34页。

丰富的纺织品，为海上丝绸之路贸易提供了充足的货源。

　　同时，陶瓷也是广西出口的大宗产品。据考古文献记载，广西瓷窑生产盛于宋朝。现今广西所发现的几十处宋代瓷窑遗址，基本上都与海上丝绸之路贸易有关系。一条路线分布带在桂江沿岸，例如桂林的莫家湾窑；一条路线分布带在郁江沿岸，例如桂平的城厢窑、贵港的瓦窑岭古窑等；还有一条分布在北流河、南流江沿岸，以藤县中和窑、北流岭洞窑、浦北寨圩窑较大。上述瓷窑全部位于河流沿岸，有舟楫水运之便。其中，北流瓷窑群产品以影青印花碗碟著称，花式多样，细腻洁白，达到"白如玉，击如磬"的境地。因而，北流陶瓷一度是"中国瓷都景德镇的陪都"，年产量在广西占重要地位，产品远销海内外。其产品的一条销路，则由南流江经合浦销往交趾及东南亚国家。廉州和钦州，处于南流江和钦江的入海处，盛产稻、麻、豆、甘蔗以及桐油、五倍子、藤黄、桂皮、荔枝、龙眼、菠萝等经济作物和水果。此外，钦廉沿海产盐，还出产各种海味和贝类。这些都是传统的外销产品。另外，南流江上游的博白、北流、容州一带，桑柘如林，柘柚遍野，山蚕土桂，"闭门成市"。尤其是容州，上接北流，下抵苍梧，一水直通商旅。粤桂商贾一方面将外国的舶来品溯南流江经容县销往中原；另一方面亦经容县将当地土货汇集在廉州出口。由廉州出口的产品主要有锦缎、绸、绢、帛等纺织品和瓷器、陶器、铁器、铜器、锡器等制品，以及粮、茶、糖、酒等农副产品。当时，广西的陶瓷业进入兴盛时期。廉州、容州、藤县、北流等地不但窑口多，规模大，烧造技术、制作工艺及产品质量均比隋唐有进步。全国第二次文物普查时，在浦北县共发现9处宋代窑址，其中以寨圩土东沿江一带最为集中。土东窑址规模大，产品十分丰富，主要以烧窑造青白瓷为主。窑工技术娴熟，雕塑技法高超，属典型的江南风格，是浦北宋瓷的代表产品，大部分经南流江出海外销。

　　据载，"宋元时期，北海现已发现的窑址有：下窑、中窑、上窑、东窑、西窑、常乐缸瓦窑、黄鹏窑缸瓦窑、红坎窑等等"[①]。其中，下窑遗址位于今银海区福成镇下窑村附近，即福成江的两岸，南北长约300米，东西宽100米。"据合浦县文物调查，该窑群在江岸排列有12个，每个窑

[①] 王戈：《北海古窑址与海上丝绸之路研究》，载李志俭《北海文化纵横》，广西人民出版社2016年版，第444页。

包相距三、五十米","烧造的陶瓷有罐、盆、碗、壶、擂盆等日用生活陶瓷。""瓷片有青、黄、灰、绿等釉色","釉色滋润,火候较高、胎体坚硬"[1]。因而,当地生产的陶瓷,成为出口的上品。另外,中窑、上窑分别位于今银海区福成镇的中窑村和上窑村。此外,东窑位于铁山港区营盘村的东侧,窑址分布在南北长约400米的村庄边缘地带。西窑位于东窑之西,两窑相隔约200米的田垌(中间原有一条古河道)。其规模与产品,与东窑、上窑大体相同。黄丽窝缸瓦窑则位于铁山港区南康镇的黄丽窝村,现距铁山港海域约2公里,规模较大。常乐缸瓦窑,位于合浦县常乐圩镇北约1.5公里的缸瓦窑村旁,南流江的东侧。由上可见,当时廉州的陶瓷产地,均在沿海或南流江河边,交通十分方便,利于运输出口。又据我国古陶瓷专家冯先铭在《古陶瓷鉴真》一书中指出:广西沿海"这一地区瓷窑的大量出现,与宋代瓷器大量外销有直接关系"。"宋代烧青白釉的还有桂平和北海2窑。桂平窑所烧器皿较多,北海窑只烧碗盆碟等器……主要外销之用,因此国内极少流传"[2]。当时,因金银钱币被宋朝禁止用于海外贸易,故陶瓷、丝绸成了外贸的主要大宗商品。南宋嘉定十二年(1219年),宋朝"以金银博买,泄之远夷为可惜,乃命有司止以绢帛、锦绮、瓷漆之属博易"[3]。宋代钦廉沿海地区瓷窑技术的进步,也促进了陶瓷业的发展和对外贸易。尤其是当地生产的"青白瓷"已远销东南亚、西亚和欧洲、东非地区,客观上也促进了广西海上丝绸之路对外贸易的发展。

宋朝商贾由中原沿着湘、桂走廊抵廉州经港口出北部湾,或抵梧州经广州出南海,由海路向交趾和东南亚各国输出丝绸、陶器、铁器和手工商品。广东阳江出水的宋代"南海一号"沉船上载着江西景德镇、福远德化、浙江龙泉等中国名窑的瓷器制品。专家认为:"此船估计从广州或是福建港口起航,经阳江欲往西,沿北部湾海岸线再向南洋诸国行使,结果在阳江沉没。"[4]经测量,船身长30.4米,宽9.8米,高约4米(不含桅

---

[1] 王戈:《北海古窑址与海上丝绸之路研究》,载李志俭《北海文化纵横》,广西人民出版社2016年版,第444页。

[2] 同上。

[3] (元)脱脱等:《宋史·食货志》(卷一百八十五),中华书局1977年版,第4538页。

[4] 王锋等:《北部湾海洋文化研究》,广西人民出版社2010年版,第115页。

杆），这是目前发现的最完整的古代远洋贸易航船。船上载有文物6万至8万件，且有不少是价值连城的国家级宝物。另外，"在今越南海域近年也出水有中国宋代沉船，也都是经广西北部湾各港出去的"①，这些水下考古发现，说明专家的推论是有依据的。当时，广州常有商船途经北部湾往东南亚各国港口。从东南亚和西方各国输入的外番舶来品，主要有金银器皿、熏衣香、降真香、沉香、速香、木香、黑线香、白绢、犀角、象牙、纸扇。这些细货，都是宋朝廷要"博买"的商品。当时，交趾是一个重要的贸易地区，"故商贾至者，多取富焉"。钦廉与交趾海道相通，抵交趾的外国商人来中国，大都经过廉州。宋朝在廉州设有"还珠驿"，商贾多在此停留。由于来往商舶甚多，宋朝在广西设转运使，在廉州设沿海巡检司，具有市舶司的职责，"掌番货海舶经榷贸易之事"②。对商人的货物，按规定抽解为十征其一。当时这种税率并不高，商贾从事贸易活动，大都认为有利可图。这样"立市舶以通物货。旧法抽解有实数，而取之不苛，输税宽其期，而使之待价，怀远之意实寓焉"③。因而，钦廉与交趾的海上运输络绎不绝，廉州官府也从中获得大量税收。

第二节　水陆联运促进广西海上丝绸之路发展

宋朝，钦廉沿海是中国的大盐场。因而，漕盐成为广西的重要运输任务。反过来，漕盐又促进了广西水陆联运和梧州、桂林等内河港埠的发展。同时，宋朝在广西设宜州、邕州、钦州、永平、横山五大博易场，大大促进了广西海上丝绸之路贸易的发展。

一　宋代广西的江海联运航线发展

宋代，食盐是国库物资，由朝廷调拨、专卖。廉州海岸线曲折，海岸皆沙土，盐碱之地尤多，发展盐业十分有利，而且晒盐本小利大。所以，宋代廉州官府十分重视盐业的发展，在廉州沿海建有大规模的盐场，并设

---

① 王锋等：《北部湾海洋文化研究》，广西人民出版社2010年版，第115页。
② （元）脱脱等：《宋史·职官志》（卷一百六十七），中华书局1977年版，第3971页。
③ （元）脱脱等：《宋史·食货志》（卷一百八十六），中华书局1977年版，第4566页。

白石、石康两个大盐仓，把盐税作为官府一项重要收入。由于廉州沿海以盐为特产，故而廉州石康成为当时广西漕盐的枢纽。据《岭外代答》卷五记载，"今日广右漕计在盐而已，盐场滨海，以舟运于廉州石康仓。客贩西盐者，自廉州陆运至郁林州，而后可以舟运"。"自改行官卖……乃置十万仓于郁林州。官以牛车自廉州石康仓运盐贮之。庶一水可散于诸州。凡请盐之州曰静江府、融、宜、邕、宾、横、柳、象、贵、郁林、昭、贺、梧、藤、浔、容州，各以岁额来请。静江（按：桂林）岁额八千箩，融二千七百箩，宜四千三百九十，邕（按：南宁）七千五百，宾二千五百，柳三千五百有奇，郁林三千，昭三千九百，贺五千，梧二千，藤二千五百，浔三千，容三千，凡五万八千二百箩有奇"①。按照周去非的实录记载，每年廉州漕盐销往广西内地的约有2910吨。这些官盐大都利用水路运输。从中说明宋朝漕运主要是食盐一项，漕运中心在廉州石康。石康盐仓位于南流江下游，离入海口不远，水陆交通方便。当时廉州沿海的海盐，全靠官府组织漕船运输，一向用盐务局漕船挽运，经由武刀港、冠头岭等处，上溯南流江抵石康。因而，今北海港一带又成为广西江海联运的货物集散地。

　　宋代，广西内河漕盐的路线主要有三条。一条是由廉州经玉林至梧州中转，以梧州为中心，销往广西全境，或经梧州至桂林中转销往湖南。一条是由钦州经八尺江销往邕州，以邕州为中心，经左、右江销往百色、河池、崇左，以及云南、贵州。一条是由广州将广东沿海食盐运抵梧州中转，回程运广西出口的大米。以廉州至梧州中转至桂林，再由桂林中转销往湖南的海河联运航线最长。宋代，桂林不仅是广西的政治中心，而且是一个重要的港埠。两广食盐行销湖南，桂林市是最后一站集散地。1130年，杨幺等率领洞庭湖农民起义。江淮食盐不通湖南，廉州等地食盐大都集中桂林转销湖南，一年运量升为8万箩。以每箩100斤计算，则共计4000吨，在当时这个运量相当可观。由上反映出，宋代广西海河联运漕盐是兴旺发达的。

　　宋朝时，古海湾尚未深入至廉州镇九头岭一带。大海船趁潮从州江

---

① （宋）周去非著、杨武泉校注：《岭南代答校注》（卷五），中华书局1999年版，第179页。

苏东坡手书"海角亭"匾额遗迹（辑自《北海图录》）

（南流江的一条分支）河口溯江而上，经九头岭抵州城驶至海角亭附近停泊，海门镇（廉州镇）成为合浦的主要商埠。官吏或商贾搭乘海舶，多在海角亭内停留候潮。后人曾在今海角亭旁建天妃庙，作为商贾出海的祈祷之所。宋代苏东坡曾在亭内大书"万里瞻天"匾额，为古亭增辉，手迹尚存，后人临摹其遗迹于额匾上。据《合浦县志》（民国）卷四《迁谪》记载，苏东坡调任廉州节度使，亦溯南流江北上，"至北流河作木筏下水，历容、藤，至梧"。然后，雇舟溯桂江而上，过灵渠，沿湘江抵廉州。从苏东坡北行湖南的路线，可以看出南流江、北流河和桂江这条水道，在宋代仍是我国一条重要的内河交通航线，亦是宋朝在廉州漕运海盐的干线。乾道九年（1173年），交趾使臣中卫大夫尹子思等向宋朝入贡后，自临安（今杭州）溯长江、湘江，经静江府（府治今桂林）返回。广西经略司押办官员在接待中因差夫众多，安排其走廉州漕盐航路。自静江水路可至容州北流县，兼有回脚盐船，若量支水脚和雇工，无不乐从；自北流转陆一百二十里至郁林州（今玉林），自有车户运盐车可载，自郁林水路可至廉州，亦有回脚盐船。自廉州航海一日之程，即达交趾。由此可见，廉州漕盐航路在宋代广西水运交通中的地位及作用。

廉州漕运海盐以南流江为干线，"遮一水可散于诸州"，把海盐输往广西内地。据《宋史》卷一百八十三记载，廉州白石、石康两个盐仓，每年储运30000石，负责漕运海盐前往"容、白、钦、化、蒙、龚、藤、宜、柳、邕、浔、贵、宾、梧、横、南仪、郁林州"①。漕盐全由廉州官办，"取其息以八分归漕司，二分归本州"②。同时，廉州的驻军亦煮盐，"州军亦以八分归漕司"。为了促进港口漕盐的畅通，广西转运使在南流江的上游郁林，"置十万仓"，自廉州石康仓运盐往郁林贮存。宋代，官府在钦廉沿海设有9个盐场。其中，廉州盐场还辖白沙、白石、西场3个分场，有盐丁1200多人，属官府所有，招募盐户晒盐，实行专营。海盐生产是宋王朝的巨大财政收入来源。郁林州位于南流江水道之上，是广西储盐、运销的重点枢纽。客贩西盐，自廉州水陆联运至郁林州的冲仓、船埠。"每年经郁林州运销各地的盐计有58200多箩，以每箩100斤计，年销售共达528万斤以上"③。当时，郁林船埠一度成为广西储盐和转运中心。郁林州的粮食、布匹、生猪由渡船源源不断沿南流江运抵廉州，回程则载海盐和舶来品，再销往广西全境，或中转给贵州、云南等地。因而，郁林一度成为海上丝绸之路陆海交接的重要节点。当时广西的陆路运输比不上内河航运发达，漕盐全靠水运。廉州海盐运抵石康，再由石康输往郁林后，通过西江、桂江、左江、右江向各地转运。当时，不仅广西食盐全仰廉州，而且湖南南部也依赖廉州漕盐。"长、宝、衡、永四郡，郴、道二州，皆附桂林行盐"④。然而，桂林行盐有部分是由廉州取道郁林，沿北流河至梧州，溯桂江运至静江府（即今桂林）。长沙、衡阳、郴州、永州一带食盐，向来由江苏供给。由于"时杨幺扰洞庭，淮盐不通于湖湘，故广西盐得以越界"⑤。由梧州每年运8万箩盐抵桂林，转卖给湖南，每箩纳税5缗，广西每年得额外盐税40万缗。宋代，广西沿海漕盐主要由

---

① （元）脱脱等：《宋史·食货志》（卷一百八十三），中华书局1977年版，第4466页。
② （宋）周去非著、杨武泉校注：《岭外代答校注》（卷五），中华书局1999年版，第179页。
③ 吕汉江主编：《玉商文化丛谈》，广西玉林市政协2014年编印，第34页。
④ （清）汪森：《粤西丛载》（卷十六），广西民族出版社2007年版。
⑤ （宋）周去非著、杨武泉校注：《岭外代答校注》（卷五），中华书局1999年版，第183页。

廉州石康，经南流江至郁林再入北流河至梧州线。或由钦江至邕宁那陈，转入八尺江至郁江的西盐漕运线。钦廉漕运线路，使广西内河水运路线结构发生变化。主要特征是开辟河海联运，以延长运输路线，扩大运输社会效果。廉州漕盐运抵梧州后，可溯桂江转至桂林，跨灵渠入湘江、洞庭湖到达关中。因而，促使梧州成为广西内河在东部的集散地。宋代，桂林不但是广西的政治中心，而且是一个重要港埠。钦廉漕盐行销湖南，要经过桂林。梧州、桂林除漕盐以外，铜、铁、粮食等贸易的集散量也相当大。由于贸物流通，宋代梧州、桂林商业一派繁荣，并成为广西海上丝绸之路海陆交通的重要节点。

二　广西设博易场促进外贸发展

宋代，朝廷为了发展商贸，曾在广西设置宜山（今宜州）、邕州（今南宁）、钦州、永平（今宁明明江镇）、横山（今田东县）五个博易场，并以邕州为中心，西接云南，西南连交趾，东接广州，东北接湖南，作为开展岭南与西南、中原与西南物资交流的集散地。据《续资治通鉴长编》卷二九八记载，元丰二年（1079年）广西经略使曾言"钦、廉州宜创驿，安泊交人。就驿置博易场，委州监押"。于是，宋朝设立了博易场，使其成为中国西南地区对外（主要是安南）贸易重地。钦州博易场位于今钦州市城外江东地，以今天的广西北部湾为依托，也带有国际贸易性质。钦廉自古以来就是交趾人民获得生活资料的重要来源之地，民间舟楫往来不绝，相互交流商品。西南、中原商贾用丝绸、陶瓷抵此与交趾富商交易，换取"金银、铜钱、沉香、光香、熟香、生香、珍珠、象齿、犀角……每博易，动数千缗"①。永平博易场，位于邕州的左江。这里水运交通发达，交趾商贾抵此与宋朝客商进行交易。横山博易场，主要是设马市。马匹大都来自云南，经贵州过北盘江进入广西到达横山。朝廷派官员到横山采购，每年约买进3000匹马。横山也是水陆联运的一个港埠，云、贵、川与广西的民间交易亦在此地。

据《岭外代答》卷五记载，云贵民间参与交易的货物有"麝香、胡

---

①　（宋）周去非著、杨武泉校注：《岭外代答校注》（卷五），中华书局1999年版，第196页。

羊、长鸣鸡、披毡、云南刀及诸药物"①。云贵药物以田七、天麻为大宗。广西提供的货物有"锦缯、豹皮、文书及奇巧之物"②。南宋时期广西已增开三条内河联运航线。一是由柳江经融江、三江入贵州东南地区的联运；二是由六盘江、北盘江与贵州安顺等地的联运；三是由右江溯驮娘江进入云贵的富宁地区的联运。同时，又增开四条河海联运航线。一是由钦州至邕宁那陈转入八尺江至郁江的联运；二是由钦州、沙坪、平塘江至郁江的联运；三是由廉州石康、郁林经南流江、绣江至梧州的联运；四是由洞庭长沙，溯湘江，过灵渠，沿桂江抵梧州，再经浔江、绣江、北流河、南流江至合浦出海。海河的联运，其水道在宋代更加繁荣兴旺，大大促进了广西海河联运的发展。所以，宋王朝和中原商贾运来大量金银、铜钱、布匹抵宜州、邕州、钦州、永平、横山进行商品交流。"诸商之事既毕，官乃抽解，并收税钱。赏信罚必，官吏不敢乞取，商亦无他縻费，且无冒禁之险。时邕州宽裕，而人皆便之"③。所以，邕州横山寨博易场的交易十分兴旺。此外，邕州左江永平寨，位于今友谊关附近。"与交趾为境，隔一涧耳。其北有交趾驿，其南有宣和亭，就为博易场"④。凡来永平寨博易场者，以交趾商贾为多数。这五个博易地，客观上促进了广西的海外贸易。因而，交趾人"日以名香、犀象、金银、盐、钱，与吾商交易绫、绵、罗、布而去"⑤。

为促进外贸的交流，宋朝十分重视钦州博易场。钦州地靠交趾，又与海南岛隔海相望，有充足的香料来源，同时又是蜀锦最近的出海口，蜀锦、蕃香交易动辄数千缗，使它成为一个颇有规模的国际区域市场。海外诸国最常来钦州博易场进行贸易的便是安南国（今越南）。《桂海虞衡志》载："今安南国，地接汉九真、日南郡。""东海路通钦、廉，西出诸蛮，西北通邕州，在邕州东南隅，去左江太平寨最近。""由钦州渡海，一日至。""异时安南舟多至廉，后来溺舟，乃更来钦。""交人至钦也，自其

---

① （宋）周去非著、杨武泉校注：《岭外代答校注》（卷五），中华书局1999年版，第194页。
② 同上。
③ 同上。
④ 同上书，第195页。
⑤ 同上。

境永安州，朝发暮到。"由此可见，当时北部湾海域的钦州海道是中国与安南国往来的捷径。"其国富商来博易者，必自其边永安州移牒于钦，谓之小纲。其国遣使来钦，因以博易，谓之大纲。所赍乃金银、铜钱、沉香、光香、熟香、生香、珍珠、象齿、犀角。吾之小商近贩纸笔、米布之属，日与交人少少博易，亦无足言。唯富商自蜀贩锦至钦，自钦易香至蜀，岁一往返，每博易动数千缗"①。同时，官府对钦州博易场实行贸易自由化的管理。中外商贾抵钦州博易场后，"各以其货互缄，踰时而价始定……既博易，官止收吾商之征。其征之也，约货为钱，多为虚数，谓之纲钱。每纲钱一千，为实钱四百，即以实钱一缗征三十焉"②。钦州博易场之商税，税率仅为1.2%，委实较低，大大刺激了中原商贾抵此贸易。在钦州博易场中，交趾百姓用所捕获的鱼、蚌来博易场交换米、布；交趾富商和官方出售金银、铜钱和各种香料、奢侈品；中国富商则贩来蜀锦出售。当时钦州博易场商贾云集，热闹非凡。香料是中国富商最喜欢交易的一种商品，产地来自东南亚各国，以安南转销往钦州出售较多。香料，俗称"沉香"。"得之海外蕃舶，而聚之钦州，谓之钦香"③。钦香，质大味重，芬芳弥久，最受女人喜爱，故成为交易畅销商品。此外，南宋是广西瓷器外销的重要时期，当时广西内地瓷器出口有两条路线：一是沿西江东下到广州出海；二则是到钦州博易场贸易或出海到交趾（安南）。宋代，中国与安南交往最为频繁，安南朝贡有45次之多，民间贸易更多。据《宋会要辑稿·食货》记载，绍兴二十八年（1158年），知州戴万言："邕、钦、廉与交阯接，自守卒以下所积俸余，悉皆博易。"钦州博易场的盛况持续100多年，至宋末还在继续发展。

为满足广西区域经济发展和各个博易场对外贸易需要，神宗熙宁二年（1069年），朝廷在梧州设立元丰钱监铸钱。自置监至南宋绍兴年间废置，存监达60多年。梧州处于桂江、郁江交汇处，是海上丝绸之路陆海交接的枢纽，位置十分重要。该钱监的设置，对广西博易场和海上丝绸之路的发展产生了极大的促进作用。据《宋会要辑稿》记载："梧州元丰十八万

---

① （宋）周去非著，杨武泉校注：《岭外代答校注》（卷五），中华书局1999年版，第196页。

② 同上书，第197页。

③ 同上书，第248页。

缗，以上六监一百五十六万缗，逐路支用，以所入约所用。"考古证实，遗址位于今梧州市碟山区桂江东岸，现为桂江造船厂厂址。梧州元丰钱监年制造铜钱 18 万缗，平均每天制造 500 缗。按照每缗为 1000 个铜钱计算，则每年要生产 50 万枚，可谓规模不小。因而，梧州一度成为广西的金库。该钱监的设置，不但支持了广西采矿业、运输业的发展，而且满足了广西地方财政收入和对外贸易的需要。宋朝广西设置的五大博易场，每博易，动数千缗。可见，当时贸易额很大。广西沿海商家与交趾等东南亚国家的海外贸易，需要大量的铜钱作为媒介或支付手段。1990 年，广西钱币学会曾组织专家在钦州、防城、凭祥等县市，收集到 34 个不同地点出土的古钱 159000 多枚，大部分是宋钱币。其中，凭祥一个点出土的宋钱多达 1700 枚①。这些事实证明，梧州元丰监铸造的铜钱，对广西各个博易场货币的流通，对广西海上丝绸之路的贸易发展，无疑起到极大推动作用。

南宋时，因长江流域战乱，广西偏安一隅，社会较安定，经济发展较快。广西河海联运的大宗货物，除了食盐、大米以外，还有土布和陶瓷。当时，广西的麻织品在宋代享有盛誉。据《岭外代答》卷六记载："广西触处富有苎麻，触处善织布。柳布、象布，商人贸迁而闻于四方者也。"②邕江出产的白𦈈布，最受贵妇人喜爱。"白质方纹，广幅大缕，似中都之线罗，而佳丽厚重，诚南方之上服也"③。南宋绍兴六年（1136 年），"广西税收所得的布达 77 万匹"④。可见，广西纺织品产量之高。这些产品，亦是水运交易的货物，运销内地，外销安南。

与此同时，由于南宋对海外贸易的重视，广西陶瓷生产规模不断扩大，亦推动了航海贸易的发展。据考古文献记载，现今广西所发现的 40 多处宋代瓷窑，基本分布在与桂江、柳江、黔江、北流河、南流江这些水道相关的圩镇。主要瓷窑，有全州的蒋安岭窑、兴安严关窑、藤县中和窑、北流岭洞窑，等等。桂林、柳江、武宣、邕宁、北流、钦州、合浦、

---

① 黄振饶等主编：《梧州——岭南文化古都》，广东旅游出版社 2015 年版，第 106 页。
② （宋）周去非著，杨武泉校注：《岭外代答校注》（卷五），中华书局 1999 年版，第 223 页。
③ 同上。
④ 广西航运史编审委员会：《广西航运志》，人民交通出版社 1989 年版，第 44 页。

浦北等 20 余县市的宋瓷遗址，大都在河流或海湾之畔，拥有水运舟楫之便利。其中，藤县中和的北宋窑址，范围约 2 平方公里，生产的器皿以影青釉为主，白窑次之，胎薄釉匀。纹饰有牡丹、菊花、鱼虫、卷叶等。专家测算，宋代广西有窑 40 余处，一年即可生产陶瓷 800 余万件，产品主要是外销。

宋代，广西官府除了设立钦州、宜州、邕州、永平、横山等博易场之外，还设珠市，加强珠市珍珠贸易。史载："盖珠池之在廉州凡十余。"[1] 其中"珠母海"，在冠头岭东南面海中，即今铁山港区白龙港一带水域。这里百姓每年养殖大量珍珠，官府派疍丁（抽取珍珠的差役），向珠民和抵港番舶抽取珍珠上贡，或强迫珠民交易。宋代诗人郭功甫留下一首《苏子瞻移合浦寄赠》谓："君恩浩荡似阳春，海外移来住海滨。莫向沙边弄明月，夜深无数采珠人。"诗句生动地描绘了合浦采珠的情况[2]。冠头岭下的南澫村，曾名"南万角"，约建于宋朝元符三年（1100 年）。它濒临北部湾，背靠冠头岭，有一天然港湾，与汉代"青婴池"相连，是一个天然产珠之地。1978 年，该处扩建渔港时，曾发掘出两艘腐朽的船体，船内装满珍珠贝。北海市建港委员会即取两公斤珍珠贝（内藏已变质的珍珠）和船体板寄给北京有关部门化验。经北京大学以同位元素进行化验鉴定，是距今 800 年前的珍珠贝[3]。从而证明，宋代北海市冠头岭南澫一带是合浦珍珠产地之一，与史籍记载相符。宋朝，是廉州"珠禁"较为宽松的年代，时罢时采。据《文献通考》记载，"宋太平兴国二年，贡珠百斤。七年，贡五十斤，径寸者三；八年贡六百一十斤，皆珠场所采"[4]。开宝五年（973 年），天圣五年（1027 年），南宋绍兴二十六年（1156 年），宋朝皇帝曾下诏罢贡珠宝，恢复珍珠产业，任珠民自贸，以繁荣珠市。合浦采珠产业的发展，客观上也刺激了广西博易场和海上交通的发展。

公元 1127 年，金朝攻陷汴京，北宋告亡。次年，宋朝廷南渡并定都临安（今杭州），史称南宋。由于边患紧张，国库匮乏，为维持统治集团

---

[1] （元）脱脱等：《宋史·食货志》（卷一百八十六），中华书局 1977 年版，第 4565 页。
[2] 北海市地方志编纂委员会编：《北海史稿汇纂》，方志出版社 2006 年版，第 576 页。
[3] 同上书，第 477 页。
[4] 同上书，第 457 页。

的挥霍以及庞大的军费开支，南宋政权认为，"市舶之利，颇助国用，宜循旧法以招徕远人，阜通货贿"①。因而，南宋朝廷竭力促进钦州博易场和廉州珠市的海外贸易，以作为税收来源。同时，廉州官府除了增加博易场的税收外，还把易珠和漕盐作为财赋的重要来源。结果，宋朝末期钦廉沿海珠场和盐场后来发展成15处，而且规模越来越大。官府为了获得财税之利，每岁督商行销。随着广西博易场和珠市的发展，钦廉成为宋朝对外贸易的重要集散地。

第三节 元朝重视发展广西海运和外贸

1279年，元军攻灭南宋，迅速派兵占据广东、广西等处，统一中国。元朝以空前辽阔的疆域，及远播亚、非、欧的强大国威为背景，一方面设市舶司管理海外贸易；另一方面采取"官本船"政策来推动航海贸易，使中国古代航海事业继续保持旺盛的发展势头。对于处于北部湾畔的钦廉，元统治者在此设廉州市舶提举司和采珠都提举司，有力地促进了广西海上丝绸之路贸易的发展。

一 元朝与交趾友好后加强广西海外贸易

至元十四年（1277年），元朝由于在东南沿海取得军事上的胜利，便在泉州设置市舶提举司，对全国沿海实行比较稳定的海外贸易政策。"每岁招集舶商，于蕃邦博易珠翠香货等物。及次年回帆，依例抽解，然后听其货卖"②。当时，元军尚在广州与南宋残部展开争夺战，南宋未曾委任市舶提举司。然而，曾任泉州市舶司多年的蒲寿庚又公开倒向元朝。于是，元朝将中国海外贸易的中心城市，由广州转移到泉州。由于政治、经济、军事的需要，元朝急迫地通过蒲寿庚家族和泉州市舶司形成的对外关系，软硬兼施，迫使海外国家"臣服"。因而，泉州一度取代广州成为元朝海外贸易的首要港口。蒲寿庚在南宋时任提举泉州市舶司三十年，拥有大量海船。降元后，大受宠信，升任闽广大都督兵马招讨使，并受命诏谕

---

① （清）徐松：《宋会要辑稿·职官》（卷八）中华书局1957年版，第44页。
② （明）宋濂等：《元史·食货志》（卷九十四），中华书局1976年版，第2401页。

海外，以复互市。元灭宋之战，得力于水师。元初，为统一全国、称霸海外，元世祖造海船九千九百艘。大量造海船，无疑大大提升了中国的造船技术，促使中国海上交通和贸易的发展。

1279年，元世祖忽必烈派兵占领钦廉。次年，元朝建立行省制度，设廉州总管府，归海北海南道宣慰司管辖，并派水军驻扎钦廉，继续控制南流江出北部湾通东南亚这条黄金水道。至元十九年（1282年），占城国王与元朝反目，派水军扣留元朝使者的船只。忽必烈以占城"负固弗服"，"既腹复叛"为由，"发淮、浙、福建、湖广军五千，海船百艘，战船二百五十，命唆都为将讨之"①。当年8月，元水军自广州浮海至占城，从今越南中部登陆，依岸屯驻。占城国王以象阵为前锋迎战，拒不投降。次年2月，元世祖从广州、钦廉等地增兵1.5万，200艘战船增援元水军。占城国王眼看无法抵抗，派使者去交趾、真腊借兵，因慑于元水军的实力，诸国不敢响应。1283年7月，占城国王只好派使者入元朝贡，双方议和，两国停止战争，恢复正常的航海交往。时隔两年，至元二十二年（1285年），交趾国王陈日烜，自持军力渐强，出兵侵略占城，又派兵骚扰中国边境。于是，为了维护边境安定，维护在北部湾的权益，忽必烈派水军由廉州大规模出征安南。"安南世子陈日烜领战船千余艘以拒"②，在北部湾海面布置战船与元朝对抗。然而，元朝水军英勇善战，陈日烜率兵败退，元水军乘势反击攻入交趾境内，在富良江（今红河）入海口附近登陆。陈日烜率领败兵，龟缩在富良江南面的山地顽抗。至元二十三年（1286年）二月，元世祖为了加快征服交趾，下诏"命湖广行省造征交趾海船三百，期以八月会钦、廉州"③。元世祖不断把战船调来集中在广西沿海，使钦廉沿海一带成为元朝重要军港。

为了发展海外贸易，必须用武力保障边境安定。1287年1月，元世祖派阿八赤在钦廉沿海调集战船共300多艘，做好海上大规模进攻交趾的准备。又命廉州总管府海道运粮，配合各军，分道并进。元朝水军主力由镇南王阿八赤率领，从钦廉沿海出发，经海道直攻交趾。元世祖为加强水

---

① （明）宋濂等：《元史·世祖本纪》（卷十二），中华书局1976年版，第243页。
② 同上书，第273页。
③ 同上书，第287页。

军，又命南宁军民总管谢有金，"出兵船助征交趾，并令从征"①。据《廉州府志》（道光）卷十四记载："广东海道自廉州冠头岭发舟……经熟社有石堤，陈氏所筑，以遏元兵者。"阿八赤以万人为先锋，从北部湾海上进军，"遇交趾船四百余艘，击之，斩首四千余级，生擒百余人，夺其舟百艘，逐趋交趾"②。元朝水军以钦廉为基地，在通交趾海道上，与陈日烜派来阻击的400艘战舰相遇，双方展开大规模的海战。交趾水军抵挡不住，纷纷败退。阿八赤的水军，英勇反击，"经老鼠、陷沙、茨竹三关，凡十七战，皆捷"③。同时，元世祖又命"海道运粮万户张文虎、费拱辰、陶大明运粮十七万石"④，支援阿八赤。又据《元史》卷十四记载，在后方粮食、兵员源源不断的支援下，镇南王阿八赤率领元军由北部湾在交趾海岸登陆，"以诸军渡富良江，次城下，败其守兵"⑤。安南国王陈日烜见兵败如山倒，大势已去，便只好接受教训，服罪遣书投降。元军胜利班师。不久，陈日烜病死，其子日尊继位，派使者由合浦登陆"遣陪臣陶子奇等来贡"⑥。于是，中国与交趾边境恢复安定，钦廉和交趾的海上交通和贸易也恢复正常。

元初，各国使者和商人仰慕中华，来中国络绎于途。元世祖忽必烈宣布："诚能来朝，朕将宠礼之。其往来互市，各从所欲。"⑦ 同时，又遣使"奉玺书十通，招谕诸蕃"⑧。1284年，占城向元朝献象，恢复双方友好关系。1288年，安南国王派遣使臣向元朝又贡方物。此后，东南亚和西方国家纷纷抵中国贸易，元代互市遂臻于盛。据《元史》记载，从公元1262—1334年，安南陈朝同元朝进行47次"朝贡贸易"；占城也与元朝进行11次"朝贡贸易"，对双方经济文化交流都有好处。公元1334年，元朝派吏部尚书帖住等人出使安南，把《授时历》赠给安南。此后，移居安南的中国华侨较之宋朝更多。中国的印刷术、指南针、火药三项伟大

---

① （明）宋濂等：《元史·外夷列传》（卷二百零九），中华书局1976年版，第4647页。
② 同上。
③ 同上。
④ 同上。
⑤ 同上书，第4648页。
⑥ 同上书，第4649页。
⑦ （明）宋濂等：《元史·世祖本纪》（卷十），中华书局1976年版，第204页。
⑧ （明）宋濂等：《元史·外夷列传》（卷二百一十），中华书局1976年版，第4669页。

发明，和天文历法均传入安南。其中，《授时历》是当时世界上最精确的历法，对安南的农业生产和人民生活起了良好的作用。从1288—1368年间，元朝与安南的和平友好关系长达80年，对双方经济文化的交流和发展十分有利，完全符合两国人民的愿望和利益。由于钦廉控制通交趾海道，连接诸蕃，车船辐辏，民物富庶，元朝便在廉州增设驿站。驿站分陆路、水路，陆路用马牛车，水路用船。元世祖在此设官员接待番船，促使广西海路交通和对外贸易较前代更为发达。

  元朝除了官方直接出面招诱海外诸国外，还采取"官本船"政策来推动航海贸易。所谓"官本船"，即由元朝政府"具船给本，选人入蕃，贸易诸货。其所获之息，以十分为率，官取其七，所易人得其三"①。这种由封建国家投资造船，或出资本，而由民间海商或船主经营的政策，满足了统治者的目的：一方面是促进海外贸易；另一方面是控制海外贸易。于是，其结果为"富民往诸蕃商贩率获厚利"，"商者益众"。然而，由于权贵航海贸易以及市舶官员的贪赃枉法，巧取豪夺，使朝廷利益受到冲击。为此，元朝廷曾严令："凡权势之家，皆不得用己钱入蕃为贾，犯者罪之，仍籍其家产之半。"② 由于严厉打击官商勾结，有力地保护正常贸易的发展，元代与广东、广西开展海外贸易的国家和地区，与宋代相比成倍增加。统治者因漕盐、运兵等需要，十分重视海运。元朝一方面在长江出海口，开辟"自刘家港开洋"至天津直线的北洋漕运粮食航线；另一方面发展南方的海外贸易，增加财赋收入。据元人陈大震的《南海志》记载，元代中国南方港口，与海外通商的国家港口有144个。又据元朝民间航海家汪大渊的纪实性著作《岛夷志》记载，与元朝进行海上交通和贸易的国家港口，已涉及亚、非、欧的220个地区。由上可见，元代广东、广西的海上丝绸之路已一度振兴，为明代的繁荣奠定了基础。

  至正二十三年（1363年），元朝设广西行省，为广西设省之始。频繁的海外用兵，大量的赏赐挥霍，使国家财政时常陷于紧张，统治者迫切需要广辟财路。据《合浦县志·事纪》记载，宋朝设廉州沿海巡检司，元朝改设廉州市舶提举司。元朝对市舶的管理，比唐、宋更为完善。旧署在

---

① （明）宋濂等：《元史·食货志》（卷九十四），中华书局1976年版，第2402页。
② 同上。

"州南十里中和坊",主要任务是迎送接待往来使者和商舶,对进口商品进行征税。凡邻海诸郡与蕃国抵港互易舶货者,"其货以十分取一,粗者十五分取一"①。此外,还收取舶税。据《元典章·户部·市舶》载:"依旧例于抽讫货物内,以叁拾分为率,抽要舶税1分。"这一抽分与舶税的比率,一直沿用到元末。另外,派出役丁在港口巡检商舶,"著其所至之地,验其所易之物",防止偷税漏税。同时,设市舶商行对抽解取得的货物进行拍卖。随着元朝招抚海外,东南亚和西洋番舶纷纷前来进行贸易。元朝与安南恢复友好关系后,安南遣使抵北京向元朝贡方物,元世祖也厚赐安南国王。此后,元世祖下诏安南"每三年一贡"②,并规定贡品为苏合油、金银、朱砂、沉香、檀香、犀角、玳瑁、珍珠、象牙、绵布等。元朝回赠品,主要是瓷器和丝绸。这些物品同样是安南与中国进行海上民间贸易的主要商品,大都由钦廉港口集散。

元朝在廉州设市舶提举司接待各国使者和商人,也吸引了大批中原商人抵此贸易。这样,不仅促进了港口的发展,而且刺激了廉州手工业和商业的发展,使廉州成为"海疆一大都会"。当时,廉州的陶瓷业已粗具规模。据合浦博物馆考古发现,元朝古陶瓷窑址大都在沿海地带。例如在今银海区福城上窑村附近的古窑中,出土有瓷、罐、壶、盆、甑、拔大罐、镭钵、烟斗等物品。这些器物绘着海鸟衔"寿"字,釉色主要有青黄、灰黄两种,永不褪色。当时,廉州沿海有很多瓷窑,"每年产品至少百万件"③。而当地人口并不多,元代廉州路辖合浦、石康二县,该路人口为11686人。所以,当地陶瓷产品以外贸出口为主。元朝市舶法则明文规定:"金、银、铜、钱、铁货,男子、妇女人口,并不许下海私贩诸蕃。"④ 元朝不准黄金、丝绸、军器出口,由陶瓷等制品取代出口,使廉州的陶瓷出口成为主要大宗商品。在元代,中医、中药在安南得到传播,中药也成为一种出口商品。安南特有的药物(如苏合油、沉香、檀木)

---

① (明)宋濂等:《元史·食货志》(卷九十四),中华书局1976年版,第2401页。
② (明)宋濂等:《元史·外夷列传》(卷二百九),中华书局1976年版,第4635页。
③ 王戈:《北海古窑址与"海上丝绸之路研究"》,载李志俭《北海文化纵横》,广西人民出版社2016年版,第444页。
④ 孙光圻主编:《中国航海史基础文献汇编》(第二卷·别史卷),海洋出版社2009年版,第2391页。

等,也由钦廉输入中国。另外,元代防城港成为一个重要的外贸中转港。1985年广西文物考古队在潭蓬发现了一批元代龙泉窑青瓷器,"应是运载我国外销瓷器的船只经过这里留下的遗物"①。

对于航海贸易,元朝政府历次的政策都是开放的。尽管因某些利益需要,从1285—1320年间四度"海禁",但均为时短暂,禁后即行"开禁"。1322年,元英宗宣布"复置市舶提举司",至元末政策也没有改变。市舶提举司的职责是"掌蕃货、海舶、征榷、贸易之事"。元朝市舶司的官职级别,"每司提举二员,从五品"②。廉州市舶司的官员,其级别高于县太爷,在地方是"实权派"。同时,元朝政府制定了《整治市舶司勾当》,并规定:"舶商、艄水人等,皆是赶办课程之人,家小合示优恤。所在州县,并与除免杂役。"这些优待船员的举措,对推动与维持元朝航海和外贸事业起到了重要的作用。

廉州市舶提举司是独立于廉州总管府的税收机构,专门管理商舶,对促进广西海外贸易起了很大的作用。海船起航前,舶商必先向市舶司报告,由市舶司衙门发下"公据、公凭",并由"保舶牙人"作保,船员也要团体作保。据《元典章》严格规定:元代的出海贸易许可证,必须注明"船只力胜若干,樯高若干,船面阔若干,船身长若干"③,开具本船财主某人,直库某人,艄工某人,杂事等某人,部领等某人,碇手还须填明"所往是何国土经纪,不许越过他国"④。元代不但对船舶每次的航线、目的港控制很严,而且对货物进出港控得很严。然而,市舶提举司的官员大都是贪婪之徒,苛捐杂税繁多,商人往往折亏本钱,不愿多从事买卖。商业萎缩,自然对社会生产造成影响。同时,廉州总管府和市舶提举司之间,经常为税收发生矛盾。

早在至元三十一年(1294年)十一月,为了加强地方统一管理,元朝曾经下诏"罢廉州市舶提举司"⑤,由廉州总管府复设沿海巡检司,加

---

① 王锋等:《北部湾海洋文化研究》,广西人民出版社2010年版,第115页。
② (明)宋濂等:《元史·百官志》(卷九十一),中华书局1976年版,第2315页。
③ 孙光圻主编:《中国航海史基础文献汇编》(第二卷·别史卷),海洋出版社2009年版,第2390页。
④ 同上。
⑤ 廖国器:《合浦县志·事纪》(卷五),合浦县博物馆藏,民国廿年(1931)石印版。

强对市舶的管理。由地方管理海外贸易，一利一弊。其好处是增加当地财赋收入，其弊端是局限于地方性，海外贸易大规模发展受阻。所以，元朝后期又"复置廉州市舶提举司"管理海外贸易。延祐元年（1314年），元朝市舶法则又规定"丝绵、段匹、销金、绫罗、米粮、军器"等为禁贩品。海舶起航时，市舶司、巡检司官员"亲行视各大小船内有无违禁之物，如无夹带，即时开洋"①。如胆敢违反，船物尽行没官。此后，元朝不准丝绸等出口贸易，由陶瓷等制品取代出口。于是，钦廉沿海港口由"海上丝绸之路"，开始变为"海上陶瓷之路"。至正八年（1348年）三月，"福建盗起"②。元末农民战争爆发后，泉州等地为"义兵"所占据，内战不息，加上倭寇侵扰，当地海外贸易遭到极大破坏。与此相反，广东相安无事，既无农民造反，海盗侵扰也不多，与隔海相望的东南亚国家关系又好，所以经济发展较快。当时，广州呈现繁荣景象。据元朝杨翮《佩玉斋类稿》卷四记载："世传岭南郡近海，海外真腊、占城、流求诸国蕃舶岁至，象犀、珠玑、金贝、名香、宝布，诸凡瑰奇珍异之物宝于中州者，咸萃于是。"与此同时，元末广东东部的潮州和西部的钦廉地区海上丝绸之路贸易也随之繁盛。

二　元朝漕运和采珠促进广西外贸

元代"海上丝绸之路"对外贸易，师承南宋市舶制度。元朝建都大都（今北京），作为政治中心拥有优越的地理形势，但远离当时的重要农业生产区。京都的粮食、生活用品不得不"仰给于江南"以解决。南粮运输和漕盐已成为当时统治者最关心的问题。元政府一方面利用陆路交通；另一面发展漕运。为了发展河运，元朝先后凿通济州河、会通河、通惠河三条运河，使之北接大都，从通州顺白河泻入天津而南至杭州。这样，广西的税粮即可跨灵渠入长江，东向杭州。同时，元王朝对广西漕运相当重视，在广西共设水路漕运站51处。共拥有漕船158艘，船工1294户。其中，在静江路有漕船68艘，船工646户；容州路有漕船15艘，船

---

① 孙光圻主编：《中国航海史基础文献汇编》（第二卷·别史卷），海洋出版社2009年版，第2391页。

② （明）宋濂等：《元史·顺帝本纪》（卷四十一），中华书局1976年版，第881页。

工 223 户；邕州路有漕船 10 艘，船工 70 户；梧州路有专门漕船 10 艘，船工 110 户；横州路有漕船 20 艘，船工 140 户。由此可见，元代广西河运十分畅通。元朝，广西沿海不仅是商舶云集之地，而且是鱼米之乡，又是漕盐之地、珠玑之乡。宝货、贡赋、舶税和盐税等项官府收入，比内地州县高得多。元统治者曾"割钦廉二州，益哈剌哈孙食邑"①，把钦廉二州作为蒙古皇孙的封地，用当地赋税收入供其俸食官禄。

"国之所资，其利最广者莫如盐"。元朝，廉州仍和前代一样，仍为漕盐集散地，其供应漕盐的范围几乎仍包括广西全境和贵州、云南、湖南一部分。至元二十二年（1285 年），元朝廷下诏"定廉州盐法"②，仍按宋朝旧制，"一引四百斤，价银十两，折钱二十贯"。元朝统治者懂得，国之兴亡，系于财赋，故亦把廉州漕运作为一项重要收入来源。当时，廉州盐场主要在榄子根、石头埠、大垌、大冠沙一带港汊，并仍在白石、石康置盐仓。史载，廉州每年漕盐额 35665 引，余盐 15000 引。按照每引 400 斤，共 5 万引推算，当时廉州年产盐约 2000 万斤，相当于 1 万吨。官府派差役在港口，查明引盐相符，注明到场日期，将水程表截角放行，运埠销售。廉州官府既发展海外贸易，又加强漕运。一方面使市舶提举司获得各种税收；另一方面大大促进了广西沿海港口海上交通的发展。同时，钦廉海盐北运，直接促进了广西的内河运输。郁林船埠，位于南流江水道之上，是廉州储盐、运销盐的枢纽。元朝漕船在此结队，仍经容州将盐销往广西各州及贵州等地，或再经梧州中转往桂州，销往湖南等地。同时，广西所产的陶瓷、布匹在郁林船埠中转，沿南流江出海，运往东南亚各国以及海南岛等地，促使北部湾的水陆丝绸之路一派繁荣。

元代，珠玑仍是中外贸易的重要商品。廉州官府十分重视珍珠的养殖和买卖，对合浦县沿海的珠池悉心维护，既满足了贸易的需要，又解决了当地珠民的生活来源。然而，后期元朝统治集团盛行奢侈腐化之风。蒙古皇室把每年搜刮来的民脂民膏，大部分用于无节制的赏赐和修寺等宗教活动中，耗费大量的珍珠。至元二十七年（1290 年），湖广行省"上二年宣

---

① 廖国器：《合浦县志·事纪》（卷五），合浦博物馆馆藏，民国廿年（1931）石印本。
② 同上。

课珠九万五百一十五两"①，是元代历史上贡珠最多的一次。元代首创行省制。当时，钦州路、廉州路属湖广行省海北海南道。然而，湖广行省的珍珠产地，主要是廉州、钦州和雷州。延祐四年（1317年），时任廉州总管，后任宰相的伯颜曾抵廉州海角亭巡查，作《海角亭》序，他在赋中记述："延祐丁巳秋，予分治兹土，访郡耆老，讲求还珠故事。"可见，采珠、贩珠是官府的一项重要活动。同年12月，因元朝富家妇女喜用珍珠装饰，造成市场缺货。元仁宗为了满足统治阶级的享乐需要，下诏"复置廉州采珠都提举司"②。这个机构专门向合浦珠民征集珍珠，亦兼有市舶使性质，同时向番舶收购抽解珍珠。为了保证满足元朝上层统治者的需要，廉州采珠提举司派差役征调廉州、雷州"疍户"的数千条船艇，进行大规模的开采。珍珠从廉州贩运至北京，价格尤贵。除了官办，私商从事贩珠，可一本万利，从而促进了广西海外贸易的发展。在廉州沿海采珠的老百姓，被称为"疍户"，全家住在船艇上，终年在海面飘荡，身受官府和商人的双重剥削。泰定元年（1324年）七月，元统治者怕官逼民反，只好下诏"放广东廉雷等疍户为民，罢采珠"③。此后，广东、广西百姓可以自由地航海和贸易，中原商人亦抵此从事海外贸易。

至元三年（1337年），元朝统治者下诏廉州官府，再次在广西沿海大规模汇调集疍户采珠和贩珠。当时的苛捐杂税达30余种，严重地挫伤了廉州百姓和商人的积极性，钦廉商业逐渐萧条。加上"海门之外，隐若敌国"，交趾海寇经常在广西沿海骚扰，抢劫商船、渔船，疍户和商人的生命得不到保证。因而，当时廉州的采珠业和贩珠贸易都一蹶不振。次年，元朝只好下诏罢免采珠都提举司。1349年，元末国势衰弱，外夷趁机入侵。"海寇自交趾乘风犯合浦"④，在港口商埠抢劫财物和人口，钦廉沿海百姓人心惶惶。尽管海北海南道巡抚司"移檄廉、琼、高、化四路讨之"⑤，派水军在今广西北部湾巡逻、追捕，但交趾海寇仍然常常在海道上拦路打劫。结果广西的海上交通大受影响，对外贸易迅速衰落。

---

① （明）宋濂等：《元史·世祖本纪》（卷十六），中华书局1976年版，第343页。
② 廖国器：《合浦县志·事纪》（卷五），合浦博物馆馆藏，民国廿年（1931）石印本。
③ 同上。
④ 同上。
⑤ 同上。

第七章　明清(前期)广西海上丝绸之路的盛衰交替

明初,朝廷遣使四出,海上交通和官方对外贸易规模远胜于前代。海北盐课提举司在廉州漕盐和18次大规模的采珠活动,进一步促进了钦廉海上交通和贸易的发展。明末清初,朝廷一度实行海禁政策,又阻碍了广西外贸的发展。康熙、雍正、乾隆年间,清廷一度开关与国外通商,广西港口外贸曾兴旺一时。然而,由于清政府顽固地维护晚期封建主义统治,并竭力推行闭关锁国的落后政策,致使无法有效地抵御西方资本主义势力的入侵。廉州官府对殖民主义者和海寇的侵扰无能为力,广西海上交通贸易走上了由盛转衰的下坡路。

第一节　明初钦廉海上交通和外贸兴旺

明初,廉州的经济发展很快,商业繁荣。明朝在"钦州设卫""廉州增驿",促使广西海上交通和贸易快速发展。此时,指南针的广泛应用使航海技术大为提高,船舶航海日益增多。

一　明初钦廉的航海贸易

洪武元年(1368年)五月,明太祖朱元璋称帝后,派遣征南将军廖永忠等人率兵占领廉州,"诏减官田税额,改廉州路为府"[①]。属海北道,管辖范围包括今北海、钦州、防城港三市,治地仍为今合浦县廉州镇。由

---

① 廖国器:《合浦县志·事纪》(卷五),合浦博物馆馆藏,民国廿年(1931)石印本。

于廉州地理位置优越,"扼塞海北,远镇交南,凿山为城,践海为池"①,因而成为明朝在岭南的重镇。明初,为了加强中央集权,巩固南海边防,朱明政权将原属湖广行省海北海南道的钦廉地区和海南岛并入广东省。虽然这一行政调整对南海的开发有着重要作用,但这一举措使广西成为内陆省。广西所需食盐、海产,全仰赖广东。广西出口的土特产,也须由钦廉或广州中转,对广西和西南地区的海外贸易发展不利。当时冠头岭下的南澫港(古称"南湾",今北海港区域),已成为贾舶渔船云集之地。洪武八年(1375年)此地建成"镇海庙",为商贾和渔民出海前的求神保佑之所。当时,明朝派兵驻守冠头岭,并建"廉阳古洞"(又名龙王岩),明初冠头岭一带海域已成为钦廉沿海的主要港口。据《广东通志》(嘉靖)卷六十七记载,冠头岭在合浦城南八十里,"穹窿如隆,西南临海,南北皆粤海船艇焉。潮长撼石如雷,相传交趾黎王葬此,交趾人每岁望海祭之"。可见明嘉靖前冠头岭海域已是商贾辐辏之地,海舶寄碇之所,又是中国对外贸易的重要门户。明代刘子麒《冠头岭秋霁》诗云:"巉岩壁立镇惊涛,独战商炎爽气高。多少艨艟冲巨浪,凭虚一览尽秋毫。"② 明代剧作家汤显祖在《阳江避热入海,至涠洲,夜看珠池作,寄郭廉州》诗中亦云:"日射涠洲郭,风斜别岛洋。交池悬宝藏,长夜发珠光。"③ 涠洲、斜阳岛即在今广西北部湾海域。从明代文人墨客对冠头岭和涠洲岛的描绘中可以反映出明代广西北部湾海洋经济的繁荣。

明初,从洪武元年(1368年)四月开始,钦廉地区隶属广东行省。"洪武十四年(1381年)五月,恢复廉州为府,廉州府领合浦、灵山、石康三县和钦州"④。此建制与隶属一直维持到清末。当时,明朝实行"朝贡"贸易制度。据《续文献通考》卷三十一记载:"凡外夷贡者,我朝皆设市舶司以领之……许带方物,官设牙行与民贸易,谓之互市。是有贡舶即有互市,非入贡即不许其互市。"然而,明政府在实行朝贡贸易的过程中,由于当地执行"怀柔远人"和"厚往薄来"的政策,结果造成以高

---

① (明)黄佐:《广东通志》(嘉靖)(卷一),广东省地方志办公室誊印本1997年版。
② 北海市地方志编纂委员会编:《北海史稿汇纂》,方志出版社2006年版,第579页。
③ 同上书,第578页。
④ 北海市地方志编纂委员会编:《北海市年鉴(2015)》,广西人民出版社2016年版,第65页。

于"贡品"若干倍的货品"赏赉"朝贡国。此举客观上实现了明政府对广东实行开放的贸易政策,刺激了当地海外贸易的发展。

钦廉沿海地处亚热带,气候"少寒多热",雨量充沛,因而物产丰富,种类繁多。盛产水稻、甘蔗、花生、桑、麻、茶叶、桂皮、龙眼、荔枝、菠萝等经济作物和水果。矿产有铁、水银、铝、锡等。同时,明朝廉州府又以鱼盐为垄断,每年"盐课七万二千四百七十六引",相当于3000余万斤,盐产量高于前代。此外,廉州还盛产红鱼、鱿鱼、墨鱼、大虾,以及闻名中外的珍珠。总之,明朝广西沿海丰富的物产和矿产,为港口的对外贸易的发展提供了出口物资。其中,钦州出口贸易商品是"银、二碌、藤黄、黑铅、五倍子、生锡、水牛皮、桐油八项"①。明代廉州古城设有阜民圩、西门市、卫民圩等易货市场。其中,阜民圩、西门市靠近西门江(南流江的支流)而设,拥有河道出海的便利,成为南流江下游的主要货物集散地。明代饶秉鉴《阜市人家》诗云:"阜市东来接海涯,市中烟火起楼台。几家竣宇相高下,无数征商自去来。民俗喜从今日厚,柴门应为故人开。圣朝自是多丰乐,常听欢声动六街。"②文人学士对廉州街阜的描写,反映出钦廉一度歌舞升平,经济文化繁荣。

随着经济的复苏和繁荣,明初朱元璋十分重视海外贸易,"遣使颁科举,诏于安南占城,以其通中国文字也。诸番莫不畏威怀德,自是朝贡不绝"③。当时安南、占城、真腊、暹罗、满剌加、三佛齐等东南亚国家的使者和商人,由海道来中国,由钦廉登陆,常进贡方物。1369年,安南、占城使者奉表来朝,进贡方物,并请封爵。朱元璋分别封陈日烜为安南国王,阿荅阿者为占城国王,并赠金印、《大统历》等物品,双方建立藩属关系。洪武四年(1371年),占城朝贡,"使者皆带行商"。明朝既加意招徕,海外各国商人自然乐于与中国通商。明代中国本着与柬埔寨友好的传统,多次遣使访问柬埔寨。《明史》记载:洪武三年(1370年)和十

---

① (明)林希元修:《钦州志》(卷三),钦州市地方志编纂委员会办公室重印天一阁藏本,2009年版,第147页。

② (明)张国经:《廉州府志》(崇祯)(卷第十二),岭南美术出版社2009年版,第244页。

③ (明)黄佐:《广东通志》(嘉靖)卷六十六,广东省地方志办公室誊印本1997年版。

九年（1386年）、永乐元年（1403年）和三年（1405年）明成祖连续四次遣使多人访柬埔寨。而柬埔寨从明洪武年间到永乐年间，"也派遣使团来中国朝贡达13次之多"①。

明初东南亚各国给中国的朝贡物品，以金银器皿、熏衣香、降真香、沉香、速香、木香、黑线香、白绢、犀角、象牙和纸扇为大宗。且东南亚各国贡献的香料数量异常之大，如洪武十五年（1382年）爪哇的贡物中有胡椒75000斤；洪武二十年（1387年）真腊的贡物中有香料60000斤，暹罗的贡物中有胡椒10000斤、苏木10000斤；洪武二十三年（1390年）暹罗又贡苏木、胡椒、沉香等物171880斤。这些香料的输入，对明初商品交流的发展起到一定的作用。至洪武年间（1368—1398年）海禁最严厉的时期，暹罗仍派船朝贡达35次。暹罗船舶来中国，必经南海。北至廉州，循海北岸。海北岸，即今广西北部湾沿岸一带。反映出明朝泰国等东南亚国家来中国，亦取道廉州登陆。随着官方贸易的发展，廉州与东南亚各国的民间贸易往来更密切。由于冠头岭地势突出，使其一带海域逐渐成为廉州主要进出口岸。加上廉州府"民用所资，转仰于外至商贾"。所以，发展钦廉的海外贸易对促进当地的经济发展极为重要。

朝贡贸易是明初"海上丝绸之路"主要对外贸易形式。安南、占城、暹罗等东南亚国家经廉州"朝贡"，就是以朝贡为名行贸易之实。表面上承认自己是"附属国"，实际上是通过"朝贡"这一形式与中国进行贸易，从中赚取经济利益。朱元璋对南海周边国家的使者来京极其重视，给予高规格的礼遇接待。只要使者来中国，朝廷都派官员陪同保护入朝。据《明太祖实录》卷一五四记载，洪武十六年（1383年），朱元璋告诫礼部官员："彼既幕义来归，则赠予之物宜厚，以示朝廷怀柔之意。"明代，朝廷在钦州康熙岭长墩岛设置巡检署，管理钦州的贸易。同时，明太祖朱元璋也很重视广西内河航运和廉州对外贸易，曾主张在汉朝马援修凿的桂门关，开凿南流江、北流河之间的运河。又据《国榷》卷十记述，"洪武二十七年十二月辛未，凿广西玉林北流南流二江"。两江相隔仅十余公里，如通运河，可以连接北流河和南流江。商贾由港口乘船溯江而上，便

---

① 王锋等：《北部湾海洋文化研究》，广西人民出版社2010年版，第82页。

可通向广西各水道。这是明代广西发展内河航运和海外交通的重要措施。该工程长约13公里，仅建成6公里，后因朝廷政变，政权更迭，无暇顾及，十分令人惋惜。嘉靖年间，北湾（今北海港锚地）、南湾的海面上"皆粤海船"。明朝初期十分重视海外贸易，据《廉州府志》（嘉靖）卷四记载，廉州海上通占城、暹罗、真腊、爪哇、满剌加、三佛齐、渤泥、天方西洋等国，并建立不定期航线，使廉州对外海上运输畅通无阻。

明朝中期前，明王朝不但注重发展海外贸易，而且以军事实力作为保障，维持中国边境的和平安定。洪武二十七年（1394年），安南黎氏篡夺陈氏家族王位后，侵占明朝思明府所管辖的禄州一带。同时，又侵略占城，与明朝关系恶化，双方官方贸易一度中断。此后，安南海寇开始在廉州沿海进行武装掠夺和骚扰，甚至在港内抢劫中国商船，焚毁沿岸村庄。因而，钦廉海上交通和贸易大受影响。同年七月，明朝廷为了加强海防，派大员抵廉州，"教习训练沿海寨所军官"[①]。当时，明朝在廉州沿海设珠场等八寨，并在乾体、龙门设水师驻防，还在冠头岭增兵屯卫。洪武三十一年（1398年），廉州府衙门奉命发布檄文"禁通番"，一改前段时间的开放政策，实行严格的"海禁"，"申禁人民，无得擅出海与外国互市"。"敢有私下诸番互市者，必置之重法"[②]。同时，明朝还派水军在北部湾巡逻警戒，严防安南的侵扰。

永乐三年（1405年），安南黎氏王朝不但派兵侵掠廉州沿海，而且侵占占城领土。占城使者向明朝进贡回国，途中又遭安南士兵掠劫。据《明史·安南列传》记载，安南十分嚣张，"逐侵广东琼、雷，盗珠池"[③]。珠池在合浦县沿海，安南黎氏王朝派水军在此大肆抢劫商船和珍珠等宝货。同时，原安南陈氏王朝陪臣来华告急，揭露黎氏弑主篡位，残害忠良，请求明朝兴问罪之师。明成祖朱棣闻讯，由今广西、广东、云南三路出兵。其中一路军，由钦廉经海道直趋安南。明王朝以廉州作为军事

[①] 廖国器：《合浦县志·事纪》（卷五），合浦博物馆馆藏，民国廿年（1931）石印本。

[②] 孙光圻主编：《中国航海史基础文献汇编》（第二卷·别史卷），海洋出版社2009年版，第262页。

[③] （清）张廷玉等：《明史·安南列传》（卷三百二十一），中华书局1974年版，第8328页。

基地，仍自南流江、北流江二江运粮，集结军队，出兵大败安南黎氏王朝。1407年5月，安南北江、安越等地百姓纷纷到明朝军营报告：陈氏子孙，已被黎氏杀尽，没有后裔可继承王位，愿意恢复古代的郡县制。同年8月，明朝廷下令改安南为交趾，设置三司。从此，交趾再次归入中国版图，成为明朝的郡县。廉州与交趾之间的贸易来往，又变成国内通商。据《大越史记全书》卷一记载，永乐四年（1406年）明成祖朱棣派监生唐义到交趾，颁赐"四书五经"，将中国文化源源不断输入交趾。儒学传入交趾后，对其政治、经济和文化发展曾起到积极作用。

明代称广东南海为南洋，并以东经110°为界。在此以东的海域为东洋，包括今菲律宾群岛和日本一带；在此以西的海域称为西洋，包括今马来西亚半岛、印度、斯里兰卡、波斯湾、地中海沿岸等。也就是说东洋和西洋的基本地理分界便是南海。所以，明朝永乐、宣德年间郑和经南海到印度等地的航线，被称为"下西洋"。明王朝早期实行"示富耀兵"的对外战略，促进了中国"海上丝绸之路"的发展。从永乐三年（1405年）至宣德六年（1431年），明成祖派郑和七次出使西洋，执行"示富耀兵""怀柔远人"的外交使命。史载，郑和船队第一次为27800人，第七次为27550人，每次都有大、小海船200余艘。船舶"大者长四十四丈四尺，阔一十八丈；中者长三十七丈，阔一十五丈"①。换算成现在的计算单位，郑和宝船最大长度为125.65米，宽度为50.94米，排水量超过万吨。相比之下，哥伦布的"圣玛利亚"船长度不足30米，排水量约233吨，仅达郑和宝船的1/150，差距很大。郑和率领的这支船队，是15世纪世界上规模最大的远洋船队。其中，郑和第一次下西洋的航线是：江苏刘家河（今太仓浏河）—福建长乐—占城（今越南中部）—爪哇（印尼、马来西亚一带）—旧港、苏门答腊、南巫里（今印尼）—锡兰山（今斯里兰卡）—古里（今印度）。可见，郑和是循着汉代"海上丝绸之路"的航线下西洋的。不同的是，郑和第四次下西洋时将航线伸延到忽鲁谟斯（伊朗波斯港口）和阿丹（今也门的亚丁）等地，远航波斯湾、红海与东非海岸。表明明代的航海技术已相当发达，达到中国古代航海史上最高水平，在世界航海史上占据领先地位。

---

① （清）张廷玉等：《明史·宦官列传》（卷三百四），中华书局1974年版，第7768页。

斯里兰卡国家博物馆现存一物："郑和碑《布施锡兰山佛寺碑》。"该碑于1911年在斯里兰卡南部港口高尔市被发现。石碑正面从右至左，从上到下分别用中文、泰米尔文、波斯文三种阴刻文字"记载了600多年前郑和赴西兰（今斯里兰卡），向岛上佛教寺庙布施财务供奉佛祖之事"①。这块石碑，是我国海上丝绸之路和中斯友好交往的实物明证，极其珍贵。郑和下西洋，对扩大明王朝的国际声威，传播当时先进的中华文明，加强中外人民之间的相互了解与交流起到了巨大的作用。其中，郑和第六次下西洋返航时，亚非十六国船队"遣使千二百人，交方物至京"②。明成祖曾至秦天门朝贺，当时海外诸国使者千余人参加朝见，如此旷世盛景，实属罕见。郑和下西洋，"所取无名宝物不可胜计，而中国耗费亦不

郑和宝船复原效果图（辑自席龙飞《中国造船史》）

赀"③。海外各国见有利可图，"莫不稽颡称臣，献琛恐后"④，纷纷前往中国朝贡。每一次航海，郑和船队都在占城国新州港（今越南平定省的归仁）或灵山港（今越南富安省绥和）停泊。郑和到达占城，将带去的

---

① 杨梅菊：《郑和碑见证中斯海上丝路缘》，《中国文物报》2014年10月7日。
② 中国台湾"中央研究院"历史语言研究所校：《明太祖实录》（卷一百二十七），国立北平图书馆红格钞本影印1962年版。
③ （清）张廷玉等：《明史·宦官列传》（卷三百四），中华书局1974年版，第7768页。
④ （清）张廷玉等：《明史·西域列传》（卷三百三十二），中华书局1974年版，第8625页。

金银、绸缎、瓷器等同当地商人进行交换，并赠送金织、文绮、彩绢等礼品给国王，邀请他派使臣来中国。于是，占城国王占巴便派使臣来中国并贡献方物，明王朝亦厚赠金印及黄金百两、白金五百两、锦绮纱罗五十匹、彩绢百匹。此后，两国的贸易关系更加密切。郑和七下西洋，大大提高了明王朝在国外的威望。安南、占城、暹罗、真腊等国家的商人纷纷抵廉州，与我国商贾进行交易。明朝大批商人亦从钦廉前往东南亚，进行海外贸易。

永乐十四年（1416年）五月，由于来往廉州的外国使者甚多，加上本国大官巨贾亦抵廉州从事海外贸易，明朝廷便下诏"增设廉属驿站"①。所谓驿站，实质上是官方接待外国使者和富商大贾的招待所。在廉州府所属区域增置水路驿站，进一步促进了廉州海路交通的发展。史载："钦州设卫所，置驿站，以便往来，开中积盐，使商贾输粟，以广军储。"② 明代钦廉驿站也是番货转运、交易的场所。交通便利，广西进出口货物便甚为方便。同年，交趾总兵张辅奏言："自广东钦州天涯驿经猫尾港至诵论、佛淘，从万宁县抵交趾都由水道，陆行只二百九十一里，比丘温故路近七驿，宜设水驿传，以便往来从之。"③ 于是明朝增设广东钦州之防城、佛淘、宁越、诵论二递运所，灵县之平滩水驿、平滩递运所和灵山县三水驿；改交趾嘉林县马驿、交州府庐江马驿、广东钦州天涯马驿俱为水驿。这不但反映了明代广西沿海与越南之间的水上交通运输情况，而且反映了明王朝与交趾在政治、经济上的密切关系。

明初，广西河海联运是一条重要的贸易通道。永乐二十年（1422年），广西博白县吏曾上书朝廷建议："玉林的博白、北流、陆川、兴安四县，岁运粮九万余石输梧州、平乐等四个千户所，今其地储积有余，而玉林水行可至廉州，去交趾新安甚近。若从玉林及博白等县粮输廉州仓，全交趾军民自运其廉州县粮，则以输交趾新安、万宁甚便。皇太子从之。"④ 于是明朝加强南流江的海河联运，使其成为当时广西沿海与交趾

---

① 廖国器：《合浦县志·事纪》（卷五），合浦博物馆藏，民国廿年（1931）石印本。
② （清）张廷玉等：《明史·黄福列传》（卷一百五十四），中华书局1974年版，第4225页。
③ 同上书，第4226页。
④ 柳诒徵校补：《安南弃守始末》，国学图书馆陶风楼1937年版。

（今越南北部）物资运输、人员往来的一条便捷通道。永乐、宣德年间，明朝复设福建、广东、浙江三处市舶司，并增设"交趾云屯市舶提举司，接西南诸国朝贡"。史载："云屯镇在交趾新安府县之云屯岩内，海中番贾舟船多聚于此，永乐中设市舶提举司。"① 从廉州冠头岭下的港口出发，"自海面西行三百里至鸡唱入云屯镇"②。从中反映出明代廉州与交趾的海上交通往来甚为便捷。永乐时"入海贡舶至"，由地方官查验后，奏报朝廷才能启运。廉州与交趾云屯海道相通，东南亚和西方各国的海船抵云屯镇后，外国使者向明皇朝贡，仍经今广西北部湾沿岸登陆。龙门在廉州西南，"占城、暹罗诸番之入必由龙门"③。然后，上溯南流江北上中原。明成祖以后，安南又改名交趾，与中国恢复友好关系。

　　1427年，明朝派李彬为交趾总兵官，太监马骐为监军，兼采办珍珠。马骐十分贪婪残暴，大肆搜刮珠宝，引起当地人民的愤恨和反抗。明朝大军刚撤退，交趾清化府的巡检司官员黎利便趁机组织起义军，打败明军余部，进逼东关（河内），自立为王。黎利夺权即位后，派遣使臣到明朝，贡献金器及方物，请求册封，并表示"永为藩臣，常奉职贡"。后来，明王朝遣使封其子为安南国王，撤销交趾三司，允许交趾恢复独立。明朝与交趾的关系，由郡县制变成宗主国与藩国的关系。同时，明朝失去了对交趾的行政管辖权，钦廉与交趾的贸易则由内贸变为外贸。据《廉州府志》（康熙）卷四《驿传》记载："明府属驿传额银一千三百四十二两。"同时，为防止交趾海寇的侵扰，保护钦廉的海上交通和对外贸易的安全，明朝采取在"钦州设卫"的措施。宣德五年（1430年）至成化元年（1465年），交趾频频遣使取海道经钦廉，向明王朝进贡。钦廉州既是交趾进贡之所，又是与交趾互市之地。当时，进口的外国货物主要为沉香、胡椒、荔枝、钻石、象牙、犀角等。而由钦廉输出的，则以陶瓷、铁器和丝织品为大宗。总之，明朝采取"钦州设卫"和"廉州增驿"的措施，大大促进了广西海上交通和贸易的发展。

---

① （清）张育春：《廉州府志》（道光）（卷二十三），合浦博物馆藏，清道光十三年刻本。
② 同上。
③ 同上。

明·永安大士阁、廉州文昌塔（辑自《北海图录》）

二　梧州、钦廉一度成为广西重要对外门户

两广为珠江水系流经的主要地区，水道纵横，因而古代广西的东西和南北交通主要依靠水路。明宪宗成化元年（1465年）至嘉靖四十年（1561年），明朝将两广总督驻节梧州。据《广西通志》（嘉靖）卷二记载：梧州"为南极水路要冲，地总百粤，山连五岭，盖二广上游八桂门户也，故于此建节镇，则南援容邕，西顾桂柳，东应韶广，北可坐制阳峒诸夷，而安南无宿忧"。当时，梧州为两广水陆交通枢纽。在东西方向上，船舶由梧州西溯郁江可通夜郎、巴蜀，打通云贵川；顺西江而下抵肇庆、广州，沟通珠三角和海外。在南北方向上船舶由梧州北溯桂江、漓江，过灵渠，沿湘江抵中原。南溯北流江，经低矮分水岭桂门关，沿南流江，抵廉州出北部湾，往东南亚各国。两广总督驻节梧州，作为封疆大吏，掌握军政大权，不仅可繁荣梧州区域经济，安定局势，开拓广西水运，而且可促进两广区域联合，发展海上丝绸之路的海外贸易。明初，雷州半岛和钦廉地区从湖广划归广东，统一管理南海岸线。广东、广西单独设省，两广并称，成为两个区域关系几乎为一体的地理单元。两广总督驻节梧州，可以使两地关系和联系进一步融合和提升到一个新的高度，对两地经济交流产生积极的效果。

据《明太祖实录》记载：广西粮食充裕，"今其地储积有余，而郁林州水行可至廉州。廉州去交趾新安俱近，若以玉林及博白等县粮输廉州仓，合交趾军民自运其廉州郡县粮，则以输交趾新安、万宁甚便"。因此，广西相当一部分谷米沿南流江出海外销，另一部分沿郁江到梧州，再转销广东。当时梧州府的戒墟，每天大约有二三十万斤稻谷交易，大都沿西江运往广州、佛山等地销售。明代，因广西是内陆省，盐业几乎全靠广东供应。广东商人曾受政府特许在梧州设立盐厂，主要由广东省的高雷廉地区供应，在梧州转运，水上分销桂北、桂西。广西的粮食，也听任广东帮商人贩运。由廉州运至玉林船埠再转梧州的漕船，北上运海盐，以及珍珠、香药等舶来品；南下运粮食、木材，以及葛布、陶瓷等出口。因而，梧州成为广东的海盐、广西的谷米集散中心，不但促进了广西漕运，而且发展了海上丝绸之路的对外贸易。

明初，中国的航海事业处于世界航海史的领先地位。而当时钦廉地区所属的广东为当时海上丝绸之路航运的主角，从广东沿海港口起航或经广东南海出洋的航线已扩展至全球。自从葡萄牙人进入和租居澳门后，澳门便成为广东到日本长崎贸易的中转港。钦廉的船舶，载货往广州，多在澳门停留。据《明经世文编》卷四零零记载："日本长岐（崎）地方，广东香山澳佛郎机番，每年至长岐（崎）买卖。装载铅、白丝、红木、金物等货。"1619年，澳门有8艘商船从事该航线贸易，换回大量日本银子和土特产。万历年间（1573—1619年）广东与东南亚地区贸易关系进一步巩固，广东商人定期前往帝纹岛收购檀香木回国内销售。檀香木，钦廉人视为上等木料，专门制作高档仿古家具，用途甚广。望加锡位于苏拉威西岛的西南面，是中国丝货和印度棉织品的转运港，是当时葡萄牙人新的商业地盘。广州至帝纹航线，便成为海上丝绸之路贸易的固定航线。上述航线的开辟，客观上促进了钦廉沿海航运和贸易的发展。因而，钦廉商船定期到广州、澳门碇泊，从事买卖。

海运发展和社会经济是互为因果、相互促进的。明中期前，受刚刚兴起的世界资本主义经济的影响，广东和广西商品性的农业和手工业兴起，商品的交流也促进了运输的发展。据屈大均的《广东新语》记载，灵山和广西贵港的大米，运至横州平南，由商贾装之于舟船，"顺乌蛮滩水而下"，经西江转销广州。廉州、钦州的农副产品，"用大牛车运之以上海船"，从海路运往广州中转销往江浙的苏州和北方的天津等港。当时，由于广州位居西、北、东三江汇流之地，又拥有虎门、磨刀石等8个出海口，河海联运十分发达。顺风顺水，西路船舶由广州起航，"西至廉州二日,儋州西行二日可达交趾万宁县,三日可抵断山云屯县,崖州南行二日,接占城外蕃"①。又据《广东通志·郡县志》(万历)记载:当时广东津渡码头设施中,广州府位居全省第一。广州府在南海、番禺、顺德共拥有津渡码头101个。与此同时,廉州府在合浦、钦州、灵山只拥有津渡码头12个,水运设施显得十分落后。由于当地货运量相对较少,钦廉沿海港口只能作为中小港,广州大港则作为海运中心枢纽。

明代廉州府沿海港口主要有永安港(今铁山港区域)、白龙港、南湾(今北海港区域)、冠头岭内(今北海港区域)、乾体、大观港、龙门(今钦州港区域)、企沙(今防城港区域)等,其中永安港左旁英罗,右依铁山,扼高、廉、琼海道的咽喉,明初为合浦东部海防要冲。大观港位于合浦西部,是钦廉通航要道。乾体一带处于南流江入海口,是廉州镇的门户。明代的冠头岭海域(即今北海港水域),位于南流江出海口之南,有北湾(东起赤壁岭底,西至地角、冠头岭,北接乾体港,南抵外沙)、冠头岭内(即今外沙内港、地角避风塘、红坎村一带)和南湾(东至西村港,西至冠头岭,北起大墩海一带,南至大海中)。明代冠头岭的南北海域,已成为广东船舶主要的寄碇之所。北湾的南岸,即今北海市的市区,在明朝嘉靖前就早已有人居住。其中,北海村位于今外沙内港南侧。军屯、独江、旧场等村,约建于宋朝开宝五年(972年)。地角村,约建于明朝成化十六年(1480年)。早期地角村的兴旺和繁荣,是合浦乾体先人艰苦努力开拓的结果。据《广东通志》(嘉靖)六十七记载,在明朝嘉靖(1522年)以前,今北海市区口岸已逐渐形成,冠头岭海域(即今北海港)已成为船舶寄碇之所。从明代开始,今北海港已逐渐成为钦廉主要门户。

嘉靖年间,明朝一度松弛海禁,允许广东沿海商埠对外互市。随着廉州海外贸易的恢复,港口海上交通逐渐发展。此时,航海技术比前代大为提高,抵港舶船吨位逐渐增大,但南流江入海口处泥沙的淤积壅塞,使大海船由入海口溯南流江抵廉州镇街圩碇泊已十分困难。为此,廉州府曾两次出动数以万计的民夫,疏浚航道,但仍无济于事。据载:正德年间

---

① 叶显恩、谭棣华、罗一星:《广东航运史(古代部分)》,人民交通出版社1989年版,第96页。

（1506—1521年），南流江下游屡疏屡淤，曾在下游修筑堤坝，终因入海处航道淤浅严重，吨位大的海船只好停碇在今北海港一带，并改由渡船和小船维持至廉州等处的内河运输。于是，港口主要位置逐渐向水深的南面伸延，北海埠逐渐兴旺。此时，中国航海已将导航仪器罗盘、计程时更、海图与牵星图进行综合运用，可以保证船舶安全准确抵达目的港。嘉靖年间，明朝的大海船已在冠头岭下海域发舟，开辟往安南海东府、海阳府、太平府、新兴府的不定期直达航线。由港口向东出发，"日半至雷州少南，二日至琼州，正北十日至广州"①。向南出发，可直达交趾永安洲。"舟漂七八昼夜至交趾青化府界，如舟不能挽，经南则入占城"②。从嘉靖二十七年（1548年）至万历三十五年（1607年）近60年间，钦廉海舶海上交通，便定期东达粤、闽、浙沿海各埠，南抵东南亚各国港口。

钦廉地区的北海港由冠头岭跃出海面，屈曲回环而抱成良港。港区水域北面包括廉州湾大部分水域，东至今福城镇的西村港，西、南在冠头岭外大海中。廉州湾内的北湾（今装卸锚地）、冠头岭内（包括石步岭港区和外沙内港）等古港都属北海港水域。《广东通志》（嘉靖）卷六十七详细的记载如下："广东海道自廉州冠头岭发舟，北风利，二三日可抵安南海东府，若沿海岸西行，一天可抵钦州乌雷岭，第二天可抵白龙尾，第三天可抵玉山门，第五天抵万宁州。"接着可"南至安阳海口，又南至多渔海口。各有支港以入交州。自白藤江而入……则经安阳县至海阳府。溯洪江至快州，经咸子关口，由富良江（红河）以入……此海道之大略也"。这是有关廉州冠头岭至交趾航路的重要史载，亦说明在明代，北海港已成为廉州府对外海上交通的门户。

史称："冠头岭俯瞰六池，为廉门户。"③ "池"是指"珠池"，亦即明代在冠头岭山顶可以观望合浦沿海的六个珠池。明顾禹祖《读史方舆纪要》："珠母海东南八十里海中，有七珠池。曰青莺、曰杨梅、曰乌泥、曰白沙、曰平江、曰望断、曰海猪。" "西为平江、杨梅、青莺三池，有大蚌，剖而有珠。今止以三池所谓合浦珠也。" 合浦珠池的分布海域，见

---

① （明）张国经：《廉州府志》（崇祯）（卷六），书目文献出版社1992年版，第92页。
② 同上。
③ 同上书，第91页。

诸历代志书的图经，大致可以确定为今广西沿海，即东起雷州半岛，西至东兴的广西北部湾海域。其中，应以平江、杨梅、青莺珠池为主。由此形成了珍珠捕捞产业圈，也是港口货运的经济腹地。明朝在冠头岭至白龙一带海域大规模采珠，客观上也促进了港口海上交通和贸易的发展。据1986年12月《考古》杂志刊载的《广西合浦上窑窑址发掘简报》一文报道，当时上窑、下窑等窑址，在明朝之所以兴旺，是因为"与合浦县白龙采珠场有着密切的联系"。"上窑、下窑等窑址也有十余处，窑炉数十座，每年生产至少也有几十万件瓷器"。当地百姓是用不了那么多的陶瓷的，所以大部分产品应是供出口贸易。其中，缸瓦窑位于今市区的靖海镇岭底村委会北约1公里处，沿着海岸边"有三条龙窑的遗迹"。"明朝时，北海地区创烧窑加上前代延烧的瓷窑有十多条，以每条窑每次装烧器物2万件计，每年就烧造40万件"。如此多的陶器产品，不可能全靠当地消费。凭着港口和海运优势，显然是做出口外贸，寻求生存和发展空间。另外，北海岭底缸瓦窑大量出土烧制的梵文青花碗，有着与佛教信仰相维系的梵文纹饰。从而说明，北海地区生产的陶瓷产品，主要由港口销往泰国、柬埔寨，以及印度等佛教盛行的地区。

冠头岭下的港口地处今广西海岸线的中端，是明代广西北部湾航海的一个重要枢纽港。史载，"冠头岭脉自大廉来……跃出大海二十里。当郡城之坤维，若郡外之外郛"，地理位置十分重要。当时，"安南、暹罗、满剌加，诸番风帆易达廉州之境"。"自廉之冠头岭而东，白龙、调埠、川江、永安……""自冠头岭而西至防城……水道皆通"[①]。因而，明海北道官府还在弘治十六年（1503年）将海北兵备道移至廉州镇，以"卫海寇之警""外夷之侵"。为防倭寇沿海侵扰为患，廉州官府在合浦县沿海设川江寨（今婆围）、调埠寨（今营盘）、陇江寨（今牛屎港）、珠场寨（今白龙）、白沙寨（今竹林）、武刀寨（今西村）、龙潭（今北海市郊的龙潭村）、古里寨（今北海市区至南澫港东侧一带）作为屯戍防守之处。古里寨，是北海市区的古名，因其时有古里村而得名。北海市区最早的港埠，一在今南澫港（古称南湾）附近；一在今龙潭村的古城；一在高德

---

① （清）陈伦炯撰、李长傅校注：《海国闻见录校注》，中州古籍出版社1985年版，第25页。

港。明朝中叶以前，冠头岭下的海域已形成港埠。洪武八年（1375年）明朝巡检郭成驻军冠头岭，建"廉阳古洞"（王龙岩）和镇海庙。古洞门楹联为"王恩周海角，龙气起冠头"，往昔香火极盛，村民祈禳，春秋不绝。反映出600年前，这里已是一个商舶和渔船云集之地。南澫港是背靠冠头岭，面临北部湾，呈半月形的天然港，曾是一个渔港、商港。后因港内水浅，不宜停泊，生意渐淡。"大抵先有南澫一港埠，迨南澫埠散，而北海市始成"①。以上反映出，明朝中期冠头岭一带海域（今北海港）逐渐兴起，成为今广西北部湾港口重要位置。

第二节 明朝钦廉海外贸易的兴衰

明朝在廉州设海北盐课提举司，官商大规模地漕盐，获利甚厚。同时，明朝在北部湾沿海大规模地征集船只采珠，客观上促进了钦廉海上交通和贸易的一度兴旺。然而，由于明朝后期实行海禁，以及市舶太监的苛政，造成钦廉海外贸易的衰落。

一 明朝大规模的漕盐和采珠活动促进广西外贸兴旺

洪武初，明统治者采取缓和阶级矛盾的措施，注意发展农业生产，在边远地区大兴屯田。其中，商屯是盐商在此募人屯垦，就地交粮，向政府换"盐引"，领盐贩运。朱元璋十分重视"煮海之利"，并把其作为财赋的一项重要来源，"置局设官，令商人贩运，二十取一，以资军饷"。洪武二年（1369年），明朝在廉州设海北盐课提举司，"额发大引盐七万三千八百九十五"②，则每年漕盐载量达3000余万斤。海北盐课提举司，属于明朝七个盐举司之一。因而，明代廉州漕盐比宋元时期的规模更大。1398年，明朝为了进一步调动商人的积极性，便在廉州"定运盐例"③。据《廉州府志》（康熙）卷四记载："明海北盐课提举司总辖雷廉高琼四府地方。"当时，海北盐课提举司管辖盐场15处，其范围主要在今北海

---

① 北海市地方志编纂委员会编：《北海史稿汇纂》，方志出版社2006年版，第3页。
② 廖国器：《合浦县志·物产》（卷二），合浦博物馆馆藏，民国廿年（1931）石印本。
③ 廖国器：《合浦县志·事纪》（卷五），合浦博物馆馆藏，民国廿年（1931）石印本。

市沿海的永安、白沙、石头埠、揽子根、武刀港、大冠沙一带，盐仓仍设在今合浦县石康。海北盐课提举司以南流江这条水道为干线，由南向北调运。从石康沿南流江而下入海，至永安，则历乾体、高德、冠头岭、龙潭、武刀、白沙、珠场、陇树、禄树等寨。今北海港、铁山港沿岸海滩大部分曾是廉州主要产盐之地，由这里从海上调运往石康集中，铁山港、北海港一度成为明代漕盐的主要集散港口。

海北盐课提举司旧署原设在合浦县石康，后改设在廉州镇，但是经营供应漕盐的范围很广。据《明史》卷八十记载，海北盐行有广东雷州、高州、廉州、琼州四府，湖广的桂阳、郴州，广西的桂林、柳州、梧州、浔州（今桂平、平南县）、庆远、南宁、平乐、头平（今崇左等地）、思明（今田阳、田东县）、龙（今龙州宁明即凭祥市）、泗城（今田林、凌云、凤山县）、奉仪（今百色、巴马）、养利（今凌乐）等州县。廉州沿海产的食盐，由漕船溯南流江北上，经广西内河销往广西全境和湖南南郊，南流江这条航线在宋元明三朝的漕盐中都发挥了重要作用。明代漕盐的规模更胜于前代，由商人专造漕船，专运熟盐，不装别货。各盐场的漕盐要集中运抵石康盐仓贮存，再运抵玉林、梧州转销往各地。石康盐仓位于南流江下游，高、雷、廉、琼四府沿海生产的食盐销往广西，大都要经今北海港口运抵石康。万历二十五年（1597年）明朝廷裁撤设在廉州镇的海北盐课提举司，"归并廉州府海防同知兼理卖盐"①。明朝后期将海北盐课提举司的职权归地方官员兼办，并且在冠头岭等处屯兵增卫、设盐哨，大大加强了对廉州漕盐的安全管理。在明王朝统治的200多年期间，今北海港、铁山港一带成为广西漕盐的重要港口。

合浦珍珠，又名南珠，是重要商品。合浦沿海居民"赖以采珠为活"，开掘了七个天然珠池。从汉代至明代，合浦珍珠业长盛未衰。汉时，合浦人"以珠易米"，一因产珠之多，二因穷人不甚注重穿戴。然而，唐宋以后，廉州成为海疆一大都会，声明文物"媲美中朝"。至明代，更成为"海北雄藩"。当时，"富者以珠多为荣，贫者以无珠为耻，至有金子不如珠子之语"。"产珠之池一隅，而珍珠用极于东南"。合浦珍珠不仅畅销两广地区，而且远销中原和江南一带。从洪武二十九年

---

① 廖国器：《合浦县志·事纪》（卷五），合浦博物馆馆藏，民国廿年（1931）石印本。

白龙珍珠城（辑自《北海图录》）

(1396年)至万历四十一年(1613年)的200余年间，明皇帝的采珠规模更大，这对广西海上交通和商品交流的发展起着较大的促进作用。据《合浦县志·事纪》记载，洪武二十九年(1396年)，永乐十三年(1415年)，洪熙元年(1425年)，天顺三年(1459年)，弘治十二年(1499年)、十五年(1502年)，正德九年(1514年)、十三年(1518年)，嘉靖五年(1526年)、十年(1531年)、二十二年(1543年)、三十六年(1557年)、四十一年(1562年)，隆庆六年(1572年)，万历二十六年(1598年)、二十七年(1599年)、二十九年(1601年)、四十一年(1613年)"明皇帝共18次下达关于合浦采珠的诏书"①。据两广总督林富在向朝廷上奏的《乞罢珠疏》中记载，明朝征调民夫船只采珠，以弘治十二年(1499年)的规模最大。广东布政司受钦命，大量征集广东沿海民间大艚船，全部汇集在廉州沿海港口。其中，东莞县取大艚船200只，琼州取大艚船200只，每只用夫20名，共8000名。雷州府、廉州府各出小艚船100只，每只用夫10名，共2000名。② 于是，合浦沿海汇集了600艘艚船，民夫10000名，规模可谓浩大。为了解决1万余名船夫的伙食，广东布政使"先提解银二万两，汇发雷廉二府"。此次采珠共"获

---

① 顾裕瑞、李志俭：《北海港史》，人民交通出版社1988年版，第47页。
② 同上。

珠二万八千两"①。随着明朝大规模的采珠活动，不少商贾纷纷抵此贸易，使广西沿海商业大为兴旺，亦使钦廉与潮、穗、琼、雷等广东沿海商埠的海上交通和来往更加频繁，同时促进了廉州市场的发展。因采珠和漕盐兴旺，今合浦县廉州镇西门江沿岸形成了阜民圩、西门市、卫民圩等规模较大的市场，其中，廉州珠市位于西门江码头，与卖盐街相通。当时，廉州珠市与广州花市、东莞香市、罗浮药市，并称广东著名四市。

明末学者屈大均曾考察廉州珠市得出结论："合浦珠名曰南珠，出西洋者，曰西珠，出东洋者，曰东珠。东珠显青白色，其光润不如西珠。西珠又不如南珠。南珠自雷、廉至交趾，千里间大池，出望断者上，次竹林，次杨梅，次平山，至乌泥为下，然皆美于洋珠。"② 关于南珠之说，由此而起。然而，明王朝在采珠生产活动中不讲求经济效益和生态平衡，以至于给当地海洋经济造成了恶果。嘉靖五年（1526年），因滥采珍珠而大大破坏了海水养殖的生态平衡，虽然出动数百艘船，近万名民工，却收获甚少。当时，在钦廉沿海从事捕鱼采珠的渔民中，有一种称为疍户。他们自备使用的小艇，称为疍家艇。这些疍户，终年以艇为家，光脚出没于风波海浪之中，营生十分艰辛。"舟人妇子，一手把舵筒，一手煮鱼，橐中儿女在背上。日垂垂如负瓜瓠，扳罾摇橹，批竹纵绳。儿女苦襁褓，索乳哭啼，恒不遑哺……跣足波涛不履袜，或男女同展。男子冬夏止一裤一襦。妇人量三岁益一布裙"③。钦廉的"疍户"旧俗不准穿鞋上街，不准上岸住房子，只能在海滩边、在水中用竹木搭棚子居住。这类棚子称为疍家棚。他们受尽官府和渔霸的双重压迫和剥削。

嘉靖五年（1526年），明世宗又下诏命廉州采珠。据官府统计，当年采珠，造成军壮船夫病死300余人，溺死280余人。风浪打坏大小船只76艘，漂流无人空船30艘。④ 沉重的珠役使廉州沿海的珠民们付出巨大代价。给事职官王希文上疏指出："雷、廉珠池，祖宗设官监守，不过防

---

① 顾裕瑞、李志俭：《北海港史》，人民交通出版社1988年版，第47页。
② 合浦县人民政府、北海市地方志办公室编：《北海合浦海上丝绸之路史》，广西人民出版社2008年版，第303页。
③ 屈大均：《广东新语·食语》（卷十四），中华书局1985年版，第395页。
④ 合浦县人民政府、北海市地方志办公室编：《北海合浦海上丝绸之路史》，广西人民出版社2008年版，第286页。

民争夺。正德间，逆竖用事，传奉采取，流毒海滨。陛下御极，革珠池少监，未久旋复。驱无辜之民，蹈不测之险，以求不可必得之物。而责以难足之数，非圣政所宜有。"① 王希文疏，虽然指出了大规模滥采珠的流弊和严重恶果，但腐败的明朝皇帝却一意孤行，下诏命廉州继续采珠。

明朝中叶，宦官得势，左右朝政。明英宗派太监亲临合浦监督采珠。他们在今铁山港区白龙村用大量的珍珠贝筑珍珠城，城内设有还珠公馆、

合浦珍珠（北海市志办提供）

珠场巡检署及盐场大使衙门和宁海寺等建筑。正德年间（1506—1521年），明武宗又派太监奉旨抵港口监守珠池。"守池少监一年所费不少千金，十年动以万计，动以万金守一珠池"②。隆庆六年（1572年），明穆宗亲自下诏，命令"广东采珠八千两"，上贡朝廷。于是，广东布政司再从潮州、惠州、广州、雷州、琼州抽调大批船只抵合浦沿海一带采珠。万历二十六年（1598年），明神宗又遣派御马监李敬开采珠池。李敬征调大批艚船、渔船、商船采珠，获得珍珠5100余两。明代后期，明初僵滞的文化格局发生变化，社会风尚演变为"导奢导淫"，扮演者是明朝的统治阶级。时隔两年，明神宗又派中官太监李凤抵廉州采珠。据《合浦县志》

---

① （清）张廷玉等：《明史·食货志》（卷八十二），中华书局1987年版，第1996页。
② 同上。

记载，李凤抵合浦后，划海为界，"践海为池"，"调民船四百有奇"，以及商船百艘，"供役千人"。并且还派"押舶守港兵二千六百，支粮四千余石，旗仗什物咸备"①。这次采珠共花费白银22400两，但所获珍珠却不满百两，真是得不偿失！正如明朝合浦有一首顾梦生《珠池叹》所说："往时中官（注：指太监）莅合浦，巧征横索如豺虎。中官肆虐去复来，谁诉边荒无限苦。"② 另外一首林兆珂诗歌《采珠行》亦记载："衰衰呼天天不闻，十万壮丁半生死。死者长葬鱼腹间，生者无语摧心肝。"③ 从中反映出这些采珠太监的贪暴，害得民不聊生。这场"以人易珠"的采珠活动，历时5年，至万历三十三年（1605年）始停采。廉州人民刚喘一口气，万历四十一年（1613年），明神宗听信宦官奸臣的意见，为了满足宫廷的需要，又下诏采珠，继续征集船只抵钦廉沿海采珠。

　　明朝廷在廉州漕盐和先后18次大规模的采珠，随着漕盐和采珠产业的发展，客观上促进了钦廉海上交通和贸易的兴旺。随着漕盐运输，桂江、柳江、郁江、南流江等内河不断设埠，成为屯来往物资、歇劳顿之渡。其中，漕盐主干线南流江沿岸的玉林船埠，博白的大岭埠、常乐埠、沙井埠十分兴旺。明万历十四年（1586年），郁林州鱼总埠由州城内的学前街（今解放路），搬迁到辛仓埠，并建有较大型用青石、砖石砌成的台阶码头。大吨位的木船由廉州溯江，可直抵辛仓埠。由廉州运来的海盐、海味以及进口货物，由玉林经梧州转销广西全境；广西的粮食、葛布和副食品也由玉林经廉州出口销往广东沿海及交趾等东南亚各国。明朝松弛海禁时，不但省城广州海外贸易兴旺，而且粤东的潮州，粤西的廉州、钦州等地出海的贸易者亦屡见不鲜。据《明武宗实录》卷一一三记载，两广商人"海上操舟者……往来贸易耳，久之，渐习逐之夷国，东则朝鲜，东南则琉球、吕宋，南则安南、占城"。由于地理位置的原因，地处粤西的廉州、钦州船舶多往安南、占城贸易。正如明人俞大猷在《正气堂集》卷七中记载："广东去西南安南、占城、暹罗、佛朗机诸番不远。诸番载来乃胡椒、象牙、苏木、香料等货。船至报水，计货抽分，故市舶之利甚

---

① 廖国器：《合浦县志·舆地》（卷一），合浦博物馆馆藏，民国廿年（1931）石印本。
② 北海市地方志编纂委员会编：《北海史稿汇纂》，方志出版社2006年版，第577—579页。
③ 同上。

广。"由上可见，明王朝在今广西沿海大规模的漕盐和采珠活动，客观上促进了广西海上丝绸之路对外贸易的发展。

二 明末"海禁"和太监苛政造成钦廉海运萧条

明朝后期是中国航海事业发展的一个关口。随着社会经济的大变，南方沿海商贾"非数十万不称富"，他们全力发展商品经济，促进了资本主义萌芽，为广东、广西"海上丝绸之路"和海外贸易的发展提供了社会气象。明代廉州知府饶秉监《西门古渡》诗云："郡城西出是通津，津渡开来不记春。短棹尚随迎送急，遍舟宁庆往来频。"① 诗中对南流江航运的描写，反映出廉州水上交通的繁荣。当时"广东海道自廉州冠头岭发舟"。两广商船由今北海港一带扬帆出海，不定期抵东南亚各国港口，从事海外贸易。

然而，明王朝主动放弃"蓝色的疆土"，认为只有"厚本抑末"、重农轻商和海禁，才可保封建王朝长治久安，故下令"严禁交通外番"，"毋得擅自出海与外国互市"。这种政策，使中国的封建主义渐趋僵化和没落。与此相反，当时西欧一部分国家进入资本主义原始积累时期，纷纷向东扩张，进行海外掠夺，首先破坏了中国传统的"朝贡贸易"制度。日本武士、浪人勾结国内的"强盗"，骚扰我国沿海口岸。与此同时，葡萄牙海盗在广东沿海活动十分猖獗，他们到处杀人放火，拦路抢劫，焚毁村庄。安南海寇曾冒充商贾，在北海港及附近海面抢劫商船的货物及疍户的珍珠，杀害百姓，严重地影响了廉州的海上交通和贸易。于是，朝廷下诏廉州府"诏禁钦廉商贩无得与安南夷人交通"②，由此与安南的海上交通一度中断。然而，严厉的海禁却无法阻止由于历史地理上的渊源关系而形成的中越民间往来。据《海国图书》卷五记载："由钦州之防城，三日程可至交趾万宁州之江坪。由东兴街至江坪，陆路仅五里，间隔一小河。"历史上，航海抵安南的商人、水手，有的几年不归家，"而若辈在外又多番妇，或留恋不归，或往来无间，夷境已同内地，久无中外之

---

① 廖国器：《合浦县志·艺文》（卷六），合浦博物馆馆藏，民国廿年（1931）石印本。
② 廖国器：《合浦县志·事纪》（卷五），合浦博物馆馆藏，民国廿年（1931）石印本。

防"①。在边境地区，官府鞭长莫及，民众私下交通、贸易往来的现象不断发生。

嘉靖以前，钦廉已有相当规模的陶瓷作坊，生产了大批的陶瓷器，大都向东南亚各国出口。其中，钦州古龙窑（位于钦江东岸）就出口大批陶瓷。然而，廉州府采取招民开垦以减田赋的办法，将农民禁锢在农业之中，约束工商业的发展，并且严禁商船出海。明朝后期，钦廉沿海港口已无永乐、宣德时番舶云集的气象了。为了加强廉州海禁，明朝把海北道兼兵备道移镇廉州，使得港口海上运输和贸易十分萧条。正德二年（1507年），明统治者将"兵备道移灵山"。当时占城、暹罗、满剌加、安南诸番易达廉州之境，尤为全广重险，故兵符于灵山达宝增屯，于卫海寇之警，獞獠之扰，外夷之侵，有兼忧焉②。但因灵山县离海口近百公里，很难防范海寇大规模的突然袭击，故沿海百姓易遭受海寇的蹂躏。1509年，海盗再次侵犯中国沿海地区。为保卫海疆，明朝"再申洋禁"③。1513年8月，交趾海寇入侵钦州，大肆抢劫。明朝为了保护海疆，对外番"行令驱逐出境。自是安南、满剌加诸番舶，有司尽行阻绝"④。正是由于明水军在广东沿海加强海禁，所以安南、满剌加、暹罗等国商贾不能再在廉州等埠互市。结果，他们"皆往福建漳州府海面地方，私自行商。于是利归于闽，而广之市井皆萧然也"⑤。由于倭寇和安南海盗的骚扰，统治者惧怕"海疆不靖"，令廉州府"申洋禁"⑥。这种闭关自守的海禁，一刀切的政令，以牺牲沿海的民生为代价，使当地与安南的海上交通和贸易一度中断。正德十一年（1516年），海寇又侵犯钦廉沿海，"入寇西场"⑦，立即遭到龙门乾体营水师的伏击。嘉靖二年（1523年）明朝水军又在广东新会海面击败葡萄牙海寇，海疆暂时获得安定。但明朝仍禁止与外番贸易，并封闭所有通商口岸。于是，钦廉海外贸易亦暂告停顿，海运渐趋萧

---

① 参见中国台湾"中央研究院"历史语言研究所《明清史料·广州将军策楞奏折》（庚编第一本），中华书局1987年版。
② （清）张育春等：《廉州府志》（道光）（卷十四），合浦博物馆馆藏，道光十三年刻本。
③ 廖国器：《合浦县志·事纪》（卷五），合浦博物馆馆藏，民国廿年（1931）石印本。
④ （明）严从简：《殊域周咨录·苏门答剌》（卷九），中华书局1993年版，第323页。
⑤ 同上。
⑥ 廖国器：《合浦县志·事纪》（卷五），合浦博物馆馆藏，民国廿年（1931）石印本。
⑦ 同上。

条。这种闭关锁国政策，放在世界历史的潮流中来考察，无疑是一种落伍的行为。嘉靖年间（1522—1566年），广东巡抚林富上奏朝廷，力陈对外通商有"助国、给军、利官、利民"四大好处，应实施有限的"开禁"。因而，明朝中期开通了廉州冠头岭至交趾海道，以加强与东南亚国家的海上贸易。彼时中华民族的海洋势力十分强大，无可匹敌，足以让炎黄旗帜飘扬到世界的每个角落。

明朝中叶以来，西方殖民主义者相继向东方扩张，进逼中国本土，并屡屡骚扰，侵略中国南方沿海。在西方的殖民者中，葡萄牙充当了打头阵的角色。嘉靖三十二年（1553年）他们买通广东海道副使江柏，"托言舟触风涛逢裂水湿贡物，原借地晒晾，得以入居澳门"[1]。此后，他们以澳门为据点，建立起西自印度果亚，东至日本长崎的东方商业网。葡萄牙人儒塞斯的《历史的澳门》一书记载，"他们把欧洲的工业品，运至安南、真腊、暹逻、占城等国，换取香料、宝石等物品，然后运抵澳门卖出，换取中国的丝织品，转运到日本换取金银。可得到投下资本的二、三倍利润，然后再在澳门滞留数日，则可满载金、绢、麝香、珍珠、象牙精制品、细工木器、漆器，以及陶器而返回欧洲"[2]。可见，当时葡萄牙人以澳门为据点，掠取了大量的财富。到了17世纪，荷兰步葡萄牙后尘，又从海上崛起，攻占马六甲，"其舰队凭藉马六甲海峡控制南海的航行"[3]。钦廉木帆运输船抵澳门、新加坡从事贸易活动，常常遭到葡萄牙、荷兰商人的排斥。

明朝后期，面对殖民主义者侵略的威胁，面对西方文化技术已领先的事实，明统治者不是着眼于励精图治、锐意革新，而是实行严禁的"海禁"。然而，海禁并没有断绝海上贸易，只是将它们逼入了"地下"而已。"海禁"以后，中国的丝绸、茶叶、瓷器一下子成为全球供货缺口。但是，海外市场对它的强劲需求依然存在。因此，迫使中国商品"走私"，中国商品成为一个暴利行业，也加剧了传统的海盗活动。海禁政策的直接结果，就是催生了海上武装集团。明末，海寇大规模在钦廉沿海抢

---

[1] 叶显恩、谭棣华、罗一星：《广东航运史》（古代部分），人民交通出版社1989年版，第118页。

[2] 同上。

[3] 同上书，第119页。

劫商船11次，并洗劫沿海村庄，使贸易遭到极大破坏。涠洲岛在冠头岭海域南面，却沦为寇穴。他们以此为据点，骚扰来往船只，使钦廉的海上交通大受影响。《粤西笔记》卷一记载："万历四年倭贼寇古里、龙潭，沿海渔村百姓涂炭。""万历六年（1578年）倭贼寇古里、白龙，劫置民渔舟……"明朝为了保证钦廉的安全，派水师在古里寨（今北海市区）和龙潭寨古城（今属北海市银海区）大败倭寇。《粤海杂录》称"龙潭古城抗倭至要，且港湾曲折、隐蔽，又易补给"。可见，今北海市区在明代曾为抗倭要地。此后，明朝派水师驱逐涠洲岛的海寇，派游击一员镇守。另外，在冠头岭设巡检增兵屯戍。还在乾体、龙门驻水师，置战舰。这些军事措施，曾对保卫钦廉海上的安全起了一定的作用。

明末虽然实行海禁，但一度对交趾、占城等国开放贸易。当时，明朝认为交趾、占城等东南亚各国，"皆我勒縻外臣"，允许来往钦廉通商。史载："江坪与各省商贾辐辏，民多婚娶安居者。"① 明朝在钦州康熙岭长墩岛设有巡检署，对来往船舶货物检查抽税。明朝曾出榜禁约："廉州濒海商贩之人，不许与安南国人交通，诱引盗珠。"② 可以说明当时的民间贸易已达到了一定规模，引起了朝廷的防范。抵廉州的东南亚各国商人，亦主动向沿海巡检司报税。由于抵港商船甚多，地方官员便订立了一种税则，叫"水抽"或"船头规"。因按照樑头的尺寸长短向船主征税，所以又叫丈抽。例如，番舶船阔一丈七尺，"每尺扣税银为五两五钱"，则该船抽银九十三两五钱。而对本国商船征税较轻，樑头不及五尺，"照例科征正耗银三钱六分"。这种丈抽方法，廉州府从明朝万历年起一直沿用到清朝乾隆时期。其主要原因正如《粤省贡道图说·西洋诸国》所云的"夷人报货多奸欺，难于查验，改定丈抽之例"，以保证官府的财赋收入。后来，因廉州与安南占城等诸番接近，来往船只日趋增多，市舶司一职变成肥缺。明皇帝为控制此地，派亲信太监抵廉州，在此设市舶司太监和珠场太监，有差役、护兵共八十名。市舶司的职责，管"海外诸番朝贡、市易之事"。当宦官掌握港口市舶大权之后，他们便凌驾于廉州府太守之上，到处胡作非为，对外番商人任意敲诈勒索，"迨番舶船既至，则多方

---

① 魏源：《海国图志》（卷五），山东画报出版社2004年版，第129页。
② 廖国器：《合浦县志·事纪》（卷五），合浦博物馆馆藏，民国廿年（1931）石印本。

以攘其，提举衙门不敢过问"①。由于廉州存在市舶提举司和市舶太监两套权利系统（浙江、福建、广东市舶司同样如此），所以在管理海上丝绸之路的对外贸易事务过程中，必然经常发生矛盾，彼此争夺权力，而市舶太监则以皇帝私人代表的身份，攫取管理海外贸易的各种事权，造成廉州海外贸易的弊端。据《广东通志》（道光版）卷二四二记载，明朝后期市舶太监又获得"提督沿海"和"兼管珠池"的权力后，更是无恶不作，引起社会和朝野的不满和反对。广东巡抚林富曾上疏"乞革珠池、市舶内臣"。1532年，"市舶守珠池内臣皆革之，一时称快"。然而，万历二十七年（1599年），明朝又恢复了市舶太监制度。由于赋税苛重，外国商人不愿抵此，海外贸易大受影响。当时，明朝皇帝又派市舶太监李凤到广东市舶司任职。直到万历四十一年（1613年），李凤病死在任上，被葬在今铁山港区白龙珠城的海边荒滩上，成为明代廉州最后一任市舶太监。明朝后期，廉州的市舶业务，改由广东市舶提举司和廉州海防同知共同进行管理。

万历年间，明神宗追求奢侈享受，大修宫殿，造成"国用大匮"，出现财政危机。为此，明统治者派太监除抵钦廉采珠、贩珠外，还兼任市舶使，四处课敛诛求，勒索商民。当时北流河、南流江这条中原出北部湾通东南亚的交通航道，沿线都设有关卡、税使，对船舶进行抽税，税率很高。太监沈永寿在广西胡作非为，搜刮民财。"凡店租、市舶、珠榷、木税、船税、盐、茶、鱼、苇及门摊商税，油布杂税，无不领于中使"②。米、盐、鸡、豕，皆要征税。贪官不仅对商舶苛收敛取，而且派出差役横行四方市井，"视商贾懦弱者，肆为攘夺，没其全赀"③。贪官敲诈勒索，必然摧残商业，且直接激发了阶级矛盾。当地人民因苦于征敛，纷纷离乡背井。明末，北流、容县一带，民多流徙，十室九空。万历十九年（1591年），广西的税官又在南流江、北流河这条航线上加重捐税，以致"木盐鸡犬，皆令输税"。加上明朝太监插手市场，与民争利，造成"民之贾日穷，官之贾日富"，民变屡兴，政局动荡。结果，"苍、藤、博、北

---

① 廖国器：《合浦县志·经政》（卷二），合浦博物馆馆藏，民国廿年（1931）石印本。
② （清）陈鹤：《明纪》（卷四十四），中华书局1989年版，第450页。
③ （清）张廷玉等：《明史·食货志》（卷八十一），中华书局1974年版，第1978页。

四县民大噪","民不胜忿，遂激变"①，揭起反抗的大旗，明朝统治者慌忙调兵镇压，促使社会更加动荡，生产遭到更大的破坏，钦廉港口腹地经济萎缩，因而对外贸易便呈现衰落。另外，当时钦廉沿海的鱼盐是与内地交流的主要商品。廉州设"海北盐课提举司"，调集当地出产的食盐，经玉林、梧州销往广西全境和湖南部分地区。但运盐船夫，全以差役充当，"就役如赴汤镬"②。差役认为当船夫是苦差，纷纷逃离，不少官办船只无人驾驶，严重影响了广西漕盐的海上运输。

明朝后期，统治者更加腐败无能，国势衰落，西方殖民主义者和倭寇趁机加紧侵扰两广沿海地区。万历三十五年（1607年），安南海寇乘小艇百艘，由龙门攻入钦州，"放火大剽而去"。次年，"交贼翁富复寇钦州龙门"③。崇祯九年（1636年），安南海寇又在合浦港口劫杀商贩。廉州府虽加强海防，却因为兵力不足，难以防范。明王朝便再次下诏廉州府"涉海商贩不许潜与安南夷人交通"④，并宣布"禁通番"。这种闭关政策，阻碍了广西海上交通和贸易的正常发展，钦廉航海自此失去了宋元以来持续发展的大好势头。因而，明末钦廉海上丝绸之路的对外贸易逐渐衰落。

第三节　清朝前期钦廉沿海外贸起伏变化

清初，由于东南沿海地区存在反清斗争，朝廷实行严厉的海禁，给广东、广西沿海生产造成极大破坏，港口对外贸易几乎中断。乾隆年间，广东是全国唯一对外开放互市的地区，清廷一度设廉州海关管理钦廉贸易，给海运带来短期繁荣。1795—1840年，西方殖民主义加紧对中国进行经济侵略，输入鸦片，毒害中国人民。道光年间，清政府禁烟不止，与侵略者终于爆发鸦片战争，对钦廉产生极大影响。

---

① 参见（清）吴九龄《梧州府志》（卷二十四），故宫珍本丛刊本，海南出版社2001年版。
② 廖国器：《合浦县志·经政》（卷二），合浦博物馆馆藏，民国廿年（1931）石印本。
③ 廖国器：《合浦县志·事纪》（卷五），合浦博物馆馆藏，民国廿年（1931）石印本。
④ 同上。

一 "海禁"破坏钦廉沿海运输

明末清初,由于几十年的战乱,中国的农业经济一度陷入停滞状态。加上清初实行严厉的"海禁",几乎断绝了钦廉的对外贸易。清兵入关后,南逃的明朝宗室和廉州府官兵坚持反抗,直到兵败城陷。清军大举南下,明军由廉州败退云南。由于久经兵燹,廉州田地荒芜,城乡凋敝,商业萎缩,社会生产遭到严重破坏。又因钦廉沿海有抗清力量,所以,顺治十二年(1655年),清朝宣布"严洋禁"[1],不准百姓私造二桅以上帆船,私自到外洋贸易,抓住一律斩首。同时规定:如有打造双桅五百石以上违式船只出海者,不论官兵民人,俱发边卫充军。造船是航海的基础,这种禁令对航海的发展来说无疑是釜底抽薪,使廉州造船业遭到极大破坏,亦使钦廉的海上运输大受影响。不但沿海百姓生计艰难,且廉州府赋税收入大受影响。当时海禁造成"盐路窒塞,埠商逃散,盐引不行,无从征饷"[2]。钦廉航海运输一落千丈,漕盐也处于停顿状态。

顺治十三年(1656年),清王朝正式颁布禁海令:"自今以后严禁商民船只私自出海……不许片帆入口。"[3] 顺治十八年(1661年)八月,清廷下达了迁界令:"闽、粤、浙、江四省滨海居民向内地迁移三十里,禁渔舟出海,界外房屋村庄渔船尽于焚毁。"[4] 清廷为了进一步扼杀闽粤沿海的反清斗争,实行更加严厉的闭关禁海政策。当时廉州府"再申洋禁"[5],并且立界设防,海船尽行烧毁,寸板不许下海。据清《经世文编》记载,凡私自出海者,一律处斩,船货没收。凡不执行海禁命令的军政官员,革职严办;保甲人员处于斩刑。康熙元年(1662年),盘踞台湾的荷兰总督签了投降书,郑成功全面收复台湾,"聚岛欢庆"。消息传来,清廷再次颁布"迁海"的命令,并派遣大臣监督。于是,廉州官府派兵强迫沿海百姓"徙内地五十里,设排栅,严出入,以杜接济台湾之患"[6]。

---

[1] 廖国器:《合浦县志·事纪》(卷五),合浦博物馆馆藏,民国廿年(1931)石印本。
[2] 《清实录·世祖卷》,中华书局1985年版,第789页。
[3] 同上。
[4] 同上。
[5] 廖国器:《合浦县志·事纪》(卷五),合浦博物馆馆藏,民国廿年(1931)石印本。
[6] 同上。

所谓"迁海",就是强迫当地沿海居民一律内迁。廉州官府把沿海的村庄、城郭、庐舍,一律拆毁,制造沿海五十里内无人区。所谓"设排栅",就是设集中营式的营寨,将沿海居民赶入其中居住,不准自由出入。圣旨还谕令将沿海地区房屋全部拆毁,田地不准耕耘,渔民、商民不准出海谋生,出界者"立斩不赦"。紧接着又下令广东沿海筑新炮台,竖桩栅,派重兵把守。而迁界时限仅有三天,必须"尽夷其地,空其人",不愿迁者,一律砍掉脑袋。钦廉沿海顷刻亡者载道,哀鸿遍野,一片凄风苦雨。仅粤东八郡便死亡数十万人。正如屈大均在《广东新语》中记载,迁海造成"八郡之民,死者又以数十万计。民既尽迁,于是毁屋庐以作长城,掘坟茔而为深堑。五里一墩,十里一台。东起大虎门,西迄防城,地方二千余里以为大界。民有阑出咫尺者,执而诛戮,而民之以误出墙外死者,有不知几万矣""自有粤东以来,生灵之祸,莫惨于此"。清廷在今北海港口岸,设"北海镇标"驻之,加强对百姓的镇压,在"迁海"过程中,"老弱转死沟壑,少壮流离四方"。商人无法从事买卖,渔民无法出海营生,大批居民流离失所。"迁海"造成"地方凋零""四乡无墟市"的悲惨情景,严重妨碍了钦廉沿海地区经济的发展和对外贸易。

1664年5月,清廷又称沿海居民"时以迁居窃出鱼盐,恐其仍通海舶"[①],下令再次内迁三十里,又上演一轮家破人亡的拆迁悲剧。钦廉沿海居民首当其冲,接着殃及涠洲、斜阳等海岛上谋生的渔人和商贾。岛上百姓顿失生计,放弃家园内迁,或远逃海外谋生。由于战乱,原明朝钦州龙门总兵杨彦迪等人不肯向清军投降,率领部下三千人,在钦州龙门港乘战船五十多艘,投奔至安南的雷腊(属嘉定)等沿海地区。从此,这批中国人便成为华侨,在那里开垦荒地,开矿建房造船,贩卖铁器、瓷品、木材、海产。经过多年的经营,安南的东浦(即嘉定)便成为一个商船辐辏的港口市镇。另外,广东雷州人莫玖参加郑成功领导的抗清斗争失败后,率领高雷廉的一批中国人移居安南柴末(属河仙)的一个地方,建立村社,开荒种植、捕鱼。经过这批华侨的辛勤劳动,河仙一带很快成为繁华的小都会。因为旅居安南的华侨开发河仙有功,促进了当地经济发展,安南阮氏王朝曾任命莫玖为河仙镇总兵官。相反,由于"迁海"政

---

① 参见《清实录·世祖卷》,中华书局1985年版。

策，钦廉沿海地区先民本来经营多年的岛屿，顿时变成渺无人烟的荒岛。清朝强制"迁海"，不但造成沿海地区"复无人烟"的历史悲剧，而且导致内外阻绝，商旅不通，使广西的航海贸易又遭到沉重打击，并严重阻碍了国家民族开发海洋和岛屿的脚步，给沿海老百姓带来巨大的灾难。同时，迁海还给沿海经济造成毁灭性的打击，引起了人民的强烈不满。1665年，为了缓和阶级矛盾，廉州府放松海禁，"尽撤排栅，改设讯台"①。同时，在今北海港沿岸设了六个墩台（瞭望哨），名为望子（在今冠头岭下）、高德、草头、崩沙、石子、白虎墩，并在乾体水师营派出快马船在北部湾海面巡弋，清政权逐渐巩固。

康熙五年（1666年），清朝册封黎维禧为安南国王，并赠金印。此后，双方每三年一次"朝贡"贸易。安南的黎氏王朝便臣属于清朝，保持友好关系。同时，廉州府宣布取消迁海令，"复沿海居民旧业"②，允许商人持号票从事近海贸易。康熙十四年（1675年）八月，吴三桂反叛清廷，派兵攻占了廉州府城，又乘胜占据广东。两广总督，广东、广西巡抚都投降了吴三桂。因而，钦廉地区成为清王朝与吴三桂的争夺之地。康熙十六年（1677年）六月，清军收复廉州。次年6月，郑成功曾派兵围攻廉州，激战两月后因兵力太弱以失败告终。高雷廉总兵陈上川等军民，在抗清失败后便乘船由海路逃往原柬埔寨东浦地区。此后，清王朝加强了对钦廉沿海的军事控制，在廉州设总兵官，把钦廉至电白、吴川的海防归为一体，并实行严厉的海禁。

康熙二十二年（1683年），台湾的抗清力量被扑灭后，廉州沿海的海盗也基本肃清。清王朝虽暂时松弛海禁，但对国外商舶抵港仍十分注意，防范极严。次年，广东巡抚李获祯加强设置廉州乾体、钦州龙门营水师。其中，龙门水师有兵员2000余名，水师船12艘，营部设在今钦州市钦南区龙门港镇北村码头（旧称"船厂"），负责保卫北部湾洋面③。清统治者一方面因循守旧，以"天朝大国"自居，宣称对外夷"加恩体恤"；另一方面又防夷如虎，千方百计抵制资本主义的商品。

---

① 廖国器：《合浦县志·海防》（卷三），合浦博物馆馆藏，民国廿年（1931）石印本。
② 同上。
③ 滕广茂主编：《钦州文史·文物古迹专辑》，广西人民出版社2013年版，第59页。

康熙五十七年（1718年），清廷曾一度准许广东沿海地区对外贸易，其他省沿海地区仍实行"海禁"。史载，康熙帝曾朱批："准澳门外国商船往南洋贸易，中国商船往安南贸易。"① 然而中国商船往安南，大都经今广西北部湾沿海港口。次年，广东总督杨琳为了防备倭寇的侵扰，加强对沿海边民的控制，经康熙帝允许，在各港口要隘，以及泊船登岸和供船舶取淡水之处，选择险要地方筑炮台。钦州在牙山江、香炉墩、石龟头建炮台。合浦县属电白寮、白虎头、大墩海、冠头岭、后山、地角、龙头江、西场等处，乃廉州营所辖。"各汛多有山埠间隔，港汊迂回，难保无匪"②。因此，廉州官府分别在乾体、大观港、冠头岭置炮台。其中，冠头岭建有兵房5间，火药库1间，1000斤炮台1座，500斤炮台3座。北海口岸各港成了军事要地。1717年，廉州府又重申"洋禁"，并在地角、八字山、大观港增建炮台。同时，清统治者不许商船私往南洋贸易，凡偷往外洋，"令解回正法"③。对早已出洋的商贾，"俱不准回籍"④。严厉的"洋禁"令，只换回部分海外流民，更多的商贾、渔民被迫选择了"用脚投票"，无奈地飘零海外，如同一部海洋版的"逼上梁山"。

雍正六年（1728年），清廷又重申洋禁，先后颁布了禁止五谷、金银铜铁出洋的种种禁令。史载，当时限制海船载大米不超过5石，船桨不超过两支，只准带腰刀、弓之类的武器，而对火炮、鸟枪、火药严加限制，并发牌照规定航海范围和天数。这些规定，特别是对武器的限制，给西方海盗和安南海寇洗劫商船提供了便利。"闭关锁国"的海禁政策，虽出于防"寇"、防"盗"的目的，实则含有拒绝"通夷"的意向。北海涠洲岛被"封禁"近一个世纪。雍正九年（1731年），清廷不许百姓居住涠洲岛，开垦田地。嘉庆十二年（1807年），"洋匪通踞涠洲为巢"，清廷"逐勒碑永远封禁"。清廷廉州官府制订严厉的"海禁"章程，"将涠洲、斜阳二岛居住之无籍贫民逐回原籍，所居草寮概行烧毁"。清廷撤销岛上官兵驻防，改由水师巡查北部湾海面，禁止"中国

---

① 参见《清实录·圣祖卷》，中华书局1985年版。
② 廖国器：《合浦县志·海防》（卷三），合浦博物馆馆藏，民国廿年（1931）石印本。
③ 贺长龄、魏源：《清经世文编·海防》（卷八十三），中华书局1992年版，第2026页。
④ 同上。

商人偷往外国贸易"。然而,"海禁"却造成官逼民反。据清《嘉庆朝实录》记载,嘉庆十五年(1810年),当地以阿婆带(原名郭学显)为首的流亡在海外的商民、渔民成为"江洋大盗",以涠洲岛的"贼佬洞"为基地,拥有船只90余艘、火炮400余门、兵众5000余人,成为"粤洋巨匪"。可见,这种"海禁"政策不仅造成社会不安定,而且严重地限制了钦廉海上丝绸之路和对外贸易的发展,也造成地方经济落后。

二 粤海关开放,钦廉外贸一度兴旺

海禁政策严重阻碍海外贸易发展,既给沿海人民造成巨大的灾难和痛苦,又遭到地方政府官吏的竭力反对。康熙十五年(1676年),广东巡抚李士桢等人不断向皇帝上书,反映禁海所造成的财政困难和百姓流离失所等悲惨景象,认为只有开海贸易才能解决这些严重的社会经济问题。据《清朝文献通考》卷三三记载,鉴于主张开海贸易的地方官员越来越多,以及广东、福建沿海走私的严重性,康熙帝一度停止海禁,"以彰富庶之治,得旨开海贸易"。清代前中期,广东由于商品经济发展,海运的货物相当丰富,因而促进了沿海运输的迅速恢复。广东的海上运输路线,以广州为中心,分为东路、南路和西路。东路,由虎门经汕尾、汕头至福建厦门、泉州,乃至上海、天津,往返皆然;南路,由虎门沿西南海岸,经澳门或江门出厓门,经台山、电白、雷州、海安,南渡琼州海峡到海口,再沿岛东南行,到文昌、琼海、三亚、儋县、临高;西路,亦由虎门经江门至海安,与南路相同。然后,从海安继续沿岸西北行,到合浦、钦州、防城,乃至安南。循着这三条海路,广东沿海各地以广州为中心,进行着交叉往复的大规模客货贸易运输。正如屈大均《广东新语》卷十五记载的明末清初的货源:"东粤之货,其出于九郡者,曰广货,出于琼州者曰琼货,亦曰十三行货,出于西南诸番者,曰洋货。"尽管钦廉远离广东省城广州,经济商品发展相对落后,但是当地出口的土、布、陶瓷等仍称"广货",销往东南亚。

清初,廉州知府"招民垦荒",对散兵游勇和流民实行安抚政策,

"令其各归故业"①，积极采取了一些发展生产的措施。当时，廉州府旧额有田地共 7686 顷。自康熙元年（1662 年）至嘉庆五年（1800 年），广西沿海的生产，虽然还没有恢复到明代的规模和水平，但是农林牧渔产品逐渐丰富起来。鱼、盐、桐油、桂皮、八角、花生、水牛皮、锡等都是传统出口商品。此时，廉州府亦注意"召商贾懋迁"，利用当地资源，发展商业。结果，"归来者众"②，为当地海外贸易的发展创造了一定条件。

康熙年间，清朝实力强大，开拓疆土最广。随着国内政治的逐步稳定，生产的恢复，商业也兴旺起来。安南、暹罗等东南亚各国仰慕中华，纷纷以朝贡形式主动和清朝开展海外贸易。康熙十三年（1674 年），"安南国王黎维定遣赔臣入贡"③。经清廷允许，安南使者取道廉州，前往北京。这样，安南黎朝主动与清朝友好往来，双方贸易往来十分密切。当时粤人渡海外出最重要的航线，是沿着广东海岸西行，"经过琼州海峡，到安南、暹罗和南海群岛的新加坡、爪哇等地"④。此时，来往钦廉与东南亚国家之间的商船急剧增加，也成为移民出国的交通工具。康熙十八年（1679 年）抗清失败的两广沿海明朝官兵，"从钦州犀牛脚三娘湾乘船到越南，被黎氏王朝安置在原柬埔寨的东浦"⑤。他们开疆拓土，建房善舍，安营立市，把原来荒凉不毛的东浦，变成商贾辏辐的集镇，把湄公河三角洲变成世界著名的稻谷之仓，在西贡（今胡志明市）堤岸建立起东南亚最大的米市场。同时，钦廉海商沿着贸易航线，组构商业网络，使东南亚各地商埠涌现出了一批具有一定规模的华商侨居区，分布在越南的广南地区和占城、新加坡、马六甲、暹罗、印尼、文莱等地。这些华商侨居区，一般也是中国海商的落脚点和中转站。有相当部分海商在南洋各地压冬或长期居住，"已娶番妇，生有子女，与夷人结有姻娅并庐墓田园，情甘异域"⑥。当时，受反清斗争的影响，又怕遭清兵无辜杀害，大批广东商民

---

① 廖国器：《合浦县志·经政》（卷二），合浦博物馆馆藏，民国廿年（1931）石印本。
② 同上。
③ 廖国器：《合浦县志·事纪》（卷五），合浦博物馆馆藏，民国廿年（1931）石印本。
④ 叶显恩、谭棣华、罗一星：《广东航运史》（古代部分），人民交通出版社 1989 年版，第 193 页。
⑤ 同上书，第 216 页。
⑥ 王锋主编：《北部湾海洋文化研究》，广西人民出版社 2010 年版，第 269 页。

移居南洋。其中，地处粤西的钦廉地区和桂南容县、博白一带商民则部分移居越南，从事以商业为主的各种各样的职业。对落后或有待开发的南洋各国而言，两广移民提供了大量的先进生产技术和年富力强的壮丁人手，又带来资金和工具，成为推动南洋社会进步和经济开发的积极因素。

康熙二十二年（1683年），清朝平定台湾，全国统一，政权进一步稳定。因军费开支浩大，清康熙皇帝同意开关，认为对市舶抽税，"既可充闽粤兵饷，以免各省份转输之劳"，又对"闽粤边海生民有益"[1]。于是，允许商民扩大与安南等国的海外贸易。同年，清朝遣使册封黎维正为安南国王，双方保持友好关系。康熙二十四年（1685年）清朝下诏分别于广东澳门、福建漳州、浙江宁波和江南台山共四处设海关，并且在廉州口设海关，宣布对暹罗、荷兰等国商舶免税，其他来华国家也减税，以示"怀远"。清初，南流江仍是中原出北部湾畅通安南的天然水道，史载："自廉州冠头岭发舟，北风利，二、三日可抵安南海东府（今海防市）；若沿海岸行，乌雷岭一日至，白龙尾二日到……万宁州二日至。"[2] 同时，外国商贾由钦廉港口登陆取道中原者甚多。为此，粤海关在南流江下游的廉州海角亭附近设廉州口海关。接着，又设山口、钦州口海关。此后，粤、桂商贾纷纷从海道来往于潮州、广州、澳门、琼州、安铺与廉州之间，以及钦州、东兴至廉州之间。至此，清初的海禁宣告结束。华南海外贸易进入设关管理时期，广东、广西海上丝绸之路得以持续发展。正如《粤海关志》卷五记载，开海贸易后，"粤东之海，东起潮州，西尽廉南，南尽琼崖，凡分三路，均有出海门户"。清初，廉州仍是粤西重要的出海门户。

清代前期，广东沿海（包括钦廉地区）海面上航行的贸易帆船，分别称为艚船（广船）、头艋船（红单船）、拖风船等。其中，艚船细分为"广艚""海南艚""盐艚"等，载重六十至三百吨不等。"广东与南洋贸易的木帆船，大多数是在邻邦特别是暹逻与安南所造，并为中国人所使用"[3]。究其原因，当时暹罗（泰国）、安南造船，龙骨使用昆甸木，船板

---

[1] 《圣祖圣训》（卷二十一），中华书局1984年版。
[2] （清）周硕勋：《廉州府志》（乾隆）（卷二），岭南美术出版社2009年版，第29页。
[3] 叶显恩、谭棣华、罗一星：《广东航运史》（古代部分），人民交通出版社1989年版，第253页。

是麻木，坚固耐用，并且费用较国内便宜。然而，清初钦廉的造船技术，并不输给安南。钦廉的造船基地，主要位于合浦党江、钦州龙门、北海高德。造船龙骨使用当地所产坚硬的铁力木、石头槌，或南洋产的昆甸木，船板是樟木或杉木，船桅使用笔直的"柳州杉"，船身较轻，航速较快，颇受航商的欢迎。清军设在乾体、龙门的水师，巡逻所使用的拖风船、艨艟等风帆船，主要是本地制造，有效地维护了粤西海面的安全。又据《廉州府志·海路》（康熙）卷六记载：当时，廉州的木船海上运输仍十

广东艚船图（辑自席龙飞《中国造船史》）

分发达。"郡东水路自榕根大廉港，一日至永安，一日至凌禄，日半至雷州少南，二日至琼州正北，十日至广州。西水路自大潭口，半日至大洸港少北，一日至平银渡正西，二日至钦州……又自乌雷正南，二日至交趾"①。"泛海者每遇暴风，则舟飘七八昼夜至交趾青化府界。如舟不能挽，经南则入占城。又自郡城西桥下舟，沿海而东至永安千户，则历乾体、高德港、冠头岭、龙潭、武刀、白龙、珠场、陇村、禄村等寨。儋海之西与廉境对，顺风一日可至。据此，则廉之东，实与琼之儋州相望"②。

---

① （清）徐成栋：《廉州府志》（康熙）（卷六），广西人民出版社2011年版，第635页。
② 同上书，第635—636页。

从地方志资料可以看出，康熙年间廉州与雷州、广州、海南、交趾的海上交通往来十分密切。此时，粤桂沿海由于航海船只日益增多，修建天妃庙（三婆庙、妈祖庙）之风十分盛行。今属北海市铁山港区的南康镇，面临大海，信仰天妃民众尤多。雍正元年（1723年），南康天妃庙建成，尤其有特色。庙内金碧辉煌，雕梁画栋，装饰图案、人物、花草、鱼虫栩栩如生。每年三月廿三日——妈祖（天妃）诞辰日举行妈祖出巡游神祭祀。妈祖之法驾领衔，花车、神车随行，信众虔诚相随，延绵十里，由此反映出廉州航海十分兴旺。

雍正年间，清朝对外贸易始终保持出超的地位。雍正二年（1724年），安南国王黎维祹遣陪臣奉表贺雍正登位，并贡方物，清朝赐给御书"日南世祚"四个字。这期间，清朝与越南黎朝保持友好关系，十分有利于廉州与安南的交通和贸易往来。当时，廉州主要与安南、暹罗等东南亚各国有直接海上贸易往来，与西方各国贸易则由澳门中转。出口货物以瓷器、铁锅、糖、茶、桂皮、桐油、水牛皮、盐、海味和生锡为大宗。进口货主要是香料，有时亦进口安南、暹罗大米。清初，廉州海关又在今北海市区的高德、合浦县的沙岗、西场设分卡①。同时，廉州府和海关对来往港口的商船亦十分注意保护。雍正七年（1729年），清王朝"诏沿海守口兵弁救护遭风商船，严禁乘机抢夺"②。同时，大力加强海防。然而，海防需要大批军费。廉州官府除了从田赋、漕盐获得收入外，还通过对市舶商贾抽税，"预贮币银，以备军需"。每年除了开支上缴外，还余银6000两。同时，廉州府重视发挥本地海外贸易的优势，与外国商舶友好往来。清廷水军对遇难船只也负有救助的责任。雍正皇帝曾下谕："粤东三面皆海，各省商民及外洋番船携资置货，往来贸易甚多。而海风飘发不常，货船或覆溺，全赖营讯弁兵极力抢救，使被溺之人得全躯命，落水之物不致飘零。此国家设立讯防之本意，不专在于缉捕资贼而已。"③因而，乾体、龙门水师加强对海面的巡逻，注意保护海道畅通和航海船舶的安全。雍正

---

① （清）郝玉麟：《广东通志》（雍正）（卷六十一），广东省人民政府地方志办公室誉印本2007年版。
② 顾裕瑞、李志俭：《北海港史》，人民交通出版社1988年版，第56页。
③ 叶显恩、谭棣华、罗一星：《广东航运史》（古代部分），人民交通出版社1989年版，第197页。

十二年（1734年），西洋货船1艘，船上男女老少34人，满载货物，前往暹罗贸易，行至今北部湾海面，遭风击破。廉州府闻讯，立即派水军前往抢救，使其脱险。此时，清朝与安南两国关系十分友好。安南商贾的船只经常因遭台风，漂流至廉州境内。廉州官府量加抚恤，帮其修理船只，交给路费送回。"令其由江坪洋面一带，就近回国"①。嘉庆四年（1799年）至嘉庆八年（1803年），安南的兵船、商船先后共63艘遭风飘至广西北部湾海面，当地官府抢救遇难落水人员，共2000余名②。从中反映出，此时钦廉与安南的关系十分友好。

　　乾隆年间是清朝经济较繁荣时期。乾隆元年（1736年），清朝皇帝弘历继位。他在康熙、雍正文治武功的基础上，励精图治，采取了一系列发展生产的措施。1737年，乾隆册封黎维祎为安南国王，黎谢恩并向清朝贡方物，使两国之间保持友好关系，十分有利于钦廉与安南贸易往来。史载，廉州是富饶的鱼米之乡。"清乾隆时，此间物价甚低贱"，"昔日商人崇尚朴素，近来多有锦衣玉食者矣"③。当地经济的繁荣，无疑为广西海外贸易创造了条件。乾隆年间，两广出口的商品以茶叶、丝绸、白布、瓷器为大宗。广西梧州出产的"六堡茶"，每年大批出口国外。乾隆十年（1745年），瑞典"哥德堡"号商船，从广东购买茶叶300多吨和瓷器60万件运回欧洲，可惜回到瑞典哥德堡港口外海时，船只碰撞沉没了。1986年，瑞典将此船打捞起来，仍清理出茶叶300多吨和广东彩瓷400多件及9吨重的彩瓷碎片，"令人称奇的是这些茶叶仍能泡出香味，可以饮用"④。由此反映出，广东出口的茶叶的质量和包装都是上乘。乾隆年间，广东对外贸易总值迅速上升。据粤海关统计，从乾隆二十三年至三十二年（1758—1767年），广东进出口贸易总额为2.28亿两关平银，关税为560万两关平银。乾隆四十三至五十二年（1778—1787年），广东进出口贸易值升为3.56亿两关平银，关税收入升为712万两关平银。当时，不仅对外贸易总值大幅度增加，而且进出口商品种类不断增加。乾隆四十年（1775年），时任两广总督的李侍尧在向皇帝的奏疏中说："本港（粤海

---

　　① 顾裕瑞、李志俭：《北海港史》，人民交通出版社1988年版，第56页。
　　② 同上。
　　③ 廖国器：《合浦县志·风俗》，合浦博物馆馆藏，民国廿年（1931）石印本。
　　④ 黄启臣主编：《广东海上丝绸之路史》，广东经济出版社2003年版，第520页。

关）商船每岁赴交（趾）备锡箔、土香、色纸、京果等物；其自交回广，则买带槟榔、胡椒、冰糖、砂仁、牛皮、海参、鱼翅各种。"① 这说明，广东商人与交趾（越南）贸易的商品种类主要是民生用品。当时，从事与交趾贸易的商人，便以广东钦廉地区的商人为大帮。当时，合浦盐田的规模远胜于前人，年产熟盐930余万斤。乾隆年间，清廷在廉州设"合浦盐务总局"，并允许商贾销售定额外余盐，"准令七折交官，以示奖励"②。同时，合浦沿海盐场，一向用盐务总局的漕船挽运，大都经过武刀港、白龙港、乌雷港、冠头岭等处。合浦"所产鱼盐又以转资博白"，由港口上溯南流江可运抵。清初，郁林州鱼盐总埠从辛仓埠搬迁到南流江与定川江汇流处的定川埠，即今福锦镇船埠村，使之成为钦廉鱼盐的集散中心。广西驿站盐道曾在梧州共建盐仓67间，运盐规模不断扩大。

乾隆三十二年（1767年），清廷"规定郁林等七州县食廉高二府盐"。当年，"郁林直隶州销盐合计85万斤"③。乾隆年间，由钦廉沿海漕运海盐主要有四条路线：其一，由合浦运往广西太平府（今崇左市一带）；其二，由合浦运往博白；其三，由北海运往武缘、隆安、新宁州、百色、西隆、西林、凌云、横州九个州县；其四，由北海埠与广东雷琼沿海各埠互相转运。当时，廉州官府漕盐的规模很大，原有商造漕船，专运熟盐，不装别货。此外，还大量雇请民船和渔船。若遇渔汛旺季时，捕鱼收入大，渔民争往采捕，不愿装盐，更需多加水脚。廉州府甚为重视盐税之利，注意调动运盐商民的积极性，不但提高运价，而且"候配、稽廷及阻风耽搁，另须补贴"④，每年需要开支运费银17000余两。由于官府重视，因而乾隆年间廉州漕盐十分兴旺。乾隆十六年（1751年）四月，"两广总督陈大受疏称：南宁等六府属行销高、廉二府场分熟盐，请将江口运管事宜，会南宁府司知管理，给以军盐关防"⑤。当时广西郁江、左江、右江和桂江流域，漕运海盐皆来自钦廉。其海陆联运路线，一是自钦州用牛车或人力运至那陈，经八尺江流入蒲庙再溯江至南宁集散；二是自

---

① 中国第一历史档案馆藏：《军机处录副奏折》，第143页。
② 廖国器：《合浦县志·经政》（卷二），合浦博物馆馆藏，民国廿年（1931）石印本。
③ 吕汉江主编：《玉商文化丛谈》，广西玉林市政协编2014年版，第123页。
④ 廖国器：《合浦县志·经政》（卷二），合浦博物馆馆藏，民国廿年（1931）石印本。
⑤ 《清实录》（卷十三），中华书局1985年版。

钦江上航至陆屋，以牛车或人力运至平塘江口集散。沿平塘江流入郁江，上行可以经左、右两江，运至越南北部和云南、贵州；下行可以经横县、贵县，沿郁江抵梧州，再由梧州销往柳州、桂林。

清·青花龙纹瓷盖罐、龙衔环盖玉炉（梧州市博物馆提供）

当时，广东海外贸易甚为发达。其中，进口大米是大宗货物。一因广东"山多田少，产谷无多，向藉广西省米以资接济"。二因"海南岛亦是仰赖外地海运米谷之地"。所以，广东漕米的水上路线主要有两条。一是由广西梧州将广西大米集中航运沿西江出口，销往广东全省；二是由钦廉将从安南暹罗（泰国）进口的大米从海路航运转销广东全省。同时，当地政府极力鼓励米粮进口贸易。清廷颁布海关规则："凡遇外洋货物来闽粤等地省贸易，带米一万石以上者，免其船货税银十分之五；带米者五千石以上者，免其船货税银十分之三。其米粮照市价公平发粜。"后来，两广总督还奏请"各国夷船专运洋米来粤，免其丈输船钞"[1]，目的是鼓励中外商贾从海外向中国进口大米。乾隆十年（1745年），琼州米贵，清廷"官运雷、廉二州仓谷前往崇济，同时招集商贩载运，使琼州不致有缺食之虞"[2]。

乾隆十八年（1753年），广东人口发展很快，从广西运来的粮食供不

---

[1] （清）魏源：《海国图志》（卷七十八），山东画报出版社2004年版，第1180页。
[2] 叶显恩、谭棣华、罗一星：《广东航运史》（古代部分），人民交通出版社1989年版，第188页。

应求，加上广西当年闹灾荒，"粮价亦增，市值频昂"。所以，广东筹酌漕运粮食为当务之急。此时，安南、暹罗等国产米颇多。安南国王黎维祎注意与中国保持友好关系，主动和中国贸易往来。广东便利用自己的对外贸易优势，请求朝廷准许前往安南易米。为了稳定广东粮价，安定民心，乾隆帝特谕令，"商民自有资本，领照赴安南等国运米回粤，崇济民食者，即照闽省商人由暹罗等国运米回闽之例"，酌量奖励。当时，如系运米2000石以上至4000石者，"监生给予吏目职衔，民人给予九品顶带"①。清王朝实行出资运米可以"当官"的政策，因而刺激了官僚商人抵安南经商运米的积极性。廉州沿海很早就开辟了通安南海东府、海阳府、太平府、新兴府的直达航线。此时，广东沿海所属的潮汕、广州、惠州、雷州、琼州的商船纷纷汇集廉州，前往安南运米。清初廉州与安南的海上交通更为便捷。据《清文献通考》卷二九六记载："若广东海道，自廉州乌雷山发舟，北风顺利，一、二日可抵交之海东府。沿海岸行八日，始至海东，有白藤、安阳、涂山、多渔诸海口，各有支港以达交州，此海道之大略也。"加上冠头岭而西至防城，水道皆通。这些都是廉州与安南等东南亚国家保持持续贸易往来的海上交通条件。对抵廉州往安南贩米的客商，廉州府实行轻赋薄税的政策。当时，廉州口海关在港口公开告示："凡江坪等处载米进，每石只准收银三、四厘。"② 由于税极低，粤省商人纷纷从安南运米经廉州进口。此举，对民生需求和地方财政收入十分有利。

清初，西江仍是广西大米和陶瓷等土特产运输出口的要道。循西江而上，木船可以直接深入到广西左、右江沿岸的圩镇。当时，梧州的戒圩、平南的大乌、桂平的江口，以及贵县、南宁府治下的圩镇，都直接沿郁江、西江供应大米给广东。早在康熙年间（1662—1722年），南宁府就在邕州古城镇江门外建有渡船码头。乾隆八年（1743年），南宁港已建成下关码头及古城安塞门外左右两侧的码头，南宁成为云南、贵州的食盐、粮食、山货等货物的集散地。另外，苍梧县的戒圩就是广西内河运输大米的集散地，由苍梧直运到广东的佛山销售。当时，广东商人在贵县开设"正泰铺号"，收购大批谷米下广东，然后从广东运回手工业品、布匹、

---

① （清）张育春等：《廉州府志》（道光）卷二十二，合浦博物馆馆藏，道光十三年刻本。
② 同上。

铁农具等回广西销售。然而，广西的大米满足不了广东、福建全省的需要，仍需要从安南、泰国等国外进口。乾隆二十一年（1756年），廉州府"定夷米进口税则"①。规定凡运米至廉州的商船，"按今载征科之例，每一石米，输税不过三厘"。当时的两广总督杨应琚也认为，"明示条例，酌定科征，俾商民咸知遵守，踊跃运济，实于地方民食有益"，同意执行。廉州府制订这项税则，使商人贩米经商可获大利，一时"贩夷米云集廉属内地，米价大减"②。潮、穗、雷、琼抵北海港的商船亦骤增。南宁、玉林、博白和滇、黔等省的商人也贩运土货抵钦廉销售和外地商人交易，然后在此购鱼货和舶来品回去。乾隆五十九年至嘉庆十五年（1794—1810年）期间，"广东阳江陈阿长兄弟在东兴江平海面、钦州牛头湾外洋海面、合浦三叉港口海面和海南文昌海面进行海盗或经商"③。亦从一个侧面反映了广东、广西沿海商贸的发展。与此同时，"外洋各国夷商无不梯山航海源源而来"④。一时幅辏肩摩，商贾云集，钦廉沿海成为粤桂货物的重要集散口岸。

清乾隆、嘉庆年间（1736—1820年），桂东南地区的商品经济迅速发展。梧州、邕州等地港口对外交流日渐增加，西江水系的航运优势得以发挥，并成为对外经济交流的黄金水道。当时，广东的主要手工业品，如土布、丝绸和食盐等大宗货物都是溯西江抵达梧州后，再输入广西内地和云南、贵州、湖南。西江中上游和桂江、柳江的农副土特产顺流运到梧州集结，再大量输往广东。其中，稻米由梧州运往广东，每年均在一百数十万石以上。据《清实录·高宗实录》卷八三记载，清乾隆三年（1738年）广西巡抚杨超曾奏称："粤西桂林等府出产米谷，贵州、粤东往往齐赴一处争运，市价骤昂，本地兵民转受其累。"其建议："清嗣后柳、庆二府谷石，专供贵州采买；梧州、桂林、平乐、浔州、南宁王府谷石，专供粤东采买。"此后，梧州、南宁等府米谷运销广东，成为广西的主要出口物资。乾隆年间（1736—1795年），云南省每年经右江、郁江、浔江、西江转运滇铜10万斤至广东，换回粤盐170万斤。嘉庆至道光年间（1796—

---

① （清）张育春等：《廉州府志》（道光）卷二十二，合浦博物馆馆藏，道光十三年刻本。
② 同上。
③ 王锋等：《北部湾海洋文化研究》，广西人民出版社2010年版，第214页。
④ （清）张育春等：《廉州府志》（道光）卷二十三，合浦博物馆馆藏，道光十三年刻本。

1850年），南宁在邕江上游之下楞至下游之长塘相继建成多处码头。随着货物集散的需要，梧州、南宁等内河城市和港埠规模不断扩大。据《广西通志》（道光）卷八统计，1796—1820年每年平均征杂税银：梧州府为71650两关平银，居广西全省税收的第一位；浔州府为52636两关平银，居第二位；南宁府为3032两关平银，居第五位。

随着对外交通和贸易的发展，钦廉沿海的渔业也快速发展。清初，廉州府的"纳例鱼课"，作为赋税一项重要的来源。沿海村民，大部分以渔业为主。渔民使用较先进的"拖风船"，近则在网门（今北海港锚地）、南溟与涠洲、斜阳海面，或在今北部湾海面，即"老鼠山、青鳞山、狗头山、婆湾、东京山等处，水程一、二日不等"①；远则前往南洋捕鱼，抵西沙、南沙一带海域。当地人民世代以南海和北部湾为渔场，捕鱼技术较高。所盛产的红鱼、鱿鱼、大虾等干货和咸鱼，除了一部分销往澳门、广州外，大部分销往广西内地和云南、贵州地区。渔业的发展，反过来又促进海运的发展，致使钦廉沿海港口不仅是商港、军港，而且还是一个渔港。然而，钦廉海上交通和对外贸易的发展，是随着清廷海禁政策的松弛而暂得繁荣的。乾隆二十二年（1757年）以后，由于英国等西方殖民主义在中国沿海的侵扰，清廷对海外贸易的限制又日益严格。乾隆后期和嘉庆时期，先后颁行了种种禁令，撤销江、浙、闽三省海关，仍保留粤海关，只准在广州一口通商。然而，粤海关却暗中允许廉州、钦州对外通商，促使钦廉沿海港口出现一时繁荣。为了加强对抵港番舶和本国商贾的管理，清朝除了在今廉州镇的海角亭附近设廉州口海关和税厂，在钦州设分关，还在高德、西场、沙岗等港埠范围设海关分卡。由于钦州所属东兴街、思勒山同两处，通近安南，民夷杂盐，私贩甚多。1775年，广西巡抚又在凭祥、龙州设卡收税。税卡的设立，又带动商务会馆的设立。"为来往商贾提供洽谈之便，广州商人于乾隆四十八年（1783年）在钦州集资兴建广州会馆（该会馆位于今钦州市胜利路22号）"②，从而说明虽广州与钦州相距一千多公里，但商人通过会馆聚会交易，大大促进了两地之间的商品交流。从康熙二十四（1685年）至乾隆六十年（1795年），廉

---

① 廖国器：《合浦县志·经政》（卷二），合浦博物馆馆藏，民国廿年（1931）石印本。
② 钦州市政协文史资料委员会编：《钦州文史·钦州交通专辑》，2008年，第262页。

州海关对海上丝绸之路对外贸易的发展发挥了很大的作用。

三　海关腐败风气对外贸的影响

广州是广东省省会，地处珠江出口，兼有河、海港口的功能，水运四通八达。据《粤海关志》卷十一记载，清代前期，广州的贸易船只"装货往高雷廉"，琼高雷廉的船只亦"来省进口"。广州、佛山的货物，亦经海运销往钦廉，或经钦廉中转越南。当时，珠江三角洲的蚕桑业生产水平和"桑基鱼塘"规模已明显提高。民务农桑，养蚕为业，妇女擅长缫丝。广州、佛山成为仅次于长江三角洲的蚕丝生产基地，产品远销国内外。这些丝织品成衣和佛山陶瓷成为重要的出口商品，亦经澳门或江门船运往琼州、廉州，或由琼州、廉州中转至东南亚各国。清初，广东没有专设的海运管理机构，而是由粤海关、两广盐运使司和广东水师分工兼管。其中，粤海关在海安设总口，下辖雷州、廉州、钦州海关。广东水师在廉州设"乾体营"，在钦州设"龙门营"，负责对商船进行查验和护航。当时，粤海关对沿海贸易的商船规定征税的税目有正税、船钞两项。所谓正税，即进出口货物税，各类货物均有不同的课税率。其中，对广东沿海贸易小船有许多优待，诸如食物、衣物类、杂货等物，"照数免征"。[①] 廉州口海关，相当于明朝的沿海巡检司和市舶提举司，主要职责是监督来港船只，收取船钞；检验丈量来港船的樑头，按分载科之例收税；同时，开舱检验货物，准许放行船只。其中，收取船钞是廉州口海关的一项重要工作。当时来往的船只，外国的船舶主要经安南和澳门而来，本国的主要往来于廉州与钦州、安铺、琼州、江门、广州、潮州之间。粤海关编的《北海口仿照廉州口税则》记载，安南船运货抵廉州港口，每艘收船头规（船钞）3 两 2 钱，澳门船每艘收取船钞 3 两 6 钱 3 厘。除康熙时曾一度减轻税额外，后来清廷大都用重加海关税以抵制外国船到此贸易。因此，"外国商贾多以华人居间"，俱用中国帆船运输。故从澳门、安南、新加坡至北海的往返船只，大都是红单帆船（又名头艋船）。廉州口海关对本国商船船钞收取多少，主要通过检丈来决定。一般本国船比外国船钞征收

[①] 叶显恩、谭棣华、罗一星：《广东航运史》（古代部分），人民交通出版社 1989 年版，第 209 页。

低得多。海关按分载科之例，樶头在 5 尺以上，装米满载至 200 石者，"始征耗银三钱九分六厘"；樶头不及 5 尺，"例不归关输钞"；樶头虽有 5 尺，装米无多，不及贸易一半，"载者又复免征"①。从海关征收船钞数目来看，本国船远比外国船低，体现了廉州口海关施行的是"恤商惠民之善政"，客观上，理应促进钦廉海上运输和对外贸易的发展。

然而，清朝官僚贪污勒索成风。有的关役人员串通一气，假公济私，明知其为免税或低税的项目，却仿照附近口岸之例而援引巧取，借口增加税收，"竟将向来并未运输之物，而禀请照此征收"，其目的不过是额外苛取。额外征收之税，关役人员只上缴 1/10 左右，"而居中饱已居十分八九"②，大部分刮入自己的腰包。在廉州关役人员的威逼下，许多商人手足莫措，叫苦无门，甘受欺诈。"而养家血本，竟至亏折，殊属可怜"③。有压迫必然有反抗，守口关役如此巧取豪夺，商民怒不可遏，纷纷聚众上告。廉州府官员也承认，"国恩总理政权，唯以惠恤商民为念，若奸弊未除，商民之苦累不止"④。长此下去，商舶来港自然减少，必然影响廉州的商业繁荣，税赋收入也会随之降低。为此，廉州官府和海关一方面查拿舞弊人员；另一方面将商船进出口岸应征货物税则，在港口用木榜公布于众，让关役人员和商客知悉，共同遵守。并对贪污勒索的关役人员进行追赃治罪，对偷税漏税的商人进行重罚。

清代，朝廷实行银钱平行本位的货币制度，在全国范围内实银两和制钱是法定货币，海关对进出口贸易一般以关平银两为计算单位。然而，由于受到海上丝绸之路的影响，外国银元在两广地区的使用亦十分广泛。钦廉地区民众称外国银元为"番银"或"花边银"。正如《粤海关志》卷十七记载，"伏查洋银一项，来自夷船"，"而粤东为夷人贸易之所，行用尤广，大商小贩，无不以洋银交易"。由于银两是计算单位，两广人在观念上认为银元即 1 元，等于纹银七钱二分，即比价为 1∶0.72，按此进行计算。清代，两广的贸易计算单位也是关平两。随着海上丝绸之路的发

---

① （清）张育春等：《廉州府志》（道光）（卷二十三），合浦博物馆馆藏，道光十三年刻本。

② 同上。

③ 同上。

④ 同上。

展，来往广东、广西沿海与各大洲之间的商船数量逐年增加。广西经内河由梧州集中进出口的货物，大都由广州中转。乾隆三十三年至四十三年（1768—1778年），粤海关统计的广东进出口贸易总值为29278万两关平银，关税为466万两关平银。乾隆五十三年至嘉庆二年（1788—1797年），广东的进出口贸易总值升为51290万两关平银，关税为1026万两关平银，分别增长75.2%和120.17%。可见，粤海关为中国经济与世界市场的交接搭起了跳板，客观上促进了广东、广西海上丝绸之路对外贸易的发展。

开舱检验货物，是廉州、钦州口海关的职责范围。每艘商船抵埠，海关便派人上船检查。然而，有的关役人员十分贪婪，从中敲诈勒索。史载："查本港洋船开舱，例派材官关役各一名。守押关役向在船上看守，而材官独坐疍艇，依傍守押。"① 船主每日要送五钱银子供材官关役酒饭杂用。除此之外，又勒取大花边（银）一圆。有的还"外复另索柴、米、茶、烛、槟、烟、鸡、酒等物"②。如果船上商贾不顺从其勒索，关役人员便借查私为名，搜查货物，刁难商人。如商舶需要签证放行时，关役人员遇该船开行，查其人数不符，故意趁风欲起航时，"向勒花边（银）二、三十圆至五、六十圆不等"③。船商虽明知其敲诈勒索，但是为了不误船期，只得忍痛割爱，顺从送其银子。甚至有些关役人员，接受贿赂，串通水手，走私货物，偷税漏税，朋比分肥。关役人员的种种营私舞弊行为，挫伤了商人的积极性。嗣后廉州口海关规定，材官只许与关役人员同在抵港船舶守押，毋得独坐疍艇，"倘有违反常规志之处，多索丝毫，定节杖革"④。廉州府对贪污人员革职查问，实行严厉的惩罚措施，这股勒索之风有所收敛。

乾隆年间，不仅外国来的贸易商船增多，也有越来越多的华人商船从两广沿海前往南洋贸易。其中，1750—1770年，"每年至少有37艘广东

---

① （清）张育春等：《廉州府志》（道光）（卷二十三），合浦博物馆馆藏，道光十三年刻本。
② 同上。
③ 同上。
④ 同上。

商船来往广东和东南亚各地"①。乾隆至嘉庆年间（1736—1820年）由梧州、邕州、廉州、钦州，经广州或澳门中转往欧洲，或直接输往东南亚的商品主要有丝、茶叶、土布、瓷器、朱砂、明矾、铜等。其中，梧州经广州出口欧美的茶叶、瓷器比重较大，贸易商品量值逐渐上扬。嘉庆二十二年至道光七年（1817—1827年），粤海关统计两广的贸易商品量值为72105万两关平银，税收为1442万两关平银。当时，地处粤西的粤海关廉州口、钦州口海关虽然以管理对外贸易和征收关税为主，但是由于海岸线长而曲折，港湾众多，加上海面与越南相接，实际上具有对外交涉、海防及内外防范等多种职能。其运作以当地政府为中心，法规由朝廷下达，海关监督并负责征榷，关员和官员便利用职权乘机向商人敲诈勒索。中外商人行贿成风，再以走私、偷税漏税保持贸易状况。

乾隆中后期，南方沿海走私成风，且下层官吏更是贪污腐化成风。按廉州口海关原定关例，凡客商走私漏税，正税一两以下，罚一倍；一两以上，罚二倍；二两以上，罚四倍；四两以上罚五倍；五两以上，私货一半充入官府②。然而，有些关役人员借查漏税，对商人百般恐吓，有的商人不知道廉州口海关罚款条例，怕货物全部被海关收役，或者人被捉去坐牢，甘受关役人员私罚，关役人员也往往徇情受贿。有的商船所载运之货物，正货业已输税，而附载的零星物品，按例不用征收，关役人员则恣意抽解。有的关役人员甚至作威作福，看见船上有贵重物品，便用低价勒买，额外苛取。每逢年节，关役人员又向商舶收取礼品。廉州口海关的种种流弊，不胜枚举。廉州官府虽然"颁示严禁，有犯重惩不贷"③，但海关官员贪污勒索之风仍很盛行。乾隆末年，廉州口海关的税额不断增高，严重地挫伤了商人的积极性。当时，广东进口的部分外国货物主要由安南中转运来，再经廉州销往滇、桂和粤西。由于关役人员多方勒索，致使来廉船只锐减。乾隆四十一年（1776年）至六十年（1795年），合浦连续发生"大饥""大蝗""大水"，"饥死者枕藉于路"④，廉州府呈请开仓赈

---

① 黄启臣主编：《广东海上丝绸之路史》，广东经济出版社2003年版，第503页。
② （清）张育春等：《廉州府志》（道光）（卷二十三），合浦博物馆馆藏，道光十三年刻本。
③ 同上。
④ 廖国器：《合浦县志·事纪》（卷五），合浦博物馆馆藏，民国廿年（1931）石印本。

济。农业歉收，商业萎缩，广西海上丝绸之路的海外贸易必然大受影响。

乾隆五十八年（1793年），清朝册封阮光缵为安南国王。安南为了招徕中国商人，在谅山镇和高平镇设行市，以利两国商人进行陆路贸易。海路贸易则由中国商人在广州、雷州、廉州、钦州乘船到安南的义安、会安和嘉定等地进行。嘉庆九年（1804年），清仁宗命广西按察使齐布森前往安南，认为安南为交趾故地而已，不得以"南越"为国名，封阮福映为越南国王。阮福映即布告中外，建国号为"越南"。此后，"越南"国名正式开始使用，中越两国亦正式建立邦交。当时在两国贸易中，由广州、廉州出口的货物主要是绸缎、布匹、纸张、瓷器、铁锅、颜料、硝磺等，进口的主要是薯莨、砂仁、沉香、大苗、竹木等，其中，1814年由广州、廉州出口越南的货值超过一万两白银。史载："1829年（道光九年）6月，停泊越南广安的中国商船达几十艘之多。两国民间贸易之繁盛，由此可见一斑。"① 然而，两国之间的民间贸易，却曾受到海盗的侵扰。道光十二年（1832年）十一月，因"合浦南澫外洋多有海盗船"②，清道光皇帝批喻，令廉州官府与安南合力会剿。次年，安南海盗头目阮保等70多人，"在冠头岭外洋"③，被清军水师一网打尽。此后，广西与越南的海上贸易又恢复正常。

从乾隆二十二年（1757年）至道光二十年（1840年），是清廷实行独口通商的时期。当时，全国仅允许广州一口与西方国家通商，西方国家的船只可以进出口，广东其他沿海口岸也在禁止外轮进出之例。所以，钦廉沿海的海外贸易货物，必须用帆船运抵广州中转，或用帆船运到安南、澳门、新加坡中转。当时，钦廉归广东管辖，广州市是广东政治、经济中心。所以，钦廉船舶多抵广州贸易货物。正如《广东航运史》记载，道光初，广州港内"钦廉商船虽然数量不多，但也确实存在"④。另外，广府人曾于廉州城西门外建"广州会馆"，为南海、番禺、顺德等地客商聚

---

① 参见潘叔直《国史遗编》，香港中文大学新亚研究所1965年版。
② 同上。
③ 廖国者：《合浦县志·事纪》（卷五），合浦博物馆藏，民国二十二年（1931）石印本。
④ 叶显恩、谭棣华、罗一星：《广东航运史》（古代部分），人民交通出版社1989年版，第216页。

会之所。此后，广州客商来往廉州、北海经商者日益增多。嘉庆年间，合浦县拥有津渡8个，钦州拥有津渡18个①。当时南流江、钦江下游分布着各种津渡，作为内河船舶靠泊的处所或中转货物之地。然后，由渡船集中将货物运到北海港口，再用大帆船运往广州。道光初，今北海市区的珠海路已经十分兴旺。1821年，商贾、渔民在今珠海东与珠海中路之间建有"龙王庙"，成为商家、渔民保佑航海平安之所。于是，珠海路（今北海老街）逐渐成为北海重要商场。珠海路的"下水铺"，直通海边，成为商贾"仓储"之地。

道光初，大帆船由北海集中运往广州的货物以钦廉的土特产为主，输入为棉花、洋纱、鸦片等。洋纱在中国的销路有限，英商便推行侵略的"炮舰政策"，向中国倾销鸦片。英国的工业产品印花布、棉布、剪绒等，也因广大乡镇农村仍是自给自足的农业经济，百姓购买力有限，在中国很难获得广泛的销路。因此，英商在印度的东印度公司运来鸦片向中国倾销。鸦片是一种毒品，人一旦染上，就会整天精神恍惚，骨瘦如柴，严重摧残中国人的健康。据《清史稿·食货志》记载："道光初，英吉利大舶终岁停泊零丁洋、大屿山等处，名曰趸船。凡贩鸦片烟至粤者，先剥赴趸船，然后入口。"可见，当时鸦片的运输方式，是英商从孟买和加尔各答载运鸦片，至澳门海外的伶仃岛等处的趸船上，再用木船走私分送到广东沿海城镇和乡村。据统计，1820—1821年英国向中国输入鸦片4244箱，1830—1831年升为18956箱，之后更是直线上升，"从1835年起竟超过30000箱"②。鸦片走私入中国，造成全国烟毒泛滥，严重地影响国民生计，并动摇了清朝的统治地位。据《筹办夷务始末》（道光朝）卷一记载，道光皇帝虽命令两广总督邓廷桢等"传谕该国坐地夷人，勒令寄泊趸船尽行回国"，但未能奏效。

道光十七年（1837年）12月初，当时有2艘英船从孟买运载460箱鸦片抵达伶仃岛时，因没有及时销往广州、雷州、廉州等地，"该岛的趸

---

① 叶显恩、谭棣华、罗一星：《广东航运史》（古代部分），人民交通出版社1989年版，第216页。

② 余绳武等主编：《十九世纪的香港》，中华书局1994年版，第34页。

船上已积压了 16000 箱鸦片"①。可见，当时走私鸦片数量之惊人。英商威廉·渣甸（Willian Jaroline）经营鸦片不到 20 年，就赚了 100 多万英镑。当时参加鸦片贩运的船长都发了大财，"几乎每一名船长最终都拥有几条船"②。从雍正七年至道光十九年（1729—1839 年），外商输入中国的鸦片总数达到 648246 箱。鸦片的大量输入，对中国贸易产生重大影响，由出超变为入超，由白银内流变为外流。这种贸易变化，强烈反映了资本主义国家对中国经济侵略的本质，并最终导致了鸦片战争。英商的鸦片走私贸易，给中国人民带来严重灾难。不但毒害中国人民健康，而且造成白银外流。以致两广总督林则徐惊叹，如此下去中国"不但无可征之兵，且无可筹之饷"，极为主张"禁烟"，亲自督阵在虎门"焚烧鸦片"，由此引发中英第一次鸦片战争。1839 年，英国辉格党内阁开会决定侵华。道光二十年（1840 年），鸦片战争爆发。结果，清朝战败。道光二十二年（1842 年）七月十三日，中英签订第一个不平等条约《南京条约》。这个条约规定：中国向英国赔款 2100 万银元，割让香港，开放沿海的广州、福州、厦门、宁波、上海五处为通商口岸。"五口通商"以后，粤海关暗中允许北海与广州一起"开放通商"，造成北海开始逐渐沦为半殖民地半封建的港口城市。

---

① 叶显恩、谭棣华、罗一星：《广东航运史》（古代部分），人民交通出版社 1989 年版，第 265 页。

② 同上书，第 266 页。

第八章　鸦片战争对钦廉海上丝绸之路的影响

19世纪40年代，西方列强为了获得高额利润，向中国寻求商品市场和原料供应，发动了罪恶的鸦片战争，用大炮轰开中国紧闭的大门。地处广西北部湾畔的钦廉，与海南岛隔海相望，面向东南亚，背靠桂、黔、滇、川，是一个商贾云集之地，故而成为列强垂涎之地。1876年，英国殖民主义者利用"马嘉理事件"，强迫清政府签订了辱国丧权的《烟台条约》，辟北海正式为对外通商口岸。1887年，根据不平等的《中法商务专条》，龙州被迫开放为对外商埠。1897年2月4日，英国又强迫清政府将梧州对外开放。1906年11月17日，清政府同意广西巡抚的请求，将南宁对外开放，客观上说明当时清政府已无法"闭关自守"。此后，英、法、德、葡、俄、日、美等国，先后在北海、龙州、梧州、南宁设领事府、教堂、洋行等，并通过"洋关"控制商务。此后，广西海上丝绸之路对外贸易开始畸形发展。

第一节　不平等条约签订对钦廉外贸的影响

鸦片战争爆发后，西方列强加紧在军事上、经济上入侵中国，钦廉的港口状况和海上交通条件发生了很大变化。道光中期至同治年间（1846—1874年），北海成为滇、桂、黔和粤西的主要对外贸易口岸，成为广东西部的重要商业中心。英国人看中了北海的地理位置和自然条件，利用《烟台条约》强迫清政府开放北海，妄图把它作为侵占中国西南市场的通道。

一 《南京条约》对钦廉海运的影响

道光十九年（1839年），因鸦片毒害人民，并导致中国白银大量流失，道光皇帝为维护清政府的财政收入，派林则徐为钦差大臣到广东禁烟。林到广州后雷厉风行，禁止鸦片进口，勒令英商缴出鸦片并在虎门销毁。禁烟从而成为英国发动侵华战争的借口。1840年6月，英军在广东珠江口挑起事端，由此爆发了中英第一次鸦片战争。英军在珠江口遭到广东水军打击后，偷袭江浙沿海。由于清朝封建制度的腐朽，以及军事技术的落后，结果清朝战败。1842年8月，在南京江面的英轮"皋华丽"号上，清政府被迫派耆英、伊里奇为代表，与英国政府代表璞鼎查签订了中国近代史上第一个不平等条约——《南京条约》。该条约规定，清廷向英国赔款2100万银元，割让香港岛，开放中国沿海的广州、厦门、福州、宁波、上海五处为通商口岸。此后中国的门户洞开，逐渐演变成半殖民地半封建社会。

清代北海常关分卡、北海税厂（辑自《北海图录》）

《南京条约》规定五口通商，直接影响了广州的外贸地位，也冲击了位于粤西的北海外贸和海运，从而使广西梧州航运和外贸发生变化。其原因主要是上海崛起，厦门、宁波、福州相继开埠，广州外贸中心地位日渐削弱。上海地处中国海岸中心，扼长江入海口，经济腹地较广州更为广阔，海运更为发达。1844年上海洋行只有11家，1855年便发展为120家。1844年抵上海港商轮为44艘，载重0.8万吨。1855年抵上海港商轮升为437艘次，载重15.7万吨。进出口贸易总值方面，1844年广州为3340万两关平银，1855年下降为650万两关平银。相反，1844年上海为440万两关平银，1855年则升为2330万两关平银。可见，此时广州贸易中心地位下降，由上海取而代之。另一个重要原因是割让香港成为自由港对广东沿海港口的严重损害。香港位于南海的北岸，珠江口的东岸，是广州港进出口贸易的必经通道。沦为殖民地后，外商迅速利用香港的天然良港条件，加快码头仓储建设，设立轮船公司。香港很快发展成为英国在远东倾销产品的转口贸易中心。此后，外商以香港、澳门为基地，开辟香港、澳门至北海航线，香港至梧州航线，分别控制香港至北海、香港至梧州的水上运输。

　　道光二十五年十月二十一日（1845年11月20日），葡萄牙女王擅自发布文告，宣布澳门对所有国家开放。文告的主要内容是：澳门港为自由贸易港，所有国家的货物均可在那里存放、销售和再出口[①]。1846年，商家便投资购置20多艘大帆船，开通澳门至北海的定期运输航线。1848年，澳门总督亚玛勒又擅自宣布撤销澳门海关，不许中国在澳门设关征税，并赶走中国官员[②]。自此，澳门变成西方殖民主义者倾销洋货、掠夺原料的一个据点。钦廉的大多数运输船不再进入广州，而是在香港、澳门港碇泊中转货物。外国列强互相勾结配合，进一步瓜分中国。他们以武力和欺骗手段侵占澳门、香港作为基地，利用广东的广州通商机会，向尚未正式开埠通商的海口、雷州、北海等地区渗透，走私鸦片、煤油、纱布，掠夺廉价原料。按照《南京条约》规定，外商只能进出广东的广州口岸。然而，从1846年至1875年的30年间，有20多艘头艋船定期开往北海与澳门之间，亦有帆船和英轮来往香港与北海之间。在此形势下，1871年9月20日清政府设北海常关，对进出口北海的船舶、货物、游客进行监管和征税。北海常关的成立，标志着北海区域行政功能日趋完善，配套齐

[①] 叶显恩、谭棣华、罗一星：《广东航运史》（近代部分），人民交通出版社1989年版，第10页。

[②] 同上。

备，具有多种城市和港口管理职能。同时，粤海关监督公布秘密执行多年的规定："所有为外国人装卸货物的中国华南地区的船舶，如欲从中国的任何港口驶往香港，必须在去香港之前，首先在北海或广州报关。"① 海关档案资料证实，从1846年至1875年，北海成为粤西的重要对外贸易口岸。在粤海关和北海常关的管理下，北海口岸实际对外通商。

近代北海的海外交通和贸易，始于道光中叶。《广东航运史》是这样记载的："北海原是廉州府合浦县的一个滨海市镇，那里的港口条件较好。第一次鸦片战争后，随着香港的兴起，道光二十六年（1846年），北海便开始了对香港的繁忙的贸易。咸丰年间，北海帆船贸易的规模更加扩大。"②《大清会典事例》载："自咸丰四年粤匪（按：指红巾军）滋扰，道路梗阻，所有云、贵等处货物，皆由广西横州支河绕道航海，远赴香港、澳门发售，不由西江大河经过。"所谓"绕道航海"就是绕道到北海，再由北海用帆船从海路将货物运至港澳等地。这个"绕道"促进了北海海上运输的发展，"其海上帆船所至，南到越南、暹罗、新加坡，东至广东沿海的琼、雷、高州以及江门、澳门、香港，并以与澳门的贸易为主"③。以上记载，与北海市地方史料记载是一致的。清梁鸿勋在《北海杂录·原始》中亦这样记载："咸丰初，红巾匪乱，西江梗塞。凡广西之北流、郁林、南宁、百色、归顺州、龙州及云南、贵州之货物，均由澳门用头艋船载运来往，且无关税、厘金。货物出入，各从其便。是时即有一卡，然入口货只抽棉花、洋药，出口货只抽纱纸、八角，因此大为兴旺。"④ 由史料可见，咸丰元年（1851年）北海已成为云南、贵州、广西和广东西部的重要对外贸易口岸。

1863年，清廷允许英轮抵北海港口，"用民船上下货物"。1870年，粤海关派出兵船在香港附近水域巡逻，搜查来往于香港的每一艘帆船，捕捉那些未在广州或北海报关的船舶。"这种封锁不仅起了有效的稽查走私

---

① 聂宝璋：《中国近代航运史资料》（第一辑下册），上海人民出版社1983年版，第1356—1357页。
② 叶显恩、谭棣华、罗一星：《广东航运史》（近代部分），人民交通出版社1989年版，第31页。
③ 同上。
④ 北海市地方志编纂委员会编：《北海史稿汇纂》，方志出版社2006年版，第3页。

活动的作用，也是促使这一殖民地舢板贸易交付双倍税款的简单手段。他们不愿如此，就要通过华南地区的两个主要港口北海和广州进行经营活动"①。粤海关用封锁的办法，迫使抵北海港贸易船只来往不断增多。北海常关成立之初，难免有监管疏漏之处。为此，廉州官府向清廷建议，加强北海常关的职能及扩大监管范围。同治十二年（1874年）四月初七，同治皇帝在廉州府奏折上朱批：今年雷、廉各税收日绌，皆因北海地方无所稽查，易于绕避。嗣后以北海为总汇，设关征税，如有进、出货物，按大关税则征收。并于钦州、电白县水东、石城县暗铺、遂溪县赤坎、海康县雷州及吴川、石城、遂溪三县交界之石门设立北海分卡稽征，亦按大关税征收。又于钦州平艮、长墩、防城三处设立"廉州北海关"②。从史籍辑录可见，西起防城，东至海康都纳入了北海常关的征管范围。此后，北海开始成为一个名副其实的港口城市。

据1871年的广州海关档案记载：澳门与北海之间的贸易十分重要，大量鸦片和外国丝从澳门用帆船运到电白、水东、海南和北海，再运回锡、东京丝、贵重药材、棕八茶等。另外，北海常关的进口税，比广州海关几乎低一半。以1874年为例，进口一匹布，经广州须纳关税和河捐等，共0.352两关平银。但若在北海完税，只需交纳0.165两关平银。北海进口税低，客观上刺激了商人从北海进口洋货。粤海关监督文铦在向慈禧太后的奏折中称："查廉州府属北海关口，自同治十年九月二十日开办起，至十一年九月十一日止，计一共征收税银二万一千四百八十二两六钱五分二厘，又自十一年九月十二日，起至十二年三月三日二十五日止，共计六个月零十四日，共征货税银一万两千五百八十八两七钱六分二厘。"③ 从海关档案税钞的官方数字来看，按子口税2.5%计算，同治十年（1872年），北海进出口货值在85万两关平银以上。由于当地关役人员的贪污舞弊，走私猖獗，偷税漏税现象严重，所以很难从税收中准确算出当时北海的进出口贸易总值。从海关和清朝的档案可以佐证，即在1876年的中英《烟台条约》之前，北海口岸已实际对外开放通商。

---

① 聂宝璋：《中国近代航运史资料》（第一辑下册），上海人民出版社1983年版，第1356—1357页。

② 赵尔巽：《清史稿·穆宗本纪》（卷二十二），中华书局1998年版，第842页。

③ 顾裕瑞、李志俭：《北海港史》，人民交通出版社1988年版，第75页。

二 开埠前北海港是钦廉重要门户

近代北海港埠位于南流江入海口之南，扼船舶入廉州湾之口。廉州湾内的冠头岭至三汊港一带，近代称为北海埠。北海"港湾长11公里，宽36公里"。航道附近水深，"经常保持6.4公尺之深度"。该处"港水深广，船舶出入便利，虽在低潮之际，巨舶也得出入，实在是一个通商的良好口岸"①。《北海杂录·地势》亦记载：北海埠面临北部湾，"岛屿苍茫，波澜壮阔。风帆上下，沙鸟回旋"。冠头岭跃出海面，"峰峦起伏，直奔地角"，屈曲回环而成良港。一条沙坝"横列于埠前，成拱包状，是为外沙，渔人舟子，列栅而群居"②。古人寥寥数言，描绘出清末北海埠的地形。北海埠以外沙为间隔，分为外港和内港。内港由鸿湖形成，被沙滩分割，逐渐缩成一个狭长带形。从三皇庙（旧址在珠海中路与珠海西路交界）一直至地角水门，约长3公里，以停泊本国商船和渔船为主。外港除了廉州湾顶逐渐淤浅以外，其余面貌古今变化不大，利用一条水深6米—10.5米的天然深槽作锚地，长达10多公里，供外轮碇泊。1820年以前，抵港船只主要寄碇在冠头岭、外沙、高德、乾体和党江一带，岸线长达20多公里。道光年间至光绪二年（1821—1876年），主要锚地则在龙王庙至旧海关沿岸一带的北面水域。1876年以前，红舟大船由琼州、潮州、澳门或海防抵北港埠，载重量在200吨左右，吃水不深，水涨时靠珠海路下水铺的岸边装卸货物极为容易。1876年以后，随着抵港轮船的增多，船舶吨位的增大，在此停泊的轮船吃水也较深，锚地便逐渐移向地角一带水域（今北海港装卸锚地）。

由于冠头岭阻挡西南风浪，故北海埠地是轮船避风的良港。据海关档案记载："口内泊船处，无论刮东南风或西北风，停泊亦属稳当。下锚处在口界浮之西。平时下一锚，出至一百八十尺锚链。若遇大北风时，在下加一锚，亦不过偶然之事。因海底钓锚甚为坚固。"③说明港口不仅是自然条件优越的避风港，而且是船舶的良好寄碇之所。近代北海港处于自然

---

① 民国政府编：《中国海港纪要》，第107页。
② 北海市地方志编纂委员会编：《北海史稿汇纂》，方志出版社2006年版，第3页。
③ 顾裕瑞、李志俭：《北海港史》，人民交通出版社1988年版，第66页。

港口的落后状态，装卸轮船货物全靠驳船、帆船驳运，驳船、帆船必须趁涨潮时拢岸上落货物，并且要在退潮前完成；若船只来不及随潮水退走，便会被搁在岸边的沙滩上，只能待下次涨潮时才可离开。因此，掌握北海潮汐规律是当时港口装卸作业的关键。为利于船只出入，港口设有浮标三个。第一浮，在"廉州府合浦县北海港口附近地角村水道"，船只入港口正路之右边；第二浮在船只入港口正路之左边；第三浮，位于今珠海东路北面海中。这些浮标起着为到港船只指明入口的作用。

史载："中国口岸，轮船进出，北海亦称便易，以海面深广，并无暗礁险故也。下碇处离海关仅三、四里，水涨则抵岸甚易。"① 同时，又记载，北海港区域内的西场港口，水深六尺；大观港口，水深八尺；龙门港水深一丈三尺。鱼冲港口，水深一丈一尺；石头埠港口，水深一丈八尺；安铺港口，水深一丈六尺；钦州"亦借北海为门户"②。为了进一步控制广西沿海港口，1881年北海海关又规定，港口区域管辖范围为从东兴中越边界至雷州半岛西侧的海域。从而使北海港区域除了北海埠以外，还包括北海埠以西的西场、大观港、龙门港、鱼冲港、防城港、白龙尾港、竹山港，和北海埠以东的石头埠、对达等钦廉所属各港，从而使得钦廉的内河和海上运输兴旺起来。据《合浦县志》（民国版）和《北海杂录》记载：近代北海港区域内的帆船运输共有八条航线。其一，由北海经乾体直抵廉州城附近的老哥渡或直达西场、党江。其二，由北海溯南流江而上，帆船可达玉林之船埠、福旺江之小江墟（今浦北县城）。其三，由北海经容根港溯江而上，可达白沙墟河头，水涨时则直达博白。其四，由北海经大观港溯江而上，可达钦州之平银渡。其五，由北海经钦州龙门港，溯钦江抵沙井和灵山陆屋等处。其六，由北海直驶帆船，达防城、东兴。其七，由北海开船，直抵石头埠和安铺。其八，由北海市区直达涠洲岛③。当时，云南、贵州的一部分货物，以及广西百色、南宁、玉林等地区和广东的钦廉、高州地区的土货，主要由上述八条航线源源运来北海港口。到港船舶卸货后再从北海采办洋布、洋纱、煤油、五金等进口货，销回内

---

① 北海市地方志编纂委员会编：《北海史稿汇纂》，方志出版社2006年版，第17页。
② 同上书，第19页。
③ 顾裕瑞、李志俭：《北海港史》，人民交通出版社1988年版，第68页。

地。当时通航于北海港与玉林、廉州、博白、钦州等内地城镇的内河帆船，被称为"渡船"。它们的主要任务是转运北海港进出口货物。北海的货物很少陆运，全靠这种渡船集散。除上述八条航线外，还有一条北海至广州间的内河水陆联运线路，即由北海溯南流江往廉州、常乐墟、沙河、博白、船步后，改走陆路，经玉林城、北流县城，再改乘水路，经容县、梧州、德庆、肇庆、佛山，而抵广州。

近代钦廉海上航线的运输，由帆船和轮船共同承担。帆船航线以头艍船（官方称"红单大帆船"）运输为主。头艍船有载重30万司斤（折合为176吨）和50万司斤（折合为295吨）两种，是当时国内较先进的海船之一。头号头艍船的船体长10丈，宽2.5丈，平均高1.5丈，重载吃水8尺。船桅共3条，居中主桅高8丈，头桅高6.4丈，尾桅高5丈。甲板中部为货舱，起重货物是利用主桅的缆索滑轮，靠人力踩动绞盘牵引升降的。尾部是双层的住舱，后尾是伙房、淡水柜、厕所、畜禽栏，最后是全船最高的掌舵工作台。船底为鸡胸形，船首出水部分呈钝三角，能经受风浪和减少前进的阻力。顺风时，三帆齐张，时速最高可达9海里。另外，道光至同治年间（1821—1874年）北海有一种叫"拖缯船"的渔船，"头尖尾大"，利于乘风破浪，"可施桨橹，河海皆宜"，有时亦参与钦廉沿海运输。在北海的航商中，当时大约拥有40艘头艍船。这种大型头艍船，由于轮船运输的排斥，在光绪末年被淘汰。当时，钦廉沿海也使用艚船和拖风船作商货船，也可出洋贸易。其中，艚船船型如槽，首尾似鲸鱼。"艚船载重自一百吨至四百吨不等"①。拖风船，船身较阔，首尖尾胖，单质桅。有三角帆，尾设升降舵。船长约4丈余，宽丈余，深四五尺，载重仅40吨—50吨。适合在钦廉沿海行驶，吃水浅，船速快，回转灵活。在北海港水域，从事驳运业的生产工具，有木驳船、疍家艇、地角艇。其中，地角艇因北海地角一带渔民和搬运工多用而得名。"大者载重约35吨"②。船舷为鼓边形，驾驶灵活，耐风浪颠簸，用于从岸边驳运货物装上轮船，或将轮船卸下的货物运上岸。当时，北海帆船的海运航线共有7条。其一，北海至广州线；其二，北海至潮州（汕头）线；其三，

---

① 黄名汉、杨家琪：《广西航运志》，广西人民出版1994年版，第120页。
② 同上。

北海至江门、陈村线；其四，北海至琼州（海口）线；其五，北海至澳门、香港线；其六，北海至越南海防线；其七，北海至新加坡线，回程由新加坡抵榆林、海口，再返回北海。这7条帆船运输路线中，以北海至琼州线最为繁忙，每年互相来往船只为500艘次左右。

1876年以前，外国货输入北海，主要由香港、澳门、海防、新加坡中转入口。同时，北海土货出口，亦经香港、澳门、海防、新加坡中转出口。由于北海口岸水运发达，促使道光至同治年间（1821—1874年）的北海成为我国南方的一个重要通商口岸。

三　同治年间北海成为粤西货物集散地

1846年以后，外国列强以澳门、香港为基地，以各种贸易方式，把北海作为广东西部的航运中心，加强对中国西部地区的经济侵略。由香港、澳门等处输入的洋纱、棉花、鸦片、煤油等货物充斥北海口岸及内地市场。外国商品在此大量倾销，阻碍了当地民族工业和手工业的发展。1851年广西金田起义爆发后，清廷调集两广、湖南等省的军队对太平军进行包围封锁，桂江、西江为之梗塞。北海由于远离永安州，其海外贸易不但没受军事直接影响，反而因西江阻塞，大西南的货物全部改道由北部湾出海，使北海成了云南、贵州、广西和粤西等地货物的主要集散地。海上交通的发展，促使北海成为粤西的商业中心，它吸引着广州、高州、潮州、琼州和广西的商人，以及越南、葡萄牙、英国、法国、德国、丹麦、日本等外国人到北海从事商业活动。当时，北海"店铺不下千间，而大中商号约四五十家"[①]。商行中，以广州人为大帮。

同治元年（1863年），广州商帮在北海设立会馆，名为"敬义堂"（今北海市第五小学校址），作为广州商人召开会议之所和处理商务贸易的机构，后改名为"广州会馆"。同治七年（1869年），高州商帮亦合资建造"高州会馆"（今北海市珠海西路原外沙公社大楼处），作为会议之所。外地和本地商人在此开设商行和店铺，货栈林立。经营长途贩运的内地众客商，以及外省和香港、澳门、海防的推销商，都活跃在北海的市场。其中，商务最繁荣的大街分为数段，名为东泰街（今珠海东路）、东

---

① 北海市地方志编纂委员会编：《北海史稿汇纂》，方志出版社2006年版，第6页。

华街（今珠海中路）、东安街（今珠海西路中段，即金鱼巷至民生路口）、升平街（今珠海西路西段，即金鱼巷至今四川路路口）、大兴街、西靖街等，"凡殷商巨贾，胥萃于是"①。1873 年，北海"贞泰号"大商铺开张，适逢北海商业早期最繁盛时期。

同治年间，珠海路（今北海老街）一带是港口货物的主要集散地。大多数门面为店铺，店铺后面是仓库。为便于海运装卸，临海一侧的店铺（下水铺）后的建筑物多架空伸至海滩；海滩上布满了竹木棚建成的房子，俗称"疍家棚"，以居住驳船工人、装卸工人为多。同时，后街、卖鱼街、兴华街、沙脊街、中华街、大西街的商务亦很兴旺。当时，北海、廉州主要商行有绸缎行、南北货行、洋货行、药材行、蓝靛行、牛皮行、鸭毛行、山货行，等等。另外，还有生猪、蔗糖、花生油、元肉、黄麻、咸鱼等帮行。其中，因北海为鱼盐之地，故咸鱼行有十多间。这些商行的资本少者千两，多者达十几万两不等。正如清梁鸿勋的《北海杂录·商务》记载，"本埠生意，则以同治年间为最旺。斯时载运货物，俱是头艋船。入口则花纱、匹头、呢羽、鸦片、药材；出口则麸油、靛青、食糖、纱纸、八角、八角油、桂通、桂油、云南锡板、牛皮。所以，新关一开，每年即有饷银数万两"②。此时的北海已逐渐成为舟车辐辏、冠履云集的商业城市，比合浦县城廉州镇更繁荣。尤其同治年间，广商云集，铺户栉比，更显示出北海早期商业城市的兴盛。

北海对外贸易的发展，也促进了腹地经济的活跃和发展。钦廉的手工业已发展到一定规模。当时北海陶瓷产品出口，最负盛名的是赤江窑，位于今铁山港区南康镇石头埠，建于咸丰年间（1851—1861 年），生产砵、盆、碗、碟、煲、杯、壶等瓷器，共有 8 条窑口和 1 条碗窑，年产瓷器 20 多万件。该窑产品具有"耐高温，抗击性强，无毒素"等特点，一直是传统的出口商品。钦州、合浦生产的瓷器，质优价廉，每年有大量瓷器经北海运至海防、雷州、琼州，以及新加坡等南洋地区。史载："每年九、十月间，有大海波渡（大帆船）十余艘，载镬（铁锅）、瓦器（陶

---

① 北海市地方志编纂委员会编：《北海史稿汇纂》，方志出版社 2006 年版，第 3 页。

② 同上书，第 6 页。

北海老街（辑自《北海图录》）

瓷）往星（新）加坡。"① 另外，运往越南和新加坡的铁锅，每年4万余口；运往澳门等处的铁锤，每年约五六万斤。合浦县的烟花爆竹在东南亚享有盛誉，数百年不衰，一直是出口的传统产品。同时，本地土产也甚多，以靛糖为大宗土产货物。水靛，主要产地为寨墟、张黄、小江、武利、福旺、那思、伯劳等；蔗糖，主要产地为钦廉、南宁地区。其中，武利的白糖，钦州的赤糖最负盛名。水靛和糖，主要由北海港销往香港或上海。由于北海濒海，"地称鱼盐，故捕鱼营生者，以北海为多"②。光绪年间，据统计有大小渔船六百余艘。所以，海味亦是出口的大宗货物，主要有咸鱼、鱿鱼、墨鱼、大虾等。钦州、防城、东兴、安铺等处的海味，亦运抵北海

---

① 北海市地方志编纂委员会编：《北海史稿汇纂》，方志出版社2006年版，第6页。
② 同上书，第7页。

埠集中出口，销往香港、广州，或销往广西内地。生猪、生牛、鸡鸭均出产于钦廉地区，主要销往香港、澳门。元肉，以廉州产量为最高。烟叶，以高州属之安铺、青平和灵山出产最为盛名。生丝，产地为钦州的小董，合浦的常乐、石康等处。另外，花生、花生油亦为钦廉大宗土产，一年内出口达800万斤。众多的土产货物，为北海港外贸出口提供了充足的货源。

北海不仅为钦廉货物集散地，而且广西、云南、贵州的一部分货物也以此为输出口岸。因而，港口海上运输发展更快。当时，北海的造船业已具相当规模，主要在高德和外沙一带。这两地除了能制造"长六丈，广一丈五尺，载鱼十万斤，船上有三桅，中桅高四丈八尺，头桅三丈八尺，尾桅二丈二尺"①的头号密尾渔船外，还能造大海船。大海船一般用于货物运输，定期航行于北海与澳门、江门、广州、琼州，以及海防、澳门、新加坡之间。与此同时，越南、澳门的船只亦纷纷驶抵北海港口。北海商业的发展，促进了附近地区的经济活跃。同治年间，廉州镇商业亦颇为可观，镇上设有广州会馆。"其进出口货，俱藉北海为门户，生意以靛、糖、火油、洋布为大宗"②。北海埠与廉州镇的水陆路交通运输十分频繁，"昔时戴月披星，往来络绎不绝……由水程往廉，可至老哥渡，再起岸抵廉，不过四五里耳"③。当时，水路用船运货物，比陆运雇佣人力费用省得多。例如，运载50吨货物，若走水路，商人雇请一艘渡船，数名船工就行了；若走陆路，一天则需请几百名挑夫，费用开支浩繁。所以，当时北海与廉州的运输，水路比陆路繁忙得多。另外，钦州的商务虽比不上北海，却多于廉州，北海与钦州的水路运输十分便捷，帆船如遇顺风，10小时可到。随着海外贸易的发展，钦州的商品经济亦发展很快。"其进出口货，亦借北海为门户。出产则有糖、丝、牛皮、鸡鸭毛等物，陶器如泥花瓶、香炉、茶壶、茶杯碟等。其色黄，略分深浅，式样颇为雅致，价亦相宜"④。

据粤海关在同治年间修订的《北海口仿照廉州税则》记载："安南船进口收牌金，银三两六钱三厘。"由于征收船钞的数额甚低，故抵北海埠船舶渐多。港口航业的发展，促使北海商业更为兴旺。道光二十五年

---

① 北海市地方志编纂委员会编：《北海史稿汇纂》，方志出版社2006年版，第8页。
② 同上书，第18页。
③ 同上。
④ 同上书，第19页。

（1845年），葡国总督阿麦腊氏为了进一步推销洋货，掠夺中国土产，决定将澳门界内原中国海关分卡强行撤销。分卡被裁撤，意味着外国商品可以不受关税的限制，任意输入北海等口岸。当时，澳门地方"主要业务，不外私贩鸦片及他项货物而已"。从咸丰元年（1851年）起，葡国在澳门的经纪人先后投资建造了近20艘头艋船（每艘价值数万两白银），定期航行于澳门、北海之间，把大量的洋货通过北海销入滇、桂、黔和粤西。并通过代理商收购当地土特产，运回澳门，再由彼转运欧洲。英军占领香港后，也竭力通过北海打入中国西南的市场。1863年，清廷准外轮暂时停泊北海，"用民船上下货物"。除洋货半税单照章查验外，土货只准上船，"不准卸卖"。然而，由于港口没有码头，外轮吃水深，不能像头艋船那样靠岸装卸，只好雇民船驳运上下货物。此后，外轮由香港定期"往来于北海、水东、电白诸港，从事沿海贸易"①。从1872年起，外轮从香港运出鸦片、洋纱、棉花、洋布等商品，"配售给高州的电白、水东、海南的海口、雷州半岛的各港口及廉州府的北海等各港"②。此时，北海已不仅是澳门葡国的商品市场，还是英国推销商品和掠夺原料的场所。当时，北海常关的官员允许外国船舶自由抵港，并在《北海口仿照廉州口税则》中与洋商议定："由香（港）、澳（门）搭运北海杂货、棉花、洋货、疋头到此起卸，其原船系属寄港由行户报明，准照搭便船报关。"这个议定便是任凭外国的商品冲击北海埠及其内地市场。

咸丰、同治年间（1851—1874年），为了镇压太平天国运动，清廷军费开支激增，国库一空如洗。清政府除了推行"捐纳""捐税"等苛捐杂税摊派勒索以外，还允许各地设卡抽取厘金，对人民横征暴敛，"厘金""炮台经费""船头规""花捐"等名目繁多的捐税，压得北海人民喘不过气来。同治九年（1871年），北海爆发了"打抽厘官事件"：一天，税卡向老百姓胡乱征税，群众不服，遂争论起来。抽丁放枪恐吓，打死店铺工人一名。群众遂将该税卡（所）捣毁，并将抽厘官拉到街上示众，痛打致毙。当时，广东制军统领慌忙派阳江总兵驾兵轮两艘抵北海港镇压，北海商人甚为恐惧，怕遭毒手，"尽将货物他徙，挑男负女，仆仆道途，

---

① 陈铭枢：《海南岛志》，上海神州国光出版社1933年版，第177页。

② 同上。

不堪言状"①。合浦知县觉得普遍镇压会遭到市民更大的反抗，便劝总兵改变策略，封闭店铺十余间，查办为首数人，了结此案。事件发生后，清政府决定撤销原来的粤海关廉州口海关，另设立新的海关，即北海常关。据《海关通志》记载："北海常关，设于合浦北海街，距海关二里，距县六十二里。又有分卡一，即高德分卡是也。"北海常关税率虽低，且港澳商人在北海走私十分猖獗，偷税漏税十分严重，但仍能"每年收税五、六、七万两"②。北海常关的税收状况，反映出同治年间北海港对外贸易的繁荣。据粤海监督文铭呈慈禧太后《补报同治十二年收支常税数目由》的奏折记载，广东的广州、潮州、琼州、北海常关的税收，从同治十一年（1873 年）三月二十六日起至十二年（1874 年）三月二十五日止，计一年期内大关共征银一十万三千二百七十九两三钱八分三厘，各口共征银三万四千六十四两五钱一分二厘。其中，北海常关税收约占广东省常关税总收入的七分之一③。从中亦可以看出，同治年间北海商业贸易的兴旺，促进了钦廉海上交通和对外贸易的迅速发展，也为北海成为正式开放口岸创造了良好的条件。此时，英国企图把侵略势力扩大到中国西南，北海便成为他们垂涎的尤物。光绪元年（1875 年），云南发生了"马嘉理事件"，正好替他们找到了借口。

第二节 中英《烟台条约》签订对北海的影响

第二次鸦片战争后，外国列强加紧瓜分中国。英国人利用"马嘉理事件"，迫使清廷两次签订《烟台条约》，把北海正式辟为通商口岸，作为侵略中国西南的通道。正式开埠后，随着外国势力在政治、经济、军事、文化上的入侵，北海变成典型的半殖民地半封建港口城市。

一 中英《烟台条约》两次签订的原因

第一次鸦片战争后的五口通商，广东地区仅广州一口，英国对华贸易

---

① 北海市地方志编纂委员会编：《北海史稿汇纂》，方志出版社 2006 年版，第 12 页。
② 同上。
③ 顾裕瑞、李志俭：《北海港史》，人民交通出版社 1988 年版，第 75 页。

输出额远未满足资本家们的贪婪要求。外国殖民主义者既想倾销工业品，又想增加鸦片贸易，故要求增开商埠。1842年10月，广东水师从停在广州黄埔港的"亚罗"号船上递捕2名海盗和10名有海盗嫌疑的水手。该船主是中国人，为方便鸦片走私却聘了一名英国人当船长。这本是中国的内政，英国却认为损害了英国人的利益。当时英国企图进一步打开中国市场，扩大殖民地贸易，就以这个所谓的"亚罗"号事件为口实，向中国发动了第二次鸦片战争。同月，英法联军攻进广州，烧杀掠抢。广州人民愤怒已极，放火烧了洋商代理十三行。1858年6月26日，英国政府强迫战败的清政府签订了中英《天津条约》，中国被迫增开琼州（海口）、潮州（汕头）、台南、淡水、烟台、天津、牛庄（后改营口）汉口、九江、南京、镇江为通商口岸。条约又规定："通商各口之要，设立领事馆，中国官员于相待诸国领事官最优者，英国亦一律无异。"① 于是，外国人在中国获得的领事裁判权，成为一条套在中国人脖子上的绞索。同年11月8日，中英又在上海签订《通商章程善后条约》。该条约规定："邀请英人帮办税务。"② 于是，英国人又掠夺了中国海关的管理权。英人李国泰、赫德分别于1859—1863年和1863—1908年担任中国海关的总税务司，控制中国海关半个世纪之久。尽管当时广东的汕头、广州、琼州三处已对外通商，但地处广东西部的钦廉地区沿海却没有对外通商。

"马嘉理事件"是帝国主义列强进一步扩大对中国西南侵略的借口。1862年，法国派兵侵占印度支那后，企图以越南为跳板侵入中国西南。因而，英国加紧开展和法国争夺中国的西南市场，妄图从缅甸打通进入中国云南的道路。光绪元年（1875年）二月，英国翻译官马嘉理擅自带领一支探险队，由缅甸八莫地区闯入中国云南腾冲地区境内，被边民打死。英国便借故由缅甸出兵。在侵略者的军事恐吓面前，腐败无能的清政府派李鸿章与英国使臣威妥玛（Thomas Francis Vade）谈判。同时派湖广总督李瀚章前往云南调查，将杀害马嘉里的边民治罪。然而，侵略者并没有满足。英国保守党迪斯累利政府借题发挥，阴谋利用这一事件对中国进行讹诈，以掠夺更大的经济权益，由英国驻华公使威妥玛向清总理衙门提出六

---

① 王铁崖编：《中外旧约章汇编》（第一册），生活·读书·新知三联书店1957年版，第76页。
② 同上书，第118页。

点要求。清廷指令李鸿章"相机而行,力顾大局,俾免决裂"。李鸿章认为,"揆度彼此情形,皆有不值启衅之势","既属两无所利,所以和好一说,最为稳着"①。此时,英国公使威妥玛借口"马嘉理事件",以断交为威胁,要求清政府"立刻开放温州,宜昌和北海"。同时,调一支英国海军舰队进入渤海,进行军事讹诈。为保护京津安全,李鸿章进行了一系列外交活动,英方答应进行和平谈判。谈判进行了一年,由于清政府步步退让,最后一幕悲剧终于在烟台发生。1876年7月28日,李鸿章奉谕旨由天津乘轮船抵烟台,与威妥玛就"马嘉理事件"重新进行谈判。为了再增加谈判桌上的力量,英、德两国各派一支巡洋舰队驻烟台海面,举行水军演习,对清廷进行恫吓。以瓜分中国为目标的俄、德、日、奥、美、英六国驻京使臣,亦以观察员资格抵烟台出席会议,一齐向清廷施加压力。9月13日,李鸿章和威妥玛草签了《烟台条约》。

《烟台条约》第一端第六条主要内容是"昭雪滇案":中方赔偿英方被害人员抚恤金20万两白银;派使者向英议会递交"抚慰"玺书;准许英国官员进云南"察看"等。《烟台条约》第三端第一条规定:"所有现在通商各口岸,按前定各条约,有不应抽收洋货厘金之界,兹由威大臣议请本国,准以各口租界作为免收洋货厘金之处,俾免漫无限制;随由中国议准在湖北宜昌、安徽芜湖、浙江温州、广东北海四处添开通商口岸,作为领事官驻扎处所。"②《烟台条约》实质上扩大了列强在中国的商务特权,断送了中国港口的自主权,为殖民主义进一步入侵提供了便利。条约签订后,清政府迫于英国的压力,于9月21日批准承认《烟台条约》,开放北海等四个口岸。然而,英国侵略者的胃口并没有因《烟台条约》的签订而得到满足,由其外交部照会中国,称"英国并不欲从新再议此案",借口中国对鸦片的征税过重,不同意《烟台条约》中稍为有利于中方的某些规定,单方面拒不执行。其中条约第三端第三条规定,洋药(鸦片)"与其他项洋货有别,令英商于贩运洋药入口时,由(中国)新关派人稽查,封存栈房或趸船,俟售卖照则完税;并令买客一并在新关输纳厘金,以免偷漏"。像这样关系到中国一点主权的条款,英方就故意延搁。所以,

---

① 李鸿章:《论滇案不宜决裂》,《李文忠公全书》函稿卷三,第46页。
② 王铁崖编:《中外旧约章汇编》(第一册),生活·读书·新知三联书店1957年版,第309页。

百年前北海旧码头，约拍摄于 1890 年
（北海市档案馆提供）

后来光绪皇帝在《上谕》中责成"出使大臣商办"，致有《续增烟台条约》的签订。因而，英国政府一方面拖延批准该条约；另一方面则抓紧在北海开埠，并派官员抵北海设领事府。与此同时，总税务司赫德派英国人抵北海开设海关（俗称"洋关"），向航运界宣布，北海正式开埠通商。外商认为："北海的开港也许比其他各地重要些，因为它和海南岛的琼州、东京海防相似。这三个港口合起来，足以给轮船以经营全面海运的良好机会。"① 因而，他们首先用轮船排斥北海的木帆船运输，以便垄断航业，进而操纵当地商务。

《烟台条约》草签后，英国政府并不批准。英国人认为"从帝国观点来看，是非常令人满意的，但须和印度政府商议，方能作出决定"②。其拖迟的真实原因，是关于鸦片入口的税收问题。当时，尽管中英《南京条约》和《虎门条约》相继签订，但均未对鸦片贸易做出具体规定。英国政府妄图通过谈判商定鸦片的进口税率，保证鸦片贸易合法化，并取得盈利最大化。此举遭到清政府的反对。道光皇帝虽主张继续禁烟，但吃了

---

① 聂宝璋：《中国近代航运史资料》（第一辑下册），上海人民出版社 1983 年版，第 1356—1357 页。

② ［英］莱特：《中国关税沿革史》，姚曾廙译，生活·读书·新知三联书店 1958 年版，第 278 页。

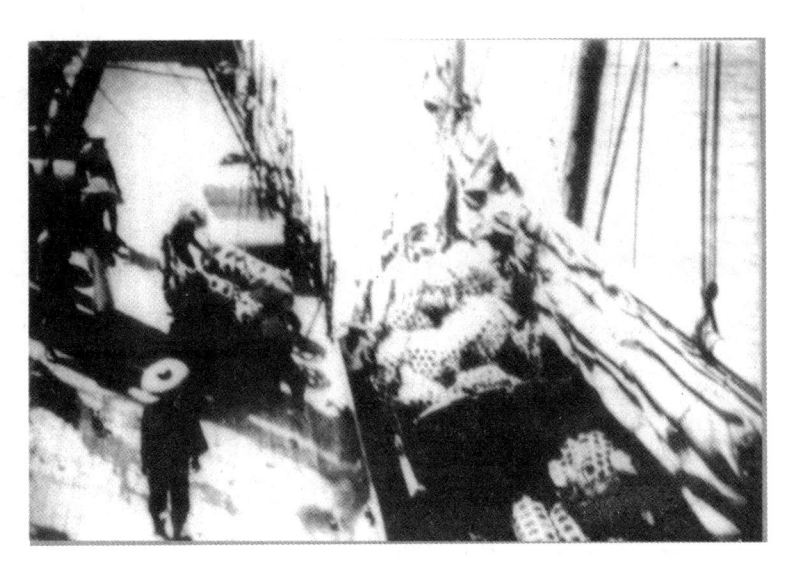

北海海港前身：大船须过驳，装卸需肩挑人扛

（南京国家第二历史档案馆提供）

败仗，又不敢触及鸦片走私活动。所以，鸦片战争后的十几年，鸦片贸易继续以走私的方式输入中国。1851 年，中国进口鸦片为 48030 箱；1859 年，便升为 74707 箱。1871—1872 年，英属印度政府从事鸦片贸易收入达 800 万英镑，约占其财赋收入的 1/7。中国海关对鸦片入口征税、抽厘，自然限制了鸦片贸易。北海开埠后，每年鸦片报关进口约 1000 担，价值四五十万两关平银。鸦片大量涌进北海转销内地，严重地毒害了当地人民的健康。其含有大量使人麻醉的毒素，吸食后极易上瘾，一天不吸浑身无力，涕泪不止。久而久之，就会变成"鸦片鬼"，精神萎靡，骨瘦如柴，三分像人，七分像鬼。这样摧残人命的毒品流入内地，亦引起大量的白银外流。据海关资料统计，光绪六年（1880 年）鸦片由北海进口达 1346 担，以每担估值 450 两关平银计算，则北海当年要外流出白银 61 万两。至于走私进来的鸦片数量，无法统计，估计每年亦不少于数百担。这样，一年内因鸦片而外流的白银，仅在北海一处，便有 100 万两关平银。对于鸦片危机，清政府不得不考虑如何应付。

光绪七年（1881 年）十月，李鸿章复与威妥玛谈判鸦片加征税厘问题。原议每箱征银 150 两，其中进口税 30 两，厘金 120 两。威妥玛拒不答应，清政府只好让步。"李鸿章便在嗣后的会议中，将这项每担一百二

北海海关、北海关外班洋员大楼、北海洋务局大楼旧址（辑自《北海图录》）

十两的厘金数目逐渐减低，直减到八十两为止"①。英国政府在备忘录中同意了划一的厘金和税则，但声明最高厘金只是每箱 70 两。英国代表甚至提出，《烟台条约》第三端应重新解释，并拟了一条《烟台条约》续增专款。这个专款规定：鸦片进口时，"按照百斤箱向海关完纳正税三十两，并纳厘金不超过八十两"，便可在中国境内行销，清政府的常关、厘厂等税收机构"不得较土烟所纳税捐等格外增加，亦不得别立税课"②。其实质，是关于英国鸦片在中国境内自由买卖的具体细则。按照这个专款，英国完全强夺了中国的关税自主权。税则名为双方协定，实际上却是按英国的意愿制定的。这种"协定关税"不仅减少了中国政府的财政收入，而且失去了保护本国产品的作用，并成为列强向中国倾销商品的护身符。

1885 年 7 月 18 日，中英《烟台条约续增专条》的谈判和签字仪式，由中英双方政府派出代表在伦敦举行。中方派出的代表是曾国藩的儿子，时任"出使英法大臣"的曾纪泽。在谈判中，曾纪泽坚持对洋药税额的具体化，"不许（洋商）持用凭单（税票）运寄洋药；不许押送洋药同入内地"③，等等。单凭这一条，就使清政府"岁增厘税银 600 余万两"。在当时国力处于劣势的状态下，曾纪泽依旧努力达成了这个挽回国家一点主权的文件。当天双方代表签字，《烟台条约续增专条》正式生效。它标志着北海开始沦落为半殖民地半封建的商业港口城市，对近代广西海上丝绸之路的海外贸易和中国西南地区的政治、经济产生了深远的影响。

---

① ［英］莱特：《中国关税沿革史》，姚曾廙译，生活·读书·新知三联书店 1958 年版，第 270 页。

② 同上书，第 278 页。

③ 同上书，第 270—278 页。

二 钦廉沿海港口主权丧失的后果

1877年3月18日，英国北海领事府首任领事官何福爱（译音）抵北海，先租用民房设领事府，立旗杆高悬米字旗，作为英国进驻北海的象征。同年4月1日，北海海关（俗称"洋关"）成立。北海关首任税务司英国人吉德（译音）安排了一艘英轮抵港，向世界航运界宣布，北海港正式开埠通商。从1877年至1941年的64年期间，北海关税务司、监察长、港务长等主要职务，先后由48个外国人充任。按照不平等条约，外国人通过海关控制港口大权，北海港航海主权完全丧失。

| 法国领事馆 | 英国领事馆 | 德国领事馆 |

（辑自《北海图录》）

英国人最早进入北海，其占领范围亦最宽。1885年，建成英国驻北海领事馆楼。次年，又先后建成"双孖洋楼"、普仁医院、英国义学堂、宣福音教堂各一所。1905年，建"洋关外班洋员大楼，坐落崩沙口外"[1]，即今位于珠海路东端的旧海关大楼。由于北海关大权主要掌握在英国人手中，所以英商在与他国商务竞争中一度占上风。他们先后在北海设有永福公司、怡和公司、美孚火油公司等洋行。同时，英国领事府除了管理英国商务以外，又"代理奥国、美国领事署员"[2]，兼理奥、丹、美等国商务，并且一度代理德国在北海商务。所以，英国商务在北海的实力一度居法国之上。法国人是藉传教之名进入北海的。他们首先在东泰街建屋，嗣后于1881年建成天主教堂。接着，又在西场、石康、钦州、防城、灵山等处建教堂。1887年，法国建成驻北海领事馆。为了在商务上与英国人竞争角逐，法商在此开设"孖地洋行"，并在越南海防设有商船队。

---

[1] 北海市地方志编纂委员会编：《北海史稿汇纂》，方志出版社2006年版，第13页。
[2] 同上。

加上北海港毗近法属越南，离海防港较近，货物来往甚为便捷，故法国在北海的商务实力仅次于英国。外国在北海商务的经济实力的比较中，德国占第三位。开埠初，德国虽未在北海设置领事馆，但最早在北海建商务洋行。1886年，德商首先建森宝洋行，"该行专办火水及代理招工等"①。接着，又请华人当买办，建捷成洋行。1901年，德国为了与英、法争夺势力范围，便在北海设领事府、长老会教堂和德华教堂。德国领事府，还兼理德国在海南岛海口市的商务，在北海形成英、法、德三方鼎立的势力局面。上述英、法、德三国领事馆，现为全国文物保护单位。

德国信义教会旧址（辑自《北海图录》）

北海是一个风景优美的海滨城市，除了海边多沙碛和冠头岭高出海拔百余米以外，其余部分地高而平。"可以建高楼，可以远眺望，可以适游行，故西人皆喜居之"②。英、德、法等国的外交官员和商贾视北海为"乐土"，先后在此共建大小洋楼22座。此后，西方的科学文化也沿着丝绸之路传入北海，对粤西、桂南和西南地区产生重大影响。1886年，普仁医院（地址为今北海市人民医院）在北海成立之初，就配备了医用显微镜，请外国医学博士当医生，接着又引进X光机等先进设备，是近代

---

① 北海市地方志编纂委员会编：《北海史稿汇纂》，方志出版社2006年版，第13页。
② 同上书，第5页。

北海普仁医院旧址（辑自《北海图录》）

两广地区最早引进的西方现代医院管理模式之一。1889 年，北海普仁又开设国际性麻风病专业医院（地址为今北海皮肤防治院），并引进挪威的医疗技术，成为近代中国首家国际性麻风病专业防治机构。1890—1891年，北海普仁医院在北海首次实施人体接种"牛痘"天花，使居民产生免疫。同时，在市区及廉州、灵山两所分院推行西方先进的新法接生，创下无一接生婴儿死亡案例的记录。降低母婴死亡的新接生法的使用，早于全国半个世纪。北海普仁医院旧址，是当代中国唯一幸存的，还完整保存的 19 世纪 80 年代建院时中西合璧的风貌的历史建筑群，被列为广西重点文物保护单位，也是海上丝绸之路引入西方医学的重要见证。

北海涠洲天主教堂　　　　　　北海天主教堂钟楼
（辑自《北海图录》）　　　　（辑自《北海图录》）

北海的建筑艺术吸收了西方文化，水平明显提高。北海的外国领事府、天主教堂、洋行等无不体现出西方的哥特式建筑风格。其中，英、法、德领事府，德商"森宝洋行"和法国信馆成为全国重点文物保护单位。西方建筑风格的传入，对当地建筑、民间住宅、商业铺面均产生影响。清末流行于北海老街、廉州老街以及铁山港区的南康老街的骑楼，多采用拱形门窗等西方装饰，也是中西合璧的产物，现今成为北海市的旅游景点之一。

北海德国森宝洋行旧址（辑自《北海图录》）

　　光绪年间，长期在此定居的有英籍19人，法籍13人，德籍8人，葡籍14人，此外还有美国、丹麦、瑞士、挪威等国籍的人，"共计西人七十名……耶稣教民、天主教民各约三百名"[1]。另外，每年亦有数千名外籍海员先后抵北海游玩。外国人"所以乐居此土者，以水土和平，饮食便宜，除衣服靴鞋来自香港、海防外，余物均就地采办也"[2]。外国人俨然利用掌握的海关大权、港务大权，操纵了北海的商务经济命脉。随着西方列强对华贸易的加强，海关的作用甚为重要。海关不但是实行关税保护的堡垒，而且是执行国家进出国境法令的机关。殖民主义者要在经济上侵略中国，首先便要冲破关税堡垒。按照《中英通商章程善后条约》——这个不

---

[1] 北海市地方志编纂委员会编：《北海史稿汇纂》，方志出版社2006年版，第4页。
[2] 同上书，第14页。

平等条约的规定，英国轻易地攫取了中国海关的大权。1877—1911年间，赫德先后委派吉德、帛黎、毕利、葛显礼、李华达、狄卑、惠达、马士、丕庆等25个外国人抵北海关任税务司。其中，李华达（英籍）、马士（美籍）在中国海关任职时间较长，是"名声很大"的殖民主义分子。其间，清廷还册封北海关税务司的职级为"三品官"，相当于副省级别官员，压在廉州府和钦廉道台官员"四、五品"之上，对地方官员作威作福。

外国殖民主义者控制北海关，使钦廉地区在政治、经济上损失惨重。外国军舰和商船抵港可不受中国政府检查，畅行无阻。他们还可以通过北海关，搜集钦廉地区和我国西南的政治、经济、军事、文化等方面的情报，甚至插手中国内政。同时，他们利用掌握的北海关税务司大权，制订了一套繁杂的洋化制度，而且包揽了与海关无关的港务、船务、邮政和巡卫国境海岸线等工作。为了控制北海港，他们引用不平等条约中关于海关行使港口管理权的条文，规定海关有权"严查偷漏，制定口界，派人指泊船只及分设浮桩、船号、塔表、望楼等事"。按照这个纯属港务管理的条文，他们取得了对北海港管理的大权。他们任意规定港口水域管辖范围。在《光绪十五年通商各关警船灯浮桩总册·北海》中规定："自东京大界起至涠州海岛止。"后来又将北海关区域管辖范围扩大为从中越交界至雷州半岛西侧，即今广西北部湾海域。此后，港口业务由北海关税务司主管，港务监督长亦由外国人担任。港口业务种类很多，除了港监、引航、船只指泊、仓库、码头的修建外，还有货物装卸和理货等等。为把港口牢牢控制在手中，外国人又在北海关内设理船厅（即港务司）机构，专管港口业务。于是，港口主权丧失殆尽。

航标，是引导和辅助船舶航行的港口重要设施。1879年，英国派出大量人员对北海港口进行勘探，由英籍轮船"纳彼"（NAPier）船长麦彼（MAPier）绘制出精确的北海港海图。"1881年7月15日英国伦敦皇家海军公布了北海港海图。该海图在1884年10月，1885年8月，1890年6月，1898年7月，1898年8月，1903年2月六次再版，是当时国际航海界常用的最有权威的海图。海图所标，一、二、三号灯浮标为3.5英㖵，五、六号等浮标为4英㖵。按1英㖵为1.8288米计算，水深分别为6.4米和7.32

米"①。为了利于外国轮船航行，北海关首先在原地角村北面附近的网门水域（今北海港锚地）设立浮标。网门，原是一个作业渔场。本地渔民在此设栅栏网鱼，历史上最多时曾设鱼栅12排。北海关税务司认为渔民在此作业，挡住了航道，下令拆除大部分栏栅，在航道南北两面设浮标。一方面作为航行标志；另一方面不准渔民在航道撒网捕鱼。在海关北面水域一里多的大海中，又设一个浮标作为轮船定泊的界线。浮标的设置，属于港务监督的业务。北海关将这些包揽下来，目的就是侵夺港口主权。

  1882年，北海关税务司将北海港海图及航标设置情况，通过《中国海关统计年刊》向世界公布。当时，中国海防空虚，民间航运凋敝，在港口出入者大都是外国军舰和商轮，其中以英、法、德、美、日等国的船只居多。北海关设置的航标，为外国殖民主义者在经济上和军事上入侵北海提供了便利。

  协定关税、领事裁判权和片面的最惠国待遇，是束缚半殖民地国家的三条重要链锁。英国人把持北海关后，立即侵占税收大权。他们援引《中英天津条约》，规定运输船舶抵港后，"限一日该船主立将船牌、舱口单各件交领事官，即于次日通知监督官，并将船名及押载吨数、装何货物之处，照会监督官以凭查验。如过限期，该船主并未报明领事官，每日罚银五十两……"②。北海关税务司接到领事官详细照会后，才批准发开舱单。若船主未领开舱单，"擅行下货，即罚银五百两，并将所下货物全行入官"③。由于北海港务监督大权完全由外国人把持，因而，商船抵港，并不报告中国地方政府和北海常关，而是报知英、法、德驻北海领事府，由领事府和北海关派员登船检查，地方官员则无权"派员到洋船查验华商之货"。由于港口的关税自主权被外国人侵夺，外商在北海进出口货物，"只纳税，不纳厘"。华商除了交关税、厘金之外，"均须缴纳炮台经费，且比厘金尤重"④。这样，北海埠华商由于税收负担甚重，必然无法与洋商竞争。加上海关由外国人控制，对外商有调整税率的自由。因此，北海关便失去了保护本地工农业生产和对外贸易的作用，成为外国殖民主

---

  ① 顾裕瑞、李志俭：《北海港史》，人民交通出版社1988年版，第82页。
  ② 同上。
  ③ 《中英天津条约》第三十八款，咸丰八年五月二十六日（1858年6月26日）。
  ④ 北海市地方志编纂委员会编：《北海史稿汇纂》，方志出版社2006年版，第12页。

义在此掠夺中国人民财富的工具，对广西海上丝绸之路的海外贸易造成很大影响。

第三节　北海开埠后轮船运输成为海运主角

北海正式对外开放后，由于不平等条约，北海港口、航海主权全部丧失。外国轮船运输以技术上的优势，垄断了广西航海商务，造成钦廉木船运输发展艰难。

一　外轮垄断钦廉海运

1876 年，虽然清政府宣布北海为对外通商口岸，但是由于英国政府暂未批准《烟台条约》，故北海并没有吸引到多少外商抵此投资。"经济商务发达情形，殊鲜令人注意，虽已次第开埠，然贸易状况，则属失望"①。当时，英国人虽然开辟了北海至香港的轮船航线，但由于"首二年，商家未悉洋船规例，其出口油麸、靛、八角、纱纸、锡等货，向系付回澳门本行"②。北海的海上运输仍以三桅的红单大帆船为主，定期航行于北海与澳门之间。1878 年，一艘商船由澳门载运货物来北海，"至硇州头，陡遇狂风，全船覆没"③。与此同时，北海航商的新祥顺船，"载货至硇州行口，又被风打坏二船，破耗十余万两"④。这两次严重的海损事故，使北海商人对澳门的帆船运输失去信心。于是，香港轮商乘隙而入。1879 年初，英轮"海南号"由香港抵北海争揽生意，当地商人便将土货物付轮船运输，开始了与香港的直接贸易。此后，法、德等国的轮船亦抵港碇泊，装卸货物。由于西方资本主义势力的入侵，当地社会的经济结构经历了前所未有的剧烈变化，海运的发展不能不受半殖民地半封建社会经济发展的制约。于是，广西海运出现了新的转折点。

1881 年，北海关税务司通过中国海关的报刊，向航运界宣传介绍：

---

① ［英］班思德：《最近百年中国对外贸易史》，海关总税务司署统计科译印 1931 年版，第 210 页。
② 北海市地方志编纂委员会编：《北海史稿汇纂》，方志出版社 2006 年版，第 11 页。
③ 同上。
④ 同上。

"吃水不超过 17 英尺的船是容易进入北海港的,并几乎在一切天气条件下均能安全停泊。除向北一面外,其余都有陆地掩护。"① 另外,锚地海底是砂质黏性土,大轮碰到台风也不容易"跑锚",是一个优良的避风港。同时,进港航道直而短。"轮船进出,北海亦称便利,以海面深广,并无暗礁等险故也"。每当外轮抵港时,上落货物,全部由本地帆船、渡船或小艇驳运。进口洋货从轮船卸下后,则有民船运至岸,或者直接疏运至廉州、钦州、安铺等处,再转销入内地。回程时,则将内地土货运抵北海港装上轮船。虽然这种装卸货物的方法比较落后,但外国航商却几乎不需要花费任何投资建码头,便可经营港口。早在 1873 年,以李鸿章为代表的洋务派,就于上海成立了由官府监督、华商集股、自负盈亏的轮船招商局。1879 年,招商局开辟"广州—海口—北海—越南海防,定期轮船航线"。中国招商局曾积极投入运力与外船抗衡,展开航运竞争。以李鸿章为代表的洋务派创办轮船招商局的目的,正如他自己所说:"夫欲自强,必先裕饷,欲浚饷源,莫如振兴商务。商船能往外洋,俾外洋揽一分之利,即中国益一分之利。微臣创设招商局之初意本是如此。"② 史载:1876 年,该局既开之后,洋船少装货客,"合计三年中国之银少归洋商者,约已一千三百万两"③。可见,当时招商局这一新式民族资本主义企业的出现,在客观上对抵制外国资本主义经济侵略,促进经济发展有一定作用。然而,由于外国资本主义势力的敌视、排斥、打击,加上内部管理不善,民企每况愈下,终难维持。

1879 年是北海港轮船运输业与木帆船运输业进行激烈竞争的一年,也是英、葡两国为争夺北海商务而勾心斗角的一年。轮船运输与帆船运输相比有很大的技术优越性,一艘轮船从香港往返北海三四次,帆船只能走一趟。因而,轮船运输具有速度快、期准、安全、省费等优点,能使商品的运输时间大大缩短,加快资金的周转,这点对唯利是图的商人无疑有极大的吸引力。于是以香港为基地的外国轮船公司,日益排斥在广东的帆船

---

① 北海市地方志编纂委员会编:《北海史稿汇纂》,方志出版社 2006 年版,第 26 页。

② (清)李鸿章:《李文忠公全集》(卷三十九),金陵刻本影印本,海南出版社 1997 年版,第 33 页。

③ 中国史学会编:《洋务运动》(第六册),上海人民出版社、上海书店出版社 2000 年版,第 10 页。

运输。当时连接地中海和红海的苏伊士运河已通航，从英国到香港的船舶不需再绕道南非的好望角，航程一下缩短了3000公里。轮船的往返速度，比候季风行驶的帆船快两倍以上。于是，英国香港轮船公司"把中国航线上的绝大部分生意从帆船公司手里抢夺了过来"①。以致香港取代广州港成为广东的海运中心，外国来华贸易的远洋轮船不再直接进出广州港，而是先到香港卸货，然后再由香港转运到中国沿海各港口。"其他国家运往广州的货物，也渐渐以香港为中转港"②。客观上也加快了香港与广东、钦廉等地沿海港口交通的发展。然而，澳门航商为操纵北海与澳门的航业，早已修造了40艘价值昂贵的红单大帆船，他们自然反对增开北海与香港的轮船航线。因为货物如在香港和北海之间直接用轮船运输，则原在澳门民船贸易的经纪人将不能存在。而设在香港的英国轮船经纪人，派"海南号"轮船从香港首航北海获得成功后，便凭借技术上的优势，力图挤垮澳门至北海的民船运输。"以轮船代替民船的运动，自1879年最后两个月开始，一直继续下去，至1880年已有105次进港，共87836吨，和同样次数的出口。下一年度的船舶进出口统计是，进出口各减少1897吨，税收仅减少关平银3245两。这时轮船和帆船的竞争已很尖锐，轮船慢慢地占了上风"③。由北海出口的桂皮、糖、花生油、蓝靛等土货，不但由轮船销往香港，而且由香港转销上海，再由上海销往天津等北方港。北海的贞泰商行曾在香港、上海设立商务处和货栈，加强了北海与华东、华北各港口的商务联系。

轮船运输业在竞争中，由于技术上占优势，便逐渐排斥木帆船运输业，从而垄断了钦廉的海运。"光绪五年，即转付轮船，洋关之旺收从此始，则常关之短收亦从此始。又值西江崔苻不靖，厘厂林立，所有来往广西之南宁、龙州、柳府、贵县、郁林进出货物，皆舍彼就此。税务遂见涨旺"④。1885年，中英两国签订了《烟台条约续增专条》后，北海逐渐引起外商的注目，抵北海经商者日渐增多。此后因法国侵略越南，战云弥

---

① 蒋祖缘主编：《广东航运史》（近代部分），人民交通出版社1989年版，第19页。
② 同上书，第23页。
③ 顾裕瑞、李志俭：《北海港史》，人民交通出版社1988年版，第85页。
④ 北海市地方志编纂委员会编：《北海史稿汇纂》，方志出版社2006年版，第11—12页。

漫，中国招商局被迫"停驶广州—海防线，不再到海口与北海"①。外国轮船运输便开始垄断广西海运。

英、法、德等国为了把北海变成帝国主义向我国西南进行商品和资本输出的集中区域，开设洋行，控制外汇、仓储、贸易、海运等。他们利用北海港口的优越自然条件，用轮船作为主要运输工具，在此推销商品和掠夺原料，在1890—1899年这10年期间，外商开辟了北海至上海，北海至海口、香港、海防、新加坡、文岛（苏门答腊）6条轮船直达航线。由北海出口的土货，"昔由本埠商人载华船出口居多"；后来，由于外商操纵了航业，本地商人便将土货"附载轮船，以图快捷"②。当时抵港外轮，其国籍主要有德国、丹麦、法国、日本、英国和挪威，以德国占首位，其次为丹麦和法国。这10年期间，抵港外轮达2000余艘次，船舶吨位为116万吨。1899年，"外轮进口共98艘，吨位56000余吨。其中，挂法国旗者占35960余吨，挂德国旗者19840余吨，为由如以前争揽生意之甚，船每耽延数日始行到口，故皆满载而去。因船小不敷，故脚费较昂于前也"③。结果是本地商人只好将货物托给法轮运输，任其盘剥。外轮对钦廉海运的垄断，促使钦廉海上丝绸之路的对外贸易畸形发展。

二 钦廉沿海木船运输维持发展

北海的木帆船虽然在与轮船的竞争中失败，但它并没有退出当地航运的历史舞台。帆船具有体小灵活，吃水不深，靠岸容易，便于走私的特点。此外，由于东兴、安铺等港口水较浅，大轮船不易停泊，因此，木帆船仍维持北海与廉州、钦州、东兴、安铺等处的运输，甚至有时抵海口、江门、广州、汕头、海防、新加坡等处运输，形成了轮船与帆船运输在北海并存的局面。当时，北海对外贸易兴旺的原因主要是海河联运发达。在帆船运输中，北海至钦州线货运量最大。钦州龙门港，位于钦江出海口，"水深一丈三尺"，是广西货物运出海外的最近点。然而，因港内航道尚

---

① 蒋祖缘主编：《广东航运史》（近代部分），人民交通出版社1989年版，第75页。
② 《光绪二十一年通商各关华洋贸易总册·北海口》，上海通商海关造册处税务司编译发行（英译汉），光绪二十一年（1895）。
③ 《光绪二十五年通商各关华洋贸易总册·北海口》，上海通商海关造册处税务司编译发行（英译汉），光绪二十五年（1899年）。

未疏浚，大轮船不宜驶入，所以，钦州只好借北海为门户。当时钦州地区居民约六万人，商业区在钦江右岸。"一千担至一千五百担载运的帆船，可以在钦江起卸"①。当时，由北海进口经南宁转运云、贵的货物，则全部在钦州打包，用木船运到小董等处，再用手推车、牛车、人力肩挑运往南宁。清末，广西玉林的土货出口，由木船从水路进入北海港的贸易路线，起点站是船埠。从玉林陆运三十里到船埠，再改由船载运，沿南流江抵廉州，再由廉州运抵北海集中出口。同时，木船又将由北海进口的洋货，从原路运回玉林，销往广西中部地区。另外，北海至安铺线，也是一条重要的帆船海上运输线。广东高州、雷州、廉江地区的进出口货物，当时，也是用帆船由安铺港往返北海集中进出口的。

廉州渡船（南京国家第二历史档案馆提供）

1890 年以后，外国轮船在运输竞争中取代头艋船，垄断了北海的海上航业。然而，广西沿海港汊众多，南流江、钦江河道曲折，较适合帆船运输。轮船因吨位大，吃水深，无法与其争地盘。所以，北海与钦州、玉林船埠、安铺之间的帆船运输业，同时在艰难中发展，每年木船进出北海港口达 2000 余艘。正如《合浦县志》（民国版）卷五记载："由北海溯江而上，帆船可达郁林之船埠。"南流江沿江支流很多，单是浦北境内便有马江、张黄江等，所以便自然而然地形成了河运的网络。从北海起程，木

---

① 北海市地方志编纂委员会编：《北海史稿汇纂》，方志出版社 2006 年版，第 45 页。

船也可直达张黄圩、龙门圩、大江埠、小江圩和福旺圩等圩场集市。钦州市拥有钦江、茅岭、大风江三条河流。在过去的漫长岁月中，三条河流对当地水上交通运输、集市贸易发挥了重要作用。其中，钦江流域有钦州城、久隆、平吉、青塘、陆屋、三隆、那隆、灵城等圩镇；茅岭江流域有大直、黄屋屯、大寺、贵台、那蒙、小董、长滩、新棠、板城等圩镇；大风江流域有东场、那彭等圩镇。这些圩场，全靠内河运输。当时钦州埠、黄屋屯是繁华的商埠。钦廉内河水路货运，清代全部靠木船运输。"顺风时挂帆行驶，逆风或无风时用竹篙撑船，而船体较大的要拉纤"[1]。当时木船以运载木林、生猪、蓝靛、瓷器、药材、精油、水果、土纸等土特产抵北海出口，返程则运载海盐、海味，以及纱布、煤油、蜡烛和小五金等洋货物品。

另外，北海的头艋船除了定期航行于北海与海口、江门、广州、汕头之间，还定期航行于海防、新加坡之间。广西海上运输的畅达，大大地促进了北海对外贸易的发展。光绪年间，钦州商业颇为繁盛，"钦埠与北海、省佛商货交通，成一航行极大路线，常有大三桅帆船，名红单船，载洋纱、布匹、药材、杂货，一到龙门候潮，可上到沙井湾泊"[2]，木帆船可将货物运抵小董和陆屋等处销入内地。尤其南宁与小董之间的陆路运输较为通畅，常有民夫千数百，肩挑货物，不绝如缕。这反映出由北海经钦州抵南宁这条贸易路线的兴旺，外国货物源源不断从北海输入我国西南地区。史载，当时西江尚未有英轮船运输，"从广州乘民船到南宁需时一个月，自香港经北海至南宁——现在最快的路线——十六天即可到达"[3]。由于香港经北海抵南宁的贸易路线，比香港经广州、梧州至南宁航线时间既短，费用也低，故云南、贵州、广西南宁的商人与香港进行贸易往来，几乎全由北海港集散货物。因而，光绪年间，"经过北海往来南宁和滇东

---

[1] 邓锡华：《浦北县水路交通简史》，载钦州市政协文史资料和学习委员会编《钦州文史·钦州交通专辑》（第13辑），内部资料，2008年，第254页。

[2] 陈德周等：《钦州志·交通志》（民国版），钦州市志编纂委员会办公室2011年重印本，第640页。

[3] 顾裕瑞、李志俭：《北海港史》，人民交通出版社1988年版，第86页。

北海街渡巷口旧址（辑自《北海图录》）

地区的商路，每年约有三百万银元的贸易"①。又据《广东航运史》记载："近代，北海海上帆船贸易兴盛时曾拥有大型红单船（即头艋）40余艘。这里的贸易向以往来澳门为主，光绪十五年（1889年），因货物多改装轮船，往来澳门、江门的木船比过去减少一半。"② 光绪二十四年（1898年）拱北关（即澳门关）报告说："琼州、北海两处未开埠前，洋土各货俱用华船，约有船40艘往来澳门。曾几何时，已多帆樯息影。"③ 由上说明，北海开埠后，在广西海上运输中，木帆船运输仍艰难维持发展。

北海港经济腹地的资源十分丰富，为轮船和木船运输提供了充足的货源。由北海出口的土产主要有花生、花生油、八角、生猪等，其中，糖和

---

① 中国近代经济史资料丛刊编辑委员会：《帝国主义与中国海关》（第四编），中华书局1983年版，第234页。

② 蒋祖缘主编：《广东航运史》（近代部分），人民交通出版社1989年版，第97页。

③ 同上。

牛皮出口,每年价值白银 50 万两。生猪由北海运往香港每年 4 万至 6 万头。广西南宁等处的土货,亦由钦州用帆船源源不断运出北海。其中花生、花生油,由北海转运香港,每年价值数十万元至百万元。另外,北海约有十余艘木帆船做新加坡贸易,每年将大批铁器、瓷器等土货运往新加坡,供居住在南洋的华侨使用。"返则私载洋药回琼州"①,经海南的榆林、海口等港返回北海。由上说明,清光绪年间(1875—1908 年),轮船虽然垄断了北海港的航业,但木帆船运输仍然得以长期维持。轮船和木帆船运输在北海港并存,大大提高了港口的货物集散能力,也促进了广西海上丝绸之路对外贸易的畸形发展。

第四节 中法战争对钦廉沿海交通和外贸的影响

19 世纪 80 年代,法国占领越南后又挑起中法战争。法国侵略广西边境后又派军舰封锁和炮击北海,钦廉对外贸易完全停止。广西军民英勇抗击法军,取得了镇南关战场上的胜利。停战后,中法签订《滇粤边界通商条约》。法国势力加紧入侵广西,与英、德二国角逐,逐渐控制了钦廉海上的航业和商务,中国半殖民地的性质更加深化。

一 广西军民抗击法军侵略扭转战局

中法战争由越法战争转化而来,交织着复杂的国际关系。1873 年 5 月,法国海军将领杜白雷(译音)在给政府的报告中写道:"占领这块富饶的地区(指越南北部),占领毗邻中国各地,占领通往中国西南各省的天然商道,将决定我们日后在远东地区的统治权成败。"② 后来,法国总理茹费理(Ferry)亦认为"在资源丰富的亚洲,特别是在广大的中国境内占领一份土地","对我们来说是宝贵的"③。可见当时的法国殖民主义者,早已把中国的西南和北越作为侵占掠夺的目标。为此,清政府采取保

---

① 北海市地方志编纂委员会编:《北海史稿汇纂》,方志出版社 2006 年版,第 6 页。

② [越]陈文富、丁春林:《越南近代史》(第一卷),河内教育出版社 1959 年版,第 236 页。

③ [苏]阿·伊·莫洛克:《世界近代史文献》(卷二),耿淡如译,高等教育出版社 1957 年版,第 163 页。

藩固边的政策，客观上符合中越两国人民的根本利益。1882年4月，法军攻占河内，扬言要打通红河，染指云南、广西。当法国侵略者企图吞并越南时，越南民族处于生死存亡关头，阮氏王朝利用历史上存在的宗藩关系，一再请求清政府出兵援助。5月，应越南王朝的要求，清政府命滇桂军入越，支援在越南北部的刘永福抗击法军。接着，命援越清军进驻北宁等地，代越守土，直接承担和法军开仗的风险；同时，还令广东海军在北部湾海面巡逻策应，不惜耗费钱物，支援越南抗法。

1882年，清廷亦派钦差大臣曾国荃抵广东，防法军从海道侵入。曾国荃认为钦廉沿海是第一线，命令"提督黄得胜统兵防钦州，提督吴全美率兵轮八艘防北海"①。钦廉便成为中法战争的一个重要军事要地。1883年7月"突来教民数百屯聚北海"②，进行捣乱。当地政府采取正当防范措施。法国便藉口保护教民，妄图挑起战争，这便是在北海发生的"教匪事件"。当时的两广总督张之洞闻报后，十分缜密地布置了北海的防务，法军没有在海上登陆北海，改从中越边境陆路动手。

1884年3月，法军侵占北宁。6月23日，法军又继续北上，企图接收谅山、高平，被清军击退。中法陷入战争状态。6月27日，清政府"饬令刘永福先行进兵"，"岑毓英、潘鼎新关内各军，陆续进发"③。刘永福，钦州古森峒小峰乡（现为防城港市防城区那良镇）人，在纸桥战役中，带领黑旗军杀伤俘获法军8000人，击毙法军统帅安邺、李威利，打败法军。在中越边境遭受到清军打击后，法军改变了主攻方向，由陆地转向中国沿海。8月，法国舰队袭击福州，发动"马尾战役"。由于清政府不采取御敌措施，伤亡惨重。10月，法海军在摧毁了福建水师之后，又侵占中国台湾的基隆。此时冯子材（钦州沙尾街人）上书两广总督张之洞，主动请战，要求统带15000军士从钦州入越南，再开辟一个战场，以助滇、桂之战，救闽省之急。1885年1月20日，冯子材从钦州带兵抵龙州。2月3日，侵越法军总司令波里也纠集两个旅团18000多人，对谅山地区的中国军队发动强大攻势，并占领谅山、文渊后直达镇南关。边

---

① 赵尔巽等：《清史稿》（卷五百二十七），中华书局1998年版，第14651页。
② 同上。
③ 汪衍振：《中法战争》，中国青年出版社2012年版，第457页。

疆万分危急，清廷任命年近七旬的老将冯子材帮办广西关外军务，冯子材紧急招募军队，到镇南关进行抗法斗争。1885年3月，法军又攻占澎湖，据地为质，进行勒索。同时，派军舰封锁北海港，切断支援越南的运输线，并对福建、广东沿海民船轰击焚掳，杀戮无辜百姓，把战火燃烧到中国南方沿海。

1885年3月7日，法国向各国宣布对北海实行军事封锁。3月14日，3艘法炮舰开到港外地角的尖端，并在那里下定碇，擅自检查来往船只，实行所谓"禁运"。为了加强防御，廉州总兵移驻北海，并自冠头岭至乾体沿途修筑土垒置战壕。法军封锁北海后，全城物资早已疏散，商店关门，市肆尽闭。

据北海关档案资料记载，"自3月11日最后一条轮船开出后，贸易可以说是停止了"①。虽然轮船因法国发出通牒，暂停抵北海港，但是帆船"仍能维持北海与钦州和安铺的交通"②。此时镇南关边境战况紧急，中国军队集中90余营，40000余兵，在冯子材的指挥下，在镇南关至龙州一线阻击法军。在镇南关前的长岭和西岭之间全长1000多米的地段上，用土石砌了一条高7尺，宽1丈的长墙，长墙前面又挖了一条深4尺，宽1丈的堑壕，在堑壕前面的开阔地里又挖了300多个梅花坑，俨然给法军布下了天罗地网。同时，冯子材组织了一支由壮族青年蒙大带领的敢死队，准备迎头痛击法军。3月23日，法军在尼格里的指挥下，兵分三路进军。据镇南关博物馆的史料记载：当法军进入清军的包围圈时，冯子材振臂高呼："法再入关，有何面目见粤民？何以为生？"大呼一声，跃出墙外，带头杀敌。清军将士像决了堤坝的洪流涌出城墙，与法军展开激战。在各路军的配合下，经过三天三夜的激战，全歼法军1万多人，取得全面胜利，这就是震惊中外的"镇南关大捷"。接着，清军29日克复谅山，使中法战争出现了转败为胜的局面。然而，4月1日法军针对清廷海军落后的状况，改从海上发动进攻，继续封锁北部湾，占领台湾基隆、澎湖，企图挽回败局。

---

① 中国近代史经济史资料丛刊编辑委员编：《中国海关与中法战争》，中华书局1983年版，第233—235页。
② 同上。

第八章　鸦片战争对钦廉海上丝绸之路的影响　　273

冯子材墓（摄影者：吴琳波）

镇南关战役大胜后，中法战场出现了几个重大变化：其一，法国为占领北越，想要求中国撤兵，同意交换基隆、澎湖。其二，此时日军侵占汉城，朝鲜若沦亡，则东三省危险。应朝鲜请求援助，清廷出兵与日军对峙，不能再两面开战。其三，英德从中干涉，要求双方停战，以免影响商务。其四，越南封建王朝上层已投降法国，签订第二次《顺化条约》，销毁了清朝授予的大印，示意断绝与清政府的宗藩关系，承认受法国保护。因而，清廷认为开支"耗币金二千余万"[①]，再替越南打仗，毫无意义。据《中国近代对外关系史资料选辑》记载：其时冯子材所部东线军决定在4月13日总攻北宁，北宁一拔就直捣河内。然而主和派视镇南关大捷和谅山大捷为媚外求和的筹码，当即提出了"乘胜即收"之说。李鸿章向慈禧太后密奏道："臣之愚见借边防为名，隐挚法军之势，不难乘机讲解，使彼此可以收场。"李鸿章的乞降说项，被慈禧太后本能地接受了。于是，慈禧下诏停战撤兵，并要赫德加紧同法国讲和。

4月4日下午4时，由中国海关驻伦敦办事处税务司金登干代表清政府，毕乐代表法国政府，在《巴黎停战协定》及附释上正式签了字。4月6日清政府发出了批准的谕旨，由李鸿章电转巴黎。中法两国即行停战，

[①] 参见南炳文、白新良《清史纪事本末》，上海大学出版社2006年版。

法国并允将台湾封港事宜撤除。法国允派大臣一员至天津或北京，商定所订条约之细目，然后再由两国订立撤兵日期。对这个"协定"所附的《停战条约释义》书，又经协商便成了《停战条件释义》五条。其中，第二条规定：中法两国军队接到退归之令，法军即解除对台湾和北海的封锁。第四条规定：法军即撤出台、澎，中国即准法国船只出入通商口岸。

冯子材占领谅山后，继续挥军南下，攻下观音桥，抵近郎甲。滇军和黑旗军已取得临兆大捷，正向兴化推进。广东军由钦州出兵，已攻入越南广安。冯子材决定乘胜追击，准备攻入河内。就在这个时候，清政府三令五申催逼前线各军按期撤兵，并严令两广总督张之洞："倘有违误，惟督是问！"同时，严令冯子材、刘永福率军撤回境内。镇南关战役的胜利，使中法战争出现转败为胜的局面，成为中国近代反侵略战争史上，唯一没有割地赔款而结束的战争。按照《巴黎停战协定》条约，5月下旬，法军舰离开北海港，钦廉沿海封锁解除。

二 战后钦廉航海和商务畸形发展

1885年6月27日，李鸿章与法国代表签订了《中法天津条约》和《滇粤边界通商条约》。条约规定"中国设关通商，许法设立领事"，"两国领事驻扎及商民通商，均须优待，出口货照税则三分减一，进口货照税则五分减一"①。北海地处粤西边陲，条约将允许法国在此设领事府，并让其享受商务和关税的特权。同年6月9日，李鸿章又与法国公使巴德诺在天津签订了《中法会订越南条约》，其主要内容是：（一）中国承认越南是法国的保护国，订约后六个月由中法两国赴中国和越南北部交界处，会同堪定边界。（二）在中越边界指定两处通商，一在保胜以上，一在谅山以北。法商可以在此居住，法国政府也可以在此设领事府。（三）法货进出云南、广西边界时，应减轻税率②。另外第六款还载明：由陆路通过广东边界的货物，不准减税。做此规定是法国为了避免与英国在北海的既

---

① 黄国安：《中越关系史简编》，广西人民出版社1986年版，第130页。
② 同上。

得利益发生冲突①。

由于侵略的目的已实现，法国军舰便由北海港全部撤走。5月22日，钦廉海上封锁正式解除。按照上述条约，法国政府便迫不及待派大批人马抵北海建领事府、商行。其中，法国领事府正式建于光绪十三年（1887年），"该领事兼理东兴领事及北海法学堂法医院事，又代理在北海之葡国商务"②。中国土货由北海出口法国，税则减少1/3，法商在此获得大量的廉价原料。外国进口货照原来已经很低的税则，对法商又减少1/5，法商便在此推销大量的商品，获得垄断高额利润。当时，又值梧州尚未开埠，所有来往广西南宁、龙州、贵县、玉林及云南、贵州的货物，皆由北海集散，促使北海的海上交通和对外贸易快速发展，交易数量和规模在短期内迅速增加。1879年进出口贸易总值仅为33万两关平银。1888年，北海洋货进口总值升为314.9万两关平银，土货出口总值为100.6万两关平银，入超214万两关平银。外国向中国大量推销工业制品，而中国则向帝国主义国家出卖廉价的农产品和工业原料。这种交换关系，正是反映了殖民地、半殖民地和资本主义国家间经济上的附属关系，显示了钦廉进一步成为外国的商品市场和原料供应地。它说明中国已被卷入世界资本主义的漩涡，成为世界资本主义市场的附庸。

中法战争后，法国把越南和柬埔寨组成"法属印度支那联邦"，成为法国殖民地。为了防止法国继续侵略，张之洞抓紧在钦廉办了三件大事。一是架设钦廉雷琼电话线，二是增设廉琼炮台，三是派人在钦州与入侵越南的法人勘界。清光绪十一年（1885年）5月25日，他在《展设钦廉雷琼线片》中陈述："廉州所属海面，钦州所属陆路皆与越接。各该出文报素迟，急递亦在十日之外。设有兵警，廉钦则调度难施，琼郡则音信阻绝，实为可虑。"③经过张之洞的努力争取及督工，一年内先后铺设了横州至廉州、廉州至钦州、廉州至琼州（海南）三条海防电话线。这对传达军情，巩固海防，促进当地经济文化交流，发挥了重要的作用。同年9月，张之洞又向朝廷递交《筹办廉琼炮台折》。他指出：廉州至广西南

---

① 顾裕瑞、李志俭：《北海港史》，人民交通出版社1988年版，第90页。
② 北海市地方志编纂委员会编：《北海史稿汇纂》，方志出版社2006年版，第13页。
③ 范翔宇：《张之洞与北海的海防建设》，载《北海文史》（第28辑），北海市政协文史资料委员会编2017年版，第138页。

宁，只四日程，若敌由廉袭邕，则南断龙州之后路，北据梧州之上游，西绝百色之运道，一路有失，而广、桂、滇三省皆病……"粤洋为海疆各省之屏蔽，廉琼为两广水路之首冲，且在今日情形尤为吃重"①。为此，他在钦廉沿海增设大炮台。其中在廉州府增设五座新炮台。同年12月，两广总督张之洞向光绪帝奏折称："广东钦州一境，东南滨海，西北负山。自宋明以后，不设关卡，多为安南侵蚀，远非以前旧址……"② 于是，派勘界大臣邓承修和钦州总管李受彤，与法使勘办人员据理力争，将江平、白龙尾岛等处归还中国，十分有利于钦廉航海。

立于东兴口岸附近的5号界碑　　立于东兴镇北郊村14组的6号界碑　　立于东兴镇江那村的7号界碑

钦州界碑（辑自《防城港文化遗产丛书》）

当时，外国列强所建立的银行和轮船运输业，在侵占中国西南经济中发挥着重要作用。法国是高利贷帝国主义，很重视金融入侵，打货币战争。随着东方汇理银行的建立，法国便向清政府提出准许法币在越南和中国流通。1886年后，法国银元大量涌进钦廉市场。洋银居于越来越重要的地位，不仅作为主要交易媒介，而且可用于交租纳税。于是，法国侵略者利用这一优势，肆意抬价压价，剥削中国人民。这种现象，后来越来越严重。据《中法战争调查资料实录》记载，"到了光绪二十多年，一元法洋，有时要值银元一元七八角"，不少地方法洋几乎代替了原来流通的各

---

① 范翔宇：《张之洞与北海的海防建设》，载《北海文史》（第28辑），北海市政协文史资料委员会编2017年版，第139页。

② 同上。

种货币,"凡是大宗交易,甚至通婚受聘,都以法洋计算价值"。地方货币贬值,北海金融受到了很大的伤害。同时,法国图谋进一步侵占钦廉的航海权。当时,北海和海防之间来往船只甚多,每年由北海抵海防从事贸易的船只亦有数百艘。因此,法国便企图通过操纵航务来控制北海。于是,法国驻北海领事府便藉口华船常到海防,"谕船须向领事领照,无照即将船扣留"。因国力衰弱,清政府面对法国的无理要求,只好答应,凡中国商船由北海到海防,都要经其领事府批准。据《北海杂录》记载:"华商前赴越南……即发赁照,再携到法领事署,换给人情纸亦可。"① 由此可见,北海对越南的海外贸易,此时完全由法国操纵。

　　法国掌控了北海与越南贸易的商务大权以后,又企图争夺北海的税收大权。当时,法国领事张贴告白收取船规,每船输钞自数元至十元不等。对抵港船只征收税钞,按例是由北海关和北海常关来做的。但法国藉口中国的渔船经常抵越南,侵夺了北海的税收权,在北海征收渔船照费。法国的这种做法,触犯了英国在北海的势力范围和既得利益,因而亦遭到英国的反对。同时,两广总督张之洞为了维护清廷的面子,也拒绝同意法国领事在北海港向渔船收税。可是,法国政府派来的官员,继续在北海横行霸道。"法人始收船牌费,然犹不拘大小,每艘船只收牌费十元,既而逐渐递增。近年复量船只大小,以为等差,其多者费至五十元,少亦二十元"②。当时,北海渔船常常抵北部湾和南海渔场捕鱼。法国侵犯中国主权,不但擅自对北海的渔船进行收税,而且禁止北海的渔船携带盐斤出洋,作为腌鱼之用。结果,渔船不得不向法商"买洋盐,以备用"。然而,"价昂四倍"。同时,北海渔民出口咸鱼时,"前十年,每百斤咸鱼税银一钱零八厘,今又倍之。糊口维艰,每多辍业"③。在法国殖民主义者的剥削下,北海中小商人和渔民生活得十分艰难。

　　1886年6月,清廷裁广东阳江镇水师总兵,改设北海镇总兵,驻廉州。"镇"是清代的军队编制单位,每镇兵员约一万二千人。同时,清廷将粤西沿海的高州、雷州、徐闻、钦州等处的军队均归属北海镇总兵管

---

① 北海市地方志编纂委员会编:《北海史稿汇纂》,方志出版社2006年版,第12页。
② 同上书,第7页。
③ 同上。

辖，并扩大龙门、乾体营水师。这是北海军事布防最强盛的时期，承担东起阳江，西至防城的海防御敌任务。同时，也为北部湾海上船舶航行安全提供保障。为了防止法国势力的继续入侵，当时张之洞重点加强钦廉海防建设，光绪十三年（1887年）十一月二十七日上奏朝廷称："臣虽以屠躯力疾，未取偷安。兹定于十二月初二日出省，随带测绘员生，由虎门放洋，先巡琼州海峡，次至廉州北海，次历钦州洋面……"① 次年1月，张之洞乘坐军舰由广州航海抵北海，着手加强战备。一是着手落实将阳江镇标左右水师营拨归北海镇标右营的建制；二是"决定将龙门水师两营改归北海镇总兵辖，并定了严密的巡洋办法"②。当时，北海港成了重要的海防军事基地，"各式军舰超过三十艘"③。然而，1895年，法国强迫清政府签订《中法北京续增条约》后，又在东兴设领事府，"归驻北海之领事兼理。故法国驻芒街之大员，遇有紧要交涉，则由驻北海之法领事，与廉钦道直接磋商办理"④。同时，东兴洋务局亦归北海洋务局管辖。法国领事官的权力，凌驾于钦廉道台之上，更加紧了对我国西南地区的经济侵略。

1899年，法国人在北海设"法国信馆"，后改称"安南北海邮局"，每年经费由政府补贴，企图控制北海的邮政。法国船商以越南为基地，设立一支船队，利用海防接近北海的优越，逐渐排斥丹麦和德国，垄断了北海港运输。结果中国商人只好将货物托给法轮运输，任其盘剥。当时，北海关司务司马士曾向清政府总理衙门税务处提出建议："彼时北海商务如欲与海防商家争胜，只有由北海往广西之水路尽处创建铁路，接连往南宁等处之水路。"⑤ 铁路修通后，南宁、北海贸易逐渐增盛，"即其铁路之股份亦可获厚利焉"⑥。法国驻北海领事官闻讯，即由法国资本家耳第组织一支测量队，查勘北海至南宁线路。1889年6月，广西发生"永安教

---

① 范翔宇：《张之洞与北海的海防建设》，载《北海文史》（第28辑），北海市政协文史资料委员会编2017年版，第140页。
② 同上。
③ 同上。
④ 北海市地方志编纂委员会编：《北海史稿汇纂》，方志出版社2006年版，第19页。
⑤ 《光绪十五年通商各关华洋贸易总册·北海口》，上海通商海关造册处税务司编译发行（英译汉），光绪十五年（1889）。
⑥ 同上。

案"。法国趁机在龙州边境屯兵万人,派出总吨位达 10 万吨的一支舰队在北部湾海面游弋,假借兴兵平乱之名,作军事讹诈,要求清廷同意由法国获得自越南河内至云南蒙白、河内至广西龙州、广东北海至广西南宁的铁路修筑权。

  1903 年,中国民间掀起一场反对帝国主义控制路权、矿权的运动(即收回路权运动)。为了抵制法国人对北海铁路修建权的逼索,由本地商家牵头成立邕北铁路筹备处,向民间广集资金修筑铁路,并声明不收洋股,为此法国领事馆向清政府提出抗议。光绪三十四年(1908 年),清政府外务部正式拒绝了法国公使提出合办南宁至北海铁路的要求。史载,法商在北海进出口货物,"只纳税,不纳厘"。华商进出口货物,既纳税,又纳厘,"均须缴纳炮台经费,且比厘金尤重"[①]。这样,华商由于税收负担甚重,必然无法与法商竞争。

  片面的协定关税,对法商十分有利。《中法续议商务专条》则进一步规定为,凡法国洋货输入"按中国通商海关税则减十分之四收纳正税",出口商品也同样如此。可见,中法战争后,中国西南的大门被打开了,北海关税自主权日益丧失,这就为外国资本主义经济势力的侵入创造了有利条件。从 1887 年到 1891 年的 5 年期间,北海洋货进口估值关平银为 1605 万两,土货出口价值为 454 万两关平银,贸易逆差为 1151 万两关平银。可见,法国控制商务后,北海港口便成为外商倾销洋货的"漏斗"。

---

① 北海市地方志编纂委员会编:《北海史稿汇纂》,方志出版社 2006 年版,第 12 页。

第九章　北海开埠后成为中国西南的门户

1876—1898 年的 22 年间，外国商家以北海为基地，争夺西南市场，造成广西海上交通和贸易一度畸形繁荣，并使北海成为西南的货物集散地。1897 年和 1899 年，梧州正式开埠，法国强行租借广州湾。法国在广州湾（今湛江）实行进出口货物无税，对北海商务造成严重影响。1900—1911 年，由于社会动荡，加上当地的反帝反清斗争，北海航海贸易逐渐衰落。清末钦廉劳工在海上被"卖猪仔"，留下辛酸血泪。

第一节　列强对钦廉商务和海运的争夺

北海开埠后，中外商家利用北海港口的地理位置和自然条件，吸引资金，集聚了巨大的财力、物力，并且"反馈"到西南经济腹地，促使北海成为中国西南的货物集散地。外商对北海航业的控制，也促使钦廉海上交通畸形发展，呈现出半殖民地半封建社会色彩的繁荣。

一　北海开埠成为滇、桂、黔和粤西的货物集散地

1876—1885 年，北海进出口贸易总值平均每年只有 200 万两关平银。中法《滇粤边界通商条约》签订后，法殖民主义者按此不平等条约确定协定关税，外商可享受各种特殊的优惠。按照协定关税，"出口货照税则三分减一，进口货照税则五分减一"。名义上是"值百抽五"，实际上只征收百分之三四。外国商品只交很少的税，便可以由北海港进口远销中国西南，这就为外国资本家向北海推销商品打开了方便之门。1880 年，北海进出口贸易总值为 175 万两关平银，1889 年则上升为 460 万余两，增长 1.6 倍。由于滇、黔、桂和粤西的货物，大都取道北海港集散，遂使市

区商业兴旺。"此年来垦辟既广，而房间亦倍增。曩昔视此现象，嗣后北海一隅将可成繁庶之区"①。

当时北海贸易旺盛，一方面是由于海上交通畅达，开埠后抵港轮船增多。"其向所载之货，现多改载轮船"；另一方面是由于北海关税率低，云南、贵州、广西的进出口货物大都由此集散。史载："光绪十年以前，安南未成法国属地之时，所有洋货运往云南省之南及广西属之西，皆系海防而去，运到老街、浪顺、芒街等处，现在进海防所完之税过重，具云广西省边界，又须再完中国税饷。所以，销运此两省之货，大半经由北海口转运。"② 以棉纱一项为例，北海与越南海防比较：1885年北海进口价值69万两关平银，海防进口价值116万两；1887年北海进口价值143万两关平银，海防进口价值57万两。3年之后，北海比海防进口多了1.5倍。1889年由北海进口的棉纱，约计2/3运往云南省销卖，核约620万斤。又据1890年北海关副税务司余德记载："查本口货物，多系输往广西南宁府转运往云、贵两省销售。虽路远费繁，而贸易仍逐渐畅旺。"③ 当时，云南、贵州的进口货物为什么不取道越南海防，而取道北海呢？这是由于自海防至龙州，较自北海至横州（今横县）两者运费不相上下。横州到南宁府和龙州到南宁府，皆系水路，其运费也相差无几。然而，北海和越南海防的关税却相差悬殊。在北海外商享受优惠待遇，进口税按货值只抽3%左右。在海防，进口税则按货值抽30%—50%，税率比北海高10倍。商家唯利是图，自然舍彼就此，这便促使北海对外贸易畸形发展的原因。

由于北海进口税率低，所以外商在此大量倾销洋货。1889年，英、法、德、日、美等国商家在此销售了价值330万两关平银的商品。其中，鸦片1100担，棉布7万匹，布13万匹，棉纱931万斤，火柴115000各罗斯（每各罗斯144盒），煤油12600箱。与此同时，外商亦经北海港掠夺了大批廉价的原料，在此运走约值100多万两白银的土货。其中，八角

---

① 《光绪十五年通商各关华洋贸易总册·北海口》，上海通商海关造册处税务司编译发行（英译汉），光绪十五年（1889）。

② 同上。

③ 《光绪十六年通商各关华洋贸易总册·北海口》，上海通商海关造册处税务司编译发行（英译汉），光绪十六年（1890）。

60万斤，八角油3300斤，花生397万斤，花生油145万斤，糖796万斤，牛皮57万斤，水靛486万斤，生锡97万斤，生丝5400斤。随着北海对外贸易的逐年增长，海关税收不断增加。1879年北海关税收只有2万两关平银，十年后的1888年却升为29万两关平银，"几乎增加14倍之多"①。1890年北海进口鸦片由上年的1100担（每担100斤），降为912担。然而，进口鸦片的实际数字是无法统计的，因为大量的鸦片进口是通过走私进行的，上面的记载仅仅是轮船运载报关进口的数字。北海港报关进口的鸦片，有2/3运去玉林及南宁府，其余1/3在北海、廉州及钦州销售。鸦片的大量输入，不仅摧残了当地人民的身心健康，而且使白银外流，造成金融危机，财政枯竭。当时，北海每担鸦片价值450两关平银。每报关进口1000担鸦片，北海就要外流白银四五十万两。加上走私的数字，北海至少每年外流白银100万两以上。另外，由于外商在此拼命倾销商品，北海口岸出现极大的对外贸易逆差。从1887年至1891年的5年期间，"洋货进口估值关平银为1605万两，土货出口估值为454万两，贸易逆差为1151万两"②，呈现极不平等的贸易。

1890年以后，外国列强为了进一步侵略我国的西南，分别强迫清政府把广西的龙州、云南的蒙自添作通商口岸。然而，这两个地方都位于陆地，没有直接的出海口，无法与北海竞争。龙州、蒙自主要靠越南海防中转。当时，海防关税甚重，广西商人不愿将货物由海防进口，而愿意由北海进口，再经南宁，转销云、贵两省。故经海防由龙州转运抵南宁的货物寥寥无几。因此，龙州口开关，在海防至龙州铁路尚未修通以前，平均每年进出口贸易总值仅10万余两关平银。蒙自关开放后，"安南红河行驶轮船可至老关地方，与云南相接，路甚便捷"③。云南的生锡便改由蒙自经海防出口，北海港减少了出口这宗价值20万两关平银的土货。云南的大部分出口货物，仍经南宁由北海集散。1890年，北海出口土货总值为83万两，1898年却上升为197万两，增长一倍以上。同时，由北海进口销运广西、云南、贵州的洋货，仍维持每年300万两。广西龙州、云南蒙

---

① 顾裕瑞、李志俭：《北海港史》，人民交通出版社1988年版，第97页。
② 同上书，第98页。
③ 《中国海关北海关十年报告》（1882—1891年），方志出版社2006年版。

自对外开放后，仍无法取代北海口岸的作用。

同时，外国列强控制了当地的金融机构和邮政。外汇可以自由出入，它为外国商人提供了利用资金的方便。北海银号，是当地最早的金融机构。专收海关银两，后改为"海关官银号"。"在佛山、广州及香港设有代理所，他们可签发汇票。利息率根据银根松紧及贸易波动，相差很大"[1]。当时，月息可高达三分，使外国银行资本家可以从借贷资本中大捞一把。这样，外商在北海的投资，以及华商汇款等项，全部或绝大部分通过外国银行，因此加强了外国银行在北海的地位，形成了对北海外汇的垄断。早在1877年，"森昌成"和"保太和"两间私商便开办了邮店。1879年改为官办邮政局，"借洋关为办公之所，归税务司兼管[2]"，几乎全由外国人控制。北海邮政局下设廉州、钦州、玉林、安铺四个分局，以及博白、武利、灵山、小董、陆屋、北流、石城、化州、遂溪九个代理处。

北海的对外贸易，以海上运输为主。当时，谁控制了北海航运，谁就可以操纵当地的经济命脉。英、法、德等国商家，在1890—1899年这十年期间，开辟了北海至上海、海口、香港、海防、新加坡、文岛（苏门答腊）六条轮船直达航线。当时抵港外轮，其国籍主要有德国、丹麦、法国、日本、英国和挪威，以德国占首位，其次为丹麦和法国。丹麦的商务由英国领事府代理，其载运的货物亦大部分是英国货。所以，北海商务主要由英、法、德三国角逐。从1890至1899年，抵北海港外轮达2323艘次，船舶吨位116万吨。1895年以前，当地轮船运输业由德国和丹麦两国垄断。正如1890年的海关资料记载："查轮船挂中国旗者绝无。惟挂德国、丹麦者居多，其船共二百二十二艘，合计十万吨"[3]。德国商人自1886年在北海设森宝洋行后，其国商务在此甚为兴旺，法商孖地洋行次之。然而，光绪二十八年（1902年）以前，"德国初无驻北海领事官，所有该国通商事务，由英国代理"。1894年，日本航商曾一度打入粤西海运市场，但次年因中日甲午战争爆发而告终。1890年，北海轮船运费甚低。

---

[1] 顾裕瑞、李志俭：《北海港史》，人民交通出版社1988年版，第98页。
[2] 北海市地方志编纂委员会编：《北海史稿汇纂》，方志出版社2006年版，第12页。
[3] 《光绪十六年通商各关华洋贸易总册·北海口》，上海通商海关造册处税务司编译发行（英译汉），光绪十六年（1890）。

当年运费，棉纱每担洋银六角，糖每担六个铜仙。由于德国和丹麦轮船几乎垄断了北海的海上运输，任意提高运价，1894年，外轮运费比前年竟提高了30%。结果，"船少货多，竟获厚利"①。1896年，法国轮船公司加强在北海与德、丹两国轮船的竞争，彼此争揽生意，运价逐减，跌落靡定。当年，抵港外轮330艘次，载重18.6万吨。其中，德国占39%，法国占29%，丹麦占30%。这种海上运输的竞争情况，一直持续了两年。1897年抵港船只，德国84艘次，法国78艘次，丹国52艘次，三国在北海港航业的势力不相上下。为了获得高额利润，避免两败俱伤，三国轮船老板共同协商，将往来香港与北海之间的轮船，安排一部分抵海防运输。因而，1898年抵港外轮"故见稀少"。船只虽然减少，"而载货脚费犹见增多"②，外国的船商都在北海攫取了厚利。法国船商以越南为基地，利用海防接近北海的优势，逐渐排斥丹麦和德国，垄断了广西海上运输。光绪二十三年（1897年），梧州开埠通商。然而，当时自梧州至南宁的道路崎岖，往来不便。所以，1899年广西南宁的货物，仍取道于北海作为输出入口岸。对此，北海关税务司马士记载，广西的进口货物"由香港水路至北海可以保险，即自北海陆运货至南宁，亦颇相宜，俱无意外之患，且较捷于西江，故皆假道于北海"③。由于北海是滇、桂、黔和粤西的主要集散地，所以外轮进出港口每年递增。1899年为196艘次，1900年为222艘次，1901年升为311艘次。

当时，除了上述六条定期海上轮船航线外，还有九条帆船江海运输线路。每当外轮抵港卸下洋货后，即有一部分货物用帆船运抵钦州，经钦州转运南宁销往云南、贵州。当时，"钦州商务，多于廉州而少于北海，其进出口货，亦借北海为门户"④。由北海进口经南宁转运云、贵的货物，则全部在钦州转运。同样，云南、贵州和广西的出口土货，亦由南宁转运钦州，然后用帆船运抵北海港集中，再装上外国轮船。北海港帆船内河运

---

① 《光绪二十年通商各关华洋贸易总册·北海口》，上海通商海关造册处税务司编译发行（英译汉），光绪二十年（1894）。

② 同上。

③ 《光绪二十五年通商各关华洋贸易总册·北海口》，上海通商海关造册处税务司编译发行（英译汉），光绪二十五年（1899）。

④ 北海市地方志编纂委员会编：《北海史稿汇纂》，方志出版社2006年版，第19页。

输,主要为北海至玉林船埠线。近代,广西玉林的土货,沿南流江抵廉州,再由廉州运抵北海港集中出口。同时,客商又将北海进口的洋货,从原路运回玉林,销往广西中部地区。另外,北海至安铺也是一条重要的帆船海上运输线。安铺的货物,也是用帆船运往北海港集中出口。钦廉沿海港汉众多,南流江、钦江河道又曲折,较适合木船运输。轮船因吨位大,吃水深,无法与其争夺地盘。所以,北海与东兴、钦州、玉林船埠、安铺之间的帆船运输业,同时在艰难中发展,每月进出港口达 2000 余艘次。另外,北海的头艋船除了定期航行于北海与海口、江门、广州、汕头之间,还定期航行海防、新加坡之间。内河和海上运输的畅达,大大地促进了北海对外贸易的发展。

开埠后北海港之所以成为滇、桂、黔和粤西的货物主要集散地,以及联系欧洲、北美洲和亚洲等 60 多个国家的进出口贸易,其原因:一是由于它所处的地理位置有利和具备天然良港的条件;二是由于它的海运和内陆运输畅通发达;三是它的经济腹地广阔,资源充足;四是外商在此设有洋行,华商亦有可利用的海外贸易关系和外销渠道;五是外商享有最优惠待遇,进出口贸易没有限制,几乎变成自由港;六是外汇可以由海关自由出入,为中外商人提供了利用资金的方便。这样就促使近代北海成为我国南方重要的对外开放口岸。北海开埠后,客观上也促进了钦廉海上丝绸之路的畸形发展。

二 外商对钦廉外贸的掠夺性经营

19 世纪末,西方资本主义逐渐进入帝国主义阶段。为了争夺市场和殖民地,他们加紧划分势力范围,并在经济上加紧对中国沿海港埠的渗透。按照不平等条约的规定,外轮抵北海港,只能由英、法、德三国领事府官员会同北海关人员,一起登轮检查放行。进出口货物的流向,则全部由外国领事或代理人控制。据北海关资料统计,1890—1899 年的 10 年间,由北海进口布类 180 万匹,棉纱 75 万担,煤油 953 万加仑,火柴 313 万箱,鸦片 3919 担,洋货进口价值为 2939 万两关平银。其中,1890 年,由北海进口布类 26.8 万匹,棉纱 10.5 万担,煤油 30 万加仑,火柴 23 万箱,洋货进口价值为 345 万两关平银。外商在北海港推销了洋布、扣布、剪绒、袈裟布类和棉纱,这两类洋货主要由英国和印度运来,除了一部分销往广西，其余"多系运销云贵两省"①。

  1893年，广西连年遭水旱灾，粮食"收成歉薄"，由北海进口大米达28万担。当时，米价暴涨，每担价格竟由一两二钱关平银涨至二两关平银。当地人民穷困交迫，对商品的购买力自然下降。对此，北海关副税务司义理尔也有记载：由北海进口布匹、棉纱等洋货，"向来多销云南，现因内地米贵，人民糊口维艰，盖留资以图生计，故无力而购置也"②。所以，由北海进口的棉、棉纱，其数量逐年下降。1894年，进口布12.5万匹，棉纱8.3万担。1899年，却分别降为9万匹和5万担。布匹、棉纱进口量虽减少，外商却加紧在此推销煤油。北海进口煤油，1890年仅为30万加仑，1893年增至137万加仑。1890—1899年，北海共进口煤油4327万公升。1890年以前，北海煤油主要由美国运来。1891年，俄国煤油公司从海参崴将煤油运来，开始打入北海市场。当年，北海进口美国煤油7万余箱，进口俄国煤油仅1000箱。此后，沙俄看中了北海，与美国在此进行激烈的争夺。1892年，美商在此倾销煤油82万加仑，俄商倾销20万加仑。当时，"俄油来者既多，而美国油户仍见畅旺，似乎两无相碍者"③。其实，两者在暗中进行竞争。1893年，为了争夺市场，美国运来煤油113万加仑，比上年增加38%。俄国虽然仅运来23万加仑，却采取削价的办法与美商暗斗。每加仑比美国货便宜，因此行销较旺。1894年，俄商与北海的贸易暂时中断。美国趁机控制北海的煤油市场，又运来90万加仑。英商也从苏门答腊运煤油12万加仑，占领俄商的地盘，获得了巨额的利润。

  甲午中日战争前后，沙俄为了与英美抗衡，出兵强占了旅顺、大连湾之后，又向清政府索讨对它降低关税的特权，把侵略势力从北方的大连扩大到南方的北海。为了争掠钦廉市场，在此倾销廉价的煤油，俄商费尽心机。他们采取削价的策略，"每箱价降低洋银一角"。英商亦仿效俄商，

---

① 《光绪十六年通商各关华洋贸易总册·北海口》，上海通商海关造册处税务司编译发行（英译汉），光绪十六年（1890）。
② 《光绪十九年通商各关华洋贸易总册·北海口》，上海通商海关造册处税务司编译发行（英译汉），光绪十九年（1893）。
③ 《光绪十八年通商各关华洋贸易总册·北海口》，上海通商海关造册处税务司编译发行（英译汉），光绪十八年（1892）。

将从苏门答腊运来北海港的煤油降价，每箱价格又比俄油低一角。1895年，北海市场的煤油便出现了三种价格。美国煤油每10加仑卖洋银2.21元，俄国煤油每10加仑只卖2.11元，英商经营的苏门答腊煤油每10加仑便卖洋银2.08元。结果，俄商在此倾销了煤油43万加仑，英商倾销了煤油22万加仑，美商只卖出6万加仑，不到俄商的1/7。年底，美商因销路不畅，便减少对北海输入煤油。次年俄商垄断北海的煤油市场后，便提价24%，即每10加仑加价洋银0.5元。1896年，俄商通过北海进口煤油87.5万加仑，按每10加仑价格2.61银元计算，可额外攫取利润44万银元。1897年，俄国忙于侵略我国东北，无暇顾及北海，仅运来煤油10万加仑。英商抓住时机占领市场，每箱煤油价格比俄油便宜10%，一年之内竟倾销煤油66万加仑，而美商只卖出10万加仑。此后，"尔来美俄两项煤油骤为苏门答腊煤油搀夺"①。于是，英商便取代俄美成为北海煤油市场霸主。1898年，北海港进口煤油110万加仑。其中，苏门答腊煤油占66%，美油占30%，俄油只占4%。1899年，北海又进口煤油118万加仑。英美商人为了获得高额利润，提价46%，以每10加仑售价3.8元计算，又额外攫取了42万银元。北海进口火柴一项，几乎全由日本商人操纵和垄断。10年期间，北海共进口火柴（称为自来火）共310万各罗斯。以每各罗斯为144盒计算，共约进口4.5亿盒，几乎全是日本货。"此货行销广东属之钦廉高州等处。内地者较多远销广西属之玉林州、南宁府"②。

据北海关资料统计，由英国东印度公司进口的鸦片，1890—1899年间共有3900多担（不包括走私入口的数字）。根据这个缩小的报关数字，以每担价格470两关平银计算，东印度公司从北海掠走了白银180多万两。香港是鸦片主要集散地。从印度运来的鸦片在香港集中，然后用趸船走私运到各港口。这些趸船抵钦廉沿海，在"沿海边僻之处，过拢小船，散入内地"。"在北海口岸的成年男子中百分之二、三吸食鸦片，在官僚和富商中有百分之五十吸食鸦片。吸食鸦片者，每日

---

① 《光绪二十三年通商各关华洋贸易总册·北海口》，上海通商海关造册处税务司编译发行（英译汉），光绪二十三年（1897）。

② 《光绪十九年通商各关华洋贸易总册·北海口》，上海通商海关造册处税务司编译发行（英译汉），光绪十九年（1893）。

消费一至二钱鸦片。雷州、高州、廉州三府每年需要经北海输入鸦片四千至五千担"①。英国的鸦片贸易商家，首先将英国棉纺织品运到印度孟买等交换鸦片，又将鸦片运到北海，换取我国西南的各种土产，再将各种土产运到香港国际市场，交换丝、茶叶等，然后从香港满载货物返回英国。可见，鸦片贸易是交叉贸易的中心环节。因为它既可开辟中国市场，又可发展印度市场，并且活跃于香港市场。英商取得了推销棉纺品、转销鸦片以及经营中国土产的多种利润。对此，总税务司赫德曾于1886年11月1日在呈总理衙门的奏折中承认："鸦片每年到香港约有9万余箱，均系进入广东沿海各处。其中，去年有八千三百箱在粤海关、潮海关、琼海关、北海关照则纳税。""又闻约有八千百箱由轮船自香港运澳后，自澳分散他往。此项即广东进口之二万余箱，甚易于走私。"正因为鸦片贸易直接关系到英国资本家的利益，所以他们煞费苦心地用各种方式维护对北海——这个十分重要的鸦片输入点的贸易，以加强对中国人民的剥削。

当时，列强急欲把北海作为倾销商品和掠夺原料的"通道"，除了北海港具有特殊的地理位置外，还有两个重要原因。其一，云南蒙自开埠后，本来赴云南的一部分货物，可以经海防溯红河而抵蒙自。可是，越南的关税重，比北海税后率高5至10倍。因而，中外客商"则不愿由海防转红河至云南"②，其货物几乎全由北海港进口。其二，贵州和广西的一部分货物，本来可以由香港、广州溯西江运经梧州抵南宁。然而，商人"复因西江厘费浩繁，亦不愿由西江转运。故皆自本埠而来，则本埠因而最旺"③。由于外商争夺北海市场，和上述两个原因，促使北海的贸易呈现半殖民地色彩的畸形繁荣。

1890—1899年，北海港输出水靛达65万担，糖51万担，花生油和花生饼17万担，生熟牛皮19万担，八角、八角油6万担，还有烟叶、茶叶、生锡、桂皮等农副产品以及海味，土货出口总值达1222万两关平银。

---

① 《光绪十九年通商各关华洋贸易总册·北海口》，上海通商海关造册处税务司编译发行（英译汉），光绪十九年（1893年）。

② 顾裕瑞、李志俭：《北海港史》，人民交通出版社1988年版，第107页。

③ 《光绪二十五年通商各关华洋贸易总册·北海口》，上海通商海关造册处税务司编译发行（英译汉），光绪二十五年（1899年）。

由北海出口的土货大部分运抵香港。一部分土货由彼转销往其他国家，一部分土货"系在该处过船，转运广州、汕头、上海等口"①。北海法商仔地洋行、英商怡和洋行、德商森宝洋行则主要通过买办向内地收购土特产。有些本地商家也到内地组织土货，由北海港直接出口卖给香港的外商。由于北海港具有较强的货物集散能力，所以，桂、滇、黔和粤西的大批土货由此运销国外。其中桂皮、八角、八角油由北海港运抵上海后，再"转运美国销售"②。生牛皮，平均每年出口1万多担，"此货为日本军中制造靴鞋腰带子所需"③。当时，日本一方面运来大批火柴、棉纺织品在此倾销；另一方面十分注意在北海掠夺牛皮、锰矿、桐油等与军事工业有关的原料。1898年北海出口的水产品价值10万两关平银。"其中咸鱼一万二千担，比上年多四倍。墨鱼三千担，比上年多半倍，所增之故。盖西省土匪蹂躏难以销售，因而运往香港"④。1890年由北海出口的本地水产品比上年又增加一倍，海味竟估值关平银21万两，约占土货出口总值的12.5%。

从1890年开始，香港人口激增，必须要从我国内地运去大量的工业原料和生活必须用品才能维持其商业的繁荣。因此，外商不仅掠夺工业原料，而且注意抢购廉价的生活资料。所以，从1892年起，生猪出口便成为北海港输往香港的大宗货物之一，每年约有4万头以上。当时，清政府总理衙门规定，出口生猪征税一事，"应照通商章程善后条约第一款"处理。凡进出口税则均未载之物，按值百抽五之征税办理。据海关档案记载，清政府行文答复总税务司赫德认为"北海口亦有运生猪出口贸易，亦饬一体照办"。然而，中国的这种关税保护政策，首先便遭到英国的反对。因为英商经营由北海运往香港的生猪贸易，从中获利甚丰，所以，他们援引片面最惠国待遇条款，无理纠缠，以阻止政策实施。腐败的清政府

---

① 《光绪十六年通商各关华洋贸易总册·北海口》，上海通商海关造册处税务司编译发行（英译汉）1890年。

② 《光绪二十五年通商各关华洋贸易总册·北海口》，上海通商海关造册处税务司编译发行（英译汉）1899年。

③ 《光绪二十一年通商各关华洋贸易总册·北海口》，上海通商海关造册处税务司编译发行（英译汉），1895年。

④ 《光绪二十五年通商各关华洋贸易总册·北海口》，上海通商海关造册处税务司编译发行（英译汉），1899年。

只得退让，由总理衙门收回成文，并且于1892年8月20日向总税处发出公函："生猪由琼海、北海两关出口。若该商呈出完全厘金之凭据，即由该关免税放行。"①

从1890年至1899年，由北海进口的洋货价值为29395737两关平银，而出口土货价值仅为12220656两关平银，贸易逆差为17175081两关平银。据北海关资料统计，北海商人共付轮船运出价值5475608两关平银的白银。平均每年由北海运出价值50万余两关平银的金银出口去抵消贸易差额②。还有1000多万两关平银的贸易差额，则通过汇票的方式汇去香港的汇丰银行。清末，市场通货为关平银两，辅币有制钱和铜仙，两种并用。银两与铜仙的比值时有涨落，一般标准是每两银兑制钱10吊（每吊1000个）或铜仙1000块。中外商贾在此推销洋货，一律由"北海银号"兑汇。因此，每年有数十万两白银从北海流出中国。

外轮装运北海出口生猪（南京国家第二历史档案馆提供）

据北海档案记载，1891年北海的金融市场"金银由香港进口者，计四万二千余两；由琼州进口者，计二万三千余两。出口往香港者，计八十

---

① 《光绪二十五年通商各关华洋贸易总册·北海口》，上海通商海关造册处税务司编译发行（英译汉），1899年。

② 顾裕瑞、李志俭：《北海港史》，人民交通出版社1988年版，第110页。

一万六千余两；往琼州者，计七百两"①。其中可以反映出，外商由香港输入少量银元购买北海土货；另外，他们又在此推销洋货，获得大量白银，源源运走，从中牟取暴利。同时，清政府由英国人管理的北海关税获得的税收款额 2036103 两关平银，也大部分汇解给总税务司，作为向帝国主义国家还债、赔款之用。可见，殖民主义者操纵北海关，控制钦廉航海权，通过不平等的贸易，不但在北海倾销了大量商品，并且又掠夺了无数廉价的原料，劫走了无数金银。此时，由于受不平等条约制约，钦廉海上丝绸之路的贸易畸形繁荣。

第二节 清末广西水上交通和外贸波浪式发展

中日甲午战争前后，外国列强为争夺在中国西南的势力范围，彼此间的矛盾和斗争加剧。1887 年法国强迫清政府将龙州开埠通商。1897 年英国强迫清政府开辟梧州作通商口岸，1899 年法国则强租广东西部的广州湾（今湛江）。1907 年，南宁又开埠。然而，由于英、法、德商家垄断广西航业，广西对外贸易和水上交通呈现波浪式发展。

一 龙州、梧州、南宁先后开埠促进广西海运和外贸发展

龙州位于左江上游，拥有左江、明江、水口河、平而河四条干流，水网纵横。旺水期可通小轮，平时通木船，航运十分便利。中法战争后，法国把越南作为殖民地，急欲打开一条从越南进入中国西南的通道，于是看中了龙州的地理位置。1884 年 5 月，中、法签订了《滇粤边界通商条约》。条约规定："保胜以上某处，谅山以北某处中国设通商，均须优待。"实际上，法国暗地里强迫清政府将位于"谅山以北某处"的龙州，辟为通商口岸②。1887 年 6 月，法国再次强迫清政府签订《中法商务专条》，正式将龙州辟为通商口岸。同时法国获得谅山至龙州的铁路修路权，企图把龙州作为从越南进入广西的入口。1889 年，清政府总理衙门

---

① 《光绪十七年通商各关华洋贸易总册·北海口》，上海通商海关造册处税务司编译发行（英译汉），1891 年。

② 马依、舒瑞萍主编：《广西航运史》，人民交通出版 1991 年版，第 100 页。

税务处批准设龙州关，由海关总税务司赫德委派宾格纳为首任龙州关税务司。同年，法国在龙州设领事府，以扩大法国在广西的势力范围。龙州东邻崇左，西与越南接壤，是中国南疆重镇。当时，龙州出海的通道主要有三条。第一条，由龙州乘船沿左江下南宁，经梧州抵广州，再往香港出海。第二条，由龙州陆运经镇南关，经越南谅山至海防出海。第三条，由龙州陆运至钦州入海，改由海运往北海集中，托付轮船，从海路运往港澳或东南亚。

第一条路线是龙州内河航运，开埠后十分落后。在龙州境内船只有拖渡和船簰，来往南宁与龙州之间。龙州货物由南宁转运。因货运量小，1894年龙州进出口总值只有15万两关平银，航业和贸易可谓萧条。第二条路线，受外国限制，加上海防关税重，商贾颇难获利，所以无货物往来。第三条路线，则是龙州向海外的主要通道。正如《光绪十九年华洋贸易论略·龙州口》记载："近日到海边极便。"商人"运载八角油往钦州、北海一带，准运香港"。当时，西南地区的货物由龙州出口，主要运至钦州、北海，再转运香港；龙州商贾亦取道钦州、北海进货，销往西南。所以，龙州开埠，客观上促进了钦州、北海的海上交通和外贸。1901年由南宁抵龙州的内河船只全部是木船，进出口共615艘次，载重只有2460吨。没有小轮来往，货运量很少。

龙州虽对外开埠，但从1902年至1911年，龙州的航运和对外贸易由于受政治、经济影响，以及交通条件限制，呈现落后状态，商品经济不够发达。其原因：一是清末的龙州是贫困的落后地区，生产力水平低下。"百姓除去购买生活必需品以外，并无余资能购买他物，所以龙州的贸易不像是会增加的"①。二是，由海防进口龙州的货物，比由北海进口货物，关税高一至五倍，当地商家无法接受。三是龙州的工业和交通基础较差。龙州的民族资产阶级势单力薄，无法发展工业。同时，龙州秋冬枯水期只能通航载重十多吨的小船，运力有限，制约了龙州对外贸易的发展。四是当时修筑海防—河内—谅山—龙州—南宁的铁路修筑工程进度缓慢。铁路不通，也制约了龙州的发展。尽管海防至龙州只有数百里，但由于山路难

---

① 中国史学会编：《中国海关与中法战争》，上海人民出版社1957年版，第238页。

行，所以来往龙州的货物极少①。

梧州位于浔江与桂江汇合处，扼西江上游，支流纵横交错，贯穿全区。因此，梧州成为广西内河运输出海的主要对外门户。当时，梧州"计到香港及广东省城由海关所定之海道约700里"②。由梧州至磨刀门出海，实长360公里。其中，梧州至思贤溪长约222公里，可通航500吨—1000吨级船舶，是西江航运价值最高的河段。鸦片战争后，英国殖民主义者一方面用轮船运输迅速占领广东沿海商埠市场；另一方面即企图沿西江而上，打通至梧州等内地口岸，掠夺西南的丰富资源，扩展倾销商品的市场。据《清实录·文宗实录》卷二七九记载，咸丰九年（1859年）英法军舰多艘，"载兵一千余名，由广东省城驶至肇庆，并分船只于正月二十二驶至梧州城外"。他们在城外测量街段，登山绘画地图，这是英国人首次入梧州。1895年6月，英国向清廷索取云南八募野人山作为领地，遭到中国拒绝。同年10月，英国公使向清政府提出如允开西江通商，

近代梧州港（广西港航管理局提供）

---

① 马依、舒瑞萍主编：《广西航运史》，人民交通出版1991年版，第101页。
② 同上书，第86页。

"则野人山界事即可通融"①。英国外交部并且威胁:"若不允商开西江,彼此转圆此事,英不能先议野人山地,只得自行办理。"② 清政府被迫同意英国的要求。1897年2月4日,时任总理各国事务衙门大臣的李鸿章与英国驻华公使窦纳乐签订了中英《续议滇界缅界商务条约附款》。其中,关于西江通商的专条规定:"将广西梧州府,广东三水县城江根圩开为通商口岸,作为领事馆驻扎处所。轮船由香港至三水、梧州,由广州至三水、梧州往来,由海关各酌定一路先期示知。并将江门、甘竹滩、肇庆府及德庆城外四处同日开为停泊上下客商货物之口,按照长江停泊口岸章程,一律办理。"③ 根据此条约,梧州正式对外开埠通商。同时,外国商船可以从香港一路经广州、三水至梧州,一路经江门、三水到梧州。三水、梧州两地建立海关,开埠通商。其中,梧州海关设于城区东面的大东桥至虞帝庙之间,背倚云山余脉,面向西江干流。当时,梧州官府将"厂前街国公庙码头"对面的水域,长约22丈,作为"新关码头"船舶专用水域。英国人阿岐森被海关总税务司任命为"四品衔署理梧州关税务司头等帮办"。

梧州开埠后,英国、法国、意大利、比利时以及奥匈帝国等国便在梧州设领事署,同时占据桂江东岸与西江北岸的沿岸水域泊位,以承租形式

近代梧州民船、渡船(广西港航管理局提供)

---

① 《光绪二十三年通商各关华洋贸易论略·梧州口》,上海通商海关造册处税务司编译发行(英译汉)1897年。

② 同上。

③ 黄月波等:《中外条约汇编》,商务印书馆1936年版,第21—22页。

为洋行的设置及轮船的湾泊"预占地盘"。1899年，香港英商新造"梧州""三水"两艘轮船往来于港梧航线。这两艘轮船"客位俱属宽敞妥当异常，附搭此二轮船游历颇为舒服"①。同时行驶该线的还有新造驳船4艘，每艘载重约300吨。"是年进出梧州港的英旗载货轮船249艘次，华旗载货轮船92艘次。吨数所占份额：英旗73%，华旗24%，美旗2%，葡旗约1%"②。可见，英旗轮船艘数、载货吨位高居首位，外商已占据西江航运的上风。据海关资料记载："梧州开关以来，商人之所有盼望者皆如愿以偿，开关尚未一月之久，洋货入口陆续增加，至今仍未消减。"③ 梧州是西江内河航运的一个重要口岸，地理位置和航海自然条件优越。梧州出海航线有三条：一条由梧州经三水至香港；一条由梧州经广州至港澳；一条由梧州经江门至香港。同时，梧州至桂林、桂平、柳州、南宁、龙州、百色等内河航线的开增，促使梧州成为广西内河航运的枢纽和对外门户。

梧州开埠后，西江可通航数百吨级的小轮船。外国商轮可以直接将洋货由香港运往梧州，由梧州转运销往广西全境及云南、贵州。同时，广西、云南、贵州的出口土货，亦运抵梧州集中转运香港，有三条下河线最为繁华。其一，梧穗线（梧州至广州港）。梧州至广州水程约365公里。在光绪二十八年（1902年）前，主要有"穗兴祥"号拖渡和木帆船往来行驶。1902年后，梧州水上运输发展较快，续后有"广盛""和贵""广泰""西南""南宁"等较大型的机动客货船行驶④。其二，梧港线（梧州至香港线）。梧州至香港水程约436公里。有"振安""振武""和平""和桂"号等机动客货船来往，"船商主要为太古，渣甸洋行和西江轮船公司"⑤。第三，梧江线（梧州至江门线）。梧州至江门水程约304公里，由江门出海可通香港、澳门，广西的部分土货由此出口。外国的轮船公司的势力在梧州不断扩张，并逐渐垄断了"下河线"的轮船运输。梧州的民族资本为了生存，奋起抗争，创办了西江、和兴等轮船公司。本地商家

---

① 易源：《梧州航运史稿》，广西人民出版社2015年版，第51页。
② 同上。
③ 《光绪二十三年通商各关华洋贸易论略·梧州口》上海通商海关造册处税务司编译发行（英译汉），1897年。
④ 马依、舒瑞萍主编：《广西航运史》，人民交通出版社1991年版，第86页。
⑤ 同上书，第87页。

以梧州为基地，在广西境内开辟了梧州分别至柳州、南宁、贵县、百色、桂林、平乐、都城"7条主要的不定期航线"①。其中，梧柳航线由梧州经藤县、平南、桂平、柳江、武宣、象州抵柳州。光绪年间，有10余艘载重100多吨的电船来往。另外，梧州至南宁线，自梧州经藤县、平南、桂平、横县、贵县抵南宁，"通航载重145吨和129吨的电船"②。

梧州开埠后，进出口商业贸易十分兴旺。1898年，经梧州出口的土货总值为114.81万两关平银，1908年便升为414.83万两关平银，是10年前的3.6倍。1900年梧州洋货进口总值为449.7万两关平银，1908年升为760.343万两关平银，增长69%。梧州进出口关税，1898年为21.7万两关平银，1908年便升为50.5万两。究其原因，除了开埠后梧州通行轮船运输，加速货物流通以外，还因为进出口税率低，只抽5%的税。于是，大量的货物在梧州港潮水般地进出，以致梧州当时有带殖民色彩的"小香港"之称。

近代梧州海关（辑自《梧州航运史稿》）

1898年，抵梧州港轮船载重只有4万吨，1907年增加到21.8万吨，增加4.45倍。1907年，抵梧州港轮船为765艘次。其中，英轮511艘，华船105艘，法轮71艘，德轮70艘。在香港至梧州往返轮船运输中，以

---

① 马依、舒瑞萍主编：《广西航运史》，人民交通出版社1991年版，第86页。
② 同上书，第87页。

英国的实力为最大。同年，向梧州常关报关的民船有6982艘次。1908年，梧州与广州、香港之间，外国旅客为766人，本国旅客为32万人。梧州开埠后，打破了广西自给自足的自然经济，加强了广西与外省和国外的经济联系，客观上促进了广西海上运输和外贸的发展。从1898年至1911年的13年间，梧州进口洋货总值为7672万两关平银，出口土货总值为4242万两关平银，贸易入超达3430万两关平银，这意味着要流出白银3000多万两去平衡贸易。广东人在梧州开设的银号就有"均隆""宝源""华安"等5家。梧州进口的洋货，绝大部分由香港而来。例如1904年，梧州进口洋货价值为751万两关平银，经由香港而来者为748万两。大量洋货充斥市场，造成梧州对外国越来越深的经济依赖，半殖民地性质更加深化。

近代梧州英国领事馆（辑自《梧州航运史稿》）

南宁自古为岭南地区政治、军事重镇，循右江可达百色，沿左江可至龙州，是桂西的内河航运中心。邕江河面宽阔，河床宽达280米，枯水期仍可通航100吨级小轮。优越的航运条件，为近代南宁开埠提供了条件。1842年《南京条约》签订后，外商输入南宁转桂西及云南、贵州的商品有布匹、棉纱、煤油、自来火、铁钉等。仅煤油一项，便有德士古、美孚、亚西亚等多家公司在南宁设立代理商。其中，英商亚细亚的南宁代理商，年销售价总值25万银元，销往桂西各县，并从各县低价收购茴油、桐油等土特产由南宁远销香港。南宁成为桂西的重要货物集散地。1901

年，广西巡抚黄槐森由桂林抵南宁视察"见其地势，山环水抱"，"经左右两江，河身深阔，上控龙州，下通浔梧，又为云贵两省必经之途，边防倚为转运后路，诚为上游重镇"①。同时，他查知"此地既扼要，商务又极流通"，外商打算在此购地建洋行。于是他上奏朝廷："拟请援照湖南岳州等处成案，开作口岸，不准划作租界。以均利益，而保事权。"②清廷鉴于自开海禁以来"通商口岸，许各国分画租界，失中国应有之权"，因而赞成黄槐森的主张，认为广西巡抚主动请求开放，"不如即将南宁作为中国自设口岸，此照岳州城案一体办理"③。光绪三十二年（1906年）十一月十七日，清廷宣布同意开放南宁为对外商埠。这是中国近代史上，第一次主动将本国商埠对外开放，客观上说明清政府已无法"闭关自守"。

南宁是一个重要的转运港，主要航线有南宁至龙州、百色、柳州以及南宁至梧州、广州、香港航线。其中，南宁至龙州线，由南宁溯左江而上，经崇左等县可达中越边境重镇龙州。南宁至百色线，由南宁溯右江而上，经隆安、田东、田阳等县可达西部重镇百色。"而南宁至龙州和百色之间所行的轮船，马力普通为六十至八十"④。南宁至柳州线，由南宁沿郁江至桂平，转溯黔江、柳江而至柳州。南宁至梧州、广州、香港线，由南宁顺郁江而下，经贵县、桂平抵梧州，再由梧州直达广州、香港。"梧州与南宁之间所行的轮船，普通均为一百匹马力左右"⑤。当时，南宁由北海进口的洋货，大都由拖渡从北海运抵钦州的小董或沙井，然后转运南宁，再转运云南、贵州两省。光绪年间（1875—1909年），"每年由北海运抵南宁转口销往内地的货物，估值约三百万银元"⑥。因此，南宁无形中成为广西中部的一个主要商品集散地。

1907年2月19日，南宁设立海关。英国人把持海关，操纵了南宁的港口、航务、商务大权，并以此为基地把势力范围扩充到云南、贵州地

---

① 沈相生：《光绪政要》第24卷，上海南洋书局1909年版。
② 同上。
③ 同上。
④ 马依、舒瑞萍主编：《广西航运史》，人民交通出版1991年版，第88页。
⑤ 同上。
⑥ 同上。

区。据《光绪三十三年通商各关华洋贸易论略·南宁口》记载："查往贵州安顺府之运道，由水路至百色，起岸经八度、坡脚、兴义府等处，运抵

近代南宁港（广西港航管理局提供）

安顺，共计陆路十八站。往云南大理之运道，由水路运至云南属之剥隘。由该处起岸，经广南府、云南省计三十二站可达大理府。"由南宁中转的货物，远销几百公里外的贵州、云南乡镇。1907年，南宁中转洋货1586宗。其中，运贵州安顺839宗，运云南大理640宗，销入广西的则有107宗。从而说明开埠后，南宁已成为大西南的通道和主要转运港。当时，旺水期木船载重15吨—50吨，由南宁顺流而下，6—8天即可抵梧州。相反，由梧州逆水来南宁，木船一般需25—30天才能抵达。当时，由于邕梧航线航道险滩、礁石较多，主要靠木船运输，影响了货运量。1908年，进出南宁港的船只的载重由上年的0.7万吨，升为1.5万吨。但航运的规模与梧州相比，尚差很远。南宁船舶出海，只能靠梧州中转；南宁进出口货物，则一部分由钦州、北海中转。所以，南宁的对外贸易，多系委托梧州、北海商家代办，代管货物及完纳税项之事。南宁开埠后，当地商家一方面进口洋纱转运云南、贵州；另一方面，组织云贵和当地的土货，直接

在南宁出口。当时爆竹、牛皮、八角、纸张等土货，是南宁出口的大宗货物。"统查出口货物，无论新关统税，约共估值关平银五百万两上下"①。由于南宁商务逐渐兴旺，广东、浙江、湖南等省约商人纷纷在南宁设铺经商，"并设有银号（行）20 余家"②。

南宁进出口贸易总值，以关平银估值，1907 年为 154 万两，1911 年上升为 470 万两，比 1907 年增长 2.05 倍。其中，1908 年为 340 万两，1909 年为 415 万两，1910 年又升为 539 万两。1911 年南宁进出口贸易总值仅次于梧州，居全省第二。这反映出，清末的南宁开埠后，南宁已成为广西的重要转运港，加快了广西海上交通和外贸的发展。宣统二年（1910 年），广西的龙州、梧州、南宁三个通商口岸（北海口岸属广东，故未列入），分别设海关共收税 704227 两关平银。其中，梧州关 602747 两关平银，占广西海关税收的 85.59%；南宁关 93216 两关平银，占广西海关税收的 13.24%；龙州关 8264 两关平银，占广西海关税的 1.17%。由此可见，清末梧州成为广西内河重要对外贸易口岸。

二　法租借广州湾对北海外贸的影响

清末，英国在中国南方的势力范围最大。除了占据香港，还先后在广州、汕头、琼州、北海口岸设领事府，控制华南商务，把其势力范围由长江流域扩大到珠江流域。中法战争以后，法国把越南变成附属国，并把印度支那列入其势力范围。法国首先在海防建立船队，开辟了海防至香港的定期轮船航线，给英、德经营的北海商务一个打击。一支由轮船和汽艇组成的船队，来往于红河三角洲与香港之间，这样就给香港商人提供了极大的便利。他们把货物通过海防转运到广西和云南。结果，原定取道北海的货物，后来却转到了红河。受海防的竞争影响，北海的进口贸易开始萎缩。1896 年，北海进口洋货价值为 315 万两，1898 年却只有 237 万两，几乎下降了 25%。正如北海关资料记载："西江厘费如常，但赴云南之货，由海防蒙自者不少，以致本埠日形缺乏。"③ 北海进出口贸易受到海

---

① 马依、舒瑞萍主编：《广西航运史》，人民交通出版 1991 年版，第 116 页。
② 同上。
③ 《光绪二十四年通商各关华洋贸易总册·北海口》，上海通商海关造册处税务司编译发行（英译汉），光绪二十四年（1898）。

防竞争的影响，也直接给英国在北海的商务造成了损失。

中日甲午战争后，外国帝国主义国家愈加争先恐后地在中国南方划分势力范围。1898年初，法国悍然派水军占据广州湾，"作为停船趸煤之所"，并向清廷提出"租借"广州湾（今湛江市）。英国闻讯认为法国占广州湾后，将控制广东西部的海南岛和钦廉地区，危及香港在广东西部的海上运输和商务利益。以此为借口，英国趁机向清廷要求"租借"九龙半岛。同年6月9日，英国强迫清政府签订中英《展拓香港界址专条》。次年，双方又订立《香港英新租界合同》。自此，英国强租新界，租期99年。新界面积为香港岛的十几倍，东起大鹏湾尽头沙头角，西至深圳湾的九龙半岛陆地，以及香港以西的大屿岛和附近的若干小岛，面积达1000平方公里。英强租新界后，香港"便能碇泊和吸引更多的来自世界各国的远洋船只，加强了香港作为转中港，以及英国在远东政治军事据点的地位"[1]。据统计，1900年香港的中英进出口贸易总值为1.578亿两关平银，1907年增至2.529亿两，增加了60.2%[2]。接着，英国又垄断、控制了西江运输。1898年，英商"天和""人和"洋行共派出12艘客货船抵梧州，开辟梧港、梧邕、梧柳等航线。英商凭借其在香港、广州的轮船运输力量，深入梧州港及上游地区，对柳州、桂林、南宁、百色地区进行掠夺性的贸易，从而取得了更大的经济利益。同时，也提高了梧州在广西内河航运中的地位。广西南宁、玉林地区原来由北海进口的货物，则有一部分改由梧州进口。梧州开埠后，英国于1902年又强迫清廷将江门正式辟为通商口岸，增开香港经江门至梧州的轮船航线。沿西江航线，中国还被迫先后开放了肇庆、都城、德庆等6处下货口，以及容奇、马宁、九江、封川等10处上下搭客的停泊口。此后，英国便独霸西江航运，垄断了梧州的海外贸易。1899年，"进出梧州的英轮为1023艘次，载重136890吨，占总船数约34%，总吨位约73.3%"[3]。英轮可以将进口洋货、转口货直接从香港运至梧州，再由梧州经各河流将货销入广西腹地和云南、贵州。同时，英轮又将广西、云南、贵州出口的土货在梧州集中运回香港。这样，

---

[1] 蒋祖缘主编：《广东航运史》（近代部分），人民交通出版社1989年版，第57页。

[2] 同上。

[3] 同上书，第67页。

英商不仅减少了西江民营水运业的货运量，而且影响到广东与西南各省的省际贸易，造成香港经北海销往西南货物的减少。

然而，法国不甘心英国将西江流域划入其势力范围，千方百计争夺中国的西南市场。早在1895年，法国便强迫清政府开辟云南的河口、思茅为对外通商口岸，将法国货由越南的海防、河内输入云南。但侵略者的野心并没有得到满足，为瓜分势力范围，1899年11月16日，法国与清政府签订《广州湾租界条约》，强租广州湾及海中的东海、硇洲二岛，租期99年。广州湾海道西连接钦廉和越南海防，南控制琼州，北向则能渗入两广内地以至云、贵，东又能控扼广东沿海交通，位置十分重要。法国之所以要强租广州湾，"是因为它可以由海道与越南的海防联成一气，使广东西部的钦州、廉州、雷州如入其囊中"①。此后，法国开辟了广州湾（湛江）—海口—北海—海防定期轮船航线，控制了北部湾的商务，"顿使法国船的载运量占北海进出口的总吨位的73%"②。这样，法国完全垄断了钦廉沿海的海上运输。法租广州湾以后，实行无税口岸。外商将货物从香港贩至广州湾，然后由这里再走私入内地。这对广东下四府的高州、雷州、廉州、钦州商务造成极大的冲击。同时，法国租借广州湾后，形成了至海防一线的海运优势，由轮船排斥中国的木帆船运输。正如北海关档案记载：1901年，"盖下四府地方销售之货，向以华船载运，今则改以港澳往来广州湾之轮船装载，取道两边海滨，借免税厘，而华船则无此利益……故华船生理大受其害"③。

广州湾是一个天然良港，位于雷州半岛东侧，与北海相距200公里。开埠初，它对北海贸易虽有一定影响，但没有造成严重冲击。然而，法国很快将广州湾开放成为自由港，免除一切关税厘金。法商租用的大批轮船纷纷抵达广州湾，运进大批洋货打入两广市场。由北海进口的货物，经北海关要纳进口税、子口税，再经廉州、钦州则又要纳厘税。而由广州湾进口的货物，不用征税，便可直达高州、玉林等处销售。正是由于这个原因，所以商人为降低成本往往舍近求远，原运往北海者，后改由彼处转

---

① 蒋祖缘主编：《广东航运史》（近代部分），人民交通出版社1989年版，第63页。
② 同上书，第64页。
③ 《光绪二十七年通商各关华洋贸易总册·北海口》，上海通商海关造册处税务司编译发行（英译汉），光绪二十七年（1901）。

运。安铺商人历年由北海进口棉纱 3000 担，后因广州湾可免税进口，便改由彼处进口。据清梁鸿勋撰《北海杂录·商务》记载："自南关划界后，则云南货物往来，由港直附海防入河内上保胜而去，及龙州通商，该处货物，亦由海防而上。此时之入口花纱呢羽，出口之锡板、八角，已渐减落。未几梧州通商，而广西南宁、云南来往货物全无矣。未几广州湾租与法人，而高雷属之货又无来往矣。"1901 年，北海进出口贸易总值尚保持在 422 万两关平银。1905 年却只有 284 万两，下降了 33%。北海进出口贸易减少，"实因西江、海防、广州湾三路挽夺"①。结果，钦廉海运和贸易塌方式地下降。

  北海港虽然是天然良港，但当时没有筑成一条铁路沟通内地，内陆交通不便，货物通过能力便受限制。北海运往南宁的进口货物，主要由港口从轮船卸下，装上帆船运往钦州，再由钦州陆运至南宁。然而，昔日交通条件甚差，"从钦州到南宁道路，很多地方的路面仅仅有一尺半宽"②。路两旁都是山丘、石头，货物全靠牛车、手推车和人力肩挑。如此落后的交通条件，自然使北海经钦州抵南宁的货物来往大受影响。所以，梧州一开埠"向经北海运入西省之货，必皆赴西河"③。另外，因北海港当时尚无深水码头，大轮船不能靠岸装卸货物，须用木船转驳上岸，不甚方便。所以广西出口货物运抵北海，"须屡换船艇，起卸困难，费用亦重，且冬季天时无定，往往耽延日期，以致损坏货物"④。所以，梧州开埠后，桂中、桂北的土货，大部分经浔江、桂江抵梧州，由西江经广州出口。柳州、桂林地区进口洋货，也大部分改由梧州。结果，北海进出口贸易受到很大影响。光绪二十五年（1899 年）北海进口外国棉花由 10000 余担降为 7000 担，进口日本火柴由 30 多万各罗斯降为 24 万各罗斯，比上年减少 35%。"推其原故。实有梧州运入郁林北销售者，故形短绌"⑤。总而言之，由于

---

  ① 《光绪二十七年通商各关华洋贸易总册·北海口》，上海通商海关造册处税务司编译发行（英译汉），光绪二十七年（1901）。
  ② 顾裕瑞、李志俭：《北海港史》，人民交通出版社 1988 年版，第 116 页。
  ③ 《光绪二十五年通商各关华洋贸易总册·北海口》，上海通商海关造册处税务司编译发行（英译汉），光绪二十五年（1899）。
  ④ 同上。
  ⑤ 同上。

当时港口设备落后，交通条件甚差，所以自梧州开埠后，北海港的货物吞吐量无疑大受影响。

梧州开埠后，南宁有一部分进口货物，由香港经广州溯西江而上，使北海生意见绌。然而，云南、贵州和广西南宁等处的出口货物，"因南宁至梧州，滩石嶙峋，舟行多碍，并且不保险。所以，由陆路至北海者更为合宜"①。因此，北海仍是滇、桂、黔和粤西的主要货物输出口岸。由北海入口的货物，在轮船卸下后，由几百艘帆船从水道分别运往钦州、廉州等处，或上溯南流江运抵玉林的舱埠，再改从陆路销往内地。从1887年至1901年，北海港进出口贸易总值平均每年超过300万两关平银。其中最高是1890年，进出口贸易总值达345万两关平银。从1903年至1911年，北海进口贸易总值下降为平均每年165万两关平银左右，几乎减少一半。"一因西江开为通商口岸。一因广州湾租与法国，货物往来不便完税。所以前由本口转运之货，今则由彼二路解发"②。除了上述两个客观原因外，还有一个重要的社会因素。时值全国各地反清斗争此起彼伏，腐败的清政府行将崩溃，社会极不安定。孙中山在此领导的钦廉起义失败后，社会更加动荡。同时，广西和广东两省交界的十万山、六万山一带，土匪活动更加猖獗，滋扰客商，洗劫店铺，害得人心惶惶。"商人们不愿意在海上有海盗，陆上有强盗沿途打劫的路线上，冒他们人身和货物安全的危险"③，从事北海的商业活动。由于以上三个因素，北海对外贸易一段时间内走下坡路。尽管这样，北海的土货出口仍保持稳定水平，这是因为销往香港的食糖、花生油、水产品有所增加。1898年北海土货出口总价值只有179万两关平银，1899年和1900年仍保持这个水平，1901年则上升为210万两关平银。

三　法德英分别垄断钦廉沿海和西江航运

甲午战争后，帝国主义国家加紧扩大在中国的势力范围。自英国

---

① 《光绪二十四年通商各关华洋贸易总册·北海口》，上海通商海关造册处税务司编译发行（英译汉）1898年。

② 《光绪二十九年通商各关华洋贸易总册·北海口》，上海通商海关造册处税务司编译发行（英译汉）1903年。

③ 同上。

"租借"香港九龙，法国"租借"广州湾后，中国南海运输市场发生剧烈变化。广东沿海东部、中部和西江航运属英国势力范围；广东沿海西部海运则属法国势力范围。因而，从1899年至1911年，法国轮船垄断了钦廉的海上运输。

1899年，英国以香港为强大的海运基地，凭借在广州经营数十年的基础，由太古、怡和两间轮船公司牵头，严密控制了广东沿海东、中部和西江的水上运输。据海关资料统计，当年英轮抵汕头为1745艘次，抵三水为2562艘次。可见，英国在广东的航运势力范围最大。此时，法国则在粤西沿海称霸。法商在海防组建船队，开通了广州湾（湛江）—海口—北海—海防航线，控制着钦廉沿海航运。德商则在北海设立捷成洋行、森宝洋行（位于今北海市文化局大院内），控制着北海商务，仍能与法国一起维持在北海的航业。1900年上半年，钦廉海运几乎为法国所垄断，其他华船无法与其争揽生意，招商局轮船被迫退出北海航线。下半年，德、英两国船舶纷纷抵北海港运输，与法国进行竞争。结果，三国轮船，"旋转往来，彼此搀夺，脚价忽跌，以致商人均受其益"[①]。次年，美国、挪威等国亦加入竞争。其时，抵北海的外国船舶中，法船183艘，德船88艘，英国船32艘，美国船6艘，挪威船2艘。法国抵港船只最多，仍在北海充当霸主。1903年，除了法、德两国轮船抵港，还有俄、奥、荷的轮船来北海。法商和德商为了共同获得高额垄断利润，避免因竞争而两败俱伤，便订立攻守同盟。他们之间，"并无争揽生意"[②]。结果，运价又提高，对北海商人极为不利。

随着广州湾的"租借"和外轮势力的扩张，"自吴川以西，包括广州湾、海口、北海三口岸的对香港的木船贸易近于断绝"[③]。然而，由于北海内地土产繁多，总税务司赫德承其英国主子的旨意，加强对北海经济命

---

① 《光绪二十六年通商各关华洋贸易总册·北海口》，上海通商海关造册处税务司编译发行（英译汉），光绪二十六年（1900）。
② 《光绪二十九年通商各关华洋贸易总册·北海口》，上海通商海关造册处税务司编译发行（英译汉），光绪二十九年（1903）。
③ 《光绪三十二年通商各关华洋贸易总册·北海口》，上海通商海关造册处税务司编译发行（英译汉），光绪三十二年（1906）。

脉的操纵,"将北海常关征税事宜归并新关"①。这样,英帝不但操纵了北海关,而且掌握了设在口岸内地的厘卡和常关,进而垄断了钦廉地区的税务和商务,方便他们进行经济掠夺。以1901年为例,外商在北海口岸掠走了水靛8900余担,赤糖127000多担,桂圆肉1200余担,八角油1200余担,还有牛皮、花生、八角、桂皮、烟叶、水果等不计其数。这些产品,主要来自合浦、钦州、灵山、玉林一带,输往香港或海防。外商在此掠夺了大量廉价原料,从中获得了高额利润。因此,法、德、英、美等国十分注意经营北海商务,重视北海航业,彼此进行着激烈的竞争。

1905年前后,日、俄两国忙于战争,法、德两国商人共同垄断北海航业,"各上生意,脚价平均,闻皆获益"②。随着航海技术的提高,抵港口船舶吨位不断增大。1900年,抵港轮船为222艘次,载重126210吨;1903年,抵港轮船为329艘次,载重211791吨;1907年抵港轮船为327艘次,载重244120吨。可见,1907年与1900年相比,抵港船舶艘次增加47%,船舶载重吨增加93%。因而,出现了北海商务稍减,港口航业却兴旺的怪现象。造成这种现象的原因,主要是英商怡和洋行的轮船,以北海埠为中途站和中转港,走香港海防线绕道北海。从1901至1907年,英国太古公司的船只共31艘,载重34300吨,由上海经福州、厦门、汕头、香港、琼州抵北海卸下洋货后,再往海防。返航时,其公司船只因北海出口货甚多,亦"甚愿绕道一停"③;在此装上土货,运往香港或由上海中转,销往欧美。在此期间,法轮80艘,载重47500吨;德船50艘,载重36500吨,纷纷定期抵北海港,使钦廉沿海航业出现表面的繁荣。

1908年清政府行将崩溃,社会动荡,生产下降,北海航业便开始萧条。因而,1908至1910年抵港外轮逐年减少。1910年入口外轮仅为196艘,比1907年减少131艘,几乎下降了40%。1911年北海的法商孖地洋

---

① 《光绪二十七年通商各关华洋贸易总册·北海口》,上海通商海关造册处税务司编译发行(英译汉),光绪二十七年(1901)。

② 《光绪三十年通商各关华洋贸易总册·北海口》,上海通商海关造册处税务司编译发行(英译汉),光绪三十年(1904)。

③ 《光绪二十七年通商各关华洋贸易总册·北海口》,上海通商海关造册处税务司编译发行(英译汉),光绪二十七年(1901)。

行为了与北海的德商捷成洋行竞争,"船常由北海直驶赴港,不泊海口一埠"①。本地商人则因捷成洋行的轮船常抵海口,耽误时日,恐出口生猪家畜等土货遭受损失,所以将土货的大部分交给法商孖地洋行的船只直接托运香港。结果,抵北海港的外轮,"法国船之艘数与吨位为最多,而德国船次之,似与法国船论较相去甚远也"②。另外,英国轮船也抵北海装运食盐,运抵广州。俄国轮船亦继续来往于北海与文岛(苏门答腊)和新加坡之间。1911年,英国为避免与法国冲突,抵北海的英轮仅3艘次,载重3230吨。同期,抵北海法轮为152艘次,载重10.4万吨;抵北海德轮82艘次,载重6.9万吨。可见,法国轮船仍在北海居第一位。此时,外国轮船每艘平均载重600吨至1000吨,比10年前吨位增加了一倍以上。增加了运载能力,从而也就增加了外轮在北海航运的垄断力量。因此,钦廉沿海的木帆船运输进一步衰落。清末,南流江、钦江的内河运输不便通小轮,只能维持渡船运输,北海港全靠渡船送来土货,转运洋货。宣统年间(1909—1911年),北海只有数艘机动大海船,往来于新加坡;另有少数的海上帆船,往返于琼州、江门、澳门各港贸易。由上说明,由于法国资本主义势力的入侵,清政府的腐败无能,造成法德垄断钦廉航业的局面。

　　法德垄断钦廉沿海运输,英商则垄断西江轮运。西江通商以后,英商怡和洋行、太古洋行和省港澳轮船公司最先进入梧州轮船运输市场。其中,怡和洋行是远东最大的英资财团,1832年成立于广州,1842年总公司迁至香港。在中国大陆及香港投资金融、工业、航运等行业。太古洋行于1872年在上海设立太古轮船公司,其时船队仅有江轮4艘。至1908年各类轮船已增至60余艘,并在中国口岸拥有码头、仓库等资产,资本实力常居首位。省港澳轮船公司于1865年注册成立,并在广州省河天字码头附近建立专用码头和仓栈,一度垄断了广州、香港和澳门之间的航线。1897年怡和、太古和省港澳公司联合在梧州设一代理行专理船务,共派出4艘轮船经营梧州至广州、香港航线。据海关统计,当年出梧州港的轮

---

① 《宣统三年通商各关华洋贸易总册·北海口》,上海通商海关造册处税务司编译发行(英译汉),宣统三年(1911)。

② 同上。

驳船共826艘次，合计载重5.2万吨。从1898年至1903年，英商先后新造"梧州""三水""西南""德庆"等轮船投入营运。1904年，英商怡和、太古及省港澳三家又合资开办了其时西江最大的轮船公司，称为"西江英国轮船公司"，专营梧穗、梧港线航运。是年，进出梧州轮船共2029艘次，载重35.7万吨。1907年为梧州开埠十周年，抵梧州轮船为765艘次。其中，挂英、德、法旗的外轮652艘次，载重197608吨；华轮113艘次，载重105200吨。两者相比，外轮已占据了西江轮船运输的绝对优势。1908年夏，民族资本的"西江行业股份有限公司"在梧州成立。至1911年，该公司已拥有轮船4艘，载重1038吨。但是，受资本和技术限制，华商在与外轮的竞争中无法取得优势。最终，清末西江轮船运输由外轮垄断。

西江通商之前，梧州的木帆船运输历来由常关管理。光绪二十七年（1901年），清政府将距通商口岸50里内的常关交给海关管理。"同年九月（10月），梧州常关的上、中、下三关同时并梧州海关管辖。翌年，海关对前往注册的木帆船（俗称民船）共2358艘予以丈量登记，并配发航行日志簿，过关时须呈报检验"①。前往登记的船只有货船、土药船（鸦片船）、盐船、客船及驳艇等。当时，广西内河木船，大多数载重在15吨至50吨之间。船体小，吃水不深，船尾设舵，船头加以大桨一枝，利于航行。据《光绪二十三年梧州口华洋贸易情形论略》记载，1897年，即梧州开埠的第一年，经海关进口的货物价值比出口"多至三倍，其中似属难明，熟知土货不由洋关出口者甚多；即米与衫木非俱由海关出口，即此二款，价值便足抵全省办入价值之数"。此一时期，梧州由木船运输出口的货物以大米为大宗。1902年，由梧州出口的谷米为48.7万担，1909年便升为198.9万担，增长了3.08倍。梧州进口木船5872艘次，出口木船6892艘次，在港内过驳的木船艇22631艘次。换言之，梧州平均每天有16艘木船进港，19艘木船出港，约21艘木艇在港内过驳作业。1903年，由广州、肇庆等地往梧州的"上水"有货木船为4498艘，无货木船为11249艘次；从藤县、桂平、贵县、南宁等地来梧州的"下水"有货木船为18615艘次，无货木船为1405艘次。"当时梧州每天约有43

---

① 易源：《梧州航运史稿》，广西人民出版社2015年版，第78页。

艘木船进港，约55艘木船出港"①。据《光绪二十七年梧州口华洋贸易论略》记载，此一时期梧州内地运输，基本上由木船承担。"至于往来内地一切，俱由民船上下。"逆流而上的木船运输航线，以梧州至云南广南、梧州至贵州安顺为最远，以梧州至南宁航线为最重要。1901年，梧州至西江上游各埠航线货值424万两关平银，西江上游各埠至梧州航线货值110万两关平银。宣统元年（1909年），梧州至西江上游各埠航线货值400万两关平银，西江上游各埠至梧州航线货值117万两关平银。由梧州"上水"的木帆船为9194艘次，载货17.8万吨；由梧"下水"的木帆船为14903艘次，载货20.1万吨。进出梧州港上的木船，"该年平均每天有66艘次"②。同年，由梧州运往广州的有生猪12.8万头，柴薪133万担，花生油2.47万担，花生麸30.1万吨，水靛7.8万担，还有家禽、药材、木材等农副林产品。"下水"指梧州至广州及其附近各埠如佛山等，反之即为"上水"。宣统二年（1910年），梧州"上水"货物价值增至242万两关平银，下水增至1294万两关平银。同年，洋货由梧州入内地为447万两关平银。其中，梧州运往南宁为243万两关平银，占54%。土货由内地往来梧州为162万两关平银，其中，由南宁往梧州为129万两关平银。约占80%。由此说明，清末南宁及梧州为进出口贸易的重要港口。

西江下游的梧州航运，主要航线为梧州至香港、梧州至广州。其中，梧州至香港航线以轮船运输为主，因珠江口至香港航段并不适合大多数内河木船运输。"西江通商前在该航线载运鸡鸭出口的木帆船，在西江通商后即遭淘汰，港梧航线已成轮船运输的天下"③。至于梧州至广州航线，木船运输仍占据重要地位。尽管当时木船运输技术比轮船落后，资力薄弱，但是木船胜在运输灵活，运价又比轮船低廉。货运方面，木船运输以"蚂蚁啃骨头"的方式或"狼群战术"，揽夺大量货源。正如《光绪二十八年梧州口华洋贸易情形论略》记载："现下运货往各地方，皆用民船装载，殆因载脚甚廉也。"1902年梧穗线，轮船运输货值为658万两关平银，木船运输货值为837万两关平银。1909年该航线轮船运输货值为

---

① 易源：《梧州航运史稿》，广西人民出版社2015年版，第78页。
② 同上。
③ 同上书，第79页。

1304万两关平银，木船运输货值为1611万两关平银。两者相比较，轮船运输仅占总量的45%，木船运输则占总量的55%。由此可见，尽管英商垄断了西江航运，但梧州木船仍占据西江下游各货物运输的半壁江山。

第三节 清末广西外贸下降和劳工出洋

1901—1911年，辛亥革命前北海港的对外贸易，一方面受梧州开埠和广州湾租借的影响；另一方面受到当地反帝、反清斗争的影响，逐年下降。同时，当地劳工因受到外人的欺骗宣传，以及生活所迫，被迫卖"猪仔"，留下许多辛酸的血泪。

一 清末北海外贸逐年下降的原因

梧州开埠后，柳州、桂林、南宁的货物，取道西江运输。梧州1898年进出口贸易总值为421.4万两关平银，1900年进出口贸易总值升为652.6万两关平银。北海1898年进出口贸易总值为416.6万两关平银，与梧州相差不大，1900年却降为387.6万两关平银。可见，梧州开埠之初，北海的商务只是略减，其他影响并不十分明显。当时，商务稍减的原因是当地反帝运动的高涨。义和团运动爆发后，各帝国主义国家合力镇压。1900年8月14日，八国联军攻入北京，人心惶惶。"本埠生意顿跌，斯时愈形冷落，各行停止汇兑银两，因恐险阻不测之虞，北方乃销本埠出口大宗货物之所，为窒寨故，全不付货物出口，因此牵累，以致办入口货物者亦少"[1]。由于当地人民坚持的反清反帝斗争，从1902年开始至1911年，北海港进出口贸易总值呈现逐年下降。

北海进出口贸易总值，1901年为422.1万两关平银，1905年降为283.7万两关平银。从1906年至1910年，每年进出口贸易总值都在300万两以下。1911年，降为245.9万两。从1990年至1911年，北海港进出口贸易总值为3698万两关平银，其中进口洋货为2149万余两，出口土货为1497万两，入超652万余两。这意味着要由北海港运出价值600多万

---

[1] 《光绪二十六年通商各关华洋贸易总册·北海口》，上海通商海关造册处税务司编译发行（英译汉），光绪二十五年（1900）。

两的金银去平衡贸易逆差。当时，北海市场上流通的货币有大银元（壹两）、五分、壹毫、贰毫的碎银，铜元（铜仙）和铜制钱，还有广州纸币。然而，盘踞在北海的殖民主义分子通过控制"北海银号"，来操纵金融市场。他们规定，购买洋货，向海关交税和在邮局汇款，都要用银元支付。对此，北海关税务司阿歧森记载："对进口货物大量用出口银币来偿付。有时可发现颇多的银币在装船运输……从我们统计的货物表报，可以看到银的输出量要比输入量大得多。"① 北海不是产银区，然而大量的白银却在此源源不断出口。从1900—1911年，北海白银入口51万两，出口却为748万两。因而，使得北海白银奇缺，出现了金融危机。1902年，每一枚大银元值840个铜钱，1908年却值1090个铜钱，上涨了30%。银价上涨，造成纸币在商品交易中，"并不总是像面额那样值钱，有时在交易中低于钞票面额的百分之五"②。货币贬值，物价上涨使得当地人民对外国经济侵略的极其不满。

外商在北海掠夺白银的主要手段之一，就是在此推销商品。这期间，由北海进口的洋货种类主要为煤油、棉纱、布匹、火柴、面粉和五金。据不完全统计，1900年至1904年的5年期间，美、英、德、法、日、葡等国在此推销煤油592万加仑，布7万多匹，棉纱13万担，火柴957万各罗斯，鸦片595担（每担约值500两白银）。1901年，北海港进口洋货估值达209万两关平银。后因受广州湾走私的冲击，北海对外贸易受到影响，进口货物逐年下降。其中，1907年进口洋货估值仅146万两，比10年前下降一半以上。在各类进口货物中，煤油输入量最大。美、英、俄、德、法等国，分别在北海设有煤油公司或由华人代理煤油业务，他们相互勾心斗角，彼此竞争激烈。1904年，美国从苏门答腊运煤油抵北海；英国也从缅甸运来；德国不甘示弱，从巴库运来煤油15000箱。结果，当年北海共进口煤油133万加仑，外商从中获得高额利润。

1905年，由于美国政府排斥和迫害在美华侨，我国发生了以抵制美商为主要形式的反帝运动，北海也不例外。从1900年开始，美商积极打

---

① 顾裕瑞、李志俭：《北海港史》，人民交通出版社1988年版，第121页。
② 《光绪三十二年通商各关华洋贸易总册·北海口》，上海通商海关造册处税务司编译发行（英译汉），光绪三十二年（1906）。

进北海市场，除了在此推销煤油外，还大量倾销面粉。1902年进口美国面粉达80000担，对当地农产品冲击很大，引起百姓强烈不满。北海人民由于爱国热情高涨，"谣传花旗面有毒"①，用行动抵制美国面粉进口。结果，店铺的美国面粉卖不出去，连制成的月饼也无人问津。据当时的《时报》记载，"自抵制美约之风潮起，花旗（即美国）面粉大为滞销"，沉重地打击了美商。次年，北海进口美国面粉由80000担下降到3600余担。这种抵制运动，不仅使得美商震惊，而且代理美国商务的英国驻北海领事府官员亦坐立不安。英国公使向清政府表示，"华人禁止美货一事，非但美商受损，凡各国商务均有危险之虑"②，并扬言出兵动武。殖民主义者的叫嚣，吓坏了清朝官员，光绪皇帝下诏取消抵制美货运动，谓："倘有无知之徒从中煽惑，滋生事端，即行从严查究，以弭隐患。"③两广总督岑春煊亦下令廉州官府"出示禁谣"，把抵制美货的运动镇压下去。1896年北海进口洋货价值为315万两关平银，1905年和1906年北海进口洋货分别下降为184万两和159万两。洋货进口量比以前减少，除了当地生产遭到破坏，人民生活贫困，购买力下降的原因以外，更主要的因素是当地人民高涨的反帝和抵制洋货的运动。

1907年12月1日至4日，孙中山领导了镇南关起义，革命军一度占领镇南关炮台。这是当年无数仁人志士为了挽救国家危亡，争取民族的振兴，而前仆后继，抛头颅洒热血的一次伟大革命。据镇南关博物馆史料记载，4日清晨，孙中山站在炮台顶部，瞭望清军阵营情况后亲自开炮，轰向清军大本营。孙中山情不自禁地说："反对清政府二十余年，此日始得亲发炮击清军耳！"④ 9日，革命军撤退到越南，等待时机进行新的行动。此次起义清军伤亡400余人，革命军仅牺牲1人，伤4人。这次起义震撼了腐朽没落的满清王朝，为辛亥革命奠定了基础。镇南关位于凭祥，距龙州口岸和越南海防很近，是当时中越民间贸易的一个重要通道。这次起义，也对清末桂南地区的商贸造成重大影响。

清末，清政府为了赔偿《辛丑条约》要求的四亿五千万两白银，下

---

① 北海市地方志编纂委员会编：《北海史稿汇纂》，方志出版社2006年版，第20页。
② 周明绮：《1905年的反美爱国运动》，载《近代史资料》1956年第一期，第51页。
③ 同上书，第47页。
④ 胡汉民：《胡汉民自传》，载《近代史资料》1982年第三期，第21—23页。

令各地增加征税,加重了老百姓的负担。1907 年旧历三月,钦廉发生旱灾,饥民饿死路旁的现象屡有发生。廉州、钦州官府不顾黎民疾苦,仍然摊派苛捐。结果,"钦属那丽、那彭、那思三乡抗捐酿成民变"①。这些大大小小的民变,使整个社会的裂痕越来越大。愤怒的群众捣毁税卡,把斗争矛头鲜明地指向官府。与此同时,廉州的群众对帝国主义分子在北海的胡作非为早就不满,现又有清政府为了赔款加重捐税,认识到祸根在帝国主义的侵略上,便把愤怒迅速地转移到外国教士身上。之后,廉州镇便发生了"教堂被焚,教士被杀"的事件。对此,北海关税务司阿歧森在 1907 年 10 月 19 日致赫德的函件中记载:"这一带所以动荡不安,或多或少地与反清情绪有关系……地下的火山正在酝酿着,可能爆发出来,使周围地区遭到毁灭。"当地人民群众反帝反清的怒潮,确实像火山一样爆发。英国曾派来巡洋舰"舞鹤"号,法国亦派巡洋舰"河内"号抵北海港进行军事恐吓②。清廷闻讯慌了手脚,命令廉州官府执行"保教抑民"的政策,一方面追查和捉拿参与拆毁德国教堂的市民;另一方面将廉州的"同善堂"赔给德国,又赔偿六千两白银,才了结了此案。

庚子之役后,清廷为挽救王朝覆亡的命运而不得不艰难转型,实行立宪与新政。其在编练新军、教育与官制改革、实业促进等方面的各项新政举措,造成财政危机,使各项捐税摊派有增无减,最终导致老百姓的反抗斗争。帝国主义列强为了维护自己在华的既得利益,不惜帮助清政府镇压老百姓,自然遭到北海及内地人民的反抗。一方面,他们抵制洋货进口,使北海"入口贸易,比去年大有减色"。另一方面,当地部分百姓参加"万人会",反抗清政府和外国教会。这种斗争撼动了清朝统治的基石,光绪帝上谕说,"近年各省时有匪徒啸聚……事起一隅,动关全局",要求各地加强镇压群众的自发性反抗斗争。于是,两广总督"派郭人漳、赵伯先二人各带新军三四千人",抵钦廉进行镇压。此时,全国已进入辛亥革命的前夕。郭、赵与同盟会有联系,孙中山利用这个机会,在钦廉一带发动了三次武装起义。客观上由于敌人势力太大,加上郭人漳违背诺

---

① 廖国器:《合浦县志·事纪》(卷五),合浦博物馆馆藏,民国廿年(1931)石印本。
② 北海市地方志编纂委员会编:《北海史稿汇纂》,方志出版社 2006 年版,第 20 页。

言,反过来镇压革命,结果革命失败了。军阀郭人漳爬上了钦廉道台的官阶后,倒行逆施,大力镇压百姓,造成社会更加动荡不安。北海口岸及内地,"散勇肆行劫掠"①,社会不安,导致生产下降,人民生活贫苦不堪,商业自然萎缩。于是,北海对外贸易也大受影响。

受反清帝斗争的影响,北海港货运量减少,北海航业开始萧条。北海德商捷成洋行,将原有轮船"常川"号等,改走香港、汕头航线。1910年北海口岸出现了"天灾人祸":钦廉内地发生严重的旱灾,接着又发生鼠疫。从3月至5月,鼠疫迅速蔓延北海市区,死亡居民1000人,"廉州府同遭此祸,居民避走一空"②。北海商家和居民人心惶惶,纷纷迁徙他乡,屋宇多空,市肆尽闭,商铺街道冷冷清清。对此,北海关档案资料亦记载:"观以上各情,商务受害之故,易想见也。进口货暂行停办,其时乡人亦无敢携带土产来此者,诚恐染疫而返也。"③ 天灾人祸,给北海商业带来巨大的阴影。广西内地的货物,转由越南海防输入。结果,北海不但进口货大受影响,且出口货亦然,夏季格外短绌。可怕的鼠疫,使北海对外贸易相对萎缩,对北海航业极为不利。1910年,北海港入口外轮196艘次,比1907年减少131艘,下降40%。

当年秋收期间,广西内地的大米经北海输往粤省和香港。时值北海的米价,涨至每斤45文。钦廉道台郭人漳企图趁机捞一把,谓北海商会私运米石出口,不但把出口大米全部收归官府,并且"将商会协理董事斥革"。此案发生后,北海市民非常愤慨,"一律罢市"进行抗议。罢市消息传出,马上震动香港。北海市民的罢市行动遭到清廷的镇压,很快失败,但依然可见,北海对外贸易下降的主要原因,是当地人民的反帝反清斗争。另一个原因,是当地经济条件和海上交通运输相对比其他沿海商埠落后。北海地处广东西部,汕头地处广东东部,由于两地经济条件不一样,开放程度不一样,时间越长,两者的差距越被进一步拉大。1891年进出口贸易总值,汕头为2621.2万两关平银,北海为410.1万两,汕头约是北海的6.39倍。1901年进出口贸易总值,汕头升为4442.5万两关

---

① 《宣统二年通商各关华洋贸易总册·北海口》,上海通商海关造册处税务司编译发行(英译汉),宣统二年(1910)。

② 同上。

③ 同上。

平银，北海为422.1万两，汕头是北海的10.5倍。1911年进口贸易总值，汕头再升为5141.5万两关平银，北海降为245.8万两，汕头贸易是北海的20.9倍。据海关和常关的统计资料，1911年进出口轮船，汕头为2618艘次，北海为239艘次；进出口木船，汕头为27013艘次，北海为3219艘次。两者相比，北海不但在经济和贸易上比汕头落后，海上运输状况也显得落后。

北海港位于北部湾畔，右边接近越南的海防，左边邻雷州和琼州。北面为廉州镇和南流江，通向广西的博白、玉林等地。当时，其东面与广东廉江的安铺港，多有帆船从海上往来；西面与钦州、防城、东兴的木帆船运输亦往来频繁。港内避风条件较好，吃水不超过17英尺（5.5774米）的轮船可以驶入。船只入港后，停泊海中须用木船转移驳上岸，不甚方便。清末，"这里没有建设近代码头和仓库，只是德商森宝详行于光绪二十八年（1902年）在北海口岸之西盖有栈房1间"①。加上港口交通条件落后，北海对外贸易逐年下降。1909年北海洋货进口为183.1万两关平银，土货出口为114万两关平银，进出口总值为297.2万两。1910年，北海洋货进口总值为166.8万两，土货出口为91.9万两，进出口总值为258.7万两。1911年，为了恢复发展北海商务，当地官府和百姓"已采取了很多措施来改善这地区的公路"②，先后修筑了北海经合浦至灵山、钦州、安铺的公路，提高疏运货物能力，客观上满足了北海扩大商务的需要，使出口土货增加。清朝最后四年（1908—1911年），外商低价购走了水靛13.9万担，糖12.2万担，鱿鱼和墨鱼干1.2万担，干鱼4万担，花生油8万担，生猪5.2万头。这些农渔副产品，主要来自合浦、钦州、灵山、玉林一带，以北海为门户，输往香港或上海中转。然而，由于当地人民的反帝反清斗争，来往船只减少，对钦廉海上丝绸之路的海外贸易也造成了影响。1911年，北海洋货进口估值为146.2万两关平银，土货出口为96.5万两关平银，进出口总值为242.7万两关平银。与1901年北海进出口贸易总值422.1万两关平银相比，1911年北海贸易总值比10年前下

---

① 蒋祖缘主编：《广东航运史》（近代部分），人民交通出版社1989年版，第141页。
② 《宣统三年通商各关华洋贸易总册·北海口》，上海通商海关造册处税务司编译发行（英译汉），宣统三年（1911）。

降了46.6%。

二 广西劳工出洋被"卖猪仔"

北海埠地一带曾称"古里寨",自古便是钦廉门户。随着钦廉海上交通和对外贸易的发展,大批商人和破产手工业者,经常由此乘船往今越南、泰国、马来西亚、印尼、新加坡一带做生意,有的则留下来谋生,俗称"下南洋"。所以,广西在国外的侨胞甚多,有其深厚的历史根源。南洋从狭义上讲,指印尼北婆罗门、马来西亚、新加坡和菲律宾群岛;从广义上讲,还包括安南、缅甸、泰国、柬埔寨等处。清末,南洋一概沦为西方侵略者的殖民地。然而,西方侵略者没有人力从事艰苦的开荒和挖矿工作,当地土人又缺乏生产经验,对南洋的开发事业仍靠华人的劳力。当地有许多不能回籍的商人、水手和贫民,不堪忍受清朝封建制度的压迫,前往南洋,冒着风险,忍受着殖民者的虐待和残酷剥削,经过不断的艰辛经营,将南洋建设成为繁荣富庶之地。

据统计,南洋一带的华侨,清末人数约为81万人。北海每年有头艋船(三桅大帆船)定期来往于北海与海防、西贡、文岛和新加坡之间,不断运去华侨所需要的生活资料。华工则往往作为"活商品",被掠卖到国外。随着南洋对中国劳工需求的增长,槟榔屿曾出现公开转卖苦力的情况,立约一年的苦力,每名售价可值西班牙银元30元。这种以苦力作为"活商品",进行贩卖的勾当,称之为"卖猪仔"。被卖的华工被称为"猪仔",是因其所受的待遇与畜生无异。"猪仔"一词形象地表明了苦力的奴隶地位。奸商在北海通过广施诡谋,骗诱良家子弟、无知乡愚上当。由北海出洋移民的人,一经陷入罗网,即成所谓猪仔,被押入出海巨舟。与此同时,英国公使也曾威迫广东巡抚柏贵贴出告示,一举废除了历来朝廷不准百姓出洋的禁例。此后,英、荷等国商人或委托代理人开始在北海设招工所,欺骗华人出洋。同时殖民主义者利用海关大权,炮制出所谓"游客出入境法",允许华工"出洋",进行劳动力掠夺。他们在北海和廉州、钦州、博白、北流、容县、玉林、灵山等内地,欺骗大批华工,前往苏门答腊、新加坡、澳大利亚和美国的旧金山等地。从1880至1890年,北海"卖猪仔"每年最多时达4000人,最少也有数百人。①

由于出洋人数激增，1881年清政府成立北海洋务局，专管华人出洋事宜。人口贩子进行诱惑人心的"出洋开金山"的欺骗宣传，结果，一部分已破产的手工业者和农民上当，被迫"卖猪仔"，被卖往南洋或美国旧金山。其中，被卖往美国西部的华人，受尽非人的折磨，命运非常凄惨。1891年，由于全国人民的舆论压力，清政府暂停批准华工出洋。然而，中日甲午战争以后，随着资本主义国家在殖民地和半殖民地取得政治特权，列强已由商品输出发展为资本输出，在当地投资开办农场和工厂，直接利用当地的原料和廉价劳动力，攫取超额的利润。南洋气候炎热，热带物产亦富庶，是工业原料的生产区，亦是工业品消费的大市场。英、法、荷、葡等国的新老殖民主义者看中了这个地方。他们在苏门答腊、马来西亚、新加坡等地开办工厂、矿山、橡胶园，急需大批劳动力。在英、法、德驻北海领事府的支持下，他们在北海口岸设立招工所，并找一些人充当"土探"（二手老板），赴钦廉乡村进行所谓的"招工"。农村中不少青壮年，一因生活所逼，需要谋求出路；二因缺乏见识，为他们的花言巧语所欺骗。结果，"被诱往者日多"，不少人受骗上当。"土探"将骗来的劳工，"送到船上，交荷国代理招工之人"②，从中捞到份"卖猪仔钱"。

"光绪十五年（1889年），有几批广西劳工，从北海运到苏门答腊（今印尼）"③。1890、1891年又分别有1300余名和1000多名劳工从北海运往苏门答腊（今印尼）。1896年5月，法国从广西东兴对岸的芒街招募广西的农民，"分四批3008人，运往非洲马达加斯修路建桥"④。另外，1900年，北海有1461名华工，被装进两艘轮船运往新加坡出卖劳力；又有671名华工，被装进一艘船运往苏门答腊的比拉湾地方当苦力。⑤ 由于钦廉及内地劳动力价值低贱，一般苦力月工资最多不过三元，而卖出洋的

---

① 顾裕瑞、李志俭：《北海港史》，人民交通出版社1988年版，第124页。
② 《光绪二十七年通商各关华洋贸易总册·北海口》，上海通商海关造册处税务司编译发行（英译汉），光绪二十七年（1901）。
③ 王锋主编：《北部湾海洋文化研究》，广西人民出版社2010年版，第269页。
④ 同上书，第259页。
⑤ 顾裕瑞、李志俭：《北海港史》，人民交通出版社1988年版，第125页。

劳工，月得工钱十二元，这个表面所谓的"优厚报酬"，欺骗了不少人离家背井，漂洋过海。这些劳工出洋后，两地相隔，又被殖民当局封锁消息，家里人以为他们在外面享福发财，殊不知他们当牛做马，每月工资扣除卖身钱和伙食，所剩无几。1901年，"招工出洋往荷属之苏门答腊地方居多，有德国轮船三只，径往文岛埠，即苏门答腊西海滨奔角之海岛。另有德船一只，径往新加坡。如文岛雇工者，勿论须挖煤、种植，甚为辛苦，殊非乐事"①。由于立场、观点不同，外国人不可能把北海劳工在文岛监工的皮鞭下，像囚犯一样开矿山、种植橡胶园、甘蔗园的悲惨情景记录下来。不知多少人被活活折磨死，埋骨异乡。由于消息隔绝，1902年，由北海港运往苏门答腊的华工为287人。1903年，上升为3380人。1904年，仍有2000余名劳工，由北海"卖猪仔"出洋。其中，相当一部分是合浦、钦州、灵山、博白、容县、玉林等已破产的当地农民。

1905年，卖往文岛华工的悲惨消息终于传到北海。受害者的家属，纷纷向廉州府诉讼。廉州府官员不敢得罪洋人，便转呈广东督抚。由于当时广东人民的反帝活动日渐高涨，为了适应民心，广东都督抚下令禁止华工"卖猪仔"出洋。对此，北海关档案资料记载："今春因督宪不准代理招工人请领牌照，招工一事亦经停办。"推其原因："无非是招工之法，漫无限制，又不依常序。且闻侨居文岛之华工莫不嗟怨载途。"② 从中一方面反映出，荷兰殖民当局在北海从事"招工"，是一种变相的"卖猪仔"的非法行为；另一方面，揭露出北海劳工被欺骗出洋后，受到残酷的剥削和非人的折磨。北海劳工被官方禁止出洋后，因北海的劳动力来源受阻，荷兰在文岛的殖民当局新开办的一部分工厂、矿山、农场不得不停业，对此，他们感到十分恐惧。为了挽救困局，殖民当局采取了两面手法，一方面将一部分受到所谓优待的华工，送回北海探亲访友，"设法解脱彼处前所未有苛待之事"③，继续进行欺骗宣传。另一方面，采取偷龙转凤的办法，公开取消设在北海口岸的招工所，暗中将买到的"猪仔"

---

① 《光绪二十七年通商各关华洋贸易总册·北海口》，上海通商海关造册处税务司编译发行（英译汉），光绪二十七年（1901）。
② 《光绪三十一年通商各关华洋贸易总册·北海口》，上海通商海关造册处税务司编译发行（英译汉），光绪三十一年（1905）。
③ 同上。

扮成旅客。在英法德领事府和北海关洋人的庇佑下，他们登上客货轮抵香港或海口后，再转往文岛。对此，1906年12月29日北海关税务司劳奥利亦在海关档案中记载："虽然禁者自禁，本埠招工代理人及猪仔头，如常招揽华工卖猪仔，以诡计出文岛者，实繁有徒。总而言之，由北海他往之客，出洋华工占数不止一半，可无疑也。"① 这段文字记载反映出此时由北海往香港、海口等处的旅客，大部分是被"卖猪仔"的劳工。

据不完全统计，1900—1911年，从北海乘轮船往香港、海口、新加坡、苏门答腊等处的中外旅客共34320人（1905年、1906年、1910年尚未统计入内）。因此，估计这个期间由北海埠"卖猪仔"往南洋的华工，超过3万人。然而，1908年前后，文岛殖民地当局用轮船送回的北海劳工，仅有705名。1910年，荷兰船由苏门答腊仅载回华工336人回国，由北海港上岸。平安归来的人数，约占"卖猪仔"总人数的4%②。大部分出洋的钦廉劳工无法返回故乡。清末，北海已开通往西贡（今胡志明市）、新加坡、苏门答腊等东南亚国家的轮船航线，广东、广西的老百姓由北海移民"南洋"十分方便。当时，东南亚各个国家和地区，社会经济落后于中国，正处于开发阶段，需要大批劳动力。大批广东、广西的劳工通过"卖猪仔"或移民南洋，给这些国家带去先进的生产工具和技术，并与当地人民和平共处。加上南洋"番女"较多，娶妻较国内容易，故许多男性"劳工"和移民在当地结婚生子，安家落户成为华侨，共同开发和发展当地经济。其中，大量的"劳工"和移民从事甘蔗、橡胶和锡矿的生产和开发。"惟开始作锡矿之工作者，首推华侨。""彼等之才能与努力造成今日之马来半岛。"③ "至于开矿事业，纯由华侨导其先锋……""英政府收入的十分之九，皆出华工之手。"④ 对此，当时英国的马来西亚总督瑞天咸（Frank Sweffenham）曾说过："马来西亚能够开采世界半数以上的锡，是中国人的努力造成的。由于中国人的冒险精神和努力开发，方有今天的马来西亚。"⑤

---

① 《光绪三十一年通商各关华洋贸易总册·北海口》，上海通商海关造册处税务司编译发行（英译汉），光绪三十一年（1905）。
② 顾裕瑞、李志俭：《北海港史》，人民交通出版社1988年版，第125页。
③ 李长傅：《南洋华侨史》，商务印书馆1934年版，第48页。
④ 同上。
⑤ 中山大学东南亚历史研究所编：《东南亚历史论丛》1979年第2辑，第46页。

第十章　民国初期广西海上丝绸之路外贸的起伏变化

尽管辛亥革命推翻了清王朝，但民国政府成立后，由于海关等主权尚未正式收回，中国仍是半殖民地半封建国家。1914 年，英、法、德驻北海领事官在北海关炮制《北海关理船厅（港务司）章程》，并经北洋军政府批准执行，广西沿海港口大权仍由外国人控制，北海航政局无法对广西航运进行有效管理。孙中山曾在《建国方略》中，主张建设钦州港和治理西江航运，可惜无法实现。外商继续垄断钦廉航业，民船运输业在沿海艰难求生，民国初期广西水运和外贸下降。同时，陈济棠主粤时期，广东实行的某些经济政策，使钦廉商务短暂兴旺。

第一节　民国初期的广西航运管理

1913 年，中华民国临时政府成立交通部北海航政局，管理今广西沿海区域（从雷州半岛西侧至中越边界海域）的航政事务。然而，英、法、德驻北海领事官又炮制《北海关理船厅（港务司）管理章程》，航政主权仍被控制在外国人手中，广西海上交通和贸易畸形发展。

一　广西航运经营权操纵在外国人手中

清末，钦廉一带成为辛亥革命活动最早的地区之一。1911 年 9 月 27 日，同盟会的革命党人罗侃庭在廉州率 300 余人起义，并策动驻防新军起义，占领了廉州府。10 月初，新军中的革命党派人与北海商会联系，筹备北海起义。10 月 10 日，武昌爆发了辛亥革命。资产阶级民主革命的火焰很快烧遍全国，清王朝迅速崩溃。10 月 12 日，驻钦廉地区的旧清军以革命党人在廉州力量薄弱发动复辟，"烧西门内外街市，大肆掳掠，有室皆空"①。廉州镇成为兵灾之地，广大市民惨遭洗劫。此时，北海亦战云密布。"英德法兵舰各一艘至北海港"②，藉口保护领事府、海关、洋行、教会，派兵在北海口岸登陆。清政府原驻北海的第二十一营兵勇，亦趁机作乱，"先掠外沙货船，然后洗劫商埠"③。于是，北海告急。此时，胡汉民已在广州成立军政府，闻廉州、北海发生叛乱，便派黄济川等率领民军2000人从广州乘兵舰4艘抵北海港登陆，将叛军打败，"尽缴乱兵枪械，诛其管带"④，很快便收复北海、廉州。接着，胡汉民向北海发出通电，要求本地的旧文武官员照常办公，所有地方治安及属内外人生命财产，请力任保护。钦廉地区许多本来与革命无缘的官僚、政客、士绅亦纷纷跑到革命的旗帜下，造成了鱼龙混杂的情形。11月7日，广西宣布"独立"，政局混乱，社会不安定。正如《宣统三年梧州口华洋贸易情形论略》记载："时事随之变迁，致陷本省秩序紊乱，水路盗贼乘机肆掠，随之使上河民船及小轮的贸易，阻滞有一月之久，下游之生意亦被波及。"因军队驻守，北海市却十分平静。北海人民为了庆祝辛亥革命成功，于1911年11月14日大放鞭炮，所有的船只和屋顶都放下清政府的龙旗，改挂军政府的新旗。3天之内，珠海路一带就有500人剪掉辫子，成为拥护共和的象征。原钦廉道台郭人漳亦趁机再次摇身一变，自称钦廉军政府都督。他打电报给北海洋务局程芷，谓："薪水局用照旧由军政府给发，并请代转达各国领事及税务司，以后交谊更宜亲厚，凡外人生命财产教堂，力任保护，本日以前清政府各条约均继续有效。"⑤ 新军阀继续承认不平等条约，其目的是争取在北海的英法德等国领事承认钦廉军政府，并用关税向其提供军费。

1912年1月，为了控制北海局势，广东军政府派督办龙济光率领兵

---

① 廖国器：《合浦县志·事纪》（卷五），合浦博物馆馆藏，民国廿年（1931）石印本。
② 同上。
③ 同上。
④ 同上。
⑤ 中国近代史资料丛刊编辑委员会编：《中国海关与辛亥革命》，中华书局1983年版，第241页。

舰 4 艘，士兵 2400 名，再次由广州从海路抵北海港，"恢复地方秩序"①。此时，外国列强想继续巩固其在华势力，便在北海关大楼顶上降下黄龙旗，悬挂五色旗，作为承认军政府的象征。同时，拨一部分税后款给新政权充当军费。于是，广东军政府派重兵在北海驻防，使该埠恢复平静。结果，北海商业"实见复兴"，大量洋货又涌进当地市场。史载："1912 年上半年，这个国家的这一省区相当平静，商人们全面恢复经营，随之出现了一个商业复兴时期。"② 由于外国列强已经深深地陷入第一次世界大战的泥潭，无力干扰中国革命，所以严守"中立"。然而，由于资产阶级革命的软弱性，封建专制的社会基础几无触动，民国政权落到军阀袁世凯的手中，辛亥革命很快就失败了，北海仍是一个半殖民地半封建的典型港口城市。

民国时期，北海仍属广东管辖，广东港航管理机构"始自民国元年省交通司之航政课"③。1913 年，民国临时政府在广东设广州航政局、琼州航政局和北海航政局。其中，北海航政局设在北海市珠海中路，"统辖钦廉各属——航政收入及船舶"。然而，英、法、德等国驻北海领事，通过北海关理船厅控制港口，并操纵了北海航业。因此，北海航政局几乎被架空成一个单纯性的税收机构，失去了应有的作用。所以，不久便"奉文裁撤，归并内务、财政两司"④。1916 年，恢复设北海航政分局，由广东航政总局管辖。1925 年改属广东省建设厅管辖。1927 年 2 月，广西航政局在梧州成立，并在南宁、柳州、桂林、百色、龙州设分局。同年 8 月，迁总局于南宁，设分局于梧州。"1928 年 5 月裁撤；1933 年 7 月再设广西航务局，1934 年 7 月因政费紧张，又遭裁撤"；"1937 年 9 月在梧州第三次设立广西航务局"⑤。当时，广西航政局的职责主要是对船舶的丈量、检验、营运牌照登记和收费，以及培训船员等。

1929 年北海航政分局更名为"钦廉分局"，后改为"廉钦船务所"。

---

① 《中华民国元年通商各关华洋贸易论略·北海口》，上海通商海关造册处税务司编译发行（英译汉），民国元年（1912）。
② 同上。
③ 民国广东航政总局编：《广西航政汇编》（1922 年）。
④ 同上。
⑤ 易源：《梧州航运史稿》，广西人民出版社 2015 年版，第 233 页。

1933年复设为"广州航政局北海办事处"。然而，由于不平等条约继续存在，北海的航政管理权大部分操于海关之理船厅，不独港务之建设固无所能，即航政之整理亦以格于权制，不能畅所欲为，以致从1912至1933年，北海航政机构的名称虽有变更，但不论是由民国政府交通部管辖，或是由广东省政府管理，其职责仅在征收船税，港航建设由于种种原因并不能开展。据《中国海关北海关十年报告（1912—1921年）》记载："整个国家掌握在军阀的手中，现在仍旧是这样……几乎没有或完全没有恰当的行政管理，一切都处在混乱状态中。"北海地区没有政府设置的灯塔，每当轮船在天黑后离开本港时，便从配置在右舷航标处的一艘舢板（由海关管理）上照射出电筒光来指示航向。可见，当时北海港的导航设施十分落后。

民国政府授予广西航政局和北海航政局的职责是办理本港一切航政事务、海事、船舶登记、丈量、检查、船员登记及管理，督导航商，发展航业等。然而，外轮进出港口报关检查，由英、法、德驻北海、梧州、南宁领事府和海关掌握，航政处无权干涉，只能管理本国的民船。对此，民国政府官员亦承认："来往本省内外船舶之管理，一部属本厅船政局，一部属海关理船厅，以重要航权，假手外人，实感事之一。"① 当时，北海与廉州、博白、钦州、东兴和安铺之间的海上和内河运输，仍以民船为主，每年进出港口达3000余艘次。此外，北海与海南岛的海口、三亚等处的海上，每年亦有500艘次民船来往。据统计："从1913年至1919年七年时间里，进出港口帆船18784艘次，最高为1919年达3250艘次。"② 因此，北海航政局船钞收入较多。例如，1919年6月份，船钞为576.4两关平银，12月份升为1578.8两；1929年12月，船钞收入达97400两关平银。当时许多有识之士认为，北海航业"将来再加整顿，及航海标识之建筑，则该处航政前途，定有可观"③。航业的发展，需要港口建设与之相适应。可是，北海航政局的官员，只能收船钞，没有权力管理海运和港口建设。当时，广西沿海导航设备十分落后。白天，天气晴朗时，航船

---

① 民国广东省政府编：《航政特刊》（1933年），第2—6页。
② 顾裕瑞、李志俭：《北海港史》，人民交通出版社1988年版，第142页。
③ 民国广东省政府编：《航政特刊》（1933年），第23—26页。

在北部湾可以看见涠洲岛和冠头岭，利用罗盘确定位置，极容易驶进北海港口。但当黑夜或浓雾弥漫时，航船无法在海面上找到涠洲岛和冠头岭的位置。结果，"即无以识别之资，航路迷茫，危险常多，船户人多忧"①。

凡通商口岸和航道要隘，按照惯例应修筑灯塔作为标识，以利船舶航行。涠洲、斜阳两岛位于廉州、北海之南，钦州、防城之东，适值北海至海口，北海至海防线之交点。其位置，"实钦廉出入要冲，船舶往来之孔道也"②。另外，冠头岭跃出海面拱卫着廉州湾，也是进港的主要标志。对此，1930年11月，琼海关曾致函北海关，谓："为造福来往船舶，以免发生危险，计非于冠头岭及斜阳分建灯塔两座，实不足以资识别，而利航行，事关洋面公共安宁，亦为政府施行海洋行政之要务。"③ 要求北海关或航政局马上派人在冠头岭、斜阳岛两处测查适宜地点，克日分建灯塔两座，以利于船舶海上航行。可是，掌握北海关大权的外国人，只顾在此推销洋货，掠夺原料，获取高额利润，对港口建设却漫不经心。同时，按北海关理船厅的章程规定，任何人在此建码头、灯塔等设施，都必须经其批准。所以建灯塔之事，北海航政局无权过问。北海"素称商务繁盛，尚无此项设备，不特船只湾泊，须受理船厅之指挥，且令商业上感受种种痛苦，影响于时间及经济上甚大"④。港口大权由北海关理船厅掌控，无形中形成中外种族之分，商务、航业均由外国人操纵，使民船运输的发展更加艰难。1929年，进入广东沿海各港商船的吨数，本国商船仅占7.4%，而英国轮船竟占74.2%，相差10倍。"此盖粤省交通之一大缺点"⑤。随着我国人民反帝运动的高涨，要求归还海关、港务大权的呼声越来越高。1931年7月，国民政府交通部设天津、上海、汉口、广州4个航政局。1933年2月，"广州航政局拟设厦门、福州、海口、江门、汕头、北海、梧州七个办事处"⑥。北海航政局便改名为"交通部广州航政局北海办事处"。

---

① 北海关旧档案：《琼海关监督来函》（1930年11月6日）。
② 同上。
③ 同上。
④ 民国广东省政府编：《航政特刊》（1933年），第23—26页。
⑤ 同上。
⑥ 同上。

1931年，由于北海港是通商口岸，英、法、德、日等外国轮船公司，均以此为中途站（例如上海至海防线、香港至海防线），或为终点站（例如基隆至北海线）。另外，华商亦设广州至北海线。当时，广东省政府将轮船运输分为东方航线和西方航线。从广州至汕头，为东方航线；从广州市起，经江门、水东、海口以达北海，为西方航线。随着北海航业的日趋发展，夜间抵港的船舶日益增多，冠头岭和斜阳岛的灯塔设置问题更为突出。1932年，广东经济发展较快，对外贸易甚为活跃。北海若再不设置灯塔，确实有失商埠名誉。在北海商会代表的强烈要求下，航政局的官员致函广东省建设厅和广州航政局，转呈总税务处海务巡工司，提出这项简单工程不仅能够造福钦廉人民，而且能促进航业发展。所以，海务巡工司只好批复同意。建冠头岭灯塔的消息传开，合浦、北海的航商、贾客以及当地居民纷纷捐款，赞助该项造福于廉钦沿海人民的工程。在各方面的积极配合下，"航政处雇工人在冠头岭主峰顶上（海拔120米），用青砖、灰沙筑了一座三层楼高的灯塔，底宽约4米，长6米，高10余米。包括其他设施，占地范围东南北各50丈，面积约250平方丈"①。设置灯塔本是航政处权限之内的事，然而却得罪了北海关税务司的"洋大人"。他们藉口灯塔安装具不符合标准，下令不准使用。此事，据后来北海关税务司叶元章记载："设置冠头岭灯塔一事，本关无案可稽，经函准海务巡工司复查，略以民国二十二年间航政局曾在冠头岭设施灯塔钢质支柱，惟内对于灯具种类未能解决，故讫未燃灯。"② 灯塔虽然建好，但却在那里长期搁置不用，白白浪费了人力、物力。1936年，抵北海港的外轮452艘，华船2000余艘。其中，不少外轮于夜间抵港。因而，航业愈发展，冠头岭灯塔问题便越突出。1937年6月28日，始由北海关将基地及建筑物全部承购，重新安装灯塔。不久，爆发了卢沟桥事变，日军开始大规模侵略中国。9月，日军飞机开始轰炸冠头岭。不但灯塔无法建设，而且仅有的4个浮标也被日军毁坏。在1949年以前，冠头岭灯塔始终未能建成使用，严重妨碍了钦廉沿海的海上运输。

---

① 顾裕瑞、李志俭：《北海港史》，人民交通出版社1988年版，第147页。
② 北海旧关档案：《南宁关呈总署文》（1947年7月8日）。

二 港口主权由海关理船厅控制

1912年以前，清朝没有设置专门管理港口航务的机构。港航事权由海关理船厅代管，以致航政大权旁落。早在1898年，粤海关理船厅便已成立，华洋船舶均归其管理。广东、广西的各口岸的海关，对于管理船舶事务，皆唯粤海关马首是瞻，所以广东、广西的各海关实际掌握了当地的航政大权。民国政府成立后，海关理船厅依旧行使其管理航政的职能。北洋政府曾规定，理船厅由海关监察兼管。为体现国家主权，海关监督改由华人担任。1913年3月3日梧州海关监督成立，正式由华人担任监督长。然而，北海关理船厅故意拖延，拖至1942年，才改由华人担任海关监督长。理船厅，即港务司，"所掌职务，为指定建筑码头，驳岸，稽查出入船只，考验船员证书，勘定轮船吨位，检查浮标，指示航路，选用领港，管理火药暨爆裂物储藏所，防疫所、守望台、水巡等项事务"①。港口航政业务几乎全由海关包揽。因当时中国海关由洋人控制，故港口航政主权实际操控在外国人手中。

1913年，中华民国临时政府设北海航政局，并在钦州、防城设分卡，统辖钦廉各属航政及船舶。北海航政局成立后，英、法、德三国驻北海领事为了争夺北海港航业的控制权，马上在北海关召开了紧急会议，精心炮制了《北海关理船厅章程》，企图架空北海航政局，使其变成单纯收取船钞的税收机关，而由他们继续控制北海港。《北海关理船厅章程》共二十六条，主要分为四项内容。其一，北海关所有应记载之事；其二，北海关通商试办章程；其三，北海关理船厅章程；其四，北海关的有关报告。这个章程的第一项内容规定："本口引水班者，尚可于香港及澳洲雇引水华人。"② 一个主权国家的港口，对往来的外国船舶都有规定，强制引水。所谓强制引水，就是外国船舶进出港口，必须有本国派出的引水员方能航行。但这个章程规定外轮进出北海港，准自带引水员。这无形中为外国人控制港口引水权打开了方便之门。章程的第二条规定："凡洋船进北海口

---

① 顾裕瑞、李志俭：《北海港史》，人民交通出版社1988年版，第147页。
② 同上书，第129页。

岸之后，限二日内，该船主将船票呈缴其国领事衙门。"① 如果该船所在国无领事驻北海，则需将船票呈缴英、法、德驻北海领事或北海关税务司。"如有未遵此章者，按约议罚"，按照这个条文，外轮进入港口，不是向中国政府的航政、港监部门报告，而是要听从外国领事的安排，其核心内容就是夺取港监大权。

章程的第十二条又规定："凡未报经理船厅批准，不准兴建各式码头暨驳岸或设浮码头并趸船浮标，以及填筑海岸于滩或兴修别项一切海岸之工程等事。"② 这项规定实际上是排斥北海航政局对港口建设的管理权，限制北海港的发展。因而，造成当时港口设施非常落后，一无深水码头，二无大型仓库，三无装卸机械，四无港口铁路。章程的第二十六条还规定："凡船只如违反以上各条，在该船尚未遵照此章以前，海关即不准报关，装卸货物并不发红单。"这个规定是强令进出港口的一切船只必须听从理船厅的指挥，而不准北海航政局插手港口事务，实际控制了港口航政大权。

《北海关理船厅章程》表明，"理船厅乃洋员专政"③。这样，洋轮日多，华轮日少，北海航业和经济难以振兴。1914 年，北洋军政府批准《北海关理船厅章程》，北海港主权进一步丧失。北海关理船厅设有港务长、副港务长、港务员、办事员、港口警察、杂项船员和海务办事员等。在 1942 年以前，北海港务长一职由外籍人担任。在他们的把持下，北海关理船厅只重视航道设置，不管码头建设。为了利于外轮出入，理船厅职员在望台瞥见轮船烟气，即于税务司公馆及海关院内桅杆悬挂进口球。从 1914 年起，北海关理船厅又将原来所设的 3 只浮标改为 4 只浮标，"藉以指示进出船只之航行及碇泊"④。1949 年以前的港口浮标不能发光，逢遇轮船夜晚进出，理船厅即"雇员到网门、冠头岭等处悬挂汽灯或举起火把，并雇用水性好的男子摇艇泊在浮标位置，手持汽灯、火把导航"⑤。可见，当时港口落后的引航设施，与兴旺的北海航业极不相适应。当时，

---

① 顾裕瑞、李志俭：《北海港史》，人民交通出版社 1988 年版，第 129 页。
② 同上。
③ 同上书，第 130 页。
④ 同上书，第 129 页。
⑤ 同上书，第 130 页。

除了每年有数百艘外轮出入外，还有2000艘次以上的帆船和渡船出入北海港。这些帆船主要来往于北海与钦州、东兴、安铺、海口、江门和越南海防、西贡和新加坡之间，全由华人经营。对待华船，北海关理船厅另设置章程管理，制度十分苛刻。为了保证外轮泊区的所谓安全装卸货物，他们规定帆船泊区在外沙内港，或者在海关以东至高德的浅水海域。并且又规定，中国的帆船行驶时，若遇见外轮必须让路；凡船只在港口内或进出船只往来处，所撞沉有碍行驶之水道者，该船东必须遵照理船厅所定的期限将沉船移走，否则，"海关海政局即代为移置或轰毁"①。由上反映出，船只碇泊、航标、引水、海事，货物装卸，这些港口业务也全由海关包揽，北海航政局无半点权力。可见，《北海关理船厅章程》的制定及执行，是北海港口主权再次对外丧失的标志。此后，北海关理船厅不断为外国的经济入侵提供特权和方便，给地方经济带来巨额贸易逆差，也给北海口岸及其内地人民带来极大的隐患和灾难。

20世纪30年代，随着中国人民反帝活动不断兴起，要求归还海关主权、港口主权的呼声越来越高。1925年7月，广西新桂系集团上台后，借口"为整顿水道交通，保护商旅航行，统一各江船课，改良船只运输"②，着手向海关争回西江航政管理权。1926年12月15日，广西省政府建设厅在梧州设立广西航政局。1927年1月，梧州海关取消理船厅，不再兼管航政。同年4月，广西航政局在南宁、柳州、桂平、百色、龙州等地设航政分局。据《新广西旬报》第三卷第七号记载：1927年8月广西将航政局由梧州迁往南宁，另设分局于梧州。原各分局改称办事处。1928年，广西航政局裁撤，"改为船舶征收处，由梧州中关统税局兼办"，"将整理船务等事项归并各税关办理"③。由上可见，当时广西航政管理大权回收仍属空谈。1929年，交通部在沿海增设钦廉航政局，计划收回海航权。1930年，广东省建设厅在商民的支持下，设立广东省港务管理局，并向广东省政府呈报《本厅收回海关理船厅提议书》。其理由：一是"若不将理船厅撤销，则航政事权，不能统一"。二是"若放弃理船厅而不

---

① 顾裕瑞、李志俭：《北海港史》，人民交通出版社1988年版，第129页。
② 易源：《梧州航运史稿》，广西人民出版社2015年版，第170页。
③ 同上书，第171页。

顾，将何以保主权，崇国体"。三是"今航政及海上建筑物，均有外人掌握，沿海及内港各处，绘图摄影，听其自由，置国防于何处"？四是理船厅"意怀畛域，对于华轮多方留难，对于洋船则瞻徇情面"①，华商从事运输十分艰难。五是理船厅的职掌，"实由总税务处逐渐侵越把持所致"。该《提议书》经广东省政府第五届委员会第66次会议通过，转报西南政务委员会，"令饬粤海关照办"②。

经过一番斗争，1932年11月27日，广东省港务管理局为收回本省港口、航政局，增设北海办事处，专门管理现今广西北部湾港口的航政业务。然而北海关税务司仍拒绝交出航政大权，继续由洋人担任北海关监督长一职，管理钦廉地区的航政业务。1933年2月14日，广东港务局正式接收粤海关理船厅的事权。局派员抵广东各沿海主要港口，向海关接收业务。北海关税务司却故意拖延时间，不肯交出港口大权。加上地方军阀割据，港口地处一隅，距离省城较远，广东省建设厅鞭长莫及，对此无可奈何。尽管广东省港务管理局多次宣称："俾可将全省各海关代理船舶事权完全接收，统一事权。"但是，由于外国势力的阻挠，北海港口主权仍无法收回。特别是航道管理和船舶指泊权，始终未能收回。一直至1942年前，外国人持续把持着北海关理船厅，控制着钦廉海上航运和南流江、钦江的内河运输，操纵着北海的市场。这种情形是中国半殖民地半封建港口的特征，也是造成广西水上运输和港口发展缓慢的重要因素。

三 孙中山《建国方略》主张建设钦州港和治理西江航运

1917—1919年间，孙中山先生发表了《建国大纲》，后改为名著《建国方略》。该书的第二部分《实业计划》（其全名为《建国方略之二物质建设实业计划》），即集中反映了他发展实业，振兴中华的经济思想。《实业计划》共分六大计划。主要内容包括：一是，在中国北部、中部、南部沿海兴建三个如同纽带似的世界性大商港。其中，第三计划论及建设南方大港："第三计划主要之点，为建设一南方大港，以完成国际发展计划

---

① 民国广东省政府编：《航政特刊》（1933年），第23—26页。
② 同上。

篇首所称之三头等海港。吾人之南方大港，当然为广州。"① 后来，广州的黄埔港成为南方大港。二是，在中国南部沿海，计划建设厦门、福州、钦州等为二等港。

孙中山先生提出："钦州位于东京湾（编者注：即北部湾）之顶，中国海岸之最南端。此城在广州即南方大港之西四百英里。凡在钦州以西之地，将择此港以出于海，则比经广州可减四百英里。通常皆知海运比之铁路运价廉20倍，然则节省四百英里者，在四川、贵州、云南及广西之一部言之，其经济上收益为不小矣。虽其北亦有南宁以为内河商埠，比之钦州更近腹地，然不能有海港之用。所以直接输出入贸易，仍以钦州为最省俭之积载地也。"②"改良钦州以为海港，须先整治龙门江，以得一深水道直达钦州城，其河口当浚深之，且范之以堤，令此港得一良好通路。此港已选定为通过湘、桂入粤之株钦铁路之终点。虽其腹地较之福州为大，而吾尚置之次位者，与其所管地区，同时又为广州世界港、南宁内河港所管，所以一切国内贸易及间接输出入贸易皆将为他二港所占，惟有直接贸易始利用钦州耳。"③ 孙中山在此提出了建设钦州港的重要性和必要性。由于种种原因，当时广州港和钦州港的建设，虽然停留在计划上，但他关于建设港口的方针，对后人产生重大影响。20世纪50年代，广州市动工建设黄埔港。1993年钦州市动工建设钦州港。孙中山的夙愿和宏伟建港计划才全部实现。

1920年下半年，孙中山指挥护法军队推翻桂系军阀陆荣廷在广西的统治。次年夏，他又挥师从广州沿西江攻入广西。10月25日，孙中山乘军舰抵梧州，然后往桂林整军准备北伐。当时，桂梧航线亦是北伐军的运输干线。孙中山下令成立船务管理机构，派兵保护运输。在桂期间，他注重发挥广西航运的作用。孙中山在《建国方略·实业计划》中，提出整治西江。他认为："为航行计，改良西江。吾将以其工程细分为四：一、自三水至梧州。二、自梧州至柳江口。三、桂江（即西江之北支）由梧州起，溯流至桂林以上。四、南支自浔州至南宁。"④ 同时，他又认为西

---

① 孙中山：《建国方略》，中华书局2011年版，第143页。
② 同上书，第169—170页。
③ 同上书，第170页。
④ 同上书，第154页。

钦州港仙岛公园孙中山铜像（摄影者：滕广茂）

江航运发达，载货船只往来频繁，所征之税钞，完全可以用来作为航道的护理费。由梧州至南宁，是广西境内最主要的水运干线。邕梧航线河道较宽，来往船只最多，为广西内河各航线之首。在邕梧航线中，支流也甚多，共有10条，可通航电船或民船。另外，自南宁起，由右江用小船可通至云南东界，由左江可通至中越边境。孙中山先生认为："如使改良水道，以迄南宁，则南宁将为中国西南隅，云南全省，贵州大半省，广西半省矿产丰富之全地区之最近深水商埠矣。"① 云南、贵州和广西蕴藏着丰富的锑、锡、铅、煤、铁等矿物，而且南宁地区农副产品资源极为丰富。因此，他主张："改良迄南宁之道，沿河稍须设堰及水闸，使吃水十英尺之船可以通航，并资之以生电力。此项工程所费，亦非经详细测量不能预算，但比之改良自梧州至兴安运河一节桂江所费，当必大减矣。"② 在此，孙中山提出了改良邕梧航道的综合治理方针，主张修建堤堰、水闸，不但要利于航运，而且要利于水电建设。对该项工程的预算，他提出要详细测量，表现出他实事求是的科学态度。可惜1925年3月12日孙中山先生病逝。孙中山关于治理西江的宏图计划，在中华人民共和国成立后已逐步完

---

① 孙中山：《建国方略》，中华书局2011年版，第157页。
② 同上书，第158页。

成。他在《建国方略》中提出开发钦州港和西江的宏图大略,后来国民党政府虽然做了一点工作,但整个计划仍停留在纸上。然而,孙中山先生在《建国方略》中关于开发钦州港和治理西江的计划,具有重要的指导意义。

孙中山在《建国方略》中主张,将钦州港建成除广州、上海、天津三个世界大港之外,与营州、海州、福州并列的四个全国二等港。同时,他主张修筑一条广州至钦州的铁路,"此线从西江铁路桥西首起算,长约四百英里。自广州起,西行至于太平墟之西江铁路,与己线同轨。过江始分支,向开平、恩平,经阳春至高州及化州,于化州须引一支线,至遂溪、雷州,达于琼州海峡之海安,约长一百英里。于海安再以渡船与琼州岛联系。其本线,仍自化州西行过石城、廉州、钦州,达于与安南交界之东兴为止"①。孙中山关于建设钦州铁路的主张现已调整建成。国民党政府曾将孙中山先生的《建国方略》作为最重要的教材之一,因而其成为民国时期最重要的纲领性文件。

然而,《建国方略》出版后的很长一段时间,实业计划无法实现。1928年8月,二次北伐战争结束,国民党在南京召开全国交通会议。广东政府在会议上有铁路、航政等方面大小议案20多项。其中,与北部湾有关的议案主要是《广东急需举办之交通事业申请重要拨款协助案》。在提案中,广东政府主张修建"钦廉之铁路"。理由:"广东南路地方辽阔,交通困难,海运船少,然钦廉各属,物产富饶,又钦州与法属安南毗连,北海为海疆重镇,均属边防要地。广三铁路如展筑至钦廉,则省会物价可望调剂南路,商务渐形发达。法国现改赤坎为无税口岸与我竞争,北海商务即衰落,此宜急起直追也是;再查钦州与广西南宁铁路,正在筹划,两路成后,两粤即可呵成一气矣。"②尽管该拨款提案在会上没有被认可,但会后两广建设厅却马上组织了对钦县龙门港的实地勘察,最后写成《查勘龙门港第一次报告书》。报告认为:"龙门港既得水利之胜,复占地位之美,形势之佳,面积之广,此所谓天赋良港。"报告主张"首期将龙门岛先行整理,车站码

---

① 孙中山:《建国方略》,中华书局2011年版,第163页。
② 徐书业、吴小玲:《海上丝绸之路视野下的广西海洋文化研究》,世界图书出版广东有限公司2015年版,第54页。

头均设于此","使之与各大商船直接输运,如此则龙门港之航线,不难日臻频繁,而成为世界交通史上之重要位置"①。可是,当时国家正处于内战中,国民党政府也没能统一执掌政权,该提案无法执行。

第二节 民国初期广西水运和外贸下降

近代北海是中国南方的一个重要对外贸易集散口岸,也是北部湾的海上运输枢纽。民国初外商加强在北海航运方面的竞争和控制,排斥当地民船运输,使北海贸易畸形发展。

一 外轮在北海航运的垄断地位

近代外国殖民主义者在经济上入侵殖民地、半殖民地国家的工具,一是金融和贸易,二是航运,并以海运支撑贸易的扩张和入侵。民国初期,北海海运主要由法、德两国垄断。据北海海关统计资料,1912年抵港轮船282艘次。其中,法国占53%,德国占29%,英国占8%,中国占4%。所以,当地贸易商务由法商孖地洋行和德商森宝洋行操纵。1914年,英国设在上海的太古轮船公司,为了与法德两国争夺北海市场,"决计派定轮船,按期行驶"②,来往于上海与北海之间。除了太古洋行以外,还有怡和洋行、大丰洋行、源昌利公司、丹麦捷成有限公司、华侨船务公司、日本大阪商船公司、俄国运输轮船公司和中国招商局的船只,亦先后抵北海港争揽生意。北海关档案记载,由于发生第一次世界大战,1914年7月底德国船从这条航线消失,剩下英国和法国包揽了运输业务。当时,英商的太古洋行、怡和洋行曾开辟上海经福州、厦门、汕头、广州、香港、海口、北海、海防、西贡、新加坡、威泗水,抵仰光的航线,并拥有"广东""庆元""琼州""万里""湖北""岳州""松江""保定""开封""关封""乐生""漳州""壳士""常川"14艘轮船,定期抵北海港停泊③。同时,法商的孖地洋行和法国邮船公司开辟香港经广州湾、

---

① 民国政府广东省建设厅:《邕钦铁路筹备委员会勘查龙门港第一次报告书》,1929年5月广东建设公报。

② 顾裕瑞、李志俭:《北海港史》,人民交通出版社1988年版,第135—138页。

③ 同上。

北海民国时期的珠海路、中山路旧貌（辑自《北海图录》）

海口、北海抵海防的航线，拥有"廉州""开平""比美利""华登""博度美""琼山"等轮船，定期抵北海港停泊。另外，日商的日本大阪商船公司开辟大阪（日本）经基隆、汕头、香港、海口、北海抵海防的航线，拥有"南洋丸""中华丸""东庆丸""大仪丸""京城丸"等轮船，定期抵北海停泊①。中国招商局和广东华侨船务公司亦开辟广州至香港、海口、北海、海防的航线，拥有"平济""泳平""亚利近""南登"等轮船，定期抵北海。

据《中国海关北海关十年报告（1912—1921年）》记载，日商"投入两艘足够大的轮船行驶于基隆与海防之间，把北海作为停靠口岸，按班期时间表作业……据了解，日本政府每年都发给补助金"。日本政府对航商给予补贴扶持，促使日轮迅速崛起，很快便占领了中国的海上运输市场，与英法进行竞争。1915年，外国轮船抵北海港共348艘次。其中，英轮占56%，法轮占26%，日轮占11%。为了争夺更多客货，英商太古洋行的定期班轮尽量做到班期准确。为保证班期，英轮有时不惜付出代价。"例如，刚开辟广州—海口—北海—海防航线时，有一班仅接得载几箱白银，没有其他货物，亦准时启航"②。由此，英轮以船期准确获得商客信任，业务不断扩大，最大限度地包揽客货运输。英、法是老牌的航海帝国，他们控制北海航业，当时新兴起的日商航运无法与之匹敌。第一次世界大战结束后，美商对中国南海航运的争夺进一步加强。1918年，花旗邮船开设上海至新加坡、加尔各答的航线，中途以香港为寄碇港，转运

---

① 顾裕瑞、李志俭：《北海港史》，人民交通出版社1988年版，第135—138页。
② 蒋祖缘主编：《广东航运史》（近代部分），人民交通出版社1989年版，第191页。

钦廉出口至香港再转运往上海的土货。1919年美商"福来行"在上海设立分行，租船开设远洋航线"往中国各埠、南洋群岛的航线，多经汕头、香港、海口、北海等口岸"①。

当时，外商控制了北海的航运大权。正如海关资料记载，"现本口运输权力，几乎全操太古洋行之手"②。该洋行有"开封""松江"等轮，每艘载重900多吨，定期由上海经香港来北海，藉以接载输往香港、上海的货物。1916年，英轮抵北海港船只骤然增加，法商孖地洋行和日商大阪公司的轮船无法与之竞争，只好停驶北海港。其结果，"本年船只，因减少"③。1919年，因英、德等国忙于战事，抵北海港轮船减少为408艘次。其中，华船占42%，英船占34%，法船占19%。欧洲战争一结束，北海港航业便几乎一直为英、法所垄断。这些外国轮船，大都经香港或海防抵北海。1919年，所有各轮船由海防进口者，共85艘；由香港进口者，共117艘。英籍船只和华轮抵北海港，一般经香港而来；而法籍船只抵北海港，主要经海防而来。法国船只是把洋货运抵港口，交给法商北海孖地洋行，然后运走当地土货。其中生猪一项舱面货，便使船主获利颇厚。载运生猪收费，"每只计银一圆五角。此与船只极有利益，且船上不负损失之责任"④。正由于北海土货出口贸易极为兴旺，外国船主便将轮船定期来往于北海。于是，北海港成为各国轮船由海防至香港的中途站和上海经香港至北海的终点站。

北海商家付土货出口往香港、上海，主要靠轮船。当法、德、丹等国的轮船不抵港，英轮又不按期而来时，港口运输船缺乏，货主因货滞留损失很大。尤其生猪、家禽等土货，滞留时间越长，货主亏损越大。对此，北海关档案资料记载"本口岸时时受到并非不重要的吨位缺短的损失"⑤。为了吸引轮船抵北海港运输，本地商人将托运费提高80%，还付出一笔额外的补贴给船方。由于受到丰厚利润的刺激，各国轮船纷纷抵北海港口

---

① 蒋祖缘主编：《广东航运史》（近代部分），人民交通出版社1989年版，第197页。
② 《中华民国五年通商各关华洋贸易总册·北海口》，上海通商海关造册处税务司编译发行（英译汉），民国五年（1916）。
③ 同上。
④ 同上。
⑤ 北海市地方志编纂委员会编：《北海史稿汇纂》，方志出版社2006年版，第63页。

争揽生意。除了太古洋行的轮船以外，法船"开平""比美利""华登"等，日轮"东庆丸""芝班那"，葡国"海平"以及怡和洋行的"乐生""壳士"等轮经常行驶于上海、香港、海口、北海、海防之间，"循序往来，班期准确"。中国招商局和广东华侨轮船公司在本地商人的支持下，也派数艘轮船抵广西沿海参加运输，"终岁行驶香港、海口、北海，并无间断"①。从1919至1936年，共有十几家轮船公司，"在北海开辟了13条轮船航线。即北海至上海、汕头、广州、香港、广州湾（今湛江）、海口、海防、西贡、新加坡、文岛（苏门答腊）、仰光、海参崴、大阪（经基隆）"②。1919年12月，招商局"南金号"轮船，由香港满载煤油计划抵北海港，途径海口时失火，全船付之一炬。接着，太古洋行"关封号"轮船在越南海防附近触礁遇险。尽管这两艘船遇难，但抵北海港的轮船艘次仍不少，对本地商人提供的运力恰好满足其需要。1920年，美商福来商行在上海设立分行，租船开辟上海至海防航线，途中停靠北海口岸。1921年5月，日商为了推销火柴等洋货，并大批运走锰矿石，派数艘轮船开辟了大阪经基隆抵北海的航线，把北海作为停靠口岸。

北海商务日臻兴旺，引起了美国财团的注目，他们派一个铁路测量队抵北海，拟议勘测一条从湖南株洲经柳州、南宁、钦州抵北海的铁路线。而后建议美国政府向北洋政府施加压力，以获得在中国的南部修筑铁路权。美国计划修筑铁路，进而扩大在中国南部势力范围的企图，自然侵犯了法国在北海口岸的利益。法国政府根据《中法商务专条》，认为"南宁至北海的筑路权，中国早已交给法国，美国不应从中插手"③。美国修筑北海铁路的计划，经法国政府说明后便胎死腹中。尽管铁路因法国阻挠无法动工，但由于港口自然条件优越，外商仍注意经营北海，当地商人也积极从事对外贸易。当时，港口水路交通依然畅达，陆路交通比从前更为发达。1920至1922年，北海设公路局，先后修筑了北海经廉州至灵山、玉林线；北海经廉州至闸利、公馆、白沙、山口、安铺、遂溪、赤坎、广州湾线；北海经廉州、钦州至南宁线。公路干线的修通，大大提高了港口的

---

① 《中华民国八年通商各关华洋贸易总册·北海口》，上海通商海关造册处税务司编译发行（英译汉），民国八年（1919）。

② 顾裕瑞、李志俭：《北海港史》，人民交通出版社1988年版，第137页。

③ 同上书，第138页。

货物集散能力。同时，民族资本家在北海开设珠靖汽车公司、普益汽车公司，共有数十辆客车和货车，多系福特牌。北海陆路交通的发展，大大方便了英、美、法、德、日等国在港口推销洋货。

1921年在法国政府的资助下，法商有12艘邮船恢复了由法国马赛至中国南海的远洋航线。"其中，有数艘常经海口、北海、香港和汕头"[1]。不久，法商又增加12艘客货船定期来往于汕头、香港、海口、北海、海防之间运输货物。对此，北海关税务司巴博曾报告："进口各货亦见有加无几，而且兼得善价。所有粤省南方各处，以及桂省东北边界一带，居民所需物品，均仰给本口为之接济，而北海遂成运输货物总枢矣。概而言之，北海商业日臻繁盛。"[2] 然而，由于铁路计划落空，中外商家不愿投资建港，所以，当时北海港连一座深水码头也没有，只有一些简单的驳岸，轮船必须停泊在离岸很远的地方。外国型号的轮船的停泊点，分别位于从地角和海关向北所作延伸线之间。当外轮抵港时，北海商家将土货集中放置在岸边的驳船，或岸边的货栈里，因而能及时通过驳运装上轮船。倘若轮船由于某种原因迟到或者改期，那么货主就要蒙受损失，付出一笔很大的保险金和滞留费。北海为钦廉集散地，出口土货甚多，有时一艘轮船装不完，就要留下一部分货物等待另一艘轮船。北海虽素称商务繁盛，却因没有深水码头，航运又受到外国人控制，"而令商业上感受种种之痛苦，影响于时间及其经济上甚大"[3]。

自1922年起，北海与南宁、玉林等内地公路已畅通无阻，并开始使用汽车运输。所以，汽油、煤油、润滑油之类需求趋殷。而水泥、铁条、铁钉等，因商店和房屋建筑的发展，输入甚为畅旺。日常生活需要的毛线、丝制品、灯制品，也通过北海港口打进内地市场。1920年上半年，两广军阀在梧州发生战争，使西江水上运输受到影响，梧州、南宁对外贸易大受梗阻。"间有局势至为严重时，人民迁避者，将及半数"。加上军阀趁机劫掠，令商民时有戒心。因而，广西、云南的出口货物，相当部分便以北海为集散口岸。其结果，"北海一口，出口花生油、八角、茴香、

---

[1] 蒋祖缘主编：《广东航运史》（近代部分），人民交通出版社1989年版，第191页。
[2] 《中华民国九年通商各关华洋贸易总册·北海口》，上海通商海关造册处税务司编译发行（英译汉），民国九年（1920）。
[3] 民国广东省政府编：《航政特刊》（1933年），内部资料，第23页。

烟叶、猪等,均有进益,述之颇足为乐"①。当年,梧州的对外贸易总值由去年的1553万两关平银降为978万两,下降38%。南宁对外贸易总值由去年的490万两,降为285万两,下降42%。相反,北海对外贸易总值由去年的482万两升为597万两,增长23%。随着港口货运量的增加,以及航海技术的进步,往来北海的轮船,"渐有以小易大之趋势"。法国"开平"号轮船,仅载重177吨,后由"廉州"号代替,该船载重1416吨。日轮"重洋丸"载重764吨,后以"中华丸"代之,该轮亦载重1302吨。英国的大古轮船公司,派出最大吨位的轮船,"往来上海与海防,中间经过汕头、香港、广州、海口、北海,均停靠焉"②。由此可见,外轮运输垄断了北海航业。

二 广西木船运输艰难求生

尽管外商垄断了广西的海运,民族资本船业面临困境,但木帆船运输业在竞争中仍艰难求生。当时,大帆船来往于北海与琼州、江门、陈村、澳门、广州、安南、新加坡的艘次,受外轮船排斥,相比清末大为减少。1915年木船由北海与琼州之间来往201艘次;与江门之间来往10艘次;与陈村之间来往23艘次;与安南之间来往3艘次。在北海与廉州、钦州、安铺之间,来往木船2217艘次。可见,帆船以钦廉沿海运输为主。据北海关税务司巴博司记载:1917年,"渡船进口,共1150只,出口亦如此数……查各渡船,由本口往来外洋者,计安南22只,澳门16只、新加坡1只,其余皆在本口界内,琼州、江门、陈村等口岸行驶。至在本口界内各港来往者,则系钦州,其附近之龙门即为口岸,该处正居东京海湾之内,尚有东兴、安铺,暨距北海以南四十英里之调洲岛,各处而已"③。

在钦廉的沿海运输中,帆船、驳船、渡船各占优势。从1913年至1919年的7年时间里,进出港口帆船18784艘次。外国航商曾几次派小

---

① 《中华民国九年通商各关华洋贸易总册·北海口》,上海通商海关造册处税务司编译发行(英译汉),民国九年(1920年)。
② 上海总税务司署统计科编:《民国十一年至二十年最近十年各埠海关报告·北海口》,海关贸易统计年刊印行1939年版。
③ 《中华民国六年通商各关华洋贸易论略·北海口》,上海通商海关造册处税务司编译发行(英译汉),民国六年(1917年)。

第十章　民国初期广西海上丝绸之路外贸的起伏变化　339

轮船在北海港区域范围内行驶，企图挤垮北海帆船运输业。法国航商开始派出小轮船与帆船争抢货源时，停靠的港口是安铺、龙门和东兴。由于东兴、龙门一带岛屿众多，航道较复杂，轮船容易搁浅和触礁，加上本地商人对法国抱抵制态度。不久法国小轮船便退出了这条沿海运输航线，仍由木船运输经营。尤其是钦江、南流江的内河运输，更以木船为主。为此，国民党政府仍一度保留北海常关，"在北海海关管理下，与数目庞大的帆船打交道，并处理了相应比例的贸易业务"①。然而，北海常关税收并不大，这是因为大多数木船已在内地税卡纳税。这些渡船除了从广西内地运来大量的土货外，还经南流江和钦江拖带来大量的木柴。因此，北海港随着货物的分类装卸，自然形成了轮船和帆船不同的锚泊区。地角附近水域为轮船停泊区，从珠海路北面海岸至高德的海面为帆船停泊区。随着帆船运输业的发展，帆船制造业仍有所发展。高德是北海造船基地。当时，北海与安南的木船海上交通贸易往来非常密切，其主要原因是移居越南的中国人的数量增长很快。仅广东等沿海地区从海路进入安南的中国人数量，在1906至1921年间，平均每年增加2400人；1921至1931年间，平均每年增加7200人。由北海移居安南的华侨，主要分布在安南的芒街、海防以及西贡等处，一部分从事矿山、农业，一部分从事商业。其中，越南北部各主要城镇的商业基本上由华侨经营。华侨的商业活动，客观上沟通了钦廉与越南的海防、芒街等处的物资交流，满足了两国当地经济发展和人民生活的需要，亦促进了两地木船海上交通运输的发展。钦廉地区生产制造了各种型号的渔船和货船。船舶的龙骨一般选用坚硬的铁杉或坤甸木，船架骨则要用自然变曲而性韧不易扭裂的古樟，船板夹层选用富含油脂的板材，桅木主要用坚韧、高大、笔直的杉木。北海木帆船的设计外形和建造质量，以及安全航速等方面，在国内同类船舶中可算得上佼佼者。对此，外商评论中国帆船，"反得与轮船争衡，而且隆盛，似属可疑。实则中国帆船有特殊便利之处，为数不少焉"②。

北海木帆船运输能在外轮的排斥打击下艰难发展，另一个原因是当地民族工业和对外贸易的发展对航业的促进。北海著名的商行，定期组织土

---

① 北海市地方志编纂委员会编：《北海史稿汇纂》，方志出版社2006年版，第63页。
② ［英］班思德编：《最近百年中国对外贸易史》，海关总税务司署统计科译印，1931年。

货销往江门、佛山及广州等地。其船为头艋船，或称"红单船"。当时，钦廉已有小拖轮拖带木船驳船，来往于陈村、海口、北海、钦州之间。另外，民国初钦州捻子坪煤矿的煤和八角湾区锰矿的矿石，也由民船源源运往北海港集中出口。此时，钦廉沿海港口进出货物，有一半要靠木帆船运输集散。正如1919年的北海关资料记载，"查本年各渡船，报经本口常关来往货物，共值关平银1653701两"①，约占北海港进口货物总值的43%。对外贸易的发展，使北海成为一个重要的港口商业城市。钦廉地区"纵横交错着为数不少的河流，虽然较浅，但其中许多——特别是在入口处（指南流江、钦江、防城江、东兴江的入海口）广泛地航行着许多轻型帆船，运载着旅客和货物来往于北海和内地较重要的市场和城镇之间"②。当时的北海关代理税务司洛根·勒赛尔曾预言："对于广东的这个无疑地受到忽视的海港，也会因此而相应地大踏步前进，就其地理位置来看，它似乎应成为重要的商业中心。"③ 随着商业的发展，北海水上运输十分繁忙。1919年进出口轮船达408艘次，帆船3250艘次，但仍满足不了海运的需要。

由于当地造船技术的进步，北海航商便购买外国机器在高德造船工场自己制造机动木船，并且购置小轮和汽艇，"行驶北海与安铺、东兴及钦州各内地口岸"④。机动木船发展起来后，大大提高了运输速度，保证了生猪、生牛、家禽等活货由玉林、博白、安铺、廉州、钦州、东兴等地及时调运来北海，以便集中于港口装上轮船运往香港。对此，1919年北海关资料记载："大宗出口之货，格外增加者，系落花生、花生油、水靛、赤白糖等类，生猪为北海出产著名之物，本年运香港计38048头。海产品，营业亦称稳固。"⑤ 由于香港国际市场对这些土货需求量甚大，并且

---

① 《中华民国八年通商各关华洋贸易论略·北海口》，上海通商海关造册处税务司编译发行（英译汉），民国八年（1919）。
② 上海总税务司署统计科编：《民国十一年至二十年最近十年各埠海关报告·北海口》，海关贸易统计年刊印行1939年版。
③ 《中华民国八年通商各关华洋贸易论略·北海口》，上海通商海关造册处税务司编译发行（英译汉），民国八年（1919）。
④ 同上。
⑤ 同上。

货物能及时运到，因而商人获利甚丰。同时，也刺激了当地商人发展机动木船运输的积极性。所以，尽管外商垄断了北海航业，但当地的木船运输仍拥有独特的优势，在外轮的排斥下艰难发展。

然而，尽管钦廉沿海木船运输艰难求生，但仍然逐渐走下坡路。民国十一年（1922年）至1931年北海至汕头、广州、江门、澳门、香港"已无木船行驶"①。1930年，北海至海口的木船仍维持在500艘次，载重30万担。1935年两地木船海上运输，"少者亦减少一半左右"②。与1922年相比，1935年北海至海口、广州湾、海康间航线的木帆船运输，分别减少了21%、38%和17.8%。

三 梧州、南宁航运业和外贸的畸形发展

民国初，梧州的轮船运输竞争十分激烈。当时，广西出海通道仍以水路为主，梧州成为广西内河对外主要门户。外商在梧州先后设立港澳、天河、广顺、志安等轮船公司，拥有小轮船10艘，载重2150吨。利用这支船队，外商逐渐控制了梧州的内河水运交通。另外，港澳轮船公司和太古、怡和公司的轮船专营梧州至广州、香港线的运输业务，也与内地轮船激烈竞争。1913年，抵梧州的外轮为1512艘次，载重为38万吨；抵梧州港的本国小轮为2882艘次，载重37万吨。外轮与本国小轮相比，在运输方面占有明显优势。一是载重吨位大，装货多；二是航速快，轮船往返港澳与梧州之间时间缩短；三是海关为外商提供方便，货物周转快。旧中国处于风雨飘摇之中，无论商务或航运，广西民族资本家都无法与外商竞争。1913至1915年，华商成立西江、和兴、西富、安行等航业公司，投入15艘客货商轮，经营梧港、梧邕、梧柳等航线，从而使梧州水运出现多家竞争的局面。

从1912年至1920年的9年时间，轮船运输进出梧州港的各类船舶及吨数，均呈逐年增长的态势。1912年，梧州按西江章程行驶的轮船为3844艘次，载重67.8万吨；按内港章程行驶的小轮船为4549艘次，载重8.9万吨。1920年，分别升为6169艘次，载重89.7万吨；4732艘次，

---

① 蒋祖缘主编：《广东航运史》（近代部分），人民交通出版社1989年版，第205—209页。
② 同上。

载重18.1万吨。比9年前的1912年分别增长60.5%、32.3%和4%、103%。"仅此而言,这九年可以称得上西江轮运的黄金时期"①。民国十二年(1923年),由于外轮加紧对梧州至香港航业的争夺,再加上军队封船,盗匪劫掠,华商轮运十分艰难。于是,西江航业公司将4艘轮船转销给港商,宣告废业,余下两轮"也改挂葡萄牙旗"②。民国十五年(1926年),英商为争夺梧州至香港航线,新投入"同兴"轮(载重1069吨)等两艘新轮船,并装置无线电台,航速更快。此两轮投入营运后,"华轮生意更为清淡"③。

轮船运输的发展,一度促进了梧州贸易的兴旺。1927、1928年是广西外贸较为繁荣的两年。据《中国海关民国十七年华洋贸易报告书·梧州口》记载,1928年,梧州的"税收与贸易之旺,均为历年所未有"④,"进口货物,可谓大有进步,尤以漂市布、粗布、毛毯、火柴(多来自瑞典及波兰者)、水泥及煤油为最著","出口货物之增加,极为美满",其中,"锰矿砂、桐油、增长最快"⑤。1929年3月,"蒋桂战争"爆发,西江一度被封锁,梧州与广州、香港之间轮船来往被迫暂停,致使各轮船公司损失甚重。1930年,港梧航线的轮船航运,仍受西江战事的困扰,"洋货进口贸易,极形退缩""各轮船公司竞争剧烈,彼此争减运费,殆与自相残杀无异"⑥。1931年,"九一八"事变发生后,因抵制日货之故,"进口贸易衰退甚剧"。下半年,"行驶港梧之轮船九艘,逐因无货可装,不得不停止营业或变更航线矣"⑦。从1927年至1931年,梧州抵港外轮为13047艘次,载重424万吨;抵梧州的本国小轮只有8667艘次,载重173万吨。从1927年开始,外国轮船在梧州航运便占据上风。20世纪20年

---

① 易源:《梧州航运史稿》,广西人民出版社2015年版,第110页。
② 《民国十二年海关华洋贸易统计报告·梧州口》,上海通商海关造册处税务司编译发行(英译汉),民国十二年(1923)。
③ 蒋祖缘主编:《广东航运史》(近代部分),人民交通出版社1989年版,第196页。
④ 易源:《梧州航运史稿》,广西人民出版社2015年版,第110页。
⑤ 同上。
⑥ 《中国海关民国十九年华洋贸易报告书·梧州口》,上海通商海关造册处税务司编译发行(英译汉),民国十九年(1930)。
⑦ 《中国海关民国二十年华洋贸易报告书·梧州口》,上海通商海关造册处税务司编译发行(英译汉),民国二十年(1931)。

代，梧州至香港线，"仍有 20 余艘民营轮船行驶"①。然而，受 1931 年的世界资本主义经济危机的影响，广州和香港的进出口贸易额大幅下降，广西等西南地区土特产和土货的输入量亦减少。因此，曾兴旺一时的梧州至广州航业，生意越来越不好做。1934 年，"又有几个轮船、轮渡退出穗梧线"②。与此同时，梧港线的日子也很艰难。由于港英当局限制华商客货轮搭客，甚至不发给华商搭客牌照，以致华商客货轮"濒于破产，于是纷纷转变或停航"。华商在梧州港只有客轮 6 艘，货轮 5 艘以维持经营，其"衰落"情形实达极点③。

邕梧航线全长约 623 公里，南宁作为广西内河重要港口，客观上促进了南宁商业的发展。民国初期，沿邕江的水街码头、石港口码头陆续开设了 30 多家经纪行。在沙街（今解放路）、仓西门大街（今民生路西段）开设有百家店铺。金融业，除广西银行外，有华商开设的达和、南丰钱庄，经营存货、汇兑业务，方便商旅。1912 年，行驶该航线的电船有 14 艘。其中，"花旗者六艘，英旗者八艘，统计六百四十八吨"④。当年，由香港进口从梧州运往南宁的货物价值为 298 万两关平银，1914 年便升为 301 万两关平银。当时，南宁航运出海仍以梧州中转为主。从 1913 至 1924 年，华商在南宁仁爱路先后成立和益、振兴、恒安等 17 家船舶公司，拥有运输船舶 38 艘。期间，抵南宁港的本国小轮为 16167 艘次，载重 67 万吨；抵南宁港的外国小轮仅有 3166 艘次，载重 13.7 万吨。此时南宁商船运力，华商明显高于外商。可见，此时南宁新兴的民族航业不断壮大。

从 1912 至 1921 年，梧州对外贸易总值为 1.48 亿两关平银，南宁对外贸易总值为 6439 万两关平银，北海对外贸易总值为 3191 万两关平银，龙州对外贸易总值为 92 万两关平银。广西对外贸易，梧州稳居首位，南宁居第二位。从 1922 至 1931 年，广西的民族航业获得了一定的发展。尽管 1925 年，两广发生军阀战争，造成西江一度停航，但后来李宗仁和陈济棠议和，联合反蒋，两广社会一度稳定，经济再度发展，外贸增长。广

---

① 蒋祖缘主编：《广东航运史》（近代部分），人民交通出版社 1989 年版，第 206 页。
② 同上。
③ 同上书，第 128 页。
④ 《民国元年华洋贸易情形论略·梧州口》，上海通商海关造册处税务司编译发行（英译汉），民国元年（1912）。

西矿产资料极其丰富，钨、锑、锰、铝产量在全国占有重要地位。同时，广西农副产品如大米、桐油、茴油、家禽、猪牛等，也历来由梧州大量出口至香港，再销往国外。据统计，从1922年至1931年，梧州对外贸易总值升为1.9亿两关平银；南宁对外贸易总值为5125万两关平银。可见，梧州港对外贸易总值一直稳居首位。

1922年，广西进出口贸易估值，梧州为9779710两关平银，南宁为2850136两关平银，龙州为146812两关平银。1921年，行驶邕梧航线的电船达31艘。其中，华船10艘。此后，邕梧航线的外籍电船逐渐减少。"究其原因，盖以期初数载，华籍船只咸俱军队征调，相率改悬洋旗，以图庇护。民国十四年（1925）后，无论所是何旗，亦属不可避免，于是华船乃又恢复本来面目矣"①。由于军阀混战，南宁至梧州航线受到很大影响。1930年，"南宁与梧州间交通，自岁首旬日后，即以战事关系完全断绝，商业亦因而停顿"②。此后，邕梧航线的运输状况却已大不如前。1931年，广西进出口贸易总值呈现上升趋势。其中，梧州升为24200311两关平银，南宁升为4485185两关平银。

1933年，广西省政府十分重视航运，曾在梧州设立永康公司，下设南宁、柳州、龙州、八步以及广州、香港、上海、海防八个办事处，加强组织外贸出口。其中，驻香港办事处主要负责国际贸易，赚取外汇，增加新桂系的财赋力；驻上海办事处主要组织棉纱、布匹、杂货来桂销售，并在华东推销广西经广州、香港从海路运抵上海的农副产品，大宗货物以糖为主。这样客观上大大促进了广西的对外贸易。由于广西出入贸易管理处驻地梧州，因此梧州港口货运总值居广西首位。从1925年至1933年，抵梧州港的轮船为35019艘次，载重930万吨；抵南宁港的轮船为6439艘次，载重为43.3万吨；抵龙州港的小轮为2292艘次，载重为0.96万吨。可见，这9年期间，梧州、南宁航运是稳定发展的。

民国二十二年（1933年），南宁商业规模较大的行业有杂货业160家，百货业109家，经纪69家，商铺979家；店员有3669人。南宁商业

---

① 《南宁海关十年报告（1922—1931）》，海关贸易统计年刊印行1931年。
② 《海关民国十九年华洋贸易报告书·南宁》，海关贸易统计年刊印行1930年。

发展较快,"年营业额3393.23万元(桂钞)"①。然而,好景不长,由于国民党政府不重视港口和航道建设,既不修造码头,也不浚疏航道,更不注意发展造船工业,因此南宁航运每况愈下。1933年,航行邕梧线的电轮船已由民国初的30多艘减少到15艘;"邕百线由20多艘,减少到10艘,邕龙线从10多艘减少至4艘,景况已大不如前"②。1933年,由南宁顺水下行至梧州的货物价值尚为220万元(国币);1936年降为160万元。而1936年行驶该线的电船再减为13艘,626载重吨,1013客位。由此可见,民国期间梧州、南宁航业受贸易的影响,不断起伏变化。同时,邕梧航线的航道因沿途险滩较多,船舶运输极为不便。其中,南宁下游85公里的"千里沙"(横县峦城附近),每年冬春枯水期,河中水位低下,"致使吨位较大的船只无法通行。普通100吨以内的电船也不易通过。需将船上货物起轻,再用人工扒沙,将船只抬过"③。"还有该航线郁江中的伏波大滩至贵县段和浔江中的蒙江至藤县段,无法夜航"④。因而,南宁至梧州的航业发展十分艰难。1939年,日军侵略广西后,南宁、梧州航运业急剧衰落。

第三节 钦廉沿海抵制洋货及反走私运动

辛亥革命虽然推翻了清廷,但政权落到了北洋军阀手里,旧中国仍处于政局动乱之中。由于洋货冲击国内市场,百业萧条,百姓生活困难。受广州反帝斗争的影响,广西人民一度进行抵制洋货斗争。然而,洋奴奸商破坏了革命运动,钦廉沿海走私猖獗,冲击当地贸易商务。

一 广西抵制洋货运动对外贸的影响

1919年第一次世界大战结束后,外国列强利用"巴黎和会"重新瓜

---

① 南宁市地方志编纂委员会编:《南宁市志·经济卷(下)》,广西人民出版社1998年版,第553页。

② 王铮主编:《广西对外开放港口——历史、现状、前景》,广西人民出版社1986年版,第328页。

③ 南宁市地方志编纂委员会编:《南宁市志·经济卷(下)》,广西人民出版社1998年版,第763页。

④ 同上。

分在中国的势力范围，争夺贸易的控制权，使当地经济遭受更加惨重的打击。日商除了在广州设实业公司外，还开辟了大阪经台湾基隆至北海的航线，以北海作为通道，大肆推销纱布、煤油、火柴和化学品。英国则"根据在巴黎和会上签定的凡尔赛合约的条款，在广州英租地沙面的德国财产转交给英国"，并在广州增设洋行，进一步加强英国在广东的势力。同时，英商怡和洋行、太古洋行的轮船，定期由上海抵北海，或由香港抵北海，加紧在北海推销洋货。北海洋货进口总值，1920年为196万两关平银，1921年升为260万两关平银，1922年再升为348万两关平银，两年之间翻了一倍。由于受到洋货倾销，本地民族工业和手工业发展的趋势立即被打断。当地商家竞争不过外国资本家，纷纷破产。本地制糖工业，"颇称发达，嗣因洋糖竞争，所产赤糖，未能输出"。靛浆工业，"因外洋安泥材染料角逐甚烈，亦趋衰落"①。1921至1925年，北海洋货进口总值为1583万两关平银，土货出口总值为948万两关平银。由于失去关税的保护，不等价交换，北海贸易入超635万两关平银。可见，外国列强继续利用不平等条约对中国进行经济侵略，是阻碍中国民族资本主义发展的根本原因。

1922年，北海"柴米、食盐及蔬菜，（价）激增一倍。纱布价约增七成，鱼肉价涨六成"②。相反，商家从中投机，大发横财。老百姓则因物价上涨，生活水平下降而叫苦连天，从而激发了他们对社会的不满和反抗。目睹民族的灾难，北海贸易的畸形，百姓的困苦，觉悟起来的人民迫切希望改变这种处境，把斗争直接对准帝国主义列强和官僚买办。于是，从1923至1926年，北海埠人民进行了抵制洋货的反帝爱国运动和罢工斗争，对当地海运产生极大的影响。

1919年五四运动以后，中国革命出现新的转折点，工人运动登上政治舞台。随着外国资本主义的入侵以及本地工商业的兴起，梧州、北海的产业工人队伍便产生了，且逐渐壮大。1922年，北海埠市区人口约36000人，产业工人约1万人。其中，从事港口运输的船（海）员、驳艇、搬

---

① 上海总税务司署统计科编：《民国十一年至二十年最近十年各埠海关报告·北海口》，海关贸易统计年刊印行1939年版。

② 同上。

运工约 4000 人，以合浦、钦州、廉江等地的受雇人为最多。他们原来大都是渔民和失业的手工业者，后因生活困难而被招募，成为外国资本家和包工头从事港口运输的廉价劳动力，受到双重剥削和压迫。为了谋求和保障工人的切身利益，1921 年 3 月 6 日中国海员工会在香港成立，成为近代中国最早的产业工会之一。1922 年 1 月 12 日至 3 月 8 日，香港海员要求增加工资而举行的罢工斗争取得胜利，显示出工人阶级团结起来的巨大力量。这对北海港的海员是一个巨大的鼓舞，他们纷纷成立海员工会、起卸工会等组织。

早在 1916 年 6 月，梧州各界便组织成立了反帝爱国的联合组织——梧州振兴国货会。梧州振兴国货会抵制洋货、振兴国货的群众活动一直持续到 1920 年冬。1923 年 5 月，北海埠爆发了大规模抵制洋货运动。受五四运动的影响，针对日本侵占我国山东，合浦一中（今北海中学）的进步学生在港口工人的支持下，带头抵制日货。出于爱国热忱，学生和工人一起组织了纠察队，检查商家和抵港船舶。一旦查出日货，便强行登记没收。抵制日货活动，一方面抗议日本侵略中国，伸张主权；另一方面保护本国民族工业的发展，以及维护中国商人和市民的利益，因而得到了全埠人民的支持。所以，北海抵制日货斗争的时间长达 1 年。1925 年 6 月 8 日，梧州各界举行示威大游行，支援上海反帝斗争。据《梧州海关十年报告（1922—1931）》记载："本埠学、工、政界发起抵制日、英货物，海员工人亦均参加，影响所及，本埠与香港直接交通完全中断。"① 1925 年 6 月 25 日，梧州海员工人将港梧线轮船停航。"至进口贸易，因抵制英、日货物，兼与香港断绝交通。船只从而短少之故，大受打击"②。1931 年九一八事变后，梧州抵制日货风潮复起。"下半年因抵制日货之故，进口贸易，衰退甚剧"。"九、十月两月之间，驶行梧港之轮船九艘，逐因无货可装，不得不停止营业或变更航线矣"③。因而，广西海外贸易受到极大影响。

1923 年 6 月，中共第三次全国代表大会确定建立国共合作的革命统

---

① 《梧州海关十年报告（1922—1931）》，海关贸易统计年刊印行，1931 年。
② 同上。
③ 同上。

一战线。1924年1月，孙中山在广州召开国民党第一次全国代表大会，确定"联俄、联共、扶助农工"三大政策，标志着国共两党首次合作正式实现，掀起了中国大革命。1925年6月19日，广东爆发了省港大罢工。同月20日，北海工人积极响应，又开展抵制英、日货物的斗争。史载："自民国12年5月22日，本埠人民即行抵制日货，直至13年5月1日始止。翌年6月20日后，复对英日及所有香港货物一律排斥。"① "武装学生巡查港口，不准人民与英、日船只有所往返，而进出口香港货物，一律予以禁运。"② "且香港举行罢工，本埠贸易完全停顿。该年八月，地方当局禁止学生干涉贸易，情势始稍和缓。12月9日，排英运动又复爆发，翌年11月方告解除。"③ 这场抵制洋货的运动，给英商造成了极大的经济损失。1924年3月19日，英国政府将北海领事府裁撤，结束了英国自1877年3月18日在北海长达47年历史的治外法权。

1925年6月下旬，广东省港罢工委员会成立后，统一各地工会纠察队，设纠察总队部，"东起汕头，西至北海"，"沿线各口皆有纠察队驻防"④。同时，在北海设有纠察队办事处。纠察队的任务，主要是维持罢工秩序，查缉英货，封锁香港至北海的海上交通和贸易。"遇有商人购办仇货，一经查觉，轻则处罚，重则充公"⑤。北海港的工人坚决响应省港罢工委员会的号召，拒绝装卸英轮。7月10日，省港罢工委员会郑重地向全国各界人民及外国公使发出关于封锁香港的通电，指出："为贯彻奋斗起见，决议实行封锁香港及新界口岸。自本月十日起，所有轮船、轮渡一律禁止往港及新界。"⑥ 因而，北海与香港的航运和贸易中断。8月底，北海的军阀邓本殷派兵干涉工人的罢工斗争，"禁止学生干涉贸易"。对此，北海关档案亦记载："英日货物，英国船只，曾遭宣布抵制，以故七、八月间，贸易几乎完全停顿，嗣经地方当局用强硬手段，严办制止，

---

① 上海总税务司署统计科编：《民国十一年至二十年最近十年各埠海关报告·北海口》，海关贸易统计年刊印行1939年版。

② 同上。

③ 同上。

④ 程浩：《广州港史》（近代部分），海洋出版社1985年版，第196页。

⑤ 《北海海关十年报告（1922—1933）》，海关贸易统计年刊印行，1931年。

⑥ 程浩：《广州港史》（近代部分），海洋出版社1985年版，第196页。

情势赖以渐平。"①

1925年10月，中共梧州支部成立。11月，陈铭枢率领国民革命军第十师进驻北海。12月9日，北海工农兵学商召开联合大会，一致决定继续支持省港工人的罢工斗争，继续抵制英国货物。同时，按照"单独对英"原则，禁止北海港工人装卸英国货物，禁止英国船只进入北海港。"凡不是英国的船和货，且不经港澳者，均可自由起卸"②。同月，法国和丹麦的货轮各一艘，从香港来北海。北海联合会的代表马上抵北海关进行交涉，组织纠察队到港口，对上岸的货物进行检查，并且没收英国货。对此，北海关税务司恨得要命，抓住一些学生不能识别英、美、法货物，误将美、法货物没收的现象，下令巡捕和关役人员拒绝接受检查。然而，在北海联合会代表的严正交涉下，关役人员只好让纠察队进行检查。这场北海抵制英国货物和轮船的斗争，从1925年12月始，一直持续到1926年11月。这段时间，北海与香港的海上贸易来往完全停止。

北海抵制英货的斗争，亦和反帝斗争结合在一起。国民革命军第十师驻防时，曾宣布取消不平等条约，勒令法国停止在北海的邮局业务。1926年3月，北海人民举行反帝示威游行。为适应革命形势的需要，同年5月，中共北海市党组织成立。7月，北海市总工会成立，领导海员、码头、驳艇、搬运、店员等十多个基层行业工会，会员发展到三千多人。由于物价上涨，为解决工人的切身利益，工会曾组织工人为增加工资而进行经济斗争。对此，北海关档案亦记载："民国十五年，本埠工人成立工会，要求增薪，货船及舢板水手且举行罢工。"③ 1926年7月9日，广东革命政府举行誓师北伐。省港罢工委员会组织海员运输队，支援北伐战争。9月30日，省港罢工委员会召开大会，通过结束封锁香港的决议。10月上旬，英国等列强接受罢工委员会提出的增加二五附加税，收回部分关税自主权等结束罢工的条件。这样，省港大罢工于10月4日胜利结束。11月，北海与香港的海上交通恢复。在历时一年零四个月的省港大罢工中，北海港口工人始终站立于斗争的前列，发挥着极其重要的作用。对于这次

---

① 上海总税务司署统计科编：《民国十一年至二十年最近十年各埠海关报告·北海口》，海关贸易统计年印行1939年版。

② 同上。

③ 同上。

大罢工，邓中夏在《省港罢工的胜利》一文中，概括为取得"三大胜利"成果，即：(一) 使香港经济受到空前打击；(二) 使国民革命基础得以巩固；(三) 使广东经济独立发展。这里讲的三大胜利，自然也包括北海港在这次罢工中取得的胜利。这场罢工斗争，虽取得了胜利，但北海亦以付出巨大经济损失为代价。北海进出口贸易总值，1925 年为 414 万两关平银，1926 年下降为 37 万两关平银，比上年下降了 90% 以上。这种情形，亦影响到香港和北海华商的营业问题。然而，抵制洋货和罢工的斗争，使得进口贸易减少，客观地刺激了本地工业和手工业的发展。大罢工结束后，广州的国产货不断运来北海市场，与洋货抗衡。

抵制洋货的运动结束后，1927、1928 年北海贸易进出口总值分别恢复为 314 万两和 348 万两关平银。商业贸易恢复，使得北海关税相应增加。"且自 18 年新订进口税则颁行后，纯粹中国产品大有凌驾舶来品之势"。"19 年西江运输业梗阻，进出货物率由本埠出入"①。由于省港大罢工的斗争，1929 年广东争回部分关税自主权，1930 年北海关税收高达 311961 两关平银。可见，北海抵制英日货物和省港大罢工的斗争，为 1929 至 1936 年陈济棠主粤时期广东经济的发展提供了机遇。然而，从 1932 年开始，大量洋货仍以进口或走私的形式涌入广西市场。其根本原因是，革命尚未成功，政权落在军阀手中；不平等条约尚未取消，尚未收回关税自主权，北海仍是半殖民地半封建的港口城市。同时，国内社会经济尚未发展起来，"北海处此环境下，商业势难发展"②。有些洋货尚需要进口，以满足市民生活的需要。例如煤油一项，当时就依赖于进口。广西人民抵制英商、日商货物，却给法商提供了机会。法商及代理人从广州湾和越南海防大量走私洋货进入广西，使钦廉成为走私猖獗的口岸。

二　法商、日商是广西走私猖獗的黑手

1926 年，广西人民虽取得了抵制洋货运动的胜利，但海关大权仍掌握在外国人手中。英、日、法等帝国主义国家为了破坏广西人民的抵制洋

---

① 上海总税务司署统计科编：《民国十一年至二十年最近十年各埠海关报告·北海口》，海关贸易统计年刊印行 1939 年版。

② 同上。

货运动，一方面暗中和不法奸商勾结，用涂改外部标记的办法，把洋货隐匿起来，通过各种渠道走私进入广西内地；另一方面，法商以广州湾作为走私基地，大肆推销洋货。从1927至1932年，广西走私洋货之风盛行，严重冲击正当的商业，并妨碍当地的经济发展。

1927年9月1日，民国政府财政部规定海关税款收入，货物除按值百抽五上缴给税务司外，还要额外增加税项。例如附加税（按值百抽二点五）、煤油税等。同时，地方军阀又横征暴敛，什么"厘金""人头税""房捐""猪捐"，等等，五花八门，名目繁多。不法商家为了从中牟利，暗中进行走私舞弊。1929年以后，国民政府再次提高税率。1922年北海进出口总值为597万两关平银，税收为15万两关平银。1931年，北海进出口贸易总值为629万两关平银，税收为32万两关平银。两项分别比1922年增长了5%和113%，可见税收的增长速度是惊人的，远远高于进出口贸易的增长速度。税收重，客观上刺激了唯利是图的商人的走私活动。

据1928年广东省政府的档案记载："高雷钦廉暨广西郁林、博白、陆川各属货物，自法人租借广州湾之后，极力经营，货物出入，征税极轻；水东、海康、北海各处，则海关厘金赋税之外，近复增设内地税局，税项繁多，货价增涨，故同一物品，而水东、海康、北海所售价目较之广州湾相差甚巨，商人利其价廉，争相趋赴。而水东、海康、北海商务，遂日形衰落。"[①] 另外，不法外商为了获取高额利润，还不择手段地进行走私活动。对此，国民党广东省政府特派员蔡谦在《粤省对外贸易走私活动》一文中承认：由于"1929年后税率数度增加"，结果"粤省走私贸易较前更为剧烈"[②]。粤西沿海港湾众多，极便走私，兼之北海与越南海防较近，更予走私者种种便利，所以"钦廉、雷州及海南岛一带之私货，多由广州湾输入；又安南货品，亦有私运输至钦廉西部者"[③]。为逃税收，外国商家和本地官僚买办勾结，组织走私集团，公开用武装护送。北海关缉私员对普通商人可以任意敲诈，对由外国资本家和官僚买办支持的走私集团

---

① 北海市地方志编纂委员会编：《北海史稿汇纂》，方志出版社2006年版，第264页。
② 北海关旧档案：《北海关民国十九年十二月走私事项报告书》，（1930年）。
③ 同上。

却无可奈何。结果，走私货物充斥于市。北海关税务司穆尔曾经派人在北海市场抽查，其调查结果表明，"商人积存之货，其来源均属私运者"，"直接则损害商民营业，间接则短少国家税收，害国病民，公私交困，莫此为甚"①！

当时，洋货走私进入广西市场，主要由法国租借的广州湾和法属越南的海防运来。北海关税务司曾向上司呈报："北海一埠，与广州湾自由港及缅越边境，壤地相接，经营走私事业者，恒以各该处为根据地。现在广州湾与内地之间，民船走私情形，颇为猖獗。""本埠商务值损失，不可谓不巨，引无怪各业商行及船商方面，均深致不满也。"② 进口货物以走私的方式输入口岸，造成私货充斥于市，引起了北海各界商人和船主的不满。法国商人由广州湾方面走私的货物种类，主要为煤油、布匹、火柴、糖、杂货等；由海防走私进口的货种，主要为煤油、手表等货。在北海进行走私的方法，以民船运输为主。"民船运私货，往往在沿海之安铺、石头埠、山口、钦州、廉州等处卸下，分销内地"③。广州湾实行无关税，法商疯狂地把大量洋货倾销进中国西南内地市场。陆路由汽车运上玉林出贵县而直达全省；海路则由帆船运抵钦廉口岸，大装小载，运入乡村。由北海港进口的煤油，经海关交税，每箱税银1.37元（光洋）。而走私进入市场的煤油，因没有交税，每箱要便宜1元多。结果，走私入口的煤油的零售价格，大大低于经北海关进口的煤油价格，故十分畅销。不法外商和走私集团从中大发横财，从而刺激了他们的走私活动。

据《民国时期广东省政府档案史料选编》资料记载，查广州湾货物运销内地：一由吴川之石门、黄坡而达高州各属，一由遂溪之沉塘而达海康，一由遂溪廉江而分达钦、廉、郁林各属。海洋方面，则沿海各地，偷运入口，辗转返销广西腹地。当时，钦廉海上每一次大规模的走私活动，几乎都是在外国不法奸商的操纵和指挥下进行的。因冠头岭灯塔尚未建立，凡夜间抵北海港的轮船，须在距港六里之海面停泊，以俟天晓始能入

---

① 顾裕瑞、李志俭：《北海港史》，人民交通出版社1988年版，第149页。
② 上海总税务司署统计科编：《民国十一年至二十年最近十年各埠海关报告·北海口》，海关贸易统计年刊印行1939年版。
③ 同上。

口。可是，外商常利用这一时机，派人将大批货物用帆船私送上岸，逃避海关检查。次日早上，当海关人员乘关艇登轮船时，已有一部分货物走私进入内地。对此，北海关税务司亦承认："运进市区的这些走私货物里面，有一些是打进北海市场，沿着海岸从这里不远地方卸货的帆船，所装的走私货也是供应北海的……我们统计表所列的要比城市里的实际私货少得多。"① 由此可见，法商是粤西走私猖獗的黑手。

1931年，北海市商会委派代表在广东省商联代表大会上，提出了《请在广州湾择要加设关卡，杜私运，而维国税，以补救北海商业》的提案。他们在提案中揭露："广州湾自法兰西设埠后，其即持无税主义，所有广西内地以及钦廉各属货物，因此均由该埠运入，私贩各地。一方面瞒骗国家，另一方面掠夺北海商业。"② 北海代表的提案得到了与会代表的一致同情和支持。为此，广东省商联代表大会做出决议，要求国民党政府在广州湾未收回以前，由北海关仿照九龙、拱北两关办法，加设关卡，并设巡视严密查缉走私，保护本国商业。

1931年，北海关税务司除了向总税司报告了法商在广西的走私情况之外，还"附呈北海口略图一纸，抄录北海商会呈广东省政府财政厅文，并附广东省商联代表大会决案等一份"③。在社会舆论和各方面的压力下，财政部关务署于1932年12月7日发出命令，在"北海关区之安铺、龙门拟各添设分卡一处"④。安铺，位于北海与广州湾租借地之间；龙门，位于北海与东兴之间。广州湾租借地的法国货物，大都经安铺用帆船走私输入北海。法属越南海防的货物，亦大都经龙门走私输入广西内地。然而，北海关区域管辖范围大，港汊众多，龙门、安铺两处设分卡后，各种走私货物仍能大量涌进北海。与此同时，"琼岛走私之风，年来愈形炽烈。盖因人民迭遭匪患，生计窘迫异常，遂致从事贩私，藉以维持生活"⑤。海南岛岸线绵长，民船所运私货，极易登岸；山林僻处，又便隐匿。于是，一些走私货物便由海南岛偷运来北海。北海进行专门走私的船只，1933

---

① 顾裕瑞、李志俭：《北海港史》，人民交通出版社1988年版，第150页。
② 同上。
③ 同上。
④ 同上。
⑤ 同上。

年达42艘。为了防止走私，"广州湾一带所设海关分卡，向系隶于琼州，现则划归北海，所有报经各该分卡之货物，应列入北海贸易统计之内"①。1934年北海关税务司又分别于东兴、竹山、江平、黄坡、麻章、沈塘、城月等处增设分卡。关卡如此林立，充分反映出当地沿海洋货走私的猖獗程度。

然而，北海关以少数巡缉人员，管理范围如此之大的走私区域，效果甚差。所以，走私进入的洋货，仍由北海经钦州、廉州销入粤西和滇、桂、黔三省。当时，邕钦公路虽未全部修通，但"该路驮夫工资奇廉，每日不过小洋二角，且一日之间可行八九十里，运货颇称便利"。由海防、广州湾运来的私货，从北海港用船运到钦州的黄屋屯附近，再从小董用人力肩挑或驮运抵南宁。参加运货的挑夫，有时达数千人。史载：1930年，"南宁、梧州间水路不通，经由钦州私运进口之煤油，为数甚巨，售价低廉……现在煤油、棉、纱、杂货及化妆品等，不时仍自该路输入"②。抗战期间，广东、广西发生猖獗的走私活动，其幕后是日本帝国主义。日本因其资源匮乏，因而在大举进犯中国的同时，只能推行以战养战的侵略政策，大肆向国统区走私倾销洋货，以吸收法币套取外汇，搜刮中国的物产资源。1940年3月18日，香港《星岛日报》在《敌货倾销与经济反封锁》（作者张法祖）一文中报道："南路由广州湾及北海一带运入，据粤南赈务会调查，仅经麻章、遂溪一路运往粤南、桂、黔者每日达国币四十万元，若以年计，则在一万万四千万元。"走私的物品，主要是火柴、煤油、棉纱、布匹、香烟及牙膏、毛巾等日用品。在钦廉、郁林地区走私货物充斥于市。可见，北海地区的走私货物，不仅输入钦廉地区，而且输入广西全境，严重地冲击当地正当商业和运输，冲击当地经济的正常发展。

与此同时，广西、云南的土特产主要由钦廉和梧州两条路线输出。一是由云南特产地经广西的靖西、龙州入钦廉，或经广西的百色到南宁，再由南宁中转钦廉出口。二是沿红水河经都安或武鸣出南宁，再经梧州出口，或直抵柳州转梧州出口。从梧州沿西江而下到肇庆，再经陆路抵鹤山

---

① 上海总税务司署统计科编：《中华民国二十二年海关贸易统计年刊·北海口》，海关贸易统计年刊印行1933年版。

② 上海总税务司署统计科编：《中华民国十九年海关贸易统计年刊·南宁口》，海关贸易统计年刊印行1930年版。

沙坪,连接港澳的水陆联运线路,"便是一条著名的特种运输路线"①。沙坪一度成为内地与沦陷区的走私货物集散地。走私进口货物,则以相反向由钦廉转入内地,或由梧州水路转运各地。受战时暴利的引诱,贪官奸商无不走私舞弊,从事投机,囤积居奇,大发国难财。所谓"黑市"问题,频频发生,且以粮食方面大甚,社会人心惶惶。为适应对敌经济反封锁的需要,广东省政府制定《广东战时贸易管理大纲》,并于1940年2月16日成立"广东战时贸易管理处",打击日商走私。此举成为当时经济反封锁的重要措施。钦廉地区曾组织民众开展打击奸商走私运米资敌的活动,成功地制止奸商从合浦县的小江、西场等地走私大米。由于较严密的搜查和缉捕,使得一些地方的走私活动有所收敛。1941年9月后,"粤西钦县走私已渐次匿迹"②,广西内河港口走私规模也开始萎缩,走私货的数量和价值减少。1941年8月,国民党政府为打破日伪的经济封锁,宣布开放35个内港为外贸口岸。其中,广东沿海有水东等12个,由此形成若干新的贸易路线。此线上的市镇成为货物集散地,贸易合法化,商贸随之恢复。这样,广东、广西外贸艰难地维持到抗战胜利。

第四节　陈济棠主粤时期钦廉外贸短暂繁荣

1929—1936年陈济棠(1890—1954)主政广东期间,推行了一些发展地方经济的措施,客观上刺激了当地的商品生产,使钦廉贸易发展较有起色,由入超变成出超。钦廉海运一度发展,北海港的土货出口总额,曾一度居全国沿海商埠第十位。

一　钦廉外贸一度兴旺

陈济棠,广西防城港市东兴人,中国国民党一级上将。陈真正"入主"广东之始,已是粤桂军阀在北海混战的"尾声"。从1922年6月至1926年4月,为争夺北海商埠,桂军和粤军在北海发生四次战争,造成

---

① 黄启臣主编:《广东海上丝绸之路史》,广东经济出版社2003年版,第673页。
② 同上。

"北海军事变化繁多，民生涂炭"①。1924年11月，陈铭枢率国民革命军取道江门而来，与桂军联合驱逐邓本殷于海南岛，12月1日占据北海。1926年5月，陈济棠率领国民革命军第十一师接管北海，会同陈铭枢部，与敌军搏战。1928年擢升第四军军长。此后，他以钦廉为地盘，利用国民党内部的派系斗争，凭借手中的军事力量，兼任广东绥靖委员。陈济棠从1929年开始逐渐执掌广东的军政大权，造就了广东比较稳定的社会环境。时值世界性经济危机爆发，资本主义国家经济衰退。陈上台后，利用这一"机会"，全面推行"三年计划"。1932年9月27日，国民党政府西南政务委员会第36次政务会议通过了陈济棠提出的《广东省三年施政计划》。在提议书中，陈济棠提出"各本其牺牲奋斗之精神，一致努力，则所谓革命建设，人民权益无所寄托甚非本党革命建国之旨"②的建设思想，要求建设广东。

在交通方面，陈济棠把整顿水路航运作为重点项目，并成立了广东全省港务管理局，拟设江门、北海、九龙、拱北、三水、汕尾六个港务分局，统一管辖广东沿海港口。同时，又设广州航政局北海办事处和钦廉船务所。这些决策，可以利用广东毗邻港澳，水上运费低廉的优势，发展对外贸易，搞活地方经济。同时，陈济棠又大兴公路建设。其中，南路干线起广州，经南海、鹤山、开平、阳春、茂名、化县、廉江、合浦、钦州、防城至中越边界，全长670公里。1932年北海开通了与平南、郁林、博白等地的公路。1933年，北海至灵山公路全部通车。1934年，广州经江门、阳江、廉州至北海和钦州的公路全部修通。在防城县，陈济棠在家乡组织修造了东兴罗浮至茅坡、那良、那巴的公路，同时，修建松柏至竹山，防城至企沙、大直、龙门，以及茅岭至钦州的公路且全部建成通车。当时，广东公路建设的长度和密度均为全国罕见。公路汽车运输以灵活、迅速见优，自然深受商旅欢迎。另外，他委派廖国器任合浦县长兼公路局长，兴建三合口农场，修通北海经三合口、福成至南康的公路。据海关档案记载：1931年，北海与东兴、防城、钦州，北海与广州湾（今湛江）的汽车公路已开通。1932年，北海至粤桂边之汽车路，

---

① 北海市地方志编纂委员会编：《北海史稿汇纂》，方志出版社2006年版，第81页。
② 陈济棠：《广东省三年市政计划大纲提议书》，1932年广东省政府公报第205期。

除由平南至南乡的最后一段外，其余皆已修竣。公路运输的发展，反过来促进了航运发展。在水路运输管理方面，当时将北海航政局更名为广州航政局北海办事处。通过整顿港口、航务，陈济棠将广东的港口大权、航政管理大权抓在手中，钦廉船务获得发展机会。1933 年，钦州"均兴行"船主修造载重万吨的石膏船，将钦州矿产直接出口南洋。当年抵北海港运输的轮船高达 452 艘次，木帆船 3000 余艘次，说明陈济棠治理海上交通建设已见成效。

陈济棠公馆遗址和铜像（辑自《防城港文化遗产丛书》）

航运兴旺，反过来又促进城市发展。北海市区中山路两旁房屋不断修建，北海商业由珠海路扩展到中山路，呈现一时繁荣。为开展航空事业，广东与广西政府合资在广州成立西南航空公司，最早在今北海市区茶亭路一带建造了飞机场，开辟了每周的广州—茂名—琼州—北海航线，以及广州—北海—河内的国际航线。据 1934 年北海关档案资料记载："本年广州、北海间航空，业已开始飞行，中间经过茂名、琼州等处，因而本埠与各该处关系，乃益密切矣。"[①] 在通信建设方面，全省各县成立 90 多个电

[①] 上海总税务司署统计科编：《中华民国二十三年海关中外贸易统计年刊·北海口》，海关贸易统计年刊印行 1934 年版。

话所，设立广东长途电话管理处。合浦、钦县、北海设电话所或电报局，大部分圩镇通了电话，使钦廉地区的通信网络初步形成。

在金融方面，陈济棠将蒋系控制的中央银行广东分行改组为省立银行，控制了金融。广东省银行又在北海市区沙脊街租用广州会馆开设"广东省银行北海分行"，取代先前由私人开设的"银号"，以扩大北海的货币流通。在贸易方面，广东省政府采取措施发展地方工商业，大胆施行地方工业法规，并且提高进口关税率，用关税壁垒来保障出口的传统产品打入国际市场。结果，地方的商业经济发展大有起色。糖，是钦廉出口的传统大宗货物之一，产地主要在合浦、灵山、钦州一带。南流江和钦江沿岸，气候温暖，雨量充沛，土地肥沃，尤其适合甘蔗生产，故北海口岸内地是产糖区。其中，以钦州的那丽、那思、那彭蔗制糖业最为出名。然而，每年大批"洋糖"进口，冲击了国内市场，加上商家从中盘削，农民种植甘蔗收入甚低，挫伤了蔗农的积极性。所以，每年北海港出口糖只有两万至五万担。在这种情况下，广东省政府一方面制定《取缔贬价竞卖越境推销蔗糖暂行办法》等法规；另一方面通过对进口货增加关税和纳捐来保障国产货在国内市场的地位。例如，进口洋糖每担课税16银元（毫洋），另加纳捐税7至8银元，使其成本增加25银元。结果，洋糖从北海港口进口数量大幅度下降。1931年进口4589担，次年降为142担。与此相反，钦廉所产出口糖运往上海，每担正税甚低，进口糖无法与之竞争。1933年，"输出通商各口之赤糖，共有七万三千担。本埠转口贸易，因而放一异彩焉"[①]。

当时，广东的钦廉地区和广西的玉林地区，经北海港出口的传统产品主要有猪、牛、三鸟、八角、肉桂、花生、花生油、糖、鱿鱼、墨鱼、虾米、咸鱼等农（渔）副产品，以及锰矿石、煤、陶瓷、爆竹等工业原料和产品。其中，合浦的烟花爆竹，品种多样，每年在香港和国际市场甚为畅销。防城、东兴素称"茴桂之乡"，其地盛产八角、肉桂，可作烹调佐料，高级香料，亦是名贵药材。1937年以前，每年由北海出口几百万斤销往香港、上海，转销欧美各国。由于世界市场上化

---

① 上海总税务司署统计科编：《中华民国二十二年海关中外贸易统计年刊·北海口》，海关贸易统计年刊印行1933年版。

学染料暂时短缺，以及食品价格上涨，北海商家便注意加强水靛、糖、生猪和海味等项产品的出口。随着纺织工业的发展，水靛作为一种染料，销路极广，价格亦高。水靛，产自合浦、浦北、灵山和博白一带，在香港市场上以质地优良闻名，每担水靛价值白银十两。于是盘踞在香港和上海的外商，便做水靛投机生意，从中牟取厚利。他们通过囤积货物，使价格低落。北海商人闻讯十分愤怒，他们抵制出口。对此，海关资料记载：北海靛商，"亦虑有亏成本，情愿存货待价，不肯装运出口"①。结果，"输出顿行减少"。外商只好稍为提高收购价格，使水靛每年仍能出口数万担。

当时，"广府人来北海经商者益多。可谓七十二行，行行俱有，且为主要行业之执牛耳者"②。例如，纱布行（苏杭行），较大商号有"孔怡记""广记""广益祥"等，以销售绫、罗、绸、缎、花纱布为主。杂货行，较大商号有"贞泰""京泰""广生财"等。当时，北海的"贞泰号"在市区最繁华的东华街（今珠海东）建铺，并在沙脊街建有货楼，在香港永乐西街 215 号建有店铺，在上海的"天泰号"有股份。其生意在广州、香港、上海最为红火。另外，廉州镇亦拥有"固定门市之商号 1200 多间，较大行业为纱布、洋杂、炮竹、药材、染织、典当、烟丝等"③。其中，烟花炮竹为廉州最大外销手工业产品，产品种类繁多，以电光炮和烟花为主要品种，最大商号为"庞福来""张广声""生声隆"等，产品由北海港出口香港以及东南亚和西欧国家。

二 钦廉海运发展的原因

陈济棠主政时期的广东政府，为了发展经济，采取了三项措施：一是奖励造船的政策；二是重视外贸出口；三是加快港口城市市政建设。首先是奖励造船以促进航运和捕捞的发展。为了发展航运和水上交通，促进商业繁荣，广东港务局按照省政府《广东三年施政建设计划》，拟定奖励造船造机（轮机）章程，规定："凡属中华民国国民以私人名义或公司名义

---

① 上海总税务司署统计科编：《中华民国二十二年海关中外贸易统计年刊·北海口》，海关贸易统计年刊印行 1933 年版。
② 北海市地方志编纂委员会编：《北海史稿汇纂》，方志出版社 2006 年版，第 635 页。
③ 同上书，第 636 页。

于本省区域内请设立造船厂，装造汽船，制造轮机而合于此规定者，皆有受领奖金之资格。"该规定按船舶的种类和马力的多少，发给不同的奖金。这种促进造船的措施，客观上刺激了钦廉地区造船业的发展。不少商家将木船改装成机帆船或电船（汽艇）。1931年，北海商家在高德造船厂造出电船3艘，定期航行于北海与廉州、钦州、安铺等内地各埠之间，促进了钦廉海上交通的发展。

其次，重视外贸出口，大力发展商品经济。北海港是广东著名渔港，当地约有30%—40%的人以渔业为生。"据1928年至1931年的调查，咸鱼年产一百二十万担，渔船发展增到二千艘以上，大的叫密尾拖船，长约六、七丈，阔约一、二丈，船上有三条桅杆，中桅杆高四、五丈，载重八万至十二万斤。有八百至一千艘之间，俗称大拖船"①。北海的海产品生产约占钦廉地区的60%。所以，外商和内地商人"缘以本港系渔类制品之区"，加紧对海产品的掠夺。由北海输出的海产品，以鱿鱼、墨鱼、鱼干、咸鱼和虾米为大宗，大部分输往香港。1933年，"共计估值有十八万三千九百五十八两之谱"②。另有一部分，销往广州和广西内地。另外，生猪一项亦是传统的出口贸易产品。外商也谓北海生猪"久所驰名，向居出口货重要部分，因豢养较廉，而香港常取给于此。历年输出，有加无几"③。北海港出口的生猪，主要来源于北海、合浦、灵山、博白一带。当地粮食一般自给自足，加上谷物低贱，青饲料多，故农民养猪成本低，因而出售价格亦便宜。同时，农民的收入来源有相当一部分靠养猪。卖猪得来的钱，一部分交捐税，另外还可换来油盐酱醋等生活用品。所以，外商与北海华商合资从事生猪出口买卖者渐多。1919年北海往香港输出生猪只有3.4万头，1929年便升为5万多头。此外，桐油、锑、钛、锰等工业原料也打入了国际市场。其中，锰矿石是传统的出口商品。粤西的民族资本家在钦州附近兴办裕钦公司。新开采的锰矿石价廉物美，日商不惜远道抵北海采购。当时，锰矿石由民船从钦州茅岭附近运抵北海港集中，然后装上轮船运出口。据北海关档案记载："暨广西边界一带，各类土产

---

① 北海市地方志编纂委员会编：《北海史稿汇纂》，方志出版社2006年版，第553页。
② 上海总税务司署统计科编：《中华民国二十二年海关中外贸易统计年刊·北海口》，海关贸易统计年刊印行1933年版。
③ 同上。

等，皆系由本口运出洋。"① 英法商家和买办从事北海土货贸易"获利尤厚"，大都发了横财。此时美商也加紧对北海商务的渗透。他们一方面在此推销煤油；另一方面亦在此掠夺桐油、桂皮、八角、水靛等土货，由轮船运抵上海中转返回美国。因而，北海仍是滇桂黔和粤西的重要对外贸易口岸。

当时，广东加强与广西南宁的经济联系。南宁是岭南重镇。东有梧州，适扼西江，为港桂交通枢纽。西南有龙州，境接越南，地理位置十分优越。然而自光绪三十二年（1906年）开埠通商以来，其直接对外贸易仍无起色。其原因，一是北海至南宁铁路尚未修筑，影响了货运量的增加；二是梧州至南宁，水路相距约500公里，主要靠西江运输。"若在浅水时期，上行回船，须二、三星期始能抵达，行旅之苦，概可想见"②。因而大大影响了南宁的对外贸易。尽管南宁出海不方便，但由于从香港水路运货经北海至南宁，比从香港运货经梧州至南宁更为便捷，运费亦省，所以，南宁进口的洋货，主要取道北海。由于外国化学工业的发展，外商对北海港出口水靛的需求逐渐减少。相反，对食品工业和轻工业产品原料的需求却迅速增加。正如北海关档案记载，"生猪、家禽销场如故"，"计往来船只（轮船）538艘，以吨数创实际记录"③。因此，香港商家拼命在北海掠取生猪、生牛、八角、桂皮、茴香和海味。上半年，因香港市价高低无定，汇价反复涨落，内地商家和北海埠商人，皆存观望态度，不肯将土货出口，付给外商。下半年，广西农业歉收，又发生军阀混战。结果，西江航道梗塞，来源短少，使香港市场对北海市场需货孔殷。外商因供求关系发生变化，只好提高收购价格。由北海出口运抵香港的土货，皆得善价而沽。商人见有利可图，对贸易货源抓得很紧，尤以生猪、家禽出口最多。1927—1929年，北海港出口生猪共152110头，价值关平银195万两，约占全国生猪出口总数的21%。另外，北

---

① 上海总税务司署统计科编：《中国海关民国十八年华洋贸易论略·北海口》，海关贸易统计年刊印行1929年版。
② 上海总税务司署统计科编：《民国十一年至二十年最近十年各埠海关报告·南宁口》，海关贸易统计年刊印行1931年版。
③ 上海总税务司署统计科编：《中国海关民国十八年华洋贸易论略·北海口》，海关贸易统计年刊印行1929年版。

海本地所产海参、虾米、墨鱼、鱼干、咸鱼出口往香港销路极旺。对此，海关资料亦记载："渔业大见发达，出值海产之估值，为数甚巨。"①以上反映出，陈济棠主粤时期所实行的经济措施，使北海及附近内地商品经济一度发展较快。

最后，加快港口城市市政建设。当时，广东省政府和合浦县政府十分重视北海的建设发展。据《合浦县报告书（1929 至 1930 年）》记载："北海为钦廉四属一大商埠，中国南部之巨港，铺户达三千强，居民亦四万余民（市区）。车马辐辏，商贾云集，外洋轮船亦寄泊于此。今年来对于文明都市应有之设备，如马路之开辟，图书馆之建设，均已次第实现。""顾历来街道狭隘，交通卫生略无顾及。"1929 年，当地"始开筑大马路"。一是修建"长约八千尺"的中山大马路，东起中山东，西至中山西，全长 2348 米，历时两年建成；二是修建"长约九千尺"的珠海路，和中山路一起作为两大城市干线。同时，当地政府又筹建"北海中山公园"，以"纪念总理之伟烈丰功，使市民于游览之余，兴起感发，继续完成其未竟之志"②。港口城市建设的发展，客观上促进了当时海上交通和贸易的发展。

同时，当地政府亦加强对港口的管理，以促进航运的发展。当时，北海埠的外沙内港只有东口门一个出口，位于龙王庙附近（即今珠海东路与珠海中路交界处北面的海域）。阔约五丈余，为入外沙港内之门户，如遇风浪时，各船艇纷纷入此港躲避。惟往往有先到者，横泊港口，以致后来船舶，不能驶进，致被风击破或沉没者③。1929 年 8 月 22 日，因遭台风不能驶入内港的大小船只均遭沉没，计重载船 38 艘，舢板小艇 50 艘，并有数人溺毙。为解决船舶安全避台风问题，地方政府于 1929 年 11 月 13 日发出布告《取缔三王庙前港口泊船》④，禁止船舶在三王庙前港口停泊，保证外沙东口门的畅通，以维持秩序，亦为船舶出入外沙内港提供安全保障。

---

① 上海总税务司署统计科编：《中国海关民国十八年华洋贸易论略·北海口》，海关贸易统计年刊印行 1929 年版。
② 北海市地方志编纂委员会编：《北海史稿汇纂》，方志出版社 2006 年版，第 297 页。
③ 同上书，第 313 页。
④ 同上。

三　北海土货出口曾居全国沿海商埠第十位

1930年2月，陈济棠已成为西南军阀的盟主。为争夺势力范围，两广之间发生了军阀混战。3月，"桂军张发奎率第四独立军攻广州，不克，转袭北海而进占焉"①，粤军便由北海向广州湾方向撤退。4月，粤军加紧反攻，"广东政府下令封锁北海"②。同月，桂军被迫退回南宁，钦廉逐渐恢复安定。北海虽受到战祸影响，但幸得时间极短，没有遭到很大破坏。7月，西江沿岸一带，桂粤军阀重新开战。同月，滇军趁机攻入广西。1930年海关资料记载："南宁与梧州之间交通，自岁首旬日后，即以战争关系完全断绝，商业亦因停顿……7至9月间，南宁为滇军包围，所有海关人员，迫不得已，暂行离埠，以避战祸。"③ 此时，陈济棠与桂军讲和，派粤军协助桂军赶走滇军，粤桂军阀一度结盟，停止混战。故南宁经梧州出口的货物，"现多改由北海运输"④，促使北海港对外贸易一度增长。

陈济棠为了独霸南粤，与蒋介石分庭抗礼，注重发展实业。他需维持其官僚机构和一支庞大的军队，每月军政开支达420万元，耗费巨大。由于缺乏财赋来源，每月赤字70万（粤币）。而世界性经济危机此时又对广东地方经济冲击甚大，这迫使陈济棠不得不立意兴办实业，发展海外贸易，以开辟财政来源。首先，他颁布新的税收法令，收回部分关税自主权，对洋货进口课以重税，对土货出口则实行优惠税，以保护地方经济的发展。结果，北海埠商务状况一时顿为活跃。生猪是钦廉地区传统的出口商品，因质优价廉，"香港常取给于此"。1929年出口5万多头，1933年出口便升为6万多头。南流江、钦江沿岸一带是糖的主要产地。1929年出口只有3万多担，1933年出口便升为7万多担，促使糖业在钦廉地区迅速发展。

1930年，广东省政府积极鼓励进出口贸易。北海洋货进口由上年的149万元升为210万元，只增加40％；国产货进口由上年的111万元升为

---

① 上海总税务司署统计科编：《中国海关民国十九年华洋贸易论略·北海口》，海关贸易统计年刊印行1930年版。

② 同上。

③ 同上。

④ 同上。

246万元，却增加了120%，国产货在北海市场开始比洋货占有明显优势。北海港土货出口则由去年的162万元升为231万元，增加42%。"出口货中之八角油、花生油、纸张等项，增加颇巨。锰矿砂运往外埠之数，上年为九万七百三十担，本年增至二十万七千一百一十六担"①。在北海港的对外贸易货种中，锰矿的增长速度最快。当时，钦州设有裕钦锰矿股份有限公司，共有矿工几千名。锰矿的主要产地在钦州黄屋屯至大寺、大直一带。民国年间，北海、广州商家曾在黄屋屯开办三益锰矿公司、利民锰矿公司、裕钦锰矿公司，日趋兴旺。"1933年，开矿人数发展到4000人，产区不断扩大"②。其地所产之矿砂，含纯锰45%以上，品位极高，是军火工业和钢铁工业的重要原料。对此，日商在北海港一方面推销火柴等洋货；另一方面则加紧抢购锰矿石，以满足其国工业的需要。由于出口税率低，大批廉价的锰矿石经北海港源源不断由轮船输往日本。

陈济棠与李宗仁结盟反蒋后，陈积极发展广东的实业和贸易，增加财赋和实力，妄图对抗南京政府。1931年5月，"粤省宣布独立，与南京政府对峙，人心大震"③。为了维持庞大的军队与蒋对抗，陈济棠费尽心机，筹集经费，不惜大开赌馆，发放公债，武装走私贩私，甚至提高税收率。1932年8月，又对水产品增加捐税，遭到珠海路一带海味商的群起反对。结果，"北海地方，因商民反对省政府征收海产品捐，酿成罢市风潮，商务大受影响"④。广东省政府始觉不妥，取消"海味捐"，改实行薄税多收的政策，事态平息。由于社会动荡，人心不安，商家一度采取观望态度，故对外贸易总值只有771万银元，比上年只增15%。可是，北海的关税收却由上年的32万元，升为59万元，增长84%。同时，其他规费税收也大大增加。这些措施，大大满足了陈济棠军政府对财赋的需要。1933年2月14日，经广东省政府与总税务司交涉，由广东全省港务局正式接

---

① 上海总税务司署统计科编：《中国海关民国十九年华洋贸易论略·北海口》，海关贸易统计年刊印行1930年版。

② 吴小玲：《近代钦州矿产资源的开发与对外交往》，《钦州师专学报》2002年第2期。

③ 上海总税务司署统计科编：《中国海关民国二十年华洋贸易论略·北海口》，海关贸易统计年刊印行1931年版。

④ 上海总税务司署统计科编：《中国海关民国二十一年华洋贸易论略·北海口》，海关贸易统计年刊印行1932年版。

收粤海关理船厅的事权。这是广东地方政府自行行驶航政主权的重要一步，客观上促进了当地航业和贸易的发展。因而，外轮对北海港航业争夺特别激烈。英商太古洋行开辟广州—海口—北海—海防线时，遂以船期准确，获取客商信任，业务不断扩大。轮船由广州抵北海的货物，以载运纱绸、布匹、五金为主，返程则以食糖、海味、水果为大宗。北海木帆船运输无法与其竞争，原来走广州、汕头航线，后改走海口、海防等，以及粤西沿海的钦州、安铺线，继续生存下来，维持北海的对外贸易。期间，北海市珠海路（今"北海老街"）的商贸十分兴旺，为外贸提供了充足货源。其中，珠海西路的主要铺号商行有"胜隆号"，专营日用陶瓷和铁锅饮具出口；"兴隆庄"经营生猪出口；"新中行""广泰祥""永泰号"等经营土特产出口。珠海中路的主要铺号、商行有"大益盛""南大行""信孚号"等，经营百货以及土产进出口。珠海东路的主要铺号、商行有"普兴""生泰""生泰栈""京泰号"等，主要经营海味、咸鱼、渔需品，以及五金等进出口生意。其中，"北海贞泰号"的股本金达1.3万银元，资金十分充裕。另外，"广泰祥"和"南生行"等铺号的招牌，都写有中英两种文字，以适应北海外贸的需要①。合浦的廉州埠民街，全长1550米，建有300多间骑楼或近代建筑和200多间商号店铺，从事外贸生意。

1933年，粤西地区物价平稳。北海产品在香港国际市场颇享盛誉，海外贸易增长很快。据北海关资料记载："出口贸易，因汇价优异，大形活跃。本年输出之猪、家禽、八角、花生油等货，以视去岁，无不增益。"② 当年北海出口生猪441.8万公斤，家禽350.6万公斤，海味123.3万公斤，元肉67.9万公斤，八角54.7万公斤，桂皮21.2万公斤，鸭毛31.6万公斤。北海的土货大部分输往香港出口，也有一部分输往广州、上海等处中转。从1932至1936年短短的5年时间里，外商通过北海出口共获得价值2051万两关平银的土货。当时北海的土货，价格十分低廉。每担活鸡，价值港币40元；每担花生油，价值港币20元；每担鱿鱼，价

---

① 北海市地方志编纂委员会编：《北海史稿汇纂》，方志出版社2006年版，第498页。
② 上海总税务司署统计科编：《中国海关民国二十二年华洋贸易论略·北海口》，海关贸易统计年刊印行1933年版。

值港币 65 元；每担白糖，价值港币 15 元；每担烟叶，价值港币 300 元；每担生丝，价值港币 900 元；每担元肉，价值港币 130 元。北海土货如此价廉物美，加上汇价优惠，自然吸引大批外商抵此经商。由于陈济棠实行高筑关税壁垒的策略，故洋货进口减少。与此相反，出口货物得到优惠税的鼓励，保障了地方产品在国际市场的地位，客观上刺激了广东地方商品经济的发展，结果再次促使北海港对外贸易由入超变为出超。正如北海关档案记载，1933 年"输出各口之赤糖 7.3 万担，转口贸易因而放一异彩焉，直接进口洋货上年为 250 万元，本年增至 340 万元。迳往外洋土货上年仅 200 万元，本年进至 440 万元，转口土货上年 60 万元，本年升为 190 万元"①。

又据《广东航运史》记载：自从日本侵占我国东北，大连失陷之后，"广州的对外贸易于民国二十二年（1933 年）开始回升到第三位"②。仅落后于上海、天津。然而，在广州的对外贸易中，有一部分货物是由北海运抵广州集中进出口的。从 1929 至 1936 年，北海港进出口贸易总值为 6553 万元（洋银）。其中，国产货进口总值为 2085 万元（洋银），洋货进口总值只有 1496 万元（洋银），洋货进口减少的原因，主要是 1929 年爆发的世界性经济危机，使主要资本主义国家经济空前衰退，以致对广东贸易较少。但进口的减少，客观上又反过来刺激民族工业的兴起。结果，国产货已在北海市场上占优势。与此同时，北海港土货出口和转口总值为 3035 万元（洋银），为洋货进口总值的一倍以上。据《广东经济年鉴（1940）》记载，1933 年北海港土货出口（转口）总值为 628 万元（洋银），居当时全国沿海商埠第十位；1934 年，北海洋货进口为 163.9 万银元，土货出口为 353.9 万元，出超为 190 万元；1935 年，北海洋货进口为 140.8 万元，土货出口为 300 万元，出超为 159 万元；1936 年，本埠直接进口洋货为 72 万元，进口土货为 283 万元，出口土货为 255 万元，出超为 183 万元（洋银）。其中"生猪出口 40073 头，超前此记录。桐油出

---

① 上海总税务司署统计科编：《中国海关民国二十二年华洋贸易论略·北海口》，海关贸易统计年刊印行 1933 年版。

② 蒋祖缘主编：《广东航运史》（近代部分），人民交通出版社 1989 年版，第 222 页。

口，从去年 1067 公担，升为 6342 公担"①。由上反映出，陈济棠主粤时期北海对外贸易已由入超变为出超，出现了相对于国民党统治的其他时期所没有的短暂繁荣。陈济棠投入巨资修造街道，始终将广州市政建设作为全省的榜样来推动，对广东各地区的城市起到示范作用。此时，北海曾修造和扩建中山大马路，修建全部使用水泥。钦县将原来窄小的壕坝街、惠安街房屋拆除，扩建民族路（今中山路），使之与大南路（今民族路）相连，路面铺上混凝土。防城县亦扩建打铁街等，钦防的街道都得到拓宽、取直。粤西地区城镇，开始形成整齐划一的市容格局。

陈济棠"治粤八年，确有建树"。此时期广东省政府在北海获得关税 366 万银元。而 1921 年至 1928 年的关税收入只有 97 万银元，后 8 年为前 8 年的 3.8 倍。对外贸易的增长，以及税收的增加，从侧面说明了经济的"繁荣"。作为主掌一省的地方实力派，陈济棠特别注重地方建设并颇有建树。当时，公路、机场、港口和街道建设加快，促使钦廉地区的近代化交通体系和城市格局基本建成。一系列保护地方经济发展的措施，促使广东农产品商品化趋势增加，钦廉地区一度出现商贸繁荣的景象，这是客观的历史事实。另外，陈济棠还提出"教育是立国之本，是永久的事业"。带头捐资修建东兴恩罗学校（今东兴市中心小学）、防城中学、谦受图书馆、伯南园、防城医院、慰慈救济院，"大力推动文化教育等社会事业的发展，惠译家乡父老"②。

然而，当时旧中国处于风雨飘摇之中，半殖民地半封建的社会性质必然使这种繁荣为时不多，只不过是"昙花一现"。陈济棠统治毕竟是军阀统治，其发展经济的出发点是为了解决军费，维持统治，而不是完全为了国强民富。因而，北海外贸从 1937 年又开始下降。加上连年战事频频，内地捐税繁重，广西内地土匪横行，运输不易，遂使生产受阻，北海港出口货物成本加重，"纵欲与他国产品角逐于市场上，终亦难操胜算矣"③。

---

① 顾裕瑞、李志俭：《北海港史》，人民交通出版社 1988 年版，第 158 页。

② 徐业书、吴小玲：《海上丝绸之路视野下的广西海洋文化研究》，世界图书出版广东有限公司 2015 年版，第 68 页。

③ 上海总税务司署统计科编：《民国十一年至二十年最近十年各埠海关报告·北海口》，海关贸易统计年刊印行 1931 年版。

1936年6月1日,陈济棠和李宗仁、白崇禧等发动"两广事变",宣布抗日反蒋。陈济棠反蒋失败下野后,南京政府军事委员会免去其所有职务,任命余汉谋为广东"绥靖"主任。他制定的经济改革规划,很快成了泡影。稍有起色的钦廉航海和海外贸易又开始走下坡路。

第十一章　抗战至中华人民共和国成立前广西海上丝绸之路的衰落

从 1931 年至 1949 年的广西水上交通和贸易，经历了起伏、停顿和衰落。抗战爆发后，民族危机加深。1939 年以前，广西作为敌后区域处于军事战略的特殊地位，仍维持对外交通和贸易。1941 年 3 月日军洗劫北海埠后，一直至 1945 年 9 月，广西水运和对外贸易几乎停顿。抗战胜利后，国民党政府宣布北海重新对外开放，广西水上交通有所恢复，对外贸易却日渐衰落。

中华人民共和国成立前，广西沿海船员、港口工人深受帝国主义、官僚资本和封建把头的压迫和剥削，因而不断地进行反抗斗争。1949 年底，船员工人积极护港，配合大军解放广西沿海。1950 年初，钦廉的船员和工人，积极参加征船支援前线，配合大军解放涠洲岛和海南岛，广西获得新生。

第一节　抗战初期广西航运和外贸的兴衰交替

抗战初期，地处华南一隅的广西，离华北战场较远，受战争影响和破坏稍迟，对外贸易一度仍能维持原状。1941 年日军洗劫北海以及日机轰炸梧州后，商埠变成废墟，广西对外贸易全部停顿。

一　抗战初期广西航运和贸易的战略特殊地位

1931 年 9 月 18 日日本趁中国四分五裂，军阀混战之机，发动"九·一八"事变侵略中国东北。事后，北海各界成立"抗日同志会"，重新掀起抵制日货高潮，在港口码头设纠察队，公开封存日货，抵制日轮抵港。1932

年"一·二八"事变发生，日军侵略上海，十九路军英勇抗战。北海青年学生举行示威游行，声援淞沪抗战，再次掀起抵制日货运动。学生队还抵码头查收日货，并集中烧毁。凡装有日货的轮船，不敢卸货，只好运回。1936年8月底，十九路军60师进驻北海，宣布抗日。9月3日晚，师长翁照恒派人刺杀有日本间谍背景的"丸一"药房老板中野顺三，造成轰动全国的"九·三"事件，给国民党政府外交上造成被动。9月8日，蒋介石在广州黄埔行营召见外交部驻两广特派员刁作谦，询问此事，并派其抵北海调查。9月19日至25日，粤海军派出"福安号""通济号"军舰抵北海港；日军派出"嵯峨号"等7艘军舰抵北海，停泊在冠头岭附近水域，在海上进行武力威胁。当时，翁照恒部队武装布防港口沿岸，准备坚决反击，日军不敢登陆。后来，日军只派代表由洋关人员伴陪上岸处理善后。25日，日军舰撤离北海港。事后，蒋介石对李宗仁又拉又压，将翁师长调离北海。同年12月30日，由国民党政府赔偿对方3万银元抚恤费，了结此案。

战争初期，由于远离华北战场，广西内河航运仍继续发展。"其时，中国从国外和香港进口的物资，主要是依据香港至广州、香港至梧州这两条航线"①。1931年，梧州港进出船舶4214艘次，载重120.2万吨。同年，梧州进出口贸易总值为2420万银元，北海为629万银元，南宁为448万银元，龙州为14万银元。据《广西年鉴·交通》（1935年版）记载，1934年"广西内河拥有18条客运航线，共有50家航运公司的65艘电船或拖渡（客位6299人），投入营运"。其中，南宁拥有货运船舶38艘，"由南宁出口往港澳的货物，一般在梧州转船"②。梧州拥有货运船舶41艘，梧州至广州、至香港的航线最为繁忙。当年，南宁港进出船舶818艘次，载重6.4万吨；梧州进出船舶3698艘次，载重102.6万吨。可见，此时梧州仍是广西内河船舶出海的交通枢纽。

1932年4月，李宗仁任广西绥靖主任，社会较为平稳。1936年，省会南宁进出口贸易总值升为2362万银元。当时，"郁江上源左、右两江，运输物品，以药材及豆子、茴桂为主，会于南宁，以转输于港澳各处"③。

---

① 马依、舒瑞萍主编：《广西航运史》，人民交通出版社1989年版，第146页。
② 同上。
③ 同上书，第128页。

第十一章　抗战至中华人民共和国成立前广西海上丝绸之路的衰落

1937年7月7日，日军挑起卢沟桥事件，抗日战争全面爆发。8月19日，淞沪会战打响后，日军开始封锁华南沿海港口和珠江口。9月以后，行驶港梧航线的华籍船只全部停航，"只余英籍轮船5艘，维持交通"①。据《民国二十六年海关中外贸报告·三水》记据："由于港梧航线运力减少，西江沿岸各处出口货物，多假拖船运往广州、江门辗转出洋。"1937年，梧州港进出口货物价值为3580万元（国币，下同）。其中，进口洋货770万元，进口土货1520万元，出口土货2640万元，转口土货650万元。此时，梧州进出口货物种类，以国产"土货"为大宗。1937年，梧州港出口货值列全国商埠第7位；进口货值列全国商埠第9位。"南宁沦陷后，梧州无论进出口均被挤出十大商埠之外"②。

1937年9月，"敌机敌舰轰炸北海冠头岭"③，并扫射停泊在北海港内的中国船舶。岸上房屋被炸坏四五十间，死亡百余人。英国政府为保护英国在华利益，纵容日本侵略中国。1938年，双方签订了《英日海关协定》。按此规定，日军一度不侵犯英国在华的商务，暂时不骚扰抵北海港的英轮。由于战争主要集中在华北、华中及华东地区，故中国北方和华东各港的航路全部被日军封锁。出于战略需要，国民党政府的经济重心不得不向西南转移。原先即为大西南"通道"的北海港，由于尚未被日军占领，一度被推到战时的"特殊"位置上。此时在广东战场上，日本侵略军只能据守广州、汕头、海口等城市，以及一些主要交通线，无力扩大占领区，尚未入侵粤西境内，使广西沿海和河流仍属敌后水运区域。故从1937年至1939年上半年，"北海贸易情形，仍可维持原状"④。当时，广西、贵州、湖南的食盐运输主要靠北海维持。由乌石盐厂运至合浦党屋，溯南流江抵玉林船埠，再沿绣江东下梧州，或经钦州陆屋抵南宁，钦廉成为广西盐业的主要来源。

当时，北海与内地的交通，以及至广州、南宁之公路，"业已改善，

---

① 马依、舒瑞萍主编：《广西航运史》，人民交通出版社1989年版，第146页。
② 同上书，第152页。
③ 《粤南日报》1937年11月19日。
④ 上海总税务司署统计科编：《民国二十六年海关中外贸易报告书·北海口》，海关贸易统计年刊印行1937年版。

往来行之汽车，日见增多"①。由于交通发展和战备需要，北海对汽油的需求猛增。1936年仅进口41万公升，1937年升为268万公升，增长5.5倍。因而，1937年洋货进口总值，由上年的67万银元，升为115万银元。与此同时，土货出口增加，由148万银元，升为157万银元。其中，"猪运往香港者，于年终数月，销路奇旺"②。1937年，法籍轮船每两星期抵港一次，德意利士公司的轮船每星期一次定期来往于广州、香港、北海之间。太古轮船公司的船只，按班驶往上海、香港、海防，途中每周在北海停泊一次。事变发生后，轮船来北海的次数虽开始减少，但进出港口的轮船仍达289艘次，吨位合计37万吨。正是由于海运暂时处于正常状态，所以北海对外贸易仍维持原状。1937年，北海进出口和转口贸易总值达725万银元。

1938年，太古、怡和洋行的轮船避开日军侵扰，开辟上海至海防的航线，每周定期抵北海港停泊，全年进出港轮船共368艘次，吨位达51万吨。因此，北海"出口贸易便利甚多"③。出口货种以生猪、家禽、花生油、桐油、石膏、海产品为主。同时，香港人口激增，对北海埠土货需求甚殷，家禽出口比上年增长4倍。土货出口增加，本应促进货物进口，却因法币汇价"惨跌甚距"④，故进口贸易价值，由上年的155万银元，降为77万银元。入口国产货，由上年的292万银元，降为286万元。转口土货，由上年的161万元，降为146万银元。唯有直接出口的土货，则由上年的157万银元，升为255万银元。当年，港口进口货物减少的原因，主要是汇价和运费上涨，引起物价飞升，人民的购买力降低。1937年进口煤油220万公升，次年下降为44万公升。北海口岸及其内地的百姓，因生活艰难，点灯照明，"以其售价昂贵，多燃植物油，以资代替"⑤。

北海进口货减少的另一个原因，则是港口设施太落后。民国政府因各

---

① 上海总税务司署统计科编：《民国二十六年海关中外贸易报告书·北海口》，海关贸易统计年刊印行1937年版。

② 同上。

③ 上海总税务司署统计科编：《民国二十七年海关中外贸易报告书·北海口》，海关贸易统计年刊印行1938年版。

④ 同上。

⑤ 上海总税务司署统计科编：《民国二十六年海关中外贸易报告书·北海口》，海关贸易统计年刊印行1937年版。

种原因，无法顾及港口建设，"码头设备，亦简陋，起卸货物，久感不便，乃至战争爆发，局势应变，困难甚巨"①。因没有深水码头，轮船不能靠岸装卸，"进出货物颇受阻挠，尤以进口货物，影响甚剧"②。抗战期间，尽管公路遭到破坏，北海与廉州、党江的水路运输仍十分频繁，"均有数艘机帆船、机动船航运，搭客载货"。其中，北海埠与廉州镇航运每日均有数艘船舶来往。北海旅客则在珠海路的"街渡口"（旧址在珠海中路92号西邻下水铺约50米处），搭乘渡船或机动帆船，抵南流江出海口附近的"老哥渡"上岸。若乘机动船，则2小时可到达。机动船每次可载客90人，交通十分便利。在北海港区域内，因无暗礁，水上航运十分安全。抗战期间，因舵手操作不当，曾出现一次海难事故，教训十分深刻。据史料记载：1938年间有私营的"利威"机动船，驶至乾江附近蚊子勒（由海入内河处）。因当时遇涨潮，风大浪高，以致失事沉没，"死难者九十余人，尸浮满江，事至惨痛"③。国难当头，当时国民政府未救济善后处理，船主因破产亦未负责赔偿埋葬及安家费用，只由死者家属自行捞尸收验埋葬。此后，由珠海路街渡口至乾体的航线逐渐衰落。

当时，北海港以钦廉为依托，钦廉地区亦藉它为门户。尽管受到战争影响，钦廉地区商业仍十分兴旺，店铺林立。日军在钦州湾登陆以前，合浦县拥有商铺275间，东兴县和钦州县分别拥有店铺106间和350间。当时社会资金流通裕如，商品中转加快，货量大。因此，北海港对外贸易仍能保持一定数量。加上外轮仍能定期抵此碇泊，北海埠遂成为滇、桂、黔和粤货物进口的重要渠道。据《中国海关民国二十六年贸易统计年刊·北海口》记载，1937年北海往来外洋船舶为135艘次，载重15.8万吨；1938年升为215艘次，载重27.7万吨。自1938年8月起，日军对广东、广西的战争威胁日益严重，广州、梧州连续遭敌机轰炸，市肆尽闭，进出贸易遂受打击。"嗣因日军在大鹏湾登陆，继之西江复被封"④，梧州进口

---

① 上海总税务司署统计科编：《民国二十八年海关中外贸易报告书·北海口》，海关贸易统计年刊印行1939年版。
② 同上。
③ 北海市地方志编纂委员会编：《北海史稿汇纂》，广西人民出版社2006年版，第221页。
④ 上海总税务司署统计科编：《民国二十七年海关中外贸易报告书·北海口》，海关贸易统计年刊印行1938年版。

贸易悉告停顿。于是，一向由西江运输的广西进口货物改由北海输入。同年10月，广州沦陷前夕，民国政府交通部广州航政局迁至广西梧州，仍在北海设航政分局（所），加强北海航运管理，促使北海港的进口货物数量激增。1939年北海进口洋货由去年的77万银元，升为224万银元。出口土货价值由前一年的286万银元，增为1009万银元，增长了2.8倍。

1937年至1939年，北海港进出口的货物，其经海道运输者"十之八九皆与香港往来"[1]。北海"自民国二十六年十一月德意利士公司停止航行香港北海线以来，现在所有进口之各商轮几乎全属太古、怡和两公司，其航线为往来上海、汕头、香港、北海、海防各埠"[2]。从1939年7月起，太古轮船公司的航线"改为由香港开行，经广州湾、海口达北海"。回程由北海港起航，沿途在海口、广州湾停泊后，便直抵香港。因太古轮船公司缺少由上海直达北海港的船舶，故由北海往上海的货物，往往在香港转船。另外，渣甸轮船公司轮船的航线，"系自上海经香港直达海防，回程或湾泊北海装载客货"[3]。因而，1939年北海港对外贸易，"尚可维持不坠"。出口货物如桐油、生猪、牛皮等，"仍极踊跃"[4]。家禽由上年的2万只，升为21万只；直接出口土货估值由255万银元，升为1707万元；转口土货共达150万银元，比上年增长3.6倍。结果，1939北海的进出口贸易总值，从1938年的764万银元，升为3170万银元，增长了3.12倍。

1939年2月，日军封锁珠江，梧州与香港运输中断。同年6月，汕头被日军占领，并且粤东海上航线被切断。这些促使粤西航线的北海和雷州一起，一度变成华南外贸货物的集中地，北海对香港、海防的海上航线仍维持。此后，尽管日军宣布封锁广东沿海，但对北海的控制并不严密。加上香港、海防仍属英法商务范围，北海来往香港、海防的商船，仍载来大量的煤油、棉纺织品和生活必需品等。各种军用物资，也通过不同渠道

---

[1] 上海总税务司署统计科编：《民国二十七年海关中外贸易报告书·北海口》，海关贸易统计年刊印行1938年版。

[2] 北海关旧档案：《北海关区进出口货物稽征关税地点暨货物运输清单报告书》（1939年9月4日）。

[3] 上海总税务司署统计科编：《民国二十八年海关中外贸易报告书·北海口》，海关贸易统计年刊印行1939年版。

[4] 同上。

运来。从广西内地集中到北海的大批牲畜、花生、桐油、药材，以及本地海味也能较顺利地从海上运抵香港。由于北海港暂时所处的"特殊"通道地位，故 1938 年和 1939 年北海对外贸易非正常出超共 563 万银元。随着战争的扩大，英美等国民用工业多已转入军工生产，故"运至中国之货物，逐渐减少，而由中国运出之土货，则尽其运输能力之所及，悉载而去"①。外商抓紧抢运战略性物资，亦是造成战时北海贸易"出超"的原因。

抗战期间，广东沿海一度被敌机、军舰封锁，黔、滇、桂、湘、赣等省食盐供应极为紧张。群众生活不可一日无盐，因此，盐和煤油、棉纱、布被列入抗战物资。粤西沿海一带，能够海河陆联运的只有钦江、南流江航路。在合浦党江设置海河转运站，由海船将食盐、煤油、棉纱等物资，运至党江改用内河渡船，溯南流江直上，直抵玉林的船埠。在船埠转车运到贵县，再用拖轮驳运一段水路，可达柳州，再由柳州改用火车转运湖南、湖北、江西、贵州等地。当时，广西沿海运盐主要有两条路线。其一，合浦运盐路线，即从乌石盐场水运至党屋（江），再溯南流江北至郁林船埠，陆运至北流，复沿绣江而下，运集浔江之滨的藤县，再东下梧州或西上桂平，"该线成为整个抗战时期梧州盐业最主要的来源"②。其二，钦州运盐路线，便是"经钦州、陆屋，出平塘、江口而集中于桂平的一线，盐运量也不少"③。因盐价利润很高，最低三四倍，最高十余倍。江浙、湘帮、桂帮商家贾贩抵此，"抢运食盐及各项物资年达数十万吨"④。均获厚利。煤油、棉纱等物资亦因战争缺货，价趋飞涨，走私猖獗。抗战初期，合浦县一度成为走私、偷运中心，走私物资主要为桐油、煤油、棉纱、铜仙（钱）等。"不法奸商勾结官僚偷运出海，最大批者竟有二百余人结队担运桐油等物资，武装护送至石头埠出海"⑤。

1939 年上半年，三水至肇庆河段，"常遭日军飞机威胁，仅肇庆以上

---

① 上海总税务司署统计科编：《民国二十八年海关中外贸易报告书·北海口》，海关贸易统计年刊印行 1939 年版。
② 易源：《梧州航运史稿》，广西人民出版社 2015 年版，第 226 页。
③ 同上。
④ 北海市地方志编纂委员会编：《北海史稿汇纂》，方志出版社 2006 年版，第 220 页。
⑤ 同上书，第 222 页。

西江能自由通航"①。梧州航行西江下游各埠的船只，以及广东西撤的200多艘内河商船，蜂拥撤至肇庆至梧州一线，或停或航，失于调节。从5月开始，日军加紧对粤西的轰炸和封锁。当时，北海是粤西最大的商埠，但因敌机威胁，有许多市民已迁移乡间，而商店亦多关门。1939年11月15日凌晨，日军第五师团假装从北海进攻，"派出大小船艇50多艘入侵冠头岭外海"。实际上声东击西，在钦州登陆，并沿钦邕线北上。日军第一次占据桂南期间，西江航运在货物运输方面全部停顿，"几种主要物资运输已绝迹"②。当时，日军以涠洲岛作为侵略广西的跳板，对广西沿海实行军事封锁。当地土货出口嗣因"沿岸封锁益见严密，遂无法由海道输出矣"③。11月24日，南宁失守。12月16日，中国军队与日本侵略军展开桂南会战。当时，民国政府为防止日军再次入侵，对沿海内地公路进行破坏。1939年12月6日的《广东省政府第九届委员会86次议事录》记载："增加破坏钦县、合浦、灵山、廉江、化县、茂名等6县公路。"④ 于是，陆地交通受阻，北海对外贸易几乎陷于绝境。

北海关档案记载：1940年"本埠以航路被封锁之故，并无船只出入，进出贸易悉告停顿"⑤。北海对外贸易总值只有10万银元，下降为上年的3%。1940年10月30日，中国军队取得昆仑关大捷后克复南宁。未几，日本侵略军退出广西，据守粤西的海南岛和涠洲岛等地。1941年3月，日军一度登陆侵占北海，实行烧、杀、抢、奸政策，市肆尽闭，居民逃亡。直至下半年，北海商务稍为恢复，全年进出口总值仍只有13万银元。1941年12月，太平洋战争爆发，日军占领香港。1942年1月，英美等国对德、日宣战，香港与北海海运中断。1942年5月，北海关改成南宁支关，北海只能维持与东兴和越南芒街的贸易，全年进出口贸易总值为95万银元，大不如从前。1943年3月15日，日军占领广州湾，再次加强对

---

① 蒋祖缘主编：《广东航运史》（近代部分），人民交通出版社1989年版，第288页。
② 马依、舒瑞萍主编：《广西航运史》，人民交通出版社1989年版，第152页。
③ 民国海关总税务司署统计科编：《民国三十年至三十四年中国贸易概况·北海口》，国家图书馆出版社2016年版。
④ 广东省档案馆编：《民国时期广东省政府档案史料选编》第五卷，1988年版。
⑤ 民国海关总税务司署统计科编：《民国三十年至三十四年中国贸易概况·北海口》，国家图书馆出版社2016年版。

粤西沿海的封锁。1943年和1944年由于日军以涠洲岛为军事基地，派出军舰封锁粤西沿海航运，北海港变成死港。1944年9月，梧州沦陷，广西对外贸易全部停顿。

二 日军对钦廉沿海的封锁及侵略

1937年9月，日军派飞机和军舰开始轰炸钦廉地区，用机枪扫射停在港口的商船和渔船，打死平民百姓一百多人。9月27日，一艘日舰抵北海港，炮击驻守在冠头岭上的国民党军队。10月25日，日舰又炮击涠洲岛。11月3日，日舰用炮火封锁北海港，骚扰抵港外轮。11月13日，英国太古轮船公司"嘉应轮"，由西贡来北海港，"途中又被日舰截留"①。日舰企图阻止商轮抵北海。北海、合浦、钦州、东兴的运输木帆船和渔船在北部湾海面上航行，若碰见巡弋的日舰，船只马上被扣，男的被关进船舱，女的被日本兵捉来轮奸，然后再把贵重物品劫走，待船上的东西被洗劫一空后，日本强盗便洒上汽油，连人带船一起烧掉，或者用炮将船击沉。日本侵略者种种惨无人道的暴行，激起了广西沿海人民的愤怒。各埠纷纷成立"对日经济绝交委员会"。其中，北海、廉州等地"对日经济绝交委员会"行动最坚决，"将封存的仇货公开招标拍卖，作为经费"。北海商会带头发动群众，成立了"北海各界民众抗敌后援会"。钦廉工、农、兵、学、商不甘当亡国奴，积极投身抗日救亡运动。

1938年3月29日，日机轰炸白龙尾。6月2日，日机轰炸企沙街。同年9月13日，日本派兵占领了北海港的外户——涠洲岛。该岛峙立在北部湾的大海中，东南与海南岛呼应，西南与隔海相望的越南海防对峙。它像卫兵一般扼守着北海至海南岛、越南海防航路的通道，成为海上保卫北海的天然屏障。军事家认为该岛"倚北海为肩背，而与龙门为襟带。龙门设防必连结北海成犄角之势，而以涠洲岛为腰站，防海者所注重地也"②。当日凌晨，两艘日舰抵盛塘村横岭角海面停泊，并向岛上开炮轰击，然后放下登陆艇，从沟门登陆。日军第一次侵占盘踞涠洲岛20多天，杀害百姓80多人。同年11月20日凌晨，两艘日舰第二次抵涠洲岛，封

---

① 《粤南日报》1937年11月19日。
② 廖国器：《合浦县志》（卷一），合浦博物馆馆藏，民国廿年（1931）石印本。

锁南湾港港口，向港内船舶开枪扫射，并将港内渔船集中喷射汽油，纵火焚船400多艘①。至中午，日军杀害渔民多人，才撤回海南岛。同年12月底，汪精卫成立伪政权，并与日本签订了"日汪协定"（即《日支新关系调整要纲》）。这个协议规定，日军可以"在华南沿海特定之岛屿，设定特殊地位"。1939年1月2日，日军第三次登陆涠洲岛。此后，日军便霸占涠洲岛达7年之久②。在岛上设立侵华日军第七基地指挥部，在盛塘村修建了野战机场，停留飞机最多时达400余架。轰炸北海、合浦、钦州、南宁、梧州等地的飞机，多由此起飞。同时，日军又在该岛的南湾港建军港，停泊大批日军军舰。这些军舰经常游弋于涠洲岛与海南岛、雷州半岛和北海口岸之间，炮轰、拦劫货船和渔船。有时，日军还把抓来的船和人当作打靶目标，练习炮击。

据《广东经济年鉴（1941年）》记载，在1938年、1939年的2年期间，日军在北海港区域烧毁和击沉北海、廉州、钦州等地的渔船几百艘，其中，烧毁北海地角、外沙一带的渔船45艘，杀戮渔民310人。日军占领涠洲岛后，企图派兵攻占北海埠。日军用飞机对北海进行轰炸以后，曾出动军舰和汽艇，进窥高沙龙、白虎头等沿海线，企图作试探登陆骚扰。凭借沿岸临时工事抵抗的中国将士，英勇地用炮将日舰击退。

1939年7月26日，18架日机分两批入侵梧州，投弹268枚，市区、街道大部分被炸。"毁坏房屋400余栋，炸毁沉没港内大小船只200余艘，死伤居民500余人，受灾477户，无家可归者9349人"③。其中，西江行业战时服务社的"广兴"渡等4艘运输拖轮被炸毁，损失惨重。梧州至香港航线是广西内河运输出海的主要通道。当时，专走该线的定期班货轮及客货轮有大兴、光明等15艘轮船。"抗战期间，尤其是香港沦陷以后，这15艘轮船先后被日军掳去或炸沉，无一幸存"④。同年7月31日，日机轰炸钦州、防城。8月8日下午3时，4架日军飞机，空袭北海港口岸，开枪扫射并扔炸弹于北海市中心区——中山西路大水沟附近（今文明路

---

① 北海市地方志编纂委员会编：《北海史稿汇纂》，广西人民出版社2006年版，第603页。
② 同上。
③ 易源：《梧州航运史稿》，广西人民出版社2015年版，第193页。
④ 马依、舒瑞萍主编：《广西航运史》，人民交通出版社1989年版，第179页。

市场),死伤百余人①。现场血肉横飞,惨不忍睹。这就是北海历史上有名的"大水沟惨案"。接着,日机又轰炸滇越公路,企图切断广西至越南的国际通道。广西进入战时状态,梧州至香港内河出海的航线被迫中断。下半年,华南沿海各埠的海上交通线均被日军控制而中断。10月至11月,日军以涠洲岛为基地,频繁调兵遣将,做好入侵广西的准备。国民党当局估计日军可能由北海登陆,便将北海与内地联络之公路桥梁等,予以破坏,货运剧受阻扰。以往北海与合浦、灵山、玉林、钦州、东兴、南宁等处往来的货物,全仗汽车或者帆船运输。公路被破坏后,不能行驶车辆。北海港"藉以维持运输者,大多用人力肩挑,或以小船转驳而已"。"而民船航业,大形衰落,一因航路封锁,二因民船多被日方海军击沉"②。

1939年11月15日凌晨,日军除派飞机轰炸北海埠外,还派军舰炮击冠头岭的工事设施,落下炮弹1000多发。同时,日军第五师团以涠洲岛为中转站,出动军舰40艘,士兵4万人,从钦州龙门一带登陆入侵广西。11月24日,日军占领南宁,12月4日又占领昆仑关(位于南宁的东北,邕宁和宾阳交界处)。12月中下旬,杜聿明指挥国民革命军第五军和九十九军等部队,三次收复昆仑关,毙敌4000多名,这就是抗战期间广西著名的"昆仑关战役"。广西战场的胜利,不但在战略上支援了当时欧洲战场的反法西斯斗争,而且直接粉碎了日军由北部湾登陆侵占广西,控制西南交通线的战略企图。由此说明中国人民英勇无畏的持久抗战,是战胜日本法西斯的决定性因素。

北海自钦防战争爆发后,地方当局"实施空舍清野政策,市肆尽闭,物资迁徙一空"③,钦廉港口海上交通陷于停顿。1940年,广东沿海港口相继沦陷。日军实行海上军事封锁,复对商船、渔船肆行炮击和焚毁。全省约有1600艘船被打沉,船员和渔民11200人丧身鱼腹。其中,钦廉的船舶损失最大。有一次,日军在北海埠的地角村登陆,烧毁船只100多艘。与此同时,日寇的飞机、军舰多次对北海进行狂轰滥炸。日军在钦州

---

① 北海市地方志编纂委员会编:《北海史稿汇纂》,广西人民出版社2006年版,第604页。
② 民国海关总税务司署统计科编:《中华民国二十九年海关中外贸易统计年刊·北海口》,海关总税务司署统计科刊本(复印本),1940年版。
③ 同上。

登陆后，"本埠市民几乎逃光，留下来的人员不到平时的十分之一。虽然距离敌占区约五十里，然交通则已断绝。本埠既无船舶进出，又乏车辆来往。商务完全停顿。私运亦告敛迹"①。由此可见，日军的侵略行为，严重破坏了广东、广西的海上交通和对外贸易。

1940年9月16日，日本由于准备发动太平洋战争，便将在钦廉扫荡的军队从龙门撤走，除了一部分留守涠洲岛，大部分调往其他地方，并减少对广西沿海的骚扰和破坏，北海恢复了暂时的安定。市民意谓日军：谅无再来北海骚扰，便通知疏散到内地农村和山区的亲友，"遂相率来归"。广西内地的商人亦组织大批土货，通过南流江、钦江，扬帆来北海。于是，从1940年10月至1941年2月底，北海商家恢复了营业。与此同时，盘踞在涠洲岛上的日军，由于战线拉长，到处遭到抗日游击队的打击，日子很不好过。加上本地群众反对奸商运米资敌，其后勤供应发生了困难。

1941年3月1日上午，日军派出几艘小型汽艇横冲直撞进入北海港，作试探性的进攻。这些全副武装的汽艇，先后抵南氵万、地角、高德、岭底附近的海面游弋，企图探测岸上的军事火力。当敌人汽艇抵北海港时，市民一片惊慌，连忙疏散。中午以后，群众不见日军开枪开炮，便有一部分人返回市区。次日，日军汽艇数艘，一天三次抵北海港海面游弋，连岸边也不靠拢。在敌人制造的假象下，北海口岸的部分群众麻痹大意丧失警惕，便以为日军作一般性例行海面巡逻，纷纷返回市区，安心睡觉。3月3日凌晨2时，日军派来大型军舰1艘，驱逐舰5艘，登陆艇和汽艇20余艘，偷袭北海港，其中海军陆战队1000多名。敌人利用夜幕，采取两翼包抄，中间同时突破的战术，分三路登陆。右路在冠头岭、地角附近，抢占北海的制高点；左路在岭底，卡断北海与廉州的通道；中路在龙王庙、外沙一带登陆，迅速攻占电报局（旧址在中山东路与中山西路交接口），控制通讯部门。当敌人突然袭击时，市民们还沉睡在梦乡里。除了少部分人逃脱，大部分人员落入敌人魔掌。日军侵占北海的目的是在此大肆抢劫战略物资。除了抢劫商店，还挨门搜户对市民进行洗劫。3月6日，日军又派兵在马栏、翁山、平阳、吉车等市郊农村实行"三光政策"，大肆抢

---

① 民国海关总税务司署统计科编：《中华民国二十九年海关中外贸易统计年刊·北海口》，海关总税务司署统计科刊本（复印本），1940年版。

劫粮食、牲畜、烧毁民房、奸淫民妇。有的日军十分恶毒，对拉不走的大米，则在米缸、米桶里拉下大、小便，不让食用，断绝百姓的生计。3月7日，日军强拉民夫将劫掠的物资集中运到旧北海关附近的海滩上，然后用小艇、驳船运到停在地角附近海面的军舰上。3月8日中午，日机又在北海的中站、总江、石康等处投弹，残杀百姓。下午，日军抢劫完物资后，才开始撤走。前后占据6日，损失物资达千余万。北海已成人间地狱，妇女遭奸污，财物遭洗劫，渔船被毁者不下百余艘。日兵除掠财物外，还五七成群，搜索良家妇女。据1941年3月11日的《粤南日报》报道：日兵在北海埠"屠杀乡村民众不下百人，焚劫地角渔艇三百余只"。

日军种种的法西斯暴行，引起了居住在北海埠的外国人的强烈不满。当时，英、法、美等国已参加反法西斯联盟。因而，设在北海的英、法教堂和广慈医院公开收容难民，抢救受害人员，保护了不少妇女和儿童。连与日本同盟的德国教堂，亦对日军惨无人道的行为看不惯，表示实行人道主义，公开收容难民，"至敌人以杀其当事人恫吓，仍不忍送难民入虎口"①。然而，毫无人性的日军置国际惯例于不顾，亦派兵进入教堂，驱赶难民。按照《英日海关协定》，双方不能侵占各个港口的海关。然而，此时日军对这一纸条文，根本不看在眼里。3月3日凌晨6时，日军派兵占领北海海关，关内职员和家属全部落入敌手。日军占领北海后，不但中国妇女遭到日本兵的蹂躏，连教堂、领事馆、医院的外籍女职员、护士、修女亦遭到日兵的毒手。对此，国民党的官方文件亦记载，"男者皆为敌人毒打及迫充苦役，女者多为敌人奸淫，呜呼惨哉"②！短短6天的时间里，敌人在北海埠杀死男女群众百余人，抢走和烧毁的货船和渔船三百余艘，烧毁房屋137间。据不完全统计，日军这次在北海共抢走生猪927头、家禽5140只、大米22.87万斤、生油4万多斤、盐和糖2.8万斤，黄金60余两，全部损失无法计算。日军侵略北海的罪恶，罄竹难书③。

1941年3月17日、18日和25日，日机连续轰炸。钦州、企沙和东兴。日本侵占中国的沿海商埠，不仅严重威胁了国民党的统治，而且直接

---

① 北海关旧档案：《北海关呈总署文》（1941年3月31日）。

② 同上。

③ 北海市地方志编纂委员会编：《北海史稿汇纂》，方志出版社2006年版，第605页。

损害了英美在华的经济利益。因此,英美和日本在太平洋的摩擦越来越大。日本为了称霸世界,便偷袭美国的珍珠港,发动了太平洋战争。1941年12月25日,日军又占领了英国租借地香港。运抵香港收藏的有关北海的档案、资料和走私的没收品,全部损失。1942年1月1日,中、美、苏、英等26国在华盛顿签订"联合宣言",宣布联合对德、意、日法西斯作战。同月17日,英国海军部为了保护英在北海的既得利益,派护航队抵广西沿海,与盘踞在涠洲岛的日军对峙。日军便派轰炸机轰炸北海埠及停泊在港内的英国军舰,遭到英舰的迎头痛击。1942年1月20日《粤南日报》头版以醒目的标题《北海敌轰炸机,昨被英舰击落》报道:"昨日在北海袭击我护航队之双擎多尔尼式轰炸机一架,曾被驱逐舰瓦尔波号击落,并着火燃烧,我护航队毫无死伤或损失。"① 日军的飞机被打落后,便加强对北海港的报复。同月24日,一艘货船满载物资由越南婆湾驶来北海港,抵电白寮海面时,被日舰追上。船上的货物全被日军抢劫,"主客10人,均被寇兵捆缚,投入海中,惨葬鱼腹"②。日舰在广西沿海的霸道行径,遭到英国护航队的痛击。不久,一艘入侵的日舰被击沉。此后,日军在钦廉沿海不敢放肆地骚扰,北海平静了一个多月。3月初,由于战事需要,英国护航队调离,日军又趁机对北海侵扰。3月5日傍晚,一艘日舰突然窜到冠头岭附近海面,发炮轰击海上的数艘渔船,其中的两艘渔船因逃避不及,卒被虏去。3月11日,北海埠的启泰盐行、岭南商行、恒昌公司各派一艘盐船抵榄子根一带运盐回港口,以便转销内地。当船驶至电白寮海面,突遭日舰轰击。敌炮把船体打得支离破碎,把船工轰得血肉横飞,连人带船沉入海底。另据统计,抗战期间防城港市被日军炸死2760人,损失财产534.23亿元(国币)。

太平洋战争爆发后,日军尽管逞凶一时,但始终不敢撤走在北部湾涠洲岛等地的兵力。可见,中国的顽强的持久抗战对日军形成牵制,对美英在太平洋作战起到了支援的作用。1942年春,中国政府应英美盟军之邀,派出3个军共10万人,由云南入缅甸支援英军的防御战。在缅甸西部英军防守的仁安羌地区,救出了被日军围困的英国官兵7000多人,并重创

---

① 《粤南日报》1942年1月20日。
② 《粤南日报》1942年1月29日。

日军。为了报复中国，1942年下半年日军继续以涠洲岛为基地，扩大对广西沿海的封锁和对内地的轰炸。北海、廉州、安铺、白沙一带，经常遭到敌机的狂轰滥炸。有一次，敌机飞抵北海，在冠头岭、高德、地角一带盘旋，并在高德、龙王庙海边前投弹两枚，在其附近机枪扫射子弹数百发。敌人扔下的重磅炸弹，其爆炸声连20余里外的廉州镇亦能听见，北海埠损失惨重。9月6日，日机轰炸企沙、江平。其中，在企沙投弹15枚，炸沉船2艘。据战争结束后统计："广西所属船舶共损失轮船111艘，拖渡21艘，民船11345艘。"①

1943年2月17日，日机轰炸廉州头甲社、阜民北路、黎屋坡一带。3月中旬，3架日机轰炸海门中学一带，死伤多人，毁民房多间。1943年9月4日、19日，日机又分两批侵袭梧州，在市区九坊路和沿江一带投弹，炸死居民49人，炸沉港内船舶10余艘。同年12月7日、31日，日机再次侵入梧州上空投弹，其中，梧州女子中学死亡学生8人。从1943年11月至1945年3月，中国政府再派出8个军共22个师的兵力，在中国的滇西和缅甸北部与英美盟军并肩作战，歼灭日军6万余人，并收复了密支那。为取得反法西斯战争的胜利，广西又提供柳州、桂林、北海等地机场，以便轰炸日本的海上运输线和日军的战略要点。其中包括对日军盘踞在涠洲岛的海空军队轰炸400余次。1944年2月14日，盟军在北海白屋机场派出飞机2架突袭涠洲岛日军机场。同月25日晨，盟军又派出飞机12架，轰炸盘踞涠洲岛的日军据点。次日，美国军舰进入北海港，停泊在冠头岭海面，迎击日舰。4月8日和9日，盟军飞机连续轰炸涠洲岛上的日军机场及军事设施。6月25日，3架盟军飞机突袭涠洲岛，扫射正在演习的日军，歼敌多人②。同年9月30日，日军占领梧州，炸沉运输船22艘。梧州沦陷前，船舶全部西撤。许多未来得及撤退或撤至红水河无法再撤的船只，按照广西军政当局的命令，被迫予以毁坏或自行凿沉，以免落入日军之手。"西撤至红水河的轮运船舶被炸沉者1艘，拖渡4艘，拖轮17艘，自动凿沉者有电船22艘，拖渡15艘，拖轮49艘，总共毁沉

---

① 王铮主编：《广西对外开放港口——历史、现状、前景》，广西人民出版社1989年版，第256—257页。

② 北海市地方志编纂委员会编：《北海史稿汇纂》，方志出版社2006年版，第605页。

的船只达 108 艘"①。

据 1937 年 3 月 18 日《南宁民国报》公布，抗战前，广西拥有内河运输轮船 98 艘，木帆船 12933 艘。其中，梧州拥有轮船 12 艘，电船 19 艘，拖轮 18 艘，拖渡 15 艘，趸船 17 艘，驳船艘，拖带木船 62 艘②。1945 年 8 月 15 日，日本宣布无条件投降。此时，广西内河运输轮船，"仅存电船十四艘，汽船十九艘，拖渡三艘"③。由上可见，日本帝国主义发动的侵略战争使广西航运业元气大伤，广西海上丝绸之路贸易遭受惨重损失。

第二节 抗战胜利后广西外贸的恢复和下降

1945 年 10 月，日本无条件投降后，民国政府交通部广州航政局恢复北海、梧州等办事处。1946 年 3 月，国民政府行政院宣布北海属于"暂时一律开放"。同年 12 月 6 日，国民政府宣布北海又重新对外开放。1947 年外商势力卷土重来，按照《中美友好通商航海条约》，控制广西航运。1949 年 2 月，国民党政府重新开放梧州为对外贸易口岸。然而，由于物价飞升等原因，广西对外贸易连年下降。

一 战后民国政府对广西港口的接管

1945 年 10 月，民国政府派员接收敌遗财产，同时派军队进驻沿海城市。同月，南京国民政府交通部广州航政局复设福州、厦门、汕头、江门、广州湾（湛江）、海口、北海、梧州、桂平办事处 9 个办事处，其中，北海办事处负责钦廉沿海地区航政业务，梧州、桂平办事处负责广西内河运输航政业务。办事处主要职责是船舶登记、丈量、检验、给照，负责船员的考核、给照，发给船舶航线的牌照，以及对码头、驳岸、航标的管理等。1946 年 2 月 13 日，北海办事处成立"合浦县北海市民船商业同业工会"，要求船员和装卸、搬运工恢复港口生产。同年 4 月至 7 月，中国招商局已接收敌伪船舶 2158 艘，载重 239140 吨，成为中国沿海港口的

---

① 易源：《梧州航运史稿》，广西人民出版社 2015 年版，第 241 页。
② 同上书，第 210 页。
③ 同上书，第 216 页。

重要运输力量。当时，招商局重视粤西和南洋航线，派出"海汉""海湘"等大海轮，定期行驶于上海与海防、西贡、新加坡之间，中途停泊于北海港，恢复了粤西的轮船航运。梧港线则由于该线的客货船在抗战期间被炸沉多艘，元气大伤，一时难以恢复。只能用小电船代替，运力很低。1946年初，由于日军侵略战争的破坏，粤汉、湘桂铁路以及许多公路尚未全部修复，华南水路运输成为唯一快捷的交通渠道，梧州迅速恢复了战前作为两广内河水运枢纽的重要地位。

为解决船舶遭战争损失的问题，1946年4月12日，广西省政府向设在广州的"粤桂闽区敌伪产业处理局"申请接收机动船10艘，另外，"充借拨日俘船十九艘"①，经驶回梧州修理改装后，投入西江各线营运。同时，广西省政府贷出4100万元（国币）经费打捞沉船，并支持梧州利源行业等公司新造或购置船舶，解决船舶缺乏的问题。年底，广西在西江上下游各埠的轮运航线恢复到18条。其中，恢复梧州至广州、江门、贵县定期班轮航线3条；梧州至香港、肇庆、都城、南宁、柳州、桂平、藤县等不定期航线15条。1946年，广西内河共拥有运输小轮185艘，载重3.9万吨；运输木帆船8662艘，载重10.2万吨。其中，专营梧州至香港航线的电船12艘，载重0.11万吨，完成客运量1450人次，客运周转量6.7万人公里；完成货运7.9万吨，货运周转量3423.8万吨公里。专营梧州至南宁航线的电船18艘，载重0.14万吨，完成客运量1.79万人次，客运周转量1123.3万人公里；完成货运量1.03万吨，货运周转量651.6万吨公里。专营梧州至贵县航线的电船12艘，载重0.07万吨，完成客运量3.9万人次，客运周转量1167.8万人公里；完成货运量1.62万吨，货运周转量482.6万吨公里。另外，专营梧州至广州航线的拖渡、电船35艘，载重0.59万吨，全年完成客运量25.5万人次，客运周转量1.09亿人公里；货运量9.8万吨，货物周转量0.33亿吨公里②。

从1946年至1948年，梧州港内约修筑8座码头及修建3艘新航业筏。其中，西南码头岸线长度仅为5米，位于南堤路对开河处，码头水深3米，可泊200吨级船舶。码头形式为梯级式，共81级，水泥结构，属

---

① 易源：《梧州航运史稿》，广西人民出版社2015年版，第241页。
② 同上书，第242—244页。

落后状态。"西南筏"则是桂系集团的官僚资产,由广西省田赋粮食管理处所设的"广智行"(1948年改为西南物产公司)经营。同时,广西复开梧州至香港的出海航线。"据1946年官方统计,其实专走梧港线的船舶,包括汽轮、趸驳船、电船在内,合计共有68艘,皆为不定期"①。1946年8月,国民党广西政府在李宗仁、白崇禧、黄旭初的主持下,为摆脱国民党中央的控制,积极发展地方经济势力,在香港设立广西贸易公司、广西航业总公司(两个招牌,一套人马),在梧州沙街(今南堤路)设分公司。广西航业总公司成立之初,在香港购买2艘美军登陆艇,"在港改装为客货轮,即桂山号、桂海号,航行港梧、港穗线。另有拖头汽轮十余只,专走上河"②。当时,香港广西银行负责人兼任公司总经理,资金充足,自港购入各种商品。一是运回梧州销往广西赢利。二是特价抛出,保本保值,从中赚钱;或通过贸易和航运,掠取高利和货币贬值差价利益,满足广西的财赋需要。

1946年11月4日,民国政府与美国政府签订《中美友好通商航海条约》。条约规定:凡中国对外开放港口,美国船舶均可通航;美国船只在中国港口所缴的吨税、港口税、引水费、检疫费等各种税务,均与中国船只相同等之。条约还规定缔约双方有对等的权利和义务。但当时中国的海运落后,该条约更利于美船大批涌入中国各港口,亦造成后来美轮于1947年大批进入北海港。与此同时,国民政府行政院宣布,"自35年度(1946年)起,凡订有互惠条约之国家,其商船准予进出我国设有海关之各通商口岸"③,使英美等外国商家抓住机会,扩大在海上的航运势力。其中,太古轮船公司派出轮船定期来往于香港、海口、北海、海防之间,继续享受"沿海贸易"之权利。英商以帮助中国运输救济物资为幌子,兼揽商货,恢复北海与香港的贸易往来,成为广西水运的新霸主。其时,梧州、南宁、北海一度洋货充斥于市,而出口货骤减。

抗战胜利后,北海商人兴办的普益汽车公司首先修复廉北公路,恢复公路运输经营。合浦至钦州的公路桥梁,亦由广东省政府将联合国善后救

---

① 马依、舒瑞萍主编:《广西航运史》,人民交通出版社1989年版,第179页。
② 梧州市政协文史资料委员会编:《梧州文史资料选辑》(修订版1—4辑),2016年版,第11页。
③ 蒋祖缘主编:《广东航运史》(近代部分),人民交通出版社1989年版,第311页。

济总署的救济粮米拨出八十万斤以作为建桥费用。然而，因个别政府官员贪污瓜分该桥梁建设费用，以致严重影响工程进度，未能如期完成。公路迟迟未修复，北海与内地的交通甚为不便，对港口运输造成很大影响。据1946年的北海关档案资料记载：北海"为通内地公路之交通重心，海防、香港、澳门及其他各口，亦有定期轮船来往""本年情形迥异，因战争期间损坏之公路，大多尚未修复"①，结果，影响了港口与内地的货物来往。同时，由于被日本侵略军击沉、击毁了不少船舶，因而1946年北海仅有2艘大轮抵港，海上运输"只赖二百吨以下之少数小船，往来北海及海防之间"。加上国民党当局征用船只运军事物资，而外籍商轮来埠极少，故轮船吨位缺乏，运费随行高涨。当年，抵港运输船舶有364艘，"几全为小汽轮及马达轮船，共计三万零二百二十五吨"②。北海的海上交通"悉赖帆船维持"③，当年抵港木帆船只有500艘次，大不如抗战初期。1946年北海进口贸易总值为225501元（国币），出口总值为29839元，远远比不上抗战初的1936年，对外贸易呈现衰落。

1946年12月6日，南京政府宣布江门、湛江和北海港重新对外开放。④ 当时，国民党政府通过《中华年鉴（1948年）》再次公布北海港情况：位于东经109°05′，北纬21°28′。居雷州半岛之西侧，廉江（南流江）口外地角上。海湾面积528平方公里，长11公里，宽36公里，湾内水深自0.3公尺至6.4公尺不等。港埠附近水深经疏浚后，经常保持6.4公尺之深度。北海因内地交通不便，致商务大受影响，在国父实业计划中定为三等港，交通部门发表吞吐量达55万吨。于是，北海港港口海运开始恢复。当时，南京政府为了扩充军费，由北海关发出通令："查船钞征收率，兹奉政府令增加为：（一）轮船在一百吨以上者，每吨纳船钞国币陆千伍佰元。（二）在一百吨以下者，每吨纳船钞国币一千五百元。（三）航海木船一律照一百吨以下征收。"⑤ 此时的税收比民国初期几乎增加十

---

① 民国海关总税务司署统计科编：《民国三十五年海关中外贸易统计年刊·北海口》海关总税务司署统计科刊本（1946）。

② 同上。

③ 同上。

④ 蒋祖缘主编：《广东航运史》（近代部分），人民交通出版社1989年版，第312页。

⑤ 顾裕瑞、李志俭：《北海港史》，人民交通出版社1989年版，第172页。

几倍以上，给船主和商人造成极大的经济负担。民国政府公布了《修正进出口贸易暂行办法》后，1947年元月16日，总税务司李度（美籍）发出第933号电令："上项办法业务经输入临时管理委员会核准，暂缓在前南宁关区内施行。"因1942年北海港口遭日军封锁，北海关奉当局命令降为支关，归南宁关管理，故此次北海亦在暂缓施行之列。上海、广州、汕头、海口和香港的商家，利用北海港暂缓施行《修正进出口贸易暂行办法》，进口税率低于其他口岸一半以上，便"将运往施行该办法口岸行销之各货，改由北海输入，再行转运他埠"①。当时商家租用"鄱阳""山东"等轮船，由外国"载运大量印棉、杂货进口"，抵北海港卸货，交纳优惠税后，再将这些货物转口往上海、广州、海口和汕头等地。不久，国民党政府发觉了这一问题，由总税务司做出规定，凡进口货物，"应以在当地销售为限，其余输入后转运他口者，应予以禁止"②。于是，北海关马上禁止北海港中转进口货物。

1947年9月，广西在梧州成立"粤桂航业股份公司"，加强梧州至广州、梧州至香港的出海航线。该公司拥有客货轮20多艘，在当时成为西江航运一支重要力量。1947年秋冬间，宋子文接任广州行辕主任兼广东省政府主席后，与广西政府主席黄旭初合作，成立"两广物资交流处"，并在梧州成立分处。当时，广东潮汕一带荒旱，缺乏粮食。宋子文采取物资交流的办法，要求广西运米下粤，由梧州从水路运抵广州，再由广州海路中转汕头。广东则以纱布、洋货运桂供应。云南、贵州所需要的纱布，也可经梧州、南宁中转而去。这对广西没有坏处，也成为两广经济合作的基始。当时广东、广西政府进口洋货，需要外汇。"宋子文说，外汇可由国家银行担负"③。双方利用政治地位、权利，运用中央、广东、广西的银行资金、外汇，独霸两广粮食市场。1948年冬，宋子文离职时，广西农民售出谷米给代理商，得到的却是不值钱的废纸。官员奸商用谷米折取洋货或港币、外汇，造成物价、纸币一日三变波动的现象。经济急剧恶化，商业萧条，广西人民生活濒于绝境。

---

① 北海关旧档案：《南宁关呈总署文》（1947）廉字第5350号。
② 同上。
③ 梧州市政协文史资料委员会编：《梧州文史资料选辑》（修订版1—4辑），2016年，第17页。

第十一章　抗战至中华人民共和国成立前广西海上丝绸之路的衰落　389

　　1947年，北海进口货物输入内地的途径，主要仍按抗战前的三条路线。其一，由北海港经安铺输入高雷地区。其二，由北海港经廉州输入灵山、博白、玉林等地区。其三，由北海港经钦州输入南宁地区。其中，以北海港至南宁线输入内地的贸易额最大。北海关在钦州设一税卡，一个月内税收骤增达国币数亿元，打破以往记录。税收增加，反映了北海对外贸易的上升。5月份，北海关理船厅向上级申报北海来往国外的轮船为8艘，往来国内各口岸的木船达576艘。1947年，广州湾更名湛江市后，北海便恢复了北海经海口至湛江的航线。其中，北海和兴商行的机动帆船"永兴利"和"汉强"号定期航行于北海与湛江港之间。抗战前北海港仅有的4个航标，已被日军破坏。此时，海上事故不断增加。为此，北海航商请求在港内设置浮标和灯塔。1947年7月，南宁关税务司改由广东人叶元章担任。他到任后不久向民国政府总税务处报告说："现北海港已奉令开放为对外贸易港口，航务日趋繁盛，此次职奉准前赴北海视察时，当地商会及航业界曾面请迅速恢复，兹为便利航行起见，似有迅予恢复战前原有浮标四个装置之必要。"他在报告中除了请求重新设置北海港内浮标外，还请求"并设置冠头岭灯塔，以利航行"①。于是，南京政府注意改善北海港内设施，以满足其军事上、经济上的需要。

　　1947年11月16日，广东省政府派"福星号"运输舰将浮标四只，由广州运抵北海港。在北海航运界的舆论压力下，港口浮标终于重新安装。可是，冠头岭灯塔的设置问题却成为一纸空文。1948年初北海关曾向总税务司李度（美籍）报告："现在北海航运日趋繁荣，该灯塔似有迅速设立之必要，以利航行，而保安全。"② 但南京政府埋头于国内战争，顾不了港口建设，连一个批复也没有。早在1947年1月31日，国民政府就决定全国沿海的天津、上海、广州、北海等17个沿海商埠为对外开放口岸。梧州因是内河商埠，没列入对外开放口岸。同年8月1日，奉总税务司令，梧州关改为分关。由于痛失对外通商口岸的资格，梧州对外贸易受到重大影响。1946年，梧州进出口贸易总值为153.67亿元（国币，下同）。其中，进口洋货0.39亿元，土货出口总值153.67亿元。1947年，

---

①　南宁关旧档案：《南宁关呈总署文》（1947）邕字第2134号。
②　北海关旧档案：《北海关呈总署文》（1948）廉字第5370号。

梧州进出口贸易总值降为43.67亿元。其中,洋货进口总值跌至0.07亿元,土货出口总值跌至43.6亿元,比上年下降72%。当时,北海尚属广东,广西缺乏沿海港口。香港与梧州的直接贸易陷于倒退后,广西的进出口贸易必须经广州转口,既受羁束,又因交纳转口税和额外付出的转运费而增加了商品的成本,这无疑对桂系的广西贸易极为不利,并造成广西对外贸易减少。

日本投降后,北海与海南岛的海上交通和贸易往来亦逐渐恢复。其中,设在广州的华盛轮船公司派出"海翔"(载重600吨)等三艘小轮船,开辟"广州—海口—北海—湛江—榆林"航线。海南岛由于遭到日军的占领和洗劫,百废待兴。然而,民国政府派到海南岛的"接收大员",变成了"劫收大员"。他们在海南岛北黎、八所、石禄一带,将大批敌遗物资盗运北海港再发"国难财"。当时,北海市面各行庄由海南岛方面运来销售的货种,有铁道器材、通信器材、工业器材等。在市区中山路、珠海路的九八行、中兴行、义隆行、大安行、信诚行、琼海庄、合祥庄、南方行等商行,除了将大批敌遗物资销往内地外,还库存相当大的一部分。"堆置路边之铁轨、工字铁、铁板、电线、锌瓦等,随时可见"①。这些敌遗物资分别由海南岛的昌江、感恩、北黎、墩头、八所、榆林等处,从海上源源运到北海。由于海南岛敌遗物资掌握在国民党"劫收大员"的手中,加上该岛四面环水,偷运极易。"故劫收盗窃者,易于活动,更兼敌遗物资在该岛价格低贱,但一经运至北海后,获利极丰"②。可见,抗战后北海与海南贸易是畸形的。

1948年,广西专走西江上下游各航线的电船"总计达53艘,2777.16载重吨,4733客位"③。广西内河的客货电船以其吃水浅,速度快,机动灵活,适航性强,尤其适应航行梧州至广州线。然而,抗战胜利后国民党政府重新划定对外贸易口岸,从1946至1948年梧州未有列入。因而,"梧州与港粤的直接商运陷于停顿"④。当时北海尚属广东管辖,广

---

① 北海关旧档案:《广州绥靖公署代电》明真林字第2817号。
② 同上。
③ 马依、舒瑞萍主编:《广西航运史》,人民交通出版社1989年版,第182页。
④ 王铮主编:《广西对外开放港口——历史、现状、前景》,广西人民出版社1989年版,第256—257页。

西缺乏沿海港埠进出口商品。在广州中转要交纳转口税，同时要支付经广州市的转运费而增加成本，这无疑有损广西的利益。于是，广西商民鉴于梧州口岸进出口贸易衰落，请求广西省政府和省参议向南京政府要求开放梧州口岸。1949年1月，李宗仁出任国民党政府代总统。2月5日，以孙科为院长的国民党政府行政院南迁广州，桂系便向孙科施加压力，行政院乐得做一个"顺水人情"，"向中国政坛上握领导权的桂系以梧州开放为礼物，抛一秋波"①。1949年2月23日，国民党政府行政院在第45次会议上通过了由财政部提出的开放梧州为对外贸易口岸，对外直接通商一案。该案仍准许外轮装载货物出入梧州港，允许外轮由梧州直接出海。然而，尽管梧州重新取得了对外开放口岸的地位，但此时国民党政权正面临崩溃的前夜，南京政府南迁广州，当地秩序混乱，人心惶惶，物价上涨，加上沿江土匪猖獗，梧州港便处于风雨飘摇之中。

二 物价飞升造成当地外贸畸形

1945年9月日本投降后，英国随即在香港恢复其殖民统治，在香港组建"远东联航局"，统一调派从日本人手中接收的原属于太古、怡和、昌兴公司的所有轮船。1946年和1947年先后恢复香港经汕头至上海，以及香港经海口、北海至海防的航线，争夺广东、广西的航运和贸易。因而，北海由于与香港海上交通和贸易往来密切，便成为英商的势力范围。

为了在中国扩张商务，1947年10月，美国与民国政府签订《中美参加国际关税与贸易一般协定》，对美国输华最主要的110种货物减免进口税，并对美国来华贸易货物的种类和数量不予禁止或限制。这样，美国便从中国取得了航运和贸易的特权。于是，美商便在香港设立轮船公司，派出轮船20多艘，行驶香港、广州、湛江、海口、北海航线，出入广东各口岸。1947年美轮进出广东各海港1052艘次，计388万吨，占广东轮船进出口的18.5%，"居第一位"②。然而，由华商经营的湛江经海口至北海航线，只有"永生轮"和2艘机动帆船维持航行。

1947年，北海港海上交通虽逐渐恢复，但社会动荡不安，民不聊生，

---

① 易源：《梧州航运史稿》，广西人民出版社2015年版，第272页。
② 蒋祖缘主编：《广东航运史》（近代部分），人民交通出版社1989年版，第314页。

地方商业难以恢复抗战前景象。当时，北海经钦州至南宁一线，土匪尤其猖獗。"商运因而受阻，私运亦为之沉寂"，加上"南宁方面，商务尚属平淡"①，港口货物来源不畅，北海对外贸易的增长速度便大受影响。但从海关统计数字上看，港口的进出口贸易总值由上年的 28.5 亿元（国币，下同），升为 320 亿元，增长 12 倍。其中土货出口由上年的 5.9 亿元，升为 199 亿元，比上年增长 32 倍。然而，这些数字并不能真实地反映出当时北海的贸易情况，"其主要原因就是通货膨胀"②。1946 年 6 月，国民党政府大量发行"法币"。1947 年上半年，国民党政府纸币发行增加 3 倍，但米价却上升 7 倍。所以北海市场上物价的上涨速度比国民政府货币的印刷速度更快。物价飞升，必然给劳动人民带来巨大的灾难。当时，法币充斥于市，百姓称之为累赘的"湿柴"，人们千方百计兑换各种银元和外币以保币值。在市面上，如果手头没有"西贡纸"（外币）和银元，则很难买到东西。

1948 年 8 月 19 日，蒋介石下令实施"币制改革"。国民党政府又发行了所谓的"金元券"，要老百姓以外币、金银或法币兑换。最初几天，5 万元法币兑 1 元金元券，后来变成 50 万法币兑 1 元。10 月，广西南宁等地均出现抢购浪潮，货币直线贬值，物价暴涨，商民受损至惨，一般航业莫不叫苦连天。北海口岸百姓对国民党政府发行的金元券非常痛恨，民谣唱"金元券！今天见，明天就不见"③，民心思变。至 1949 年初，金元券便被北海民众拒绝使用。市面交易，以实物作为本位，以物易物，或以外币做通货。金融崩溃，社会不稳定，严重地影响了当地的海外贸易。

1936 年与 1947 年相比，北海商品物价变化很大。1936 年北海埠花生油每市担为 15 元，1947 年升为 19 万元；桐油每担则由 36 元，升为 126 万元；每头猪亦由 22 元升为 78 万元；家禽每只则由 0.5 元升为 2.5 万元。由于国弱民穷，物价飞升，虽然北海港土货出口贸易额达 179 亿元，但数量亦比抗战前大大下降，其出口减少最显著的主要货种为糖和生猪。抗战前，北海出口糖最高年份为七八万担，而 1947 年只有 40 担。1936

---

① 马依、舒瑞萍主编：《广西航运史》，人民交通出版社 1989 年版，第 182 页。
② 顾裕瑞、李志俭：《北海港史》，人民交通出版社 1989 年版，第 178 页。
③ 同上。

年北海生猪出口为31561头，1947年出口降为3172头，减少90%。农民赖以维持生计的糖和生猪出口减少，反映出当时北海口岸及内地社会动荡不安，农业连年歉收，市民购买力萎缩，百姓生活艰难。

1947年签订的《中美参加国际关税和贸易一般协定》，对美国主要的100多种商品减免进口关税，其他资本主义国家纷纷援引。这样一来，外国洋货涌进北海市场，进口贸易上升。与1946年进口洋货的主要来源相比，进口安南货值由11.5亿元，升为98亿元；英国货值由0.8亿元，升为13亿元；香港货值由0.5亿元，升为16.7亿元。然而，1947年的物价比1946年的物价上涨了十倍至百倍。因此，1947年进口贸易总值虽然达120亿元（国币），比上年的11.4亿元高9.5倍，但除去物价上涨的因素，北海港洋货进口的数量并没有显著增加。

1947年北海港从安南海防进口的洋货总值高达98亿元（国币）。这些安南货物，其实绝大部分是美、英、法三国和香港的货物。当时，民国政府公布了"新贸易及外汇管理办法"，北海却尚未成立"输出入管理委员会"的办事机构，商人必须在广州申领进出口许可证，若自行与外国进行贸易（除了与安南以外），其货便会被民国政府"强行收购"或没收[①]。于是，广西商人便采取了两种应对手法：其一，将运港货物先行贩运至海防，再行转至香港，逃避结汇。其二，由越南海防通过帆船私运，将洋货走私进入北海市场。这样，民国政府颁布的"贸易管理制法"在北海港已变成一纸空文，海关的税收大受影响。于是，1948年1月，广东省政府曾在北海设立的贸易管制机构，至1949年9月自行解散。

1948年大批美国货以"援助"的名义输入北海，不计入进口贸易值。1948年8月12日北海关税务司发出通令，谓"输华之美援物资，准凭美援运用委员会保证函件免税放行"[②]。因而，大量的洋货以"美援"名义，逃避关税，涌进北海市场。外国商贾亦以外交人员的面目出现，把大批洋货带进北海市场。北海关税务司发出通令，"本署以各国驻华使馆及其他外交人员因公务或私人所需输入货品及慈善宗教团体、教育机关，接收国

---

① 北海关旧档案：1948年3月19日北海关税务司廉字第204号通令。
② 北海关旧档案：1948年8月2日北海关税务司廉字第272号通令。

外捐赠之货品，或为本身输入之货品，不需结汇者，可以免税输入"①。这些免税洋货，不计入北海进口贸易总值。国民党政府为了打内战，实行贸易管制法，由北海关大量收购和没收战备物资，规定凡进口货物，"为动员勘乱所急者，由政府援动员法令强制收购"。通信器材、钢板、水泥、麻袋等，一律在70天内低价卖给国民党政府，逾期即予没收。强制收购的货物和没收品，也没有列入进口洋货贸易统计点值。当地走私极为猖獗，北海关无法对此进行统计。对此，1947年11月26日南京《中央日报》社论亦承认："目前华南一带走私组织之庞大，走私方法之巧妙，实为并世各国所罕见。"据当时北海海关人员估计，走私货物价值起码占进口总值的一半以上。按1947年洋货进口总值120亿元推算，当地走私的货物估值超过60亿元（国币）。大量的洋货涌进北海市场，必然会打击抗战胜利后本地工商业的发展，使其濒临破产。

　　北海港既是华南对外贸易港口，又是中转港。抗战前不少商人从事转口生意，从中赚取外汇，转口货物约占港口吞吐量的28%。抗战后，由北海进口的大量洋货，国民党政府曾规定不准转运他埠。1947年7月，总税司发出训令，准许"从前实行临时许可办法之福州、厦门、汕头、九龙、广州、拱北、江门、雷州及北海各口岸"②，凭临时许可证进口物资，可准在各口转运。然而，国民党政府的目的并不是以此发展对外贸易，而是为了弥补发动内战造成的军费开支不足，进一步扩大税收来源。1948年8月，北海关税务司发出通令，谓"饬自奉电之日起，所有报运进口应税货物，一律按进口额征收40%勘乱时期附加税"③。该项"勘乱时期附加税"，除了享受最惠国待遇的外商豁免征收以外，其余货物进口或转口，一律强行征收，使国民党政府的财赋收入大大增加。例如，北海关东兴支关，1948年1月份的税收为国币2.2万元；2月份，"收入税款国币贰拾亿元，打破东兴税收纪录"④。北海关税收1947年为77117万元（国币），1948年上半年便升为543108万元（国币）。然而，这种做法其实是"挖肉补疮"，它直接加重了商人的负担。商人们有畏惧心理，不敢

---

① 北海关旧档案：1948年6月1日北海关税务司廉字233号通令。
② 北海关旧档案：1947年7月1日北海关税务司第193255训令。
③ 北海关旧档案：1948年8月31日北海关税务司廉字第291号通令。
④ 顾裕瑞、李志俭：《北海港史》，人民交通出版社1988年版，第179页。

积极从事贸易。结果，致使入口货减少。同时，各种苛捐杂税，亦迫使商人大搞走私活动。所以，北海口岸走私活动猖獗，正是民国政府税收政策造成的恶果。另外，广西粮食一向丰裕，因而，谷米和其他农副产品历来是北海港传统出口商品。此时，地方当局为了满足军事需要，电请北海关禁止农副产品出口。于是，北海关便查禁粮食出口。加上"钦县海面，盗匪披猖，行旅戒途，商业因而受阻"①。

随着国民党政府的临近垮台，通货恶性膨胀，货币迅速贬值，从而引起物价的狂涨，首当其冲者是燃料之一的柴油。北海、梧州、南宁机动船舶所需的柴油，依赖"亚细亚""美孚""德士古"等外国公司供给。加上，当局对输入的柴油加以管制，以致"市价顿时暴涨"。当时，广东、广西燃煤、柴油、食米缺乏，轮船纷纷停顿，情形极为严重。1948年10月，"穗梧航线已有8艘拖渡停航"②。由此造成运力紧缺，1949年梧州至西江下游各线轮渡运价较上年增加80%，有的航线船票则加倍调整。据1948年11月29日《南宁中央日报》报道，"南宁轮船工会，以各电船所用燃料价格暴涨，航行成本增加，有亏本之虞，拟于三十日起，货客运价，比前增涨三倍"。可见，当时广西物价上升造成航海运输极其困难。同航业界面临困境一样，梧州、南宁商界也陷入崩溃边缘，不少商行面临绝境，有时一天之内就有五六家倒闭。

1949年1月，全国政治军事形势发生了根本性的变化。共产党领导的人民解放军节节胜利，国民党政府濒临崩溃。总统府、行政院、财政部、交通部等部门先后撤来广东，此时广州成为所谓的"陪都"。北方商船华盛轮船公司派出"海翔"等3艘轮船，增开广州经海口、湛江至北海线。3月29日，国民政府行政院批准梧州复设海关，加强梧州与广州、香港的水上交通和贸易。6月，美军在北海成立飞虎空运大队航空站，有航空班定时开往海口、榆林、广州、香港、昆明等地。由于北海海陆空运输通畅，钦廉沿海便成了国民党军队盘踞之地。设在梧州的广西航业公司是桂系军阀官办航业，其下属的"桂山""桂海"两条海轮，于8—9月

---

① 中央人民政府海关总署统计处编：《一九四九年中国对外贸易报告书·北海口》，方志出版社2006年版。

② 易源：《梧州航运史稿》，广西人民出版社2015年版，第259页。

期间因机件故障亏损甚大，停航梧州至香港线，使得地方政府的出口锡锭无法运出。年底，北海港进口货以煤油、橡皮、面粉和自行车为大宗，总值仅为138392美元。其中煤油进口，"美国占第一位"①。由上年的26万公升，下降为17万公升。面粉进口，美国、加拿大、澳大利亚三国来源比例4∶2∶1，数量超过前两年。另外，进口自行车共计1195辆，价值27864美元，几乎全是英国货。与此同时，外国资本家加紧了对北海土产品的掠夺。广西的土产出口地点原有龙州和梧州。龙州商埠，全年并无大宗国货报运出口。梧州一埠，因社会不靖，土匪横行，运输梗阻，出口土货便大受影响。因此，当时广西的土货大部分从北海港出口。1949年北海土货出口总值667907美元。其中，以生猪为大宗，计划输往香港9959头，输往越南3090头，平均每头仅价值19.7美元。此外，桂皮每公担值15美元，出口12151公担；桐油每公担值42美元，出口1264公担；花生油每担37美元，出口771公担。然而，1949年北海进出口贸易总值只有80万美元，"比较前二年，俱现衰落"②。北海关的统计资料，说明此时北海港对外贸易已比不上抗战前的水平。

当时，北海港海上轮船客运仍能维持。客运航线主要有四条，分别为北海至海口、香港、海防、湛江线。1947年，北海港旅客共68722人次。海口港旅客仅有25687人次，湛江港旅客仅有17653人次。这些统计数字反映出，当时北海港的客运一度比海口港和湛江港都兴旺。1948年以后，北海港口附近的海面匪盗横行。"外沙渔民先后被海盗抢走渔船5艘，被杀死渔民78人"③，不少商船亦被海贼、土匪抢走物资、钱财。海面上的不安定，严重地影响了北海港对外的海上交通和贸易来往。

从1947年2月至1949年8月，广东、广西内河土匪十分猖獗，沿江拦截船舶抢劫财物。交通部广州航政局在每月的例行报告中，必有一段罗列"最近船舶被劫事项"。例如，"广州西南线飞轮电船在鲤鱼沙被劫，损失二千余万元"④。1948年10月，当时土匪在西江下游的"太平至勒州

---

① 中央人民政府海关总署统计处编：《一九四九年中国对外贸易报告书·北海口》，方志出版社2006年版。
② 同上。
③ 顾裕瑞、李志俭：《北海港史》，人民交通出版社1988年版，第180页。
④ 易源：《梧州航运史稿》，广西人民出版社2015年版，第255页。

的一段极短的航程之内"①，土匪所设的抢劫、勒索行水的"档口"即有18处之多。社会不安定，严重地妨碍了当时两广内河运输的恢复和发展。北海地区的走私组织为了安全，与国民党的军警合伙走私，甚至不惜与土匪、海盗串通，手段五花八门，故私运较前更加猖獗，"海关亦为之束手无策"。从海关公布的数字来看，"1949年北海破获走私案78件，私货价值达193万元金元券"②。然而，被缉获的走私货物只不过是私运中极少的一部分，故对正当贸易破坏性极大。因而，北海对外贸易在新中国成立前夕又处于畸形的衰落状态。

第三节　民国期间广西海员的革命斗争

中华人民共和国成立前，广西海员深受帝国主义、官僚买办和封建把头的压迫和剥削，过着悲惨的生活。因而，他们在共产党领下，英勇地进行革命斗争，成为广西工人运动的主力。在解放战争中，他们配合大军南下，积极征船，参加支前，为解放涠洲岛、海南岛和万山群岛做出重大贡献，争取广西全境解放。

一　广西海员的革命活动

自鸦片战争以后，外国殖民主义者在中国经济上的入侵，最先是从航海及贸易开始的。外商所雇用的当地船员和"包打工"（搬运工），便是广西工人队伍的前身。由于自给自足的农村自然经济的破坏，给资本主义创造了商品的市场，而大量农民和手工业者的破产，又给资本主义创造了劳动力的市场。北海港的船员和搬运工，在抗战前约有5000人。随着梧州开埠通商，轮船运输的问世，梧州在引进先进技术及经营方式的同时，也产生了广西内河最早的一批产业工人。梧州的海员其来源大多是原来从事内河运输和捕捞的船工、渔民，以及圩镇乡村的贫民、农民和失业的手工业者。据1933年统计，在当时"梧州至西江上下游各埠共有65艘轮

---

① 易源：《梧州航运史稿》，广西人民出版社2015年版，第255页。
② 顾裕瑞、李志俭：《北海港史》，人民交通出版社1988年版，第180页。

船、电船及拖渡"①。除梧州航线的"大兴"等轮船以及梧州至平乐、江门航线缺船员资料以外，有资料的"其余的59艘轮运船舶，共有船员1107人"②。其中，梧州至南宁航线，有小轮15艘，船员258人；梧州至贵县航线有小轮3艘，船员51人；梧州至香港航线有轮船10艘，船员190人。上述数字，尚不包括占据梧州内河运输半壁江山的木帆船及驳船的船员群体。另外，从事梧州的码头装卸工、搬运工有1300多人。可见，梧州海员的人数令人瞩目，是工人阶级一支重要的革命力量。

　　北海港的老码头工人，大多数是合浦、钦州、防城、钦州龙门、茅岭一带的贫苦渔民和附近农村破产的农民，以及城镇中失业的手工业者和市民，也有一小部分由广东省吴川、高州一带流浪来北海谋生的农民。北海港的海员则大多数是来自北海的外沙、高德、党江、钦州的龙门、犀牛脚、东兴和企沙的渔民。其中，以北海外沙占多数。抗战前，北海港没有深水码头，由于外轮抵港较多，这些轮舶停泊在锚地，货物和游客上岸全靠驳运。于是，北海港驳艇业应运而生。从事这项运输的船工，多属贫苦渔民的家属，或破产改行的渔民，生计比渔民艰难。驳艇业的运输工具主要有二种：一种是载重四五十吨的风帆驳；一种是载重数吨的小艇，俗称"疍家艇"。疍家艇一般长四五米，约宽两米，由一人一橹驾驶，凡驳艇船员无不精于驾驶术，在波谷浪峰中如履平地，运载货物十分安全。1949年，"外沙驳艇估计有四百艘左右"③。当时，港口驳艇工人生计十分困难，大都居住在傍岸临海的棚户（俗称疍家棚），竹瓦板壁，无椅无床，十分简陋。船工上衣多为破烂的短身窄袖，裤多为短筒，几乎终年赤脚，过着"衣不蔽体，食不果腹"的悲惨生活。

　　旧社会，码头工人被称为"古厘佬"。外商在此兴办仔地洋行、森宝洋行、捷成洋行和德士古火油公司等，豢养了一批买办，并收买"把头"（工头），强迫驳艇工人和搬运工人替外轮装卸货物，稍不如意，轻则扣工钱，重则指挥监工对工人拳打脚踢，把老百姓当牛做马看待。从1938年至1944年，日军以涠洲岛为基地，在北部湾沿岸到处抓船员和码头工

---

① 易源：《梧州航运史稿》，广西人民出版社2015年版，第156页。
② 同上。
③ 顾裕瑞、李志俭：《北海港史》，人民交通出版社1988年版，第181页。

人，充当苦力，为其装卸船上的货物和军用物资。有的船员和搬运工被抓往涠洲岛替日军修工事和飞机场。完工之后，大都遭其惨杀和活埋。封建把头不仅充当外国洋行与地方商贩之间的掮客，而且招募搬运工，充当雇主和工头，对工人实行各种形式的剥削。旧社会，工人辛苦一天，实指望领点工钱买几斤米养家糊口，但把头却经常巧立名目以代交"捐税"扣发工人工资。有时，封建把头先将当口工资付给工人，转过来找借口，再向工人"借钱"。当时，多数工人含辛茹苦，年复一年，家穷如洗，死丧无以殡殓，生育不克抚养，连最低限度的生活都难以维持。若不忍痛"借钱"给把头，随时就可能被"抓壮丁"。封建把头敲诈勒索的手腕变化多端，工人不知吃了多少这样的哑巴亏。中华人民共和国成立前，北海港没有一座像样的码头，载重几十吨的小货船也要利用潮汐靠岸。轮船的货物，全靠驳船接送。工人装卸，件件箱箱都要抬，全靠两副肩膀一双手，一块肩布（或一块席包），一条杠棒，冒着酷暑或刺骨寒风，脚蹬海浪，在几十米甚至几百米的沙滩上，将货物搬上岸或抬下船。装卸工人有时肩托着 200 多斤重的货物，在沙滩、跳板上来回奔走，累得眼冒金星。北海港流传着这样几句顺口溜："有力做到无力，无力做到乞食，乞食做到硬席（死）。"① 这是当时北海港工人的悲惨生活的真实写照。

1914 年，中华全国机器总工会广西机器工会在梧州成立，这是广西较早出现的产业工人的工会组织。1920 年以后，梧州航运行业的产业工会相继成立。其中，梧州轮渡船务工会于 1920 年 9 月成立。中华内河船总工会桂省分会于 1921 年 8 月成立。以码头装卸工人为主体的力行总工会和民船工会于 1925 年成立。中华内河轮船总工会桂省第 2 分会，和以修造船工人为主体的梧州船厂工会分别于 1926 年 2 月和 7 月成立。轮船办事员工会则于 1928 年 5 月成立。② 据 1933 年统计，上述 8 个工会组织拥有会员 5707 人。1928 年 9 月，中共广西临时省委在梧州成立。在共产党的领导下，梧州海员作为工人阶级的队伍，以战斗的姿态登上政治舞台。早在 1926 年北海"大革命运动"中，在北海中共党组织和总工会的领导下，组建的码头工会和海员工会，就成为北海市工人运动的骨干力

---

① 顾裕瑞、李志俭：《北海港史》，人民交通出版社 1988 年版，第 184 页。
② 易源：《梧州航运史稿》，广西人民出版社 2015 年版，第 158 页。

量，曾举行罢工斗争。在抗战期间，北海港工人积极投入抗日救国运动中去。其中，有几百名船工参加了"工人抗敌同志会"。在日军封锁北海期间，船工一方面坚壁清野，疏散物资；一方面积极参加拦截奸商运米、运铜币等物资的抗敌活动，在经济上给盘踞在涠洲岛的日军以沉重打击。抗战胜利后，北海港口工人公开成立自己的基层工会，其中以海员工会的人数为最多。

解放战争时期，北海是粤西的政治、经济、军事中心，粤桂边区剿共司令部就设在这里，常驻有一个军以上的兵力，势力比较强大，因此共产党领导的城市工作只能转入地下斗争。据老共产党员黄万吉等同志回忆，1946年初，中共南路特派员谭俊派遣共产党陈琪抵北海港，从事地下工作。陈琪为合浦人，于1942年3月加入中国共产党。他作为地下党员，到北海港后，以经商掩护，购买机动帆船"大发利"号搞运输，并以北海市珠海西路"展兴行"作为联络点，"积极为地下党筹集资金和收集情报，并为游击队购买、输送枪支、弹药、电台等物品"[①]。1948年，中共地下党姚克鲁等同志来到北海，在中山东路第153号建立一个交通情报站。为了配合革命斗争，港口工人和市民学生一起，开展了"反饥饿，争取民主自由"的游行示威，反对白色恐怖。1949年3月，陈琪在北海港从事航海运输，偷运17支步枪，2架机枪，60枚手榴弹，5000发子弹，共4大麻包交给交通情报站的姚克鲁，转送给粤桂边区纵队[②]。当时，粤桂边区纵队第三支队和第四支队战斗在钦、廉、雷一带，给敌人以致命的打击，进一步扩大了六万山和十万山根据地。

1949年10月1日新中国成立，中国人民解放军第四野战军迅速向广东、广西进军。10月中旬，国民党新编第五、六军和六十三军残部以及薛岳（国民党政府广东省长）残部逃至北海口岸。此时的北海港成了西南国民党军队海上撤退的主要通道之一。因此，国民党军队在此到处拉船抓夫，抢劫物资。国民党亦派数艘大型军舰停泊北海海面，准备收集败退的军队，逃亡海南岛。此时，六万山地委根据粤桂边区党委会的指示，组

---

① 顾裕瑞、李志俭：《北海港史》，人民交通出版社1988年版，第184页。
② 姚克鲁：《运枪记》，载北海市政协文史资料委员会编《北海文史》（第五辑）1989年版，第143页。

织接收班子，成立北海军政委员会（主任谭俊、副主任徐永源）。港口装卸工人、驳艇船工用实际行动响应号召，将船艇和人员疏散，或驾船逃避，或弄损船只不能开航，积极封港，使得国民党军队近万人和大量装备无法从钦廉沿海及时运出。

1949年，新桂系跟随蒋介石发动反共内战，在广西实行征兵、征税、征粮的"三征"暴政，加强军事统治，社会矛盾迅速激化，异常尖锐。

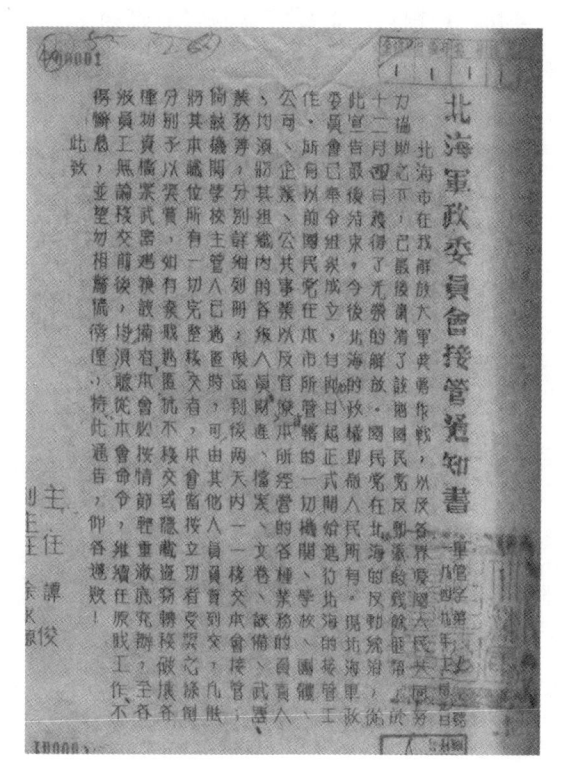

北海市军政委员会接管通知书（辑自《北海图录》）

"中共广西各级党组织在白色恐怖下坚持领导开展敌后武装斗争，游击战争扩展到97个县。1949年11月7日，人民解放军发起解放广西战役"①。8月15日，中共梧州市工委成立，为解放军进城做好准备。11月25日，梧州解放。11月下旬，第四野战军十三兵团在容县、玉林一带阻击南逃

---

① 广西壮族自治区地方志编纂委员会编：《广西年鉴（2016）》，广西人民出版社2017年版，第38页。

之敌，形成三面包围，将白崇禧集团主力部队歼灭。12月4日，南宁解放。白崇禧集团残部向钦州溃退，四野和粤桂边纵队紧密配合，展开了以钦州为中心的粤桂边围歼战。12月7日，把逃敌聚歼于小董地区。是役在钦县境内，消灭俘敌3万余名，截获汽车3400辆及全部大炮辎重。12月11日，南下解放军将红旗插上凭祥的镇南关，标志着广西全境解放。此后，广西航运业进入一个新的历史时期。

　　1949年12月初，中国人民解放军第四野战军四十三军经阳江、廉江抵广东合浦境内，在粤桂边地方部队的配合下，3日解放廉州镇，4日解放北海，6日解放钦州，堵死国军的海上逃走之路，粤西全境同时获得解放。同月8日，北海军政委员会任命中共地下党员陈琪作为军代表接管"民国政府交通部广州航政局北海办事处"。此后，钦廉沿海港口和航海的管理权回到人民政权手中。

1950年元旦北海游行队伍、北海镇庆祝建党29周年游行队伍（辑自《北海图录》）

二　广西船工支前参加解放涠洲岛、海南岛战斗

　　1949年12月，广东、广西大陆基本解放。然而，此时北海港的外户——涠洲岛，以及海南岛和万山群岛，仍盘踞着国民党的军队，妄图负隅顽抗。他们凭借飞机，对广西、广东沿海港口进行轰炸，许多房屋被毁坏，船舶被炸沉，不少船工和居民无家可归。同时，逃至涠洲岛、海南岛的国民党军队，亦派军舰在北部湾海面游弋骚扰，使商船不敢航行，渔民

不敢出海，港口生产无法恢复。涠洲岛横卧在北部湾北端，控制着海南岛与北海、钦州的航路，是国民党军队据守海南岛的重要天然屏障，在军事上有相当重要的地位。12月下旬，中共华南分局按照中共中央的战略部署，决定在渡海前线的粤西地区成立南路支前司令部，由刘田夫任政委，李进阶兼任司令员。要求抓住战机，抢在冬春季节，利用北风，趁敌人没有充分布防之际，及时解放涠洲岛和海南岛。刘田夫亲抵北海视察港口，决定将北海港作为一个前哨阵地。随后，北海军政委员会组织成立北海支前司令部，由陈华任政委，谭俊任司令员。要渡海作战，就必须解决缺船的困难。当时，征集船只运送战争物资和日用品，解决军需问题十分紧迫。由于钦廉沿海在国民党军队临逃时遭到洗劫，加上土匪活动十分猖獗，社会秩序还很乱。针对这种情况，北海支前司令部组织了一支征船工作队，由北海军政委员会交通科科长兼航（港）务管理处主任陈琪负责领导，带领干部深入港口、渔村，挨家挨户访贫问苦，宣讲渡海作战的伟大意义。他不分昼夜，不辞劳苦深入船工、渔民中，做了大量艰苦细致的思想教育工作，组织人员和动员船只参加渡海。"他为支援解放涠洲岛和海南岛作出重大贡献"①。

1950年初中央人民政府交给广州航政局北海港航管理处的职责是：办理该港一切航政事务、海事、船舶登记、丈量、检查、船员登记及管理、督促航商、发展航业等。新政权机构业务管辖范围即包括今广西沿海港口的运输船舶，因此征船工作队根据掌握船舶的情况，也深入到北海、合浦、钦州、防城、东兴沿海港口征船。为解决部队缺船的困难，今广西沿海地区和广东雷州半岛的船户、渔民踊跃支前，投身献船，共支援各类大小木帆船2470艘，参加支前的船工达3090人。其中，北海市参加支前木帆船311艘，船工671名。②

当时，征用的船舶全部为木船，除个别改装成"土炮舰"外，绝大部分须借风力扬帆，或以人力摇橹。清明节前的三四月份多东北风，对南渡海作战十分有利。为此，中共中央军委指示渡海作战必须在三个月内

---

① 谭俊、张洵川：《北海军政委员会初期情况》，载北海市政协文史资料委员会编《北海文史》（第六辑）1990年版，第212页。

② 北海市国家安全局、中共北海市委党史研究室编：《夜幕下的博弈》，（广西内刊准印证0003776）2009年版，第252页。

（即清明节前）完成。然而，四十军、四十三军的战士大多为北方人，不懂水性，是一支没有任何海战经验的部队。为适应渡海作战的需要，部队在北海开展大规模的海上练兵。当时，合浦、钦州、防城、东兴支前的船舶，陆续由船工驶来北海。其中，合浦县对达、营盘、南康等地的船工支前很积极。他们不但踊跃把船驶来，而且留下来和北海港的船工一起，帮助部队战士进行一系列的海上训练，如泅海、撑船、划船、掌舵、架帆等，使战士熟识水性。全军上下进行了热火朝天的海上大练兵。经过三个月的艰苦训练，许多战士不但克服了晕浪现象，而且还掌握了一般的航海常识及海上作战本领。战士们缺少住房，市民们便腾出房子，卸下自家的门板做床，让战士们住好、休息好。经过艰苦的训练，在北海船工的帮助下，战士们掌握了一般航海本领，为完成渡海作战打下基础。为了保证船舶的航行安全，办事处的干部和征船工作队加强组织对船舶的检查和维修。当时，粤西最大的北海造船厂（位于外沙内港），因敌特的破坏，厂房坍塌，材料散失，给修船带来不少困难。在北海支前司令部的领导下，港口工人、船工配合造船工人，克服各种困难，日夜积极抢修漏水的旧船，保证渡海作战的船舶能安全航行。从 1950 年元月至 3 月，办事处负责将征集的支前船舶分为两部分。一部分船舶分批航行，前往位于雷州半岛海峡的徐闻四塘村附近，白天隐蔽，晚上练习夜战，准备攻过琼州海峡。另一部分船舶则留在北海港，分散在外沙、高德等处隐蔽，准备解放涠洲岛。春节期间，船工坚守支前岗位，没有返家与亲人团聚，而是帮助部队把军事物资，包括枪炮、子弹等，由北海港运往徐闻四塘，为部队解放涠洲岛和横渡琼州海峡做好准备。另外，我军积极做好情报工作。北海军政委员会派出范先琪、叶庆波化装成渔民、小贩，用一条渔船秘密潜往涠洲岛，"摸清敌舰，兵力和火力点情况"[①]。此时，北海港成为大军解放粤西沿海岛屿和海南岛的重要阵地。

1950 年 3 月 5 日下午 7 时，按照中央军委的命令，解放军第一批先遣部队在船工的配合下，从徐闻县灯楼角驾驶木船扬帆渡海，冲破敌舰阻击，于 6 日下午 2 时抵海南岛白马井，打垮守敌登岛，急行军深入海南岛

---

① 范先琪口述，张海涛整理：《渡海侦察记》，载北海市政协文史资料委员会编《北海文史》（第六辑）1990 年版，第 219 页。

腹地，与琼崖纵队会师。此后，先遣部队共分四批七次成功渡过琼州海峡。每次渡海都有大批船工担任导航和驾船，顺利地把部队送上海南岛。与此同时，参加解放涠洲岛的船工，驾着百余艘风帆船舶，运载着四十军一一九师三五六团以及三五七团一个连，从高德港湾出发。作战部队按船只大小，编成船队，每艘船运载1排人员，配海员当舵手和水手。为了隐蔽意图，迷惑敌人，以达到突然登陆的目的，渡海船队按照军部命令，分批到达白虎头村附近隐蔽待命。

3月6日晚上7时，指挥部下达进攻命令，船队再次向涠洲岛快速前进。利用北风，扬帆疾驶。午夜2点整，解放军指战员和船工共2000多人，与风浪搏斗7个小时，利用夜幕，直抵目的地。距涠洲岛登岸尚有百余米时，敌人发现并开枪扫射。战士们和船工马上跃入海中，推船前进，冒着炮火，强行登岛。在海员们的协助下，解放军很快便夺取滩头阵地，并抢占岛南侧各制高点。上午10时，全岛解放。这场战斗，解放军共截获敌船300多艘，毙敌数十名，俘虏436名，还缴获一大批枪炮、弹药。[①]接着，解放军部队在船工的配合下，又乘胜解放了斜阳岛。"在这两役中，人民战士王有成、张振东等七十五人壮烈牺牲"[②]。于是，钦廉沿海全部解放，涠洲岛回到人民的怀抱中。

进攻海南岛的难度，远远超过涠洲岛。雷州半岛与海南岛相隔琼州海峡，茫茫大海，风急浪高，给人力航行造成困难。此时，蒋介石更是部署10万步兵，50多艘军舰，40多架飞机，形成了一个海陆空立体纵横的防御工事。由于海峡较宽，国民党军队的飞机、军舰发现后可以直接半路拦截。同时，登陆点也在四野部队的炮兵火力射程之外，无法进行火力掩护，只能打一场夜战，近战，硬战。通过艰苦的海上训练，四十军、四十三军的战士们总结了涠洲岛海战的经验，克服了畏难情绪。3月20日，十五兵团副司令员兼四十军长韩先楚主动积极请战，致电四野司令部："主力渡海登陆作战估计无大问题。"4月份的季风渡海是顺风顺水，一旦错失就只有等9月份的季风了。3月31日，韩先楚再次请战，致电上

---

① 北海市国家安全局、中共北海市党史研究室编：《夜幕下的博弈》（广西内刊准印证0003776），2009年版，第258页。

② 陈中天：《解放涠洲岛之战》，载北海市政协文史资料委员会《北海文史》（第六辑）1990年版，第230页。

级:"大规模渡海作战条件已经成熟了。"4月10日,中央军委下达大举强渡作战的命令。此前,驻北海的四十军指战员和支前船工,解放涠洲岛后即在雷州半岛徐闻隐蔽待命。有的北海船工穿上解放军的衣服,随时准备参加战斗。他们的口号是:"船开得快,舵把得稳,定把大军送上海南岛。"①

4月16日傍晚,解放海南岛战役开始,韩先楚作为军事主官率先上船,带领300多艘木帆船和少数"土炮船"(机帆船),于雷州半岛南端分数路利用北风扬帆起航,直闯琼州海峡②。船工驶船与解放军战士一起,利用夜幕,冒着敌人飞机、军舰和岸上炮火的封锁,勇敢地杀出一条血路。前面的船只不幸遭敌舰炮火击沉,后面的船只马上冲上去,用木船打沉敌人的兵舰,创造了海战史上的奇迹。4月17日凌晨3时,大军在琼崖游击队的配合下,冲破敌海陆空立体防御的层层火网,航程180华里。第一批六个团,在韩先楚的带领下率先登岛:在海口市以西的临高一带上岛,并很快向纵深发展。4月30日,海南岛全境解放。在支援解放海南岛的战役中,光荣牺牲的船工有200多人。其中,包括北海港船工陈德等人,成为革命烈士。亦有592名地方干部、船工立战功,被评为"支前模范"。钦廉海员陈业才被评为"渡海功臣",荣立一等功。③钦廉海员为支援解放海南岛发挥了极大的作用,也做出了重大的牺牲和不可磨灭的贡献。

1950年上半年,广东省珠江口外的万山群岛尚盘踞着国民党的残余军队,严重影响梧州与香港、北海与香港的贸易往来和海上运输。为支援大军解放万山群岛,1950年1月25日正式成立的广西第一家国营轮船公司——梧州轮船运输公司,主动承担起支前任务。公司成立后,梧州海员工人用"安泰"等6艘拖渡从武林接运部队回广东,加入解放万山群岛的战斗阵营。同年6月,广西省国营梧州轮船运输公司又抽出"新华星""全兴"等拖轮参加解放万山群岛的支前工作,将兵员、弹药、粮食等送往前线。梧州支前海员,不顾风浪袭击,不怕船小浪大,勇敢地由内河驶

---

① 蒋祖缘主编:《广东航运史》(近代部分),人民交通出版社1989年版,第358页。
② 同上。
③ 顾裕瑞、李志俭:《北海港史》,人民交通出版社1988年版,第192页。

往大海,"运输军用物品,前往珠江口外的唐家湾、垃圾尾、宝安、三门岛等地"①。为解放珠江口外的万山群岛,梧州支前海员立下了大功劳。8月4日,万山群岛全境解放,海岸封锁解除。梧州至香港、香港至北海的航线交通随即恢复。出口货物复由梧州、北海直达香港。此后,广东、广西的海上丝绸之路对外贸易进入一个新的历史时期。

---

① 易源:《梧州航运史稿》,广西人民出版社2015年版,第295页。

附 广西海上丝绸之路大事记(古近代)

一 古代部分（约公元前1600年—公元1839年）

"灵山人遗址"证实，距今约万年前人类已在今广西沿海生息。新石器时代（4000年前），广西沿海地区已出现十多处新石器时代文化遗址。

约公元前1600年，商汤把岭南定为百越之地，令今广西地区进贡珠玑。

约公元前1046年~前771年，西周与交趾南面的越棠国海上交通已有来往。越棠国向周成王进贡"珍珠大贝"。

公元前219年，秦始皇开发岭南，派监禄修凿灵渠运河，沟通长江水系与珠江水系。

公元前214年，秦始皇统一中国，设置桂林、象郡、南海三郡，今广西地区属桂林、象郡。公元前210年，秦始皇死后，蜀王子乘机取象郡，赵佗驻军合浦糠头山，置行宫，平定今广西南部和越南北部。公元前207年，赵佗在番禺建南越国。

元鼎四年（公元前113年），汉武帝派伏波将军路博德率领楼船水师，水陆并进，会至合浦，由此平定南越。

元鼎六年（公元前111年），汉武帝平定南越后，设置"南海、苍梧、郁林、合浦、交趾、九真、日南"七郡。

元封元年（公元前110年），汉武帝水军由"合浦、徐闻南入海"，"得大洲"（今海南岛），置珠崖、儋耳郡。

汉元鼎、后元年间（公元前116年至前87年），汉武帝派使者率商船由合浦起航，经东南亚抵达印度半岛进行贸易，开辟了中国第一条印度洋远洋航线。同时，合浦成为"海上丝绸之路"始发港。

元始三年（公元3年），汉平帝厚赠黄支国（今印度），命令其遣使献生犀牛。合浦至黄支国的海上航线，列入朝廷管理。王莽摄政期间（公元6—8年），将汉朝廷大批皇亲国戚及官员贬徙合浦。

建武十六年（公元40年），交趾女子徵侧、徵贰反叛汉朝。汉光武帝，乃诏长沙、合浦、交趾具车船，修桥道，通障溪，储粮仓。

建武十七年（公元41年），东汉光武帝拜马援为伏波将军，督楼船水师出洞庭，溯湘江，修治灵渠，沿桂江南下苍梧，再溯北流江，修凿桂门关，沿南流江抵合浦，沿海西进平定交趾，正式开辟中原出北部湾通东南亚的黄金水道。

建武十八年（公元42年），汉光武帝遣伏波将军马援率领楼船大小二千余艘，战士二万余人驻军海门（今合浦县廉州镇）沿海西进平定交趾。马援曾帮助当地发展生产，并留下将士守南疆，即后世的"马留人"，分布在今广西沿海一带，加快了钦廉地区的开发。

延熹二年（公元159年），天竺国（今印度）由海路至日南"缴外来献"，加强了天竺（印度）与中国的海上交通和贸易来往。

延熹九年（公元166年），大秦（古罗马帝国）王安敦遣使自日南缴外献象牙、犀牛、玳瑁，加强了大秦与中国海上航线的联系。

黄武五年（公元226年），三国东吴孙权派吕岱率领水军由番禺海路抵合浦，从海道讨伐交趾叛乱，并以合浦为基地，控制北部湾海域。后让侍从康泰、朱应从海道出访东南亚，促使中国海外交通进一步发展。

同年，大秦（古罗马）商人秦论从海路抵交趾后，前往东吴会见孙权。证明当时中国与大秦的经济文化已有交往。

建衡元年（公元269年）苍梧太守陶璜率水军从今湖北荆州出发，过洞庭湖，溯湘江，过灵渠，沿桂江抵苍梧（今梧州），再溯北流河，过桂门关，再沿南流江抵合浦；监军李勖、督军徐存率水军从建安（今南京），出长江口向南沿我国东南沿海航路直抵合浦。两军会合后，以合浦为基地，进攻交趾。由此可见，此时合浦是东吴重要的水军基地。

太康二年（公元281年），交州刺史陶璜归顺西晋后上书，请求晋武帝解除珠禁，促进合浦的海外贸易。

义熙七年（公元411年），卢循率水军从广州由海道"袭合浦"，并以合浦为基地进攻交趾龙编（今越南河内）。

大业元年（公元605年），隋炀帝派遣刺史宁长真等由今广西海陆两路出兵，收复被交趾侵占的日南领土，从而扩大了中国与东南亚各国的海上交通和贸易往来。

大业三年（公元607年），隋炀帝派屯田主事常骏由南海郡出使赤土（今马来西亚）。常骏回程亦同赤土使者由海道抵合浦，取道北上抵河南拜见隋炀帝。

贞观十二年（公元638年），唐朝初期，今广西海域一度出现"舟舶继路，商使交属"的繁忙景象。

咸通年间（公元860—873年），唐节度使高骈率领水师驻军海门（今合浦县廉州镇）平息交趾叛乱。唐水军疏浚南流江航道，修凿马门滩，开凿防城"天威遥"运河，疏通钦廉沿海航道，促进了广东、广西与交趾的海上交通。

后周年间（公元951—960年）南汉后主刘伥在廉州设置"媚川都"，同时，派8000名士兵在合浦专事采珠，促进了钦廉海上交通和外贸的发展。

宋太平兴国五年（公元980年），宋太宗派水军由合浦廉州集结攻交趾。983年，宋朝在廉州设太平军，控制交州航路。

淳化元年（公元990年），宋朝廷派特使往交趾。交趾郡王黎桓派出士兵三百，船只九艘到廉州迎接，加强廉州与交趾的海上交通和贸易。

祥符三年（公元1010年），宋朝允许廉州和钦州如洪寨（今钦州市城东）为与安南互市口岸。后设钦州博易场，并设廉州沿海巡检司和驿站管理外贸，对舶来品进行"博买"。钦廉成为宋朝重要对外贸易口岸。

熙宁八年（公元1075年），交趾出兵攻陷钦廉邕三州，杀害当地军民。次年，北宋派招讨使郭逵率军收复钦廉，并打到龙编，交趾乞降向宋称臣。

元丰年间（公元1078—1085年），宋朝在钦廉沿海建盐场，由内河运输销往广西全境和湖南。

元符三年（公元1100年），翰林大学士苏轼，由琼州从海道抵廉州，在"海角亭"书："万里瞻天。"

至元二十三年（公元1286年），元世祖在钦廉征海船三百艘南下平定交趾叛乱。

至元三十年（公元1293年），元朝设廉州市舶提举司，后改设廉州沿海巡检司，管理今广西沿海海上贸易。

延祐四年（公元1317年），元朝设廉州采珠提举司。

洪武八年（公元1375年），明朝在冠头岭（今北海市内）设巡检屯戍，并建"镇海庙"和"廉阳古洞"。冠头岭海域始成为廉州府主要对外门户。

洪武三十一年（公元1398年），廉州府制定"运盐例"，将钦廉海盐漕运往广西全境和湖南、贵州部分地区。同年，明朝在廉州设海北盐课提举司，管理今广西沿海盐场。

永乐四年（公元1406年），明成祖朱棣下诏"钦州设卫，廉州增驿"。

弘治十二年（公元1499年），明朝下诏广东布政使征集600余艘船舶，民夫万余人在合浦沿海大规模采珠，并设市舶太监，管理廉州海外贸易。

嘉靖年间（公元1522—1566年），廉州官府在冠头岭开辟往安南的不定期直达航线。

顺治四年（公元1647年）7月，清军占领廉州府。

1656年，清廷申洋禁，"严禁商民船只私自出海，不许片帆入口"。1661年，为隔断郑成功与内地的联系，清廷下迁界令，钦廉沿海居民向内地迁移三十里。

康熙元年（公元1662年），清政府下诏广西沿海再申洋禁。

康熙八年（公元1669年），清廷"复沿海居民旧业"，裁广东廉州水师营，改设乾体水师营。二十二年（公元1683年），郑成功后裔降清，清廷停止迁界令。二十三年（公元1684年）设钦州龙门水师营。

康熙二十四年（公元1685年），清政府设粤海关，后设廉州口分关，以及钦州口分卡，管理海外贸易。

康熙五十六年（公元1717年），清廷又再申洋禁。清廷在钦廉沿海修建永安、冠头岭、八字山、大观港、牙山汛、石龟头、白龙尾、企沙等处炮台。

乾隆元年（公元1736年），清廷正式设廉州海关，兼管山口、钦州小口海关，后又设高德、西场、沙岗海关分卡。

乾隆十八年（公元1753年），廉州府鼓励商舶往安南贩米运回国，并予以奖励。

嘉庆四年（公元1799年）和嘉庆八年（公元1803年）安南的商船、渔船共63艘遭台风飘到廉州沿海。廉州官府组织民众抢救遇灾人员2000余名，并帮其修理损坏船只，赠路费送回国。

嘉庆六年（公元1801年），廉州府对钦廉沿海实行海面巡防联防制度。

道光九年（公元1829年），在北海老街先后建成龙王庙、三婆庙（天妃庙），作为商贾和渔民出海活动的场所。

道光十二年（公元1831年），廉州府奉皇帝谕令，派乾体、龙门水军在钦廉沿海与越南全力围剿海盗。次年，生擒越南海盗70多名。

二 近代部分

1842年，签订第一个不平等条约——中英《南京条约》。

1846年，开辟北海至澳门定期帆船海上运输航线。

1857年2月，英国炮舰沿西江驶入梧州港埠，沿途测量，绘制海图。

1871年，北海常关设立。同年，粤海关制定《北海口仿照廉州口税则》，暗中允许北海与广州一起对外通商。

1873年，北海常关在电白、廉江、遂溪、海康、吴川设分卡，在钦州防城设子卡。

1876年9月13日，中英签订《烟台条约》，北海成为对外开放口岸。同年，清政府设北海厘金厂，下辖廉州、钦州分厂，专收华商的外贸税金。

1877年3月18日，英国在北海设领事政府，并代理奥、美、丹等国商务。

1879年，英轮"海南号"轮船和中国招商局的轮船分别开辟了香港至北海、广州至北海的定期货客轮航线。

1881年7月，北海洋务局成立。同月15日，英国伦敦皇家海军公布其绘制的北海港海图。

1885年3月11日，法国宣布派军舰对北海港实行军事封锁。4月4日法军舰炮击北海口岸，5月22日法军解除对北海的海面封锁。

1886年法、英、德三国商家分别在北海设孖地洋行、捷成洋行、森宝洋行。

1887年5月，龙州开埠通商。同年，中英签订《烟台续增条约》。

1897年2月4日，《中英续议滇湎界商务条约附款·西江通商专条》签订。梧州辟为通商口岸；西江通商，轮船可来往梧州与香港之间；江门等处同日开为停泊上下客商和货物之口。

1898年7月13日，清政府颁布《内港行轮章程》，允许在通商口岸注册的"华洋各项轮船"，可以前往内地通商港口。此后，外商轮船任意由香港溯西江抵梧州港。

1899年，法国租借广州湾（今湛江）。此后，洋货由广州湾走私运往钦廉。

1900年4月7日，梧州海关制定《梧州新关港口试办章程》，规定各类船舶在梧州港内湾泊水域及货物装卸流程。

1900年2月26日，法国总理到北海港视察。同年，合浦考棚街（今中山路）教案发生，德国派军舰抵北海海面威胁，廉州府被逼赔偿一间房子和兵费6000银元。

1901年1月7日，法国巡洋舰访问北海港，印度支那总督随船到港。同年10月，清政府将距离通商口岸50里内的常关移交给当地海关管理。梧州常关的上、中、下三关同时归并梧州海关；北海常关也归并北海海关管理。

1902年，钦廉地区和玉林、博白的劳工开始大批出洋往东南亚各国。次年，北海口出洋华工2879人分乘德轮4艘，前往文岛和新加坡，从事苦力。

1904年，梧州成立西江轮船股份公司。

1905年，日本轮船公司开辟了大阪经基隆抵北海的航线。太古轮船公司亦开辟北海经上海至海参崴航线。

1906年11月17日，清廷批准南宁主动对外开埠通商。

1908年，梧州航商成立"梧州航业有限公司"，派出轮船专走梧州至广州、香港航线。

1912年，广东新军统制率兵2400人，分乘军舰4艘由广州抵北海港，支持当地新政府成立。

1913年，北海航政局成立，管理钦廉海上运输船舶。

1914年，英、法、德驻北海领事府官员在北海关召开会议，制定《北海关理船厅（港务司）章程》。该章程后经北洋政府总理衙门批准执行，管理海域为今广西北部湾水域。

1916年，英国太古洋行开辟上海至北海以及北海经海防、西贡至新加坡的定期客货轮航线。

1918年，孙中山发表《建国方略》，在实业计划中提出兴建钦州港和治理西江航道。

1922年1月21日，梧州海员支持香港海员大罢工，一度中断梧港航线。

1924年12月，梧州市商埠局先后在"龙母庙头至关底"约5公里河段，修筑大小码头，利于航运发展。

1925年5月30日，上海五卅惨案发生。6月19日，省港大罢工爆发。梧州各界为支援上海、广州的反帝斗争，发起抵制日、英货物的运动，造成梧州与香港的水上交通一度中断。同年，梧州市民船工会和梧州力行总工会成立。

1925年12月至1926年11月，北海港口工人为了声援省港罢工斗争，继续抵制洋货进口，并且停止装卸英、日轮船的货物。

1926年2月，中华内河轮船总工会桂省第二分会在梧州成立。同年6月25日，梧州海员举行大罢工，声援广州、香港的海员的反帝斗争。

1927年2月1日，广西省航政局成立。

1929年3月至12月，蒋桂战争期间，西江流域从广州至南宁，均成为战场。因战事纠纷，梧州、南宁港口一度被封锁，各行业损失惨重。

1933年，广州航政局北海办事处、钦廉船务所修建冠头岭灯塔。

1933年7月1日，广西当局再次在梧州设立广西航务管理局。

1935年12月，桂系当局在梧州设立"广西出入口贸易处"，并在南宁、八步、平乐、广州和香港等地设立分处，对进出口贸易进行控制。

1936年9月3日，十九路军派人刺死日本间谍中野顺三，"北海事件"爆发，引起中日外交纠纷。9月22日，日舰7艘抵北海港海面进行军事恫吓。驻北海粤军，严阵以待，敌舰未敢妄动。

1937年9月13日，日军开始轰炸北海，封锁北部湾海面航路。9月23日，华南沿海遭日军封锁。11月，北海渔船被日军烧毁34艘，遇害渔民262人。

1939年1月2日，日军占据涠洲岛。

1939年2月4日，日军封锁珠江，梧州至香港航线中断。7月26日，日机对梧州大规模轰炸，港口停泊的船舶被炸沉多艘。7月31日，日机轰钦州防城。11月15日，日军由北部湾北部海面从钦州龙门登陆，侵入广西。

1941年3月3日至8日，日军派驱逐舰、登陆艇20多艘，士兵1000多人在北海口岸登陆，大肆烧杀抢奸，北海沦为人间地狱。

1942年1月17日，英国派护航队抵北海港，与入侵的日机、日舰交战。

1943年1月11日，英国政府宣布放弃在华的一切特权。此后，海关和港口管理权交还给中国。2月，日军占领广州湾，原经雷州进口的货物，改由东兴海路输入北海。3月1日，日军飞机轰炸北海，海关验货厂被炸毁。

1944年9月12日，日军再次沿西江入侵广西。9月22日，梧州沦陷。10月22日，桂平被日军占领。11月24日，南宁又再次沦陷。沿西江撤退的轮运船舶遭毁沉者达107艘，广西航业再次遭到严重的破坏，损失巨大。

1945年6月，涠洲岛岛民起义，消灭驻岛日军。同年8月，日军宣布投降。9月，广西恢复水上交通。

1946年3月，国民党政府将珠江区航政局改称为交通部广州航政局，在广西的梧州、北海、桂平设航政办事处。

1947年1月31日，国民政府宣布北海等沿海商埠对外开放。梧州属内河港口不在名单之内，失去通商口岸的资格。

1948年3月，国民党政府宣布对北海贸易进行管制。

1949年2月23日，国民政府行政院宣布开放梧州为对外贸易口岸。同年11月25日，梧州解放。

1949年12月4日，南宁、北海解放。6日，钦州解放。11日，镇南关解放。

1950年3月6日，涠洲岛解放。

4月16日晚，按照中央军委命令，钦廉船工在徐闻海岸驾驶木船，支援四野十五兵团四十军、四十三军横渡琼州海峡作战。17日凌晨在临高方向成功登岛，30日海南岛全境解放。

1950年6月，梧州国营运输公司派出轮船参加支前，协助大军解放珠江口的万山群岛。8月2日，万山群岛解放。8月中旬，北海至香港、梧州至香港航线复航。广西海上丝绸之路对外贸易进入新的发展时期。

主要参考文献

一 古籍部分

1. （汉）司马迁：《史记》，中华书局1982年版。
2. （汉）班固：《汉书》，中华书局1982年版。
3. （汉）刘安：《淮南子》，广西师范大学出版社2010年版。
4. （晋）陈寿：《三国志》，中华书局1975年版。
5. （晋）刘煦：《旧唐书》，中华书局1975年版。
6. （南朝宋）范晔：《后汉书》，中华书局1982年版。
7. （北魏）郦道元：《水经注》，中华书局1991年版。
8. （东晋）沙门释法显撰，章巽校注：《法显传校注》，上海古籍出版社1985年版。
9. （南朝）沈约：《宋书》，中华书局1974年版。
10. （梁）萧子显：《南齐书》，中华书局1872年版。
11. （唐）姚思廉：《梁书》，中华书局1975年版。
12. （唐）韩愈：《昌黎先生集》，北京图书馆出版社2005年版。
13. （唐）刘恂：《岭表录异》，广东人民出版社1983年版。
14. （唐）魏征等：《隋书》，中华书局1973年版。
15. （唐）房玄龄：《晋书》，中华书局1974年版。
16. （唐）李延寿：《南史》，中华书局1975年版。
17. （宋）欧阳修、宋祁等：《新唐书》，中华书局1975年版。
18. （宋）周去非著，杨武泉校注：《岭外代答校注》，中华书局1999年版。
19. （宋）司马光：《资治通鉴》，中华书局1956年版。
20. （宋）郑樵：《通志》，中华书局1987年版。

21. （宋）李焘：《续资治通鉴长编》，中华书局 1992 年版。

22. （宋）薛居正：《旧五代史》，中华书局 1960 年版。

23. （宋）欧阳修：《新五代史》，中华书局 1974 年版。

24. （宋）乐史：《太平环宇记》，中华书局 2008 年版。

25. （元）脱脱等：《宋史》，中华书局 1977 年版。

26. （明）宋濂等：《元史》，中华书局 1976 年版。

27. （明）张英、王士禛：《渊鉴类函》，上海古籍出版社 2008 年版。

28. （明）张国经：《廉州府志》（崇祯），文献出版社 1992 年版。

29. （明）黄佐：《广东通志》（嘉靖），广东省地方志办公室誊印本 1997 年版。

30. （明）林希元：《钦州志》（嘉靖），钦州市地方志编纂委员会办公室重印 2009 年版。

31. （清）张廷玉等：《明史》，中华书局 1987 年版。

32. （清）屈大均：《广东新语》，中华书局 1985 年版。

33. （明）张国经：《廉州府志》（崇祯本），书目出版社办公室 1992 年版。

34. （清）周硕勋修：《廉州府志》（乾隆本），海南人民出版社 2001 年版。

35. （清）贺长龄、魏源：《清经世文编》，中华书局 1992 年版。

36. （清）徐成栋纂修，孙焘校正：《廉州府志》，清康熙六十年版。

37. （清）吴九龄：《梧州府志》，海南出版社 2001 年版。

38. （清）董浩等编：《全唐文》，中华书局 1983 年版。

39. （清）阮元修、陈昌济：《广东通志》（嘉靖），上海古籍出版社 1990 出版。

40. （清）彭定求等：《全唐诗》，中华书局 1960 年版。

41. （清）陈鹤：《明纪》，中华书局 1989 年版。

42. （清）王夫之：《宋论》，岳麓书社 1996 年。

43. （清）王廷枏：《南汉书》，广东人民出版社 1981 年版。

44. （清）吴兰修：《南汉金石志》，中华书局 1985 年版。

45. （清）徐松：《宋会要辑稿·职官》，中华书局 1957 年版。

46. （清）梁鸿勋：《北海杂录》，香港日华印务公司 1905 年版。

47.（清）朱椿年：《钦州志》（道光），广西钦州市钦南区档案馆。

48.（清）陈德周等：《钦州志》（民国版），钦州市地方志编纂委员会办公室 2011 年重印本。

49. 廖国器：《合浦县志》，合浦博物馆馆藏，民国廿年（1931）石印本。

50. 黄知元：《防城县志》（民国三十四年），防城港市防城区地方志编纂委员会办公室。

51. 孙晓：《大越史记全书》标点校勘本，西南大学出版社、人民出版社 2015 年版。

52. 陈高华等点校：《元典章》，中华书局 2011 年版。

53. 中国台湾"中央研究院"历史语言研究所校：《明太祖实录》，国立北平图书馆红格钞本影印 1962 年版。

54. 中国台湾"中央研究院"历史语言研究所：《明清史料》（卷112），中华书局 1987 年版。

二 综合性资料

1. 北海关档案：《南宁关呈总总署文》（1947 年 7 月 8 日）。

2. 北海关档案：《琼海关监督来函》（1930 年 11 月 6 日）。

3. 北海关旧档案：《北海关呈总署文》（1947）邕字第 2134 号。

4. 北海关旧档案：《北海关区进出口货物稽微关税地点稽货物运输清单报告书》（1939 年 9 月）。

5. 北海关旧档案：《南宁关呈总署文》（1947）廉字第 5350 号。

6. 北海市地方志编纂委员会编：《北海史稿汇纂》，方志出版社 2006 年版。

7. 北海市地方志编纂委员会编：《北海市年鉴（2012）》，广西人民出版社 2013 年版。

8. 北海市政协文史资料委员会编：《北海文史》（第二十八辑），广西师范大学出版社 2011 年版。

9. 北海市政协文史资料委员会编：《北海文史》（第六辑），（内部资料），1989 年版。

10. 北海市政协文史资料委员会编：《北海文史》（第五辑），（内部资料），1989 年版。

11. 陈济棠：《广东省三年市政计划大纲提议书》，1932 年广东省政府公报第 205 期。

12. 防城港市地方志编纂委员会编：《防城港市年鉴（2014）》，广西人民出版社 2015 年版。

13. 防城港市方志编纂委员会编：《防城港市年鉴（2013）》，广西人民出版社 2014 年版。

14.《光绪二十二年通商各关华洋贸易总册·北海口》，上海通商海关造册处税务司编译发行（英译汉），1896 年。

15.《光绪二十六年通商各关华洋贸易总册·北海口》，上海通商海关造册处税务司编译发行（英译汉），1900 年。

16.《光绪二十年通商各关华洋贸易总册·北海口》，上海通商海关造册处税务司编译发行（英译汉），1894 年。

17.《光绪二十七年通商各关华洋贸易总册·北海口》，上海通商海关造册处税务司编译发行（英译汉），1901 年。

18.《光绪二十三年通商各关华洋贸易总册·北海口》，上海通商海关造册处税务司编译发行（英译汉），1897 年。

19.《光绪二十四年通商各关华洋贸易总册·北海口》，上海通商海关造册处税务司编译发行（英译汉），1898 年。

20.《光绪二十五年通商各关华洋贸易总册·北海口》，上海通商海关造册处税务司编译发行（英译汉），1899 年。

21.《光绪二十一年通商各关华洋贸易总册·北海口》，上海通商海关造册处税务司编译发行（英译汉），1895 年。

22.《光绪三十二年通商各关华洋贸易总册·北海口》，上海通商海关造册处税务司编译发行（英译汉），1906 年。

23.《光绪三十年通商各关华洋贸易总册·南宁口》，上海通商海关造册处税务司编译发行（英译汉），1904 年。

24.《光绪三十三年通商各关华洋贸易论略·梧州口》，上海通商海关造册处税务司编译发行（英译汉），1907 年。

25.《光绪三十一年通商各关华洋贸易总册·北海口》，上海通商海关造册处税务司编译发行（英译汉），1905 年。

26. 《光绪十八年通商各关华洋贸易总册·北海口》，上海通商海关造册处税务司编译发行（英译汉），1892 年。

27. 《光绪十九年通商各关华洋贸易总册·北海口》，上海通商海关造册处税务司编译发行（英译汉），1893 年。

28. 《光绪十六年通商各关华洋贸易总册·北海口》，上海通商海关造册处税务司编译发行（英译汉），1890 年。

29. 《光绪十七年通商各关华洋贸易总册·北海口》，上海通商海关造册处税务司编译发行（英译汉），1891 年。

30. 《光绪十五年通商各关华洋贸易总册·北海口》，上海通商海关造册处税务司编译发行（英译汉），1889 年。

31. 民国广东省政府编：《航政特刊》（1933 年）。

32. 广西壮族自治区地方志编纂委员会编：《广西年鉴（2016）》，广西人民出版社 2017 年版。

33. 广西壮族自治区地方志编纂委员会编：《广西通志》，广西人民出版社 1994 年版。

34. 广西壮族自治区港航管理局：《2014 年广西水路运输市场与经济运行分析报告》，2015 年版。

35. 贵港市地方志编纂委员会办公室、贵港市文化局编：《贵港文物图志》，广西人民出版社 2011 年版。

36. 贵港市地方志编纂委员会编：《贵港年鉴（2015）》，广西人民出版社 2016 年版。

37. 合浦县地方志编纂委员会编：《合浦年鉴（2015）》，广西人民出版社 2016 年版。

38. 合浦县人民政府、北海市地方志办公室：《北海合浦海上丝绸之路史》，广西人民出版 2008 年版。

39. 黄月波等编：《中外条约汇编》，商务印书馆 1936 年版。

40. 吕玉江主编：《玉商文化丛谈》，玉林市政协文史资料委员会编 2014 年版。

41. 罗星烈、庄宗球主编：《北海市海洋志》，广西人民出版社 2013 年版。

42. 民国海关总税务司署统计科编：《中华民国二十八年海关中外贸

易统计年刊·北海口》，海关总税务司署统计科刊本（复印本）1940年版。

43. 民国海关总税务司署统计科编：《中华民国二十九年海关中外贸易统计年刊·北海口》，海关总税务司署统计科刊本（复印本）1941年版。

44. 南宁市地方志编纂委员会编：《南宁市年鉴（2016）》，广西人民出版社2017年版。

45. 聂宝璋：《中国近代航运史资料》（第一辑下册），上海人民出版社1983年版。

46. 钦州市方志编纂委员会编：《钦州市年鉴（2015）》，广西人民出版社2016年版。

47. 上海总税务司署统计科编：《民国十一年至二十年最近十年各埠海关报告·北海口》，海关贸易统计年刊出版1939年版。

48. 滕广茂主编：《钦州文史·文物古迹专辑》，广西人民出版社2013年版。

49. 王锋主编：《北部湾海洋文化研究文集》，广西人民出版社2010年版。

50. 王铁崖编：《中外旧约章汇编》（第一册），生活·读书·新知三联书店1957年版。

51. 梧州市地方志编纂委员会编：《梧州年鉴（2015）》，广西人民出版社2016年版。

52. 梧州市政协文史资料委员会编：《梧州文史资料选辑》（修订版1—4辑）（内部资料），2016年版。

53. 《宣统二年通商各关华洋贸易总册·北海口》，上海通商海关造册处税务司编译发行（英译汉），1910年。

54. 《宣统三年通商各关华洋贸易总册·北海口》，上海通商海关造册处税务司编译发行（英译汉），1911年。

55. 郑成林：民国时期经济统计资料汇编：《民国三十年至三十四年中国贸易概况·北海口》，国家图书馆出版社2016年版。

56. 政协防城港市委员会编：《防城港历史名人》，广西人民出版社2013年版。

57.《中国海关北海关十年报告》(1882—1891年),方志出版社2006年版。

三 专著

1. [苏]阿·伊·莫洛克等主编:《世界近代史文献》,耿淡如译,高等教育出版社1957年版。

2. 陈铭枢:《海南岛志》,上海神州国光出版社1933年版。

3. 范翔宇主编:《乾体史话》,中国文史出版社2008年版。

4. 冯承均:《中国南洋交通史》,上海古籍出版社2005年版。

5. 龚学遂:《中国战时交通史》,商务印书馆1947年版。

6. 顾裕瑞、李志俭:《北海港史》,人民交通出版社1988年版。

7. 蒋祖缘主编:《广东航运史》(近代部分),人民交通出版社1989年版。

8. 韩湖初:《合浦汉代文物谈》,载北海市政协文史资料委员会编《北海文史》(第25辑),桂林:广西师范大学出版社2011年版。

9. 黄国安:《中越关系史简编》,广西人民出版社1986年版。

10. 黄名汉、杨家琪:《广西航运志》,广西人民出版社1994年版。

11. 黄启臣:《广东海上丝绸之路史》,广东经济出版社2003年版。

12. 黄振饶等主编:《梧州—岭南文化古都》,广东旅游出版社2015年版。

13. 黄铮:《广西对外开放港口——历史、现状、前景》,广西人民出版社1989年版。

14. 蒋廷瑜:《桂岭考古论文集》,广西人民出版社2009年版。

15. 马依、舒瑞萍主编:《广西航运史》,人民交通出版社1989年版。

16. 李长傅:《南洋华侨史》,商务印书馆1934年版。

17. 李鸿章:《李文忠公全集》,海南出版社1997年版。

18. 李志俭:《北海文化纵横》,广西人民出版社2016年版。

19. 南炳文:《清史纪事本末》,上海大学出版社2011年版。

20. 潘叔直:《国史遗编》,香港中文大学新亚研究所东南亚研究1965年版。

21. 沈光耀:《中国古代对外贸易史》,广东人民出版社1985年版。

22. 孙光圻：《中国古代航海史》，海洋出版社 2005 年版。

23. 孙中山：《建国方略》，生活·读书·新知三联书店 2014 年版。

24. 汪衍振：《中法战争》，中国青年出版社 2012 年版。

25. 王彦威纂辑，王亮编：《清季外交史料》，书目文献出版社 1987 年版。

26. 魏源：《海国图志》，岳麓书社 2011 年版。

27. 熊昭明：《汉代合浦港考古与海上丝绸之路》，文物出版社 2015 年版。

28. 阎根齐：《南海古代航海史》，海洋出版社 2016 年版。

29. 易源：《梧州航运史稿》，广西人民出版社 2015 年版。

30. 余绳武等主编：《十九世纪的香港》，中华书局 1994 年出版。

31. 赵尔巽：《清史稿》，中华书局 1998 年版。

32. 中国近代史经济史资料丛刊编辑委员编：《中国海关与中法战争》，中华书局 1983 年版。

33. 中国史学会编：《洋务运动》（第六册），上海人民出版社，上海书店出版社 2000 年版。

34. ［英］班思德：《最近百年中国对外贸易史》，海关总税务司署统计科译印 1931 年版。

35. ［英］莱特：《中国关税沿革史》，姚曾廙译，生活·读书·新知三联书店 1958 年版。

四　论文部分

1. 黄云忠、邓超雄：《广西武鸣岜马山岩洞葬清理简报》，《文物》1988 年第 12 期。

2. 熊照明：《广西合浦县大浪古城址的发掘》，《考古》2016 年第 8 期。

3. 熊昭明、富霞、陈启流：《广西合浦县草鞋村汉代遗址发掘简报掘》，《考古》2016 年第 8 期。

4. 吴小玲：《近代钦州矿产资源的开发与对外交往》，《钦州师专学报》2002 年第 2 期。

五 报刊文章

1. 习近平:《加快推进丝绸之路经济带和 21 世纪海上丝绸之路建设》,《人民日报》2014 年 11 月 7 日。

2. 杨梅菊:《郑和碑见证中斯海上丝路缘》,《中国文物报》2014 年 10 月 7 日。

3.《北海敌轰炸机,昨被英舰击落》,《粤南日报》1942 年 1 月 20 日。

后　记

　　北部湾大学是目前广西沿海地区唯一的一所公立本科高等院校，对广西海上丝绸之路历史文化研究责无旁贷。为此，我们先后多次深入广西北部湾沿海地区的北海市、钦州市、防城港市和内河城市南宁市、贵港市、玉林市、梧州市等地进行调查研究，考察历史文化古迹，走访航运港务外贸单位和方志部门，搜集方志文史资料，历时一年多，考察单位30余个，采访座谈人员近200名，积累各类资料300多斤。在此基础上，我们开展了《广西海上丝绸之路史》一书的草创工作。经过两年多艰苦的努力，九易其稿。在编写过程中，我们遵循马克思主义的历史唯物观点，坚持实事求是的科学态度，在资料整理和考证的基础上，开展研究，力求写出一套科学信史。

　　《广西海上丝绸之路史》一书写作提纲、目录由黄宇鸿、李志俭共同拟定，初稿由李志俭负责执笔撰写，参考文献及注释由黄宇鸿负责编写，两人共同完成了书稿的修改和完善。任才茂协助了该书部分图片的拍摄及收集，李红对该书部分图片进行了整理修清。

　　在本书付梓之际，首先要感谢在调研和撰写过程中给予大力支持的诸多单位、领导和专家。他们是：广西北部湾港口管理局常务副局长杜敬文和办公室、港航处、规划处等部门的领导，广西区博物馆副馆长熊照明，广西区地方志办公室主任李秋洪、副调研员游勇、地情信息处郎尚德，南宁市方志办副主任许杨群、地情信息科科长李敬江、志书编审科科长周红，南宁市港航管理处办公室副主任陈富健、港航管理科科长杨维象、计划财务科科长李尚，钦州市港口管理局局长刘秉涛，北海市港口管理分局办公室主任章飞红，防城港市政协原副主席凌军、副主席黄子洮、办公室主任邓朝和，防城港市地方志办公室主任黄有第，防城港市博物馆馆长何守强，钦州市地方志办公室副主任胡运动，钦州市档案局局长翟飞雯，钦州市政协文史委主任黄忠彪，钦州市博物馆馆长苏栋，钦州市航务管理处主任褚乃会，北海市地方志办公室主任冯心广、业务指导科科长陈祖伟，玉林市政协文史委主任陈家勋，玉林市地方志办公室主任韦忠云、副主任黎祖枢、年鉴科科长刘慧、志书编纂科副科长陈蓓，梧州市政协文史委副主任方跃红、副秘书长张瑞玲，梧州市地方志办公室主任覃成号、编辑出版科科长黄素潮，贵港市航道管理局局长朱保勇，贵港市西江航运综合委员会机关党委书记叶德林，贵港市航道管理局信息科科长叶育俊、办公室主任李凡，贵港市地方志办公室主任周朝宁、综合科主任冯平、综合科科长周绪明，贵港市博物馆馆长冯桂淳……这些单位和个人，或引导考察现场，或提供具体数据，或提供珍贵照片，或赠送文史资料，或为书稿的修改提出宝贵意见。在此，谨向各位致以诚挚的感谢！

其次，该书的出版得到了北部湾大学的高度重视，学校学术著作出版基金为拙作提供了资助；党委书记赵君教授亲自为此书撰写了序言，给予作者充分的肯定和极大的鼓励。还有，必须感谢北部湾大学"北部湾海洋文化研究中心"主任吴小玲以及中心研究员黄家庆、何俊良、张秋萍，他们为本书的立项研究和出版给予鼎力的帮助和支持，并对研究纲目制定和书稿修改提出了许多宝贵意见。

特别要鸣谢的是业界专家广西区海事局原副局长申春生教授及高工、防城港市政协学习文史资料委员会副主任白和平高级记者、北部湾大学"北部湾海洋文化研究中心"主任吴小玲教授。他们在百忙之中抽时间详细审阅全书，提出许多具体的修改意见和建议，对本书的修改完善起到极大的促进作用。

同时，该书得到了中国社会科学出版社赵剑英社长和朱华彬副编审等出版社领导及编辑的热心帮助和鼎力支持，在此谨致以崇高的敬意！

此外，还得感谢家人的包容和支持，他们不仅在生活上给予我们无微不至的关照，承担了所有家务，使我们能集中精力投入项目研究之中，使得此书能够顺利撰写完成。

最后，需要说明的是，本书在撰写中还借鉴了不少专家学者相关的研究成果及图片资料，在此一并表示衷心的谢忱！

  囿于研究资料收集不全，加上我们的学识水平有限，书中难免存在不足和疏漏之处，敬请专家学者以及读者批评指正！

黄宇鸿 李志俭

2018 年 12 月